2024

Ana Paula **Motta Costa** • Caitlin **Mulholland** • Camila **Nienow** • Cristiano **Colombo** • Eugênio **Facchini Neto** • Fabiano **Menke** • Gabrielle **Bezerra Sales Sarlet** • Guilherme **Damasio Goulart** • Guilherme **Spillari Costa** • João Ricardo **Bet Viegas** • José Luiz **de Moura Faleiros Júnior** • Manoel Gustavo **Neubarth Trindade** • Maria Cecília **Oliveira Gomes** • Mariana **Fogaça** • Marília **Ferrão da Silveira** • Martha **Leal** • Plínio **Melgaré** • Tales **Calaza** • Thaianny **Estefanato Gouvea** • Vanessa **Schmidt Bortolini**

VOLUME
2

Coordenadores
GABRIELLE BEZERRA **SALES SARLET**
MANOEL GUSTAVO **NEUBARTH TRINDADE**
PLÍNIO **MELGARÉ**

PROTEÇÃO DE DADOS

TEMAS CONTROVERTIDOS

Dados Internacionais de Catalogação na Publicação (CIP) de acordo com ISBD

P967

    Proteção de dados: temas controvertidos / Ana Paula Motta Costa ... [et al.] ; coordenado por Gabrielle Bezerra Sales Sarlet, Manoel Gustavo Neubarth Trindade, Plínio Melgaré. - Indaiatuba, SP : Editora Foco, 2024.

    272 p. ; 17cm x 24cm. – (vol.2)

    Inclui índice e bibliografia.

    ISBN: 978-65-6120-065-3

    1. Direito. 2. Direito digital. 3. Proteção de dados. I. Costa, Ana Paula Motta. II. Mulholland, Caitlin. III. Nienow, Camila. IV. Colombo, Cristiano. V. Facchini Neto, Eugênio. VI. Menke, Fabiano. VII. Sarlet, Gabrielle Bezerra Sales. VIII. Goulart, Guilherme Damasio. IX. Costa, Guilherme Spillari. X. Faleiros Júnior, José Luiz de Moura. XI. Trindade Manoel Gustavo Neubarth. XII. Fogaça, Mariana. XIII. Silveira, Marília Ferrão da. XIV. Leal, Martha. XV. Melgaré, Plínio. XVI. Calaza, Tales. XVII. Bortolini, Vanessa Schmidt. XVIII. Gomes, Maria Cecília Oliveira. XIX. Gouvea, Thaianny Estefanato. XX. Viegas, João Ricardo Bet. XXI. Título.

2024-675   CDD 340.0285   CDU 34:004

Elaborado por Vagner Rodolfo da Silva - CRB-8/9410

Índices para Catálogo Sistemático:

1. Direito digital 340.0285

2. Direito digital 34:004

Ana Paula **Motta Costa** • Caitlin **Mulholland** • Camila **Nienow** • Cristiano **Colombo** • Eugênio **Facchini Neto** • Fabiano **Menke** • Gabrielle **Bezerra Sales Sarlet** • Guilherme **Damasio Goulart** • Guilherme **Spillari Costa** • João Ricardo **Bet Viegas** • José Luiz **de Moura Faleiros Júnior** • Manoel Gustavo **Neubarth Trindade** • Maria Cecília **Oliveira Gomes** • Mariana **Fogaça** • Marília **Ferrão da Silveira** • Martha **Leal** • Plínio **Melgaré** • Tales **Calaza** • Thaianny **Estefanato Gouvea** • Vanessa **Schmidt Bortolini**

VOLUME

2

Coordenadores

GABRIELLE BEZERRA **SALES SARLET**
MANOEL GUSTAVO **NEUBARTH TRINDADE**
PLÍNIO **MELGARÉ**

PROTEÇÃO DE DADOS

TEMAS CONTROVERTIDOS

2024 © Editora Foco

Coordenadores: Gabrielle Bezerra Sales Sarlet, Manoel Gustavo Neubarth Trindade e Plínio Melgaré
Autores: Ana Paula Motta Costa, Caitlin Mulholland, Camila Nienow, Cristiano Colombo, Eugênio Facchini Neto, Fabiano Menke, Gabrielle Bezerra Sales Sarlet, Guilherme Damasio Goulart, Guilherme Spillari Costa, João Ricardo Bet Viegas, José Luiz de Moura Faleiros Júnior, Manoel Gustavo Neubarth Trindade, Maria Cecília Oliveira Gomes, Mariana Fogaça, Marília Ferrão da Silveira, Martha Leal, Plínio Melgaré, Tales Calaza, Thaianny Estefanato Gouvea e Vanessa Schmidt Bortolini

Diretor Acadêmico: Leonardo Pereira
Editor: Roberta Densa
Assistente Editorial: Paula Morishita
Revisora Sênior: Georgia Renata Dias
Capa Criação: Leonardo Hermano
Diagramação: Ladislau Lima e Aparecida Lima
Impressão miolo e capa: FORMA CERTA

DIREITOS AUTORAIS: É proibida a reprodução parcial ou total desta publicação, por qualquer forma ou meio, sem a prévia autorização da Editora FOCO, com exceção do teor das questões de concursos públicos que, por serem atos oficiais, não são protegidas como Direitos Autorais, na forma do Artigo 8º, IV, da Lei 9.610/1998. Referida vedação se estende às características gráficas da obra e sua editoração. A punição para a violação dos Direitos Autorais é crime previsto no Artigo 184 do Código Penal e as sanções civis às violações dos Direitos Autorais estão previstas nos Artigos 101 a 110 da Lei 9.610/1998. Os comentários das questões são de responsabilidade dos autores.

NOTAS DA EDITORA:

Atualizações e erratas: A presente obra é vendida como está, atualizada até a data do seu fechamento, informação que consta na página II do livro. Havendo a publicação de legislação de suma relevância, a editora, de forma discricionária, se empenhará em disponibilizar atualização futura.

Erratas: A Editora se compromete a disponibilizar no site www.editorafoco.com.br, na seção Atualizações, eventuais erratas por razões de erros técnicos ou de conteúdo. Solicitamos, outrossim, que o leitor faça a gentileza de colaborar com a perfeição da obra, comunicando eventual erro encontrado por meio de mensagem para contato@editorafoco.com.br. O acesso será disponibilizado durante a vigência da edição da obra.

Impresso no Brasil (4.2024) – Data de Fechamento (4.2024)

2024
Todos os direitos reservados à
Editora Foco Jurídico Ltda.
Avenida Itororó, 348 – Sala 05 – Cidade Nova
CEP 13334-050 – Indaiatuba – SP

E-mail: contato@editorafoco.com.br
www.editorafoco.com.br

APRESENTAÇÃO

Cinco anos contados da data da promulgação da Lei Geral de Proteção de Dados (LGPD) frente à ativa atuação da Autoridade Nacional de Proteção de Dados (ANPD), torna-se imprescindível uma parada para, uma vez mais, refletir profunda e afirmativamente sobre os itinerários pátrios em face da sociedade informacional.

Por outro lado, importa admitir que resta o acintoso vácuo da LGPD penal em um panorama de ameaças mais factíveis de violações aos dados neurais, de hiperconexão doméstica e de tecnoentusiasmo, sobretudo no que toca à área da segurança, conjugados ainda pela intensa performance, nem sempre coesa, dos três Poderes na implementação de uma considerável quantidade de políticas públicas para a estruturação do Estado digital em configurações que flertam com a concentração informacional.

Em vista dessa realidade nada alvissareira e da oportunidade do Brasil liderar um amplo polílogo por ocasião das reuniões do G20, amplia-se o foco para compreender que, imersa em uma realidade dataficada, marcada por elevados níveis de desigualdade, de desinformação e de baixos coeficientes educacionais, a sociedade brasileira tem sido marcada cada vez mais por um cenário de vigilância, de tecnoautoritarismo e de tecnocontrole que, sem dúvida alguma, implica urgência em análises lúcidas em torno das molduras jurídicas que ressignifiquem o catálogo de direitos e garantias fundamentais.

De outra banda, inteirando o paradoxo brasileiro, grassa a divisão digital e emergem novos extratos de vulneráveis digitais, particularmente em razão dos equívocos na implementação do 5G, das barreiras estigmatizantes que subsistem no país e das campanhas de desinformação e seus efeitos deletérios à consolidação das conquistas civilizatórias. Agudizando-se, desta feita, a polarização social e a radicalização na política.

Outro aspecto importante que merece ser mencionado diz respeito ao fato de que, mediante a acurácia de ferramentas tecnológicas, jurídicas e sociais mais sensíveis, se identifica melhor as práticas discriminatórias, acarretando a cultura de novos parâmetros jurídicos a fim de garantir dinâmicas emancipatórias de superação e de mitigação de riscos de erosão do tecido social.

Partindo dessa premissa, urge refletir igual e seriamente acerca da discriminação algorítmica e, para tanto, torna-se fulcral aludir que se refere às situações em que algoritmos de módulos de inteligência artificial (IA) perpetuam ou exacerbam preconceitos existentes, contribuindo para a tomada de decisões discriminatórias.

A abordagem crítica, lúcida e necessária das formas de discriminação algorítmica requer a criação e o emprego de instrumentais de governança, ou seja, envolve práticas éticas, auditorias regulares, transparência nos processos de tomada de decisão e esforços contínuos, inclusive legislativos, para corrigir vieses nos bancos de dados e nos algoritmos de IA. Isso se torna central para asseverar que as chamadas "novas tecnologias", eminentemente alimentadas por dados, sejam utilizadas de maneira justa, robusta, confiável e equitativa.

Os artigos desta coletânea, assim como no volume um, têm ênfase em um tema não prosaico, cuja relevância se torna exponencial: a proteção de dados pessoais. Tema que se sobressai no cenário mundial, sobretudo, a partir do desenvolvimento e do adensamento no emprego das tecnologias digitais, em especial das aplicações de IA, tanto no âmbito privado quanto público. Incontestável é, e.g., a lacuna nas dimensões que envolvem a proteção de dados sensíveis em contextos que subleva a coleta e o tratamento indevido de dados biométricos e de dados genéticos. Para além disso, não se deve negligenciar a relevância de se instituir uma agenda nacional de proteção de dados que envolva todos os atores, expandindo-se os debates, em uma conjugação de esforços para firmar as práticas de governança algorítmica e de letramento.

A propósito, as estruturas de governança algorítmica visam identificar, abordar, prevenir e mitigar questões/riscos/externalidades que tocam os vieses algorítmicos, a garantia da privacidade dos dados, da segurança, da justiça digital. E, nesse sentido, atuam na salvaguarda da explicabilidade,[1] da interpretabilidade e da transparência dos algoritmos. Alerta-se que, com isto, se intenta, de qualquer sorte, a partir do manejo desses instrumentos, estabelecer diretrizes e mecanismos que assegurem que as decisões tomadas pelos algoritmos de IA sejam justas, transparentes e possam ser compreendidas e auditadas[2] a fim de se tornarem oponíveis.

Por derradeiro, no argumento da governança algorítmica, é capital considerar a diversidade e a inclusão, garantindo que as soluções algorítmicas sejam equitativas e não engendrem ou perpetuem desigualdades e nem adensem os quadros de injustiça estruturais preexistentes.[3]

Além disso, basicamente, impende reafirmar que a proteção dos dados pessoais, em especial dos dados sensíveis, relaciona-se diretamente com a previsão e a obrigatoriedade de uso de instrumentos como os relatórios de impacto, bem como envolvem a conformidade com os regulamentos de privacidade e com o catálogo de direitos humanos e fundamentais, confirmando-se como a peça-chave para a garantia da transparência algorítmica e, desta forma, da ampla participação popular.

Por fim, não custa rememorar que, no Brasil, esse tema ganhou especial relevo a partir da decisão do Supremo Tribunal Federal (STF) acerca da MP 954 em que restou reconhecido o direito fundamental autônomo à proteção de dados, concretizando-se a *posteriori* na promulgação da EC 115 que, alterando o artigo 5º da Constituição Federal, consignou o direito à proteção de dados pessoais, inclusive no meio digital. Pavimentou-se, então, um caminho que, infelizmente, ainda aponta para trilhas nacionais e internacionais desconexas à consolidação de um amálgama de direitos, cuja efetividade se consolide tanto no mundo físico, quanto no virtual.

Diante disso, inegável que a literatura sobre o tema se amplia consideravelmente. No cenário distópico projetado pelas novas tecnologias, há evidentemente uma inevitável

---

1 Disponível em: https://www.unesco.org/pt/fieldoffice/brasilia/expertise/artificial-intelligence-brazil Acesso em: 21 nov. 2023; https://doi.org/10.1590/S1516-93322006000400003. Acesso em: 12 fev. 2024.

2 Disponível em: https://www.opanoptico.com.br/#mapa. Acesso em: 13 dez. 2023; Vide artigo 20 da LGPD https://www.planalto.gov.br/ccivil_03/_ato2015-2018/2018/lei/l13709.htm. Acesso em: 12 fev. 2024.

3 Disponível em: https://www.opanoptico.com.br/#mapa Acesso em: 13 dez. 2023; MAUES, Antonio Moreira. *O desenho constitucional da desigualdade*. São Paulo: Tirant lo Blanch, 2023, p. 30.

provocação no que concerne à urdidura de novas formas de proteção à pessoa humana, vez que se descortinam vulnerabilidades até então ignoradas e, de outra banda, aprofunda-se o fosso da exclusão social e digital enquanto recrudesce o poderio das grandes empresas de tecnologia.

Novas formas de domínio são, destarte, forjadas a partir de uma realidade que se constitui por dados. E o cidadão, por vezes alienado, por vezes desinformado, mais e mais se apercebe absorto em uma inusitada condição existencial fragmentada, ou seja, em uma frenética produção cotidiana de dados econômicos, pessoais, sociais, sanitários que, extraídos, minerados e tratados, produzem um conhecimento imensurável, totalizando a sua identidade, a sua vida, os seus sonhos e o seu patrimônio. Tendo isso em mente, o Direito, como produto da cultura humana, não pode se abster de intervir nessa realidade.

Pois aqui, nesta obra plural, costurada em vários alinhavos afetivos, que ora vem à estampa, ainda que sob o recorte jurídico, percebe-se a interdisciplinaridade da temática acerca da realidade engendrada a partir dos dados e, desta forma, trata do seu resguardo ainda em construção no panorama nacional. Os artigos foram assomados, forjando, de modo geral, uma tessitura totalmente distinta do primeiro volume à medida em que não se tem apenas uma atualização, mas, principalmente, há um alargamento das perspectivas e um alinhamento de outros enfoques em um aprofundamento compatível com o que já se passou ao longo dos últimos anos.

Sem mais, cabe aos organizadores agradecer profundamente aos ilustres professores, professoras, juristas, intelectuais de primeira grandeza, que aceitaram participar do volume dois dessa obra, ao tempo em que oferecem ao público leitor importantes reflexões sobre uma matéria de grande valor que marca a existência humana no século XXI, apontando e projetando um futuro não muito distante. Agradece-se, igualmente, à Editora FOCO e sua equipe, na pessoa da Doutora Roberta Densa, pela sensibilidade de compreender a relevância dos artigos publicados neste segundo volume dedicado à temática da proteção de dados e suas implicações na vida contemporânea.

Trata-se, de fato, de um esforço acadêmico em que, a partir da confiança na conjugação de diversos saberes, intenta-se contribuir mais uma vez para o debate que se projeta como um dos mais elementares para a reafirmação dos corolários do Estado democrático de Direito, vez que se proporciona uma prognose e, como já se mencionou, apresenta algumas perspectivas de futuro em que os direitos humanos e fundamentais se confirmam como as ferramentas irrenunciáveis para a proteção multinível da pessoa humana, dentro e fora do mundo digital.

Porto Alegre, março de 2024.

Gabrielle Bezerra Sales Sarlet,
Manoel Gustavo Neubarth Trindade
Plínio Melgaré

SUMÁRIO

APRESENTAÇÃO V

DADOS PESSOAIS SENSÍVEIS E A TUTELA DE DIREITOS FUNDAMENTAIS: UMA ANÁLISE À LUZ DA LEI GERAL DE PROTEÇÃO DE DADOS PESSOAIS (LEI 13.709/2018)
Caitlin Mulholland 1

A INFLUÊNCIA DAS *BINDING CORPORATE RULES* DA UNIÃO EUROPEIA E AS PERSPECTIVAS PARA A REGULAMENTAÇÃO DAS NORMAS CORPORATIVAS GLOBAIS NO BRASIL
Camila Nienow e Mariana Fogaça 17

INTELIGÊNCIA ARTIFICIAL EM *SOFTWARES* QUE EMULAM PERFIS DE FALECIDOS E DADOS PESSOAIS DE MORTOS
Cristiano Colombo e Guilherme Damasio Goulart 47

LIMITES À PROTEÇÃO DE DADOS: *DRAGNET SURVEILLANCE* E O CASO MARIELLE FRANCO, DE ACORDO COM A ORIENTAÇÃO DO STJ
Eugênio Facchini Neto 71

SPIROS SIMITIS E A PRIMEIRA LEI DE PROTEÇÃO DE DADOS DO MUNDO
Fabiano Menke 95

A PROTEÇÃO DE DADOS PESSOAIS E OS DIREITOS DAS CRIANÇAS E DOS ADOLESCENTES NO SISTEMA NORMATIVO BRASILEIRO
Ana Paula Motta Costa e Gabrielle Bezerra Sales Sarlet 103

AS HIPÓTESES LEGAIS DE TRATAMENTO DE DADOS SENSÍVEIS PELO SEGURADOR NA FORMAÇÃO DO CONTRATO DE SEGURO
Guilherme Spillari Costa 123

INTERNET DAS COISAS E GENERATIVIDADE: COMO TUTELAR OS INTERESSES COLETIVOS SEM LIMITAR A INOVAÇÃO?

Tales Calaza e José Luiz de Moura Faleiros Júnior 141

TELETRIAGEM E PROTEÇÃO DE DADOS PESSOAIS NA ÁREA DA SAÚDE: DEFINIÇÃO, VIABILIDADE E PRINCIPAIS DESAFIOS

José Luiz de Moura Faleiros Júnior e Vanessa Schmidt Bortolini 161

A PROTEÇÃO DE DADOS PESSOAIS COMO SALVAGUARDA À ASSIMETRIA INFORMACIONAL NA ERA DA ECONOMIA DE PLATAFORMA

Martha Leal e Manoel Gustavo Neubarth Trindade 175

O REGIME DE RESPONSABILIDADE CIVIL EM MATÉRIA DE PROTEÇÃO DE DADOS PESSOAIS

Martha Leal 189

TRATAMENTO DE DADOS, DADOS SENSÍVEIS E CONSENTIMENTO: QUAL DOUTRINA?

Marília Ferrão da Silveira e Plínio Melgaré 197

INCIDENTES DE SEGURANÇA ENVOLVENDO DADOS PESSOAIS: UMA BREVE ANÁLISE DA COMUNICAÇÃO DE INCIDENTES PARA A ANPD

Maria Cecília Oliveira Gomes e Thaianny Estefanato Gouvea 227

O TRATAMENTO DE DADOS PESSOAIS SOBRE CRIANÇAS E ADOLESCENTES SOB O FUNDAMENTO DO INTERESSE LEGÍTIMO DO CONTROLADOR OU DE TERCEIRO

João Ricardo Bet Viegas 245

DADOS PESSOAIS SENSÍVEIS E A TUTELA DE DIREITOS FUNDAMENTAIS: UMA ANÁLISE À LUZ DA LEI GERAL DE PROTEÇÃO DE DADOS PESSOAIS (LEI 13.709/2018)[1]

Caitlin Mulholland

Doutora e Mestre em Direito Civil pela Universidade do Estado do Rio de Janeiro. Professora associada de Direito Civil do Departamento de Direito da Pontifícia Universidade Católica do Rio de Janeiro (PUC-Rio), onde atualmente exerce o cargo de Diretora do Departamento de Direito. Professora do programa de pós-graduação em Direito Constitucional e Teoria do Estado da PUC-Rio. Coordenadora do Núcleo Legalite PUC-Rio. Autora dos livros "A responsabilidade civil por presunção de causalidade" e "Internet e Contratação: panorama das relações contratuais eletrônicas de consumo". Atualizadora e colaboradora da obra "Instituições de Direito Civil", volume III, de Caio Mário da Silva Pereira. Coordenadora dos livros: "LGPD e novo marco normativo brasileiro" e "Inteligência Artificial e Direito: ética, regulação e responsabilidade". Membro da Comissão de Direito Civil da OAB, Seccional Rio de Janeiro. Membro da Comissão Especial de Proteção de Dados do Conselho Federal da Ordem dos Advogados do Brasil. Associada ao Instituto Brasileiro de Direito Civil – IBDCivil e à Association Henri Capitant des Amis de la Culture Juridique Française. Associada Fundadora do Instituto Avançado de Proteção de Dados (IAPD). Associada Fundadora do Instituto Brasileiro de Estudos em Responsabilidade Civil (IBERC).

Sumário: 1. Introdução: três casos exemplares – 2. A lei geral de proteção de dados pessoais brasileira: âmbito de aplicação e princípios – 3. Tratamento de dados pessoais sensíveis: conceito, restrições e tutela – 4. Os direitos fundamentais e sua aplicação ao direito privado: uma análise baseada no princípio da dignidade da pessoa humana – 5. Do direito à privacidade: proteção da intimidade desde o princípio "the right to be let alone" ao direito de controlar seus próprios dados – 6. A proteção constitucional dos dados sensíveis como exercício democrático de igualdade e não discriminação – Conclusão – Referências.

1. INTRODUÇÃO: TRÊS CASOS EXEMPLARES

Em 2016, uma prestadora de serviços de coleta e doação de sangue na Austrália, a Red Cross Blood Service, sofreu um duro golpe em seu sistema de segurança de dados, quando informações referentes a 550.000 doadores de sangue vieram a público devido à transferência de um arquivo contendo informações desses doadores a um ambiente computacional não seguro, acessível por pessoas sem a devida autorização para manejar aqueles dados. Os dados se referiam a coletas de sangue realizadas entre os anos de 2010 e 2016.

---

1. Artigo originalmente publicado como: Dados pessoais sensíveis e a tutela de direitos fundamentais: uma análise à luz da lei geral de proteção de dados (Lei 13.709/18). *Revista De Direitos E Garantias Fundamentais*, 19(3), 159-180. https://doi.org/10.18759/rdgf.v19i3.1603.

O fato, por si só, já seria grave, considerando a natureza pessoal dos dados que foram disponibilizados publicamente em *site* na Internet, quais sejam, nome, gênero, endereço e data de nascimento. Contudo, para trazer tons mais dramáticos à situação, dentre as informações contidas na base de dados, uma era especialmente sigilosa, qual seja, a que especificava que determinado doador seria "pessoa com comportamento sexual de risco".[2] Essa categorização era determinada por meio de questionário do tipo "verdadeiro-falso" disponibilizado ao doador no momento da coleta de sangue, em que se perguntava se o mesmo havia participado de atividades sexuais de risco nos últimos 12 meses. Tanto as perguntas realizadas no questionário, como as respostas, compunham a base de dados e estabeleciam a conexão com o doador, individualizado por seu nome e pelas demais informações pessoais. A Red Cross pediu desculpas formais aos doadores e disponibilizou todo um aparato de atendimento às pessoas que tiveram seus dados violados.

Em 2017, num segundo caso, no Canadá, uma empresa de produtos sexuais, a Standard Innovation, disponibilizou no mercado de consumo um vibrador denominado We-Vibe 4 Plus que possuía uma característica incomum: o aparelho conectava-se por rede (bluetooth ou wi-fi) ao celular, por meio de um aplicativo, que permitia o seu acesso remoto. O usuário – ou seu/sua companheiro(a) – definia por meio do aplicativo preferências relacionadas ao ritmo e tipo da vibração. Contudo, descobriu-se que o aparelho enviava para os servidores da empresa os dados relacionados ao seu uso, inclusive no exato momento em que estava sendo utilizado. Os dados coletados continham informações sobre a temperatura corporal, o ritmo de vibrações, a intensidade das mesmas, tempo de uso, início e término do uso etc. Evidentemente, a justificativa da empresa para a coleta de tais dados era a de que com eles poderia melhorar o produto. No entanto, nem os termos de uso do produto ou do aplicativo indicavam a coleta dos dados, nem existia um sistema de segurança das informações adequado que permitisse a sua guarda eficiente. Os consumidores do vibrador ingressaram com uma ação coletiva contra a empresa, que foi levada a realizar um acordo no valor de US$2,9 milhões e obrigou-se a não mais coletar dados sigilosos de seus usuários.[3]

No terceiro caso, na China, em 2014, foi anunciado o que está sendo chamado de sistema de crédito social ("social scoring"). Por meio de tal sistema – mantido pelo Estado chinês– pretende-se verificar a "fidelidade" dos 1.3 bilhão de cidadãos chineses aos princípios e valores do Estado.[4] Por esse sistema será possível categorizar e taxar os comportamentos dos cidadãos como positivos ou negativos (na visão do Estado), indicando uma classificação única e pública daquela pessoa, que servirá para

---

2. A descrição do caso pode ser acessada em https://www.abc.net.au/news/2016-10-28/red-cross-blood-service-admits-to-data-breach/7974036. Acesso em: 14 nov. 2018.
3. O caso está descrito em: https://www.theguardian.com/technology/2017/mar/14/we-vibe-vibrator-tracking-users-sexual-habits. Acesso em: 15 nov. 2018.
4. Veja o relato do sistema em: https://www.wired.co.uk/article/chinese-government-social-credit-score-privacy-invasion. Acesso em: 15 nov. 2018.

determinar se um cidadão terá direito ao acesso a determinadas políticas públicas, que incluem desde a prestação de serviços médico-hospitalares até a indicação de escolas em que os filhos devem ser matriculados. De acordo com o documento público de planejamento do sistema de crédito social, tal proposta "forjará um ambiente de opinião pública em que manter a confiança é gloriosa. Fortalecerá a sinceridade nos assuntos do governo, a sinceridade comercial, a sinceridade social e a construção da credibilidade judicial". Por enquanto, a participação do cidadão chinês em tal sistema é voluntária, mas ela será obrigatória para todos, inclusive para as pessoas jurídicas que tenham sede na China.

Apesar de cada um dos três casos apresentados se referirem a temas diversos – sexualidade, hábitos socioculturais e sistemas de controle social – o ponto comum é o tratamento e violação de dados sensíveis, isto é, a utilização ampla e não consentida por terceiros de dados pessoais que tenham características fortemente marcadas pela capacidade de seu uso discriminatório tanto pelo Estado, quanto pelo mercado. Tratam-se, portanto, de situações em que podem estar presentes potenciais violações de direitos fundamentais, dadas as características e a natureza desses dados sensíveis. Para a compreensão do conceito de dados sensíveis e a motivação de sua tutela, é importante investigar a Lei Geral de Proteção de Dados Pessoais brasileira, seus conceitos, princípios e seu âmbito de aplicação.

2. A LEI GERAL DE PROTEÇÃO DE DADOS PESSOAIS BRASILEIRA: ÂMBITO DE APLICAÇÃO E PRINCÍPIOS

A Lei Geral de Proteção de Dados Pessoais (LGPD – Lei 13.709/18) dispõe sobre tratamento de dados de pessoas naturais, tanto por meio físico, quanto por meio digital, reconhecendo a finalidade da tutela desses dados/informações para a proteção de direitos, como os da liberdade de expressão e de comunicação, privacidade, honra, imagem, autodeterminação informativa e livre desenvolvimento da personalidade (art. 2º, Lei 13.709/18). Ademais, a lei reconhece a efetivação e promoção de direitos humanos fundamentais como justificativa para a tutela dos dados pessoais (art. 2º, VII, Lei 13.709/18).

A lei protege situações que concernem exclusivamente a operações de tratamento de dados, isto é, aquelas "que se referem a coleta, produção, recepção, classificação, utilização, acesso, reprodução, transmissão, distribuição, processamento, arquivamento, armazenamento, eliminação, avaliação ou controle da informação, modificação, comunicação, transferência, difusão ou extração" (art. 5º, X, Lei 13.709/18). Percebe-se pelo rol descritivo do que se entende por tratamento de dados, que inúmeras atividades que envolvem dados pessoais sofrerão a limitação e escrutínio da lei.

Há, contudo, algumas exceções relevantes à aplicação da LGPD, enumeradas taxativamente no artigo 4º, quais sejam: (i) tratamento por pessoas naturais para fins particulares e não econômicos; (ii) tratamento para fins exclusivamente jornalísticos, artísticos ou acadêmicos; (iii) tratamento para fins exclusivos de segurança pública, defesa nacional, segurança do Estado ou atividades de investigação e repressão de infrações penais;[5] e (iv) tratamento de dados provenientes de fora do território nacional e que não sejam objeto de comunicação, uso compartilhado de dados com agentes de tratamento brasileiros ou objeto de transferência internacional de dados com outro país que não o de proveniência, desde que o país de proveniência proporcione grau de proteção de dados pessoais adequado ao previsto na LGPD.[6]

Em relação à hipótese prevista no item (iii), a LGPD faz remissão à necessidade de aprovação de legislação específica, que deverá prever medidas proporcionais e estritamente necessárias ao atendimento do interesse público, devendo ser respeitados o princípio do devido processo legal e os demais princípios previstos na LGPD. Espera-se que a legislação vindoura seja ainda mais rigorosa na proteção dos dados sensíveis das pessoas que a ela estarão sujeitas, considerando que o tratamento desses dados está relacionado em grande medida aos objetivos de proteção do próprio Estado e dos interesses públicos. Deve-se visar a um tratamento limitado desses dados, para evitar o seu eventual uso para propósitos que não atendam aos fundamentos republicanos do Estado Democrático de Direito.[7]

Em relação aos princípios aplicáveis ao tratamento de dados pessoais, a sua previsão é reconhecida no artigo 6º, da LGPD, com o objetivo de restringir a atividade de tratamento de dados pessoais, exigindo-se que haja o seu cumprimento para que seja reconhecida a licitude da atividade, a legitimando. São os seguintes princípios previstos na lei: finalidade, adequação, necessidade, livre acesso, qualidade dos dados, transparência, segurança, prevenção, não discriminação, responsabilização e prestação de contas.[8] Dos princípios previstos, dois são de especial relevância quando

---

5. Rodotà revela que "as formas de limitação mais difundidas, que chegam a sacrificar a tutela da privacidade em prol de outros interesses, considerados temporariamente ou não como prevalecentes, são bem conhecidas e em muitos casos estão previstas na própria legislação sobre bancos de dados. Dizem respeito sobretudo a interesses do Estado (segurança interna ou internacional, polícia, justiça) ou a relevantes direitos individuais e coletivos (tradicionalmente, o direito à informação, sobretudo como liberdade de imprensa; e cada vez mais intensamente o direito à saúde, principalmente em sua dimensão coletiva)" (RODOTÀ, 2008, p. 70).
6. Art. 4º, Lei 13.709/18 – Esta Lei não se aplica ao tratamento de dados pessoais: I – realizado por pessoa natural para fins exclusivamente particulares e não econômicos; II – realizado para fins exclusivamente: a) jornalístico e artísticos; ou b) acadêmicos, aplicando-se a esta hipótese os arts. 7º e 11 desta Lei; III – realizado para fins exclusivos de: a) segurança pública; b) defesa nacional; c) segurança do Estado; ou d) atividades de investigação e repressão de infrações penais; ou IV – provenientes de fora do território nacional e que não sejam objeto de comunicação, uso compartilhado de dados com agentes de tratamento brasileiros ou objeto de transferência internacional de dados com outro país que não o de proveniência, desde que o país de proveniência proporcione grau de proteção de dados pessoais adequado ao previsto nesta Lei.
7. É de se reconhecer que o uso de dados pessoais pelo Estado pode gerar a redução das garantias de proteção de direitos fundamentais. Basta relembrar o caso Edward Snowden e National Security Agency (NSA) e o uso indevido de dados coletados pela própria agência com o objetivo de construção de perfis de pessoas que poderiam estar ligadas a atividades de terrorismo, para percebermos os usos potencialmente danosos à uma democracia. Sobre o caso Snowden, veja, por todos, GREENWALD, Glenn. *No Place to Hide*: Edward Snowden, the NSA, and the U.S. Surveillance State. Metropolitan Books, 2014.
8. Art. 6º, Lei 13.709/18: As atividades de tratamento de dados pessoais deverão observar a boa-fé e os seguintes princípios: I – finalidade: realização do tratamento para propósitos legítimos, específicos, explícitos e informados ao titular, sem possibilidade de tratamento posterior de forma incompatível com essas finalidades;

do tratamento de dados sensíveis, quais sejam, o princípio da finalidade e o princípio da não discriminação.

Pelo princípio da finalidade, os dados devem ser tratados para determinados propósitos, que devem ser informados ao titular de dados previamente, de maneira explícita e sem que seja possível a sua utilização posterior para outra aplicação. Para Doneda, "este princípio possui grande relevância prática: com base nele fundamenta-se a restrição da transferência de dados pessoais a terceiros, além do que é possível a estipulação de um critério para valorar a razoabilidade da utilização de determinados dados para uma certa finalidade (fora da qual haveria abusividade)" (Doneda, 2005, p. 216). Ainda com base no princípio da finalidade, Maria Celina Bodin de Moraes, em apresentação à obra de Stefano Rodotà, entende que o tratamento de dados e especialmente a sua coleta "não pode ser tomada como uma "rede jogada ao mar para pescar qualquer peixe". Ao contrário, as razões de coleta, principalmente quando se tratarem de "dados sensíveis", devem ser objetivas e limitadas" (Rodotà, 2008, p. 9). A medida dessa objetividade e limitação será determinada justamente pela finalidade legítima do tratamento, que fica condicionada "à comunicação preventiva ao interessado sobre como serão usadas as informações coletadas; e para algumas categorias de dados especialmente sensíveis estabelece que a única finalidade admissível é o interesse da pessoa considerada" (Rodotà, 2008, p. 87).

Em relação ao princípio da não discriminação, fica vedada a utilização dos dados pessoais para fins discriminatórios ilícitos ou abusivos. O legislador, ao relacionar o uso discriminatório às qualidades de ilicitude e abusividade, parece reconhecer a possibilidade de tratamento distintivo, desde que lícito e não abusivo. Isto é, aparentemente, seria legítimo ao operador de dados realizar tratamentos de segregação, no sentido de diferenciação, sem que com isso leve a consequências excludentes que poderiam ser consideradas ilícitas. Assim, por exemplo, seria legítimo a um operador de dados que esteja realizando a precificação de um serviço de seguros de automóveis, tratar de maneira diferenciada os dados de mulheres entre 35 e 45 anos e mães, com a finalidade de oferecimento de um valor que reflita os riscos de danos usualmente

---

II – adequação: compatibilidade do tratamento com as finalidades informadas ao titular, de acordo com o contexto do tratamento; III – necessidade: limitação do tratamento ao mínimo necessário para a realização de suas finalidades, com abrangência dos dados pertinentes, proporcionais e não excessivos em relação às finalidades do tratamento de dados; IV – livre acesso: garantia, aos titulares, de consulta facilitada e gratuita sobre a forma e a duração do tratamento, bem como sobre a integralidade de seus dados pessoais; V – qualidade dos dados: garantia, aos titulares, de exatidão, clareza, relevância e atualização dos dados, de acordo com a necessidade e para o cumprimento da finalidade de seu tratamento; VI – transparência: garantia, aos titulares, de informações claras, precisas e facilmente acessíveis sobre a realização do tratamento e os respectivos agentes de tratamento, observados os segredos comercial e industrial; VII – segurança: utilização de medidas técnicas e administrativas aptas a proteger os dados pessoais de acessos não autorizados e de situações acidentais ou ilícitas de destruição, perda, alteração, comunicação ou difusão; VIII – prevenção: adoção de medidas para prevenir a ocorrência de danos em virtude do tratamento de dados pessoais; IX – não discriminação: impossibilidade de realização do tratamento para fins discriminatórios ilícitos ou abusivos; X – responsabilização e prestação de contas: demonstração, pelo agente, da adoção de medidas eficazes e capazes de comprovar a observância e o cumprimento das normas de proteção de dados pessoais e, inclusive, da eficácia dessas medidas.

ocasionados ou sofridos por esse grupo determinado de pessoas. Ou seja, há a possibilidade de tratamentos discriminatórios de dados, desde que não se caracterizem pela ilicitude ou abusividade, o que será determinado segundo critérios definidos tanto pelas regras expressas de direito civil[9] e penal, quanto por princípios como o da boa-fé objetiva.[10] O que se questiona é se esse tratamento segregado – desde que lícito e não abusivo – pode ser realizado também quando considerados os dados pessoais sensíveis, na medida em que eles possuem características personalíssimas, que devem ser tuteladas prioritariamente. Considerando que "(...) coletar dados sensíveis e perfis sociais e individuais pode levar à discriminação; logo, a privacidade deve ser vista como "a proteção de escolhas de vida contra qualquer forma de controle público e estigma social" (L. M. Friedman), como a "reivindicação dos limites que protegem o direito de cada indivíduo a não ser simplificado, objetivado, e avaliado fora de contexto" (J. Rosen)" (Rodotà, 2008, p. 12).

Necessário se faz, portanto, conceituar dados sensíveis e verificar as restrições impostas na lei para seu tratamento.

3. TRATAMENTO DE DADOS PESSOAIS SENSÍVEIS: CONCEITO, RESTRIÇÕES E TUTELA

Para fins de regulação das atividades de tratamento de dados, a Lei Geral de Proteção de Dados Pessoais (LGPD) categoriza e tutela de forma diferenciada os dados pessoais e os dados pessoais sensíveis. Para os fins da LGPD, dado pessoal é composto por informações relacionadas a pessoa natural identificada ou identificável (artigo 5º, I, Lei 13.709/18) e dado pessoal sensível se refere à "origem racial ou étnica, convicção religiosa, opinião política, filiação a sindicato ou a organização de caráter religioso, filosófico ou político, dado referente à saúde ou à vida sexual, dado genético ou biométrico, quando vinculado a uma pessoa natural" (art. 5º, II, Lei 13.709/18).

Apesar dessa lei específica ter trazido um conceito ampliado de dados pessoais sensíveis, o seu tratamento jurídico já é conhecido da legislação brasileira desde a promulgação da Lei de Cadastro Positivo – Lei 12.414/11 – que em seu artigo 3º, parágrafo 3º, II, proíbe anotações em bancos de dados usados para análise de crédito de "informações sensíveis, assim consideradas aquelas pertinentes à origem social e étnica, à saúde, à informação genética, à orientação sexual e às convicções políticas, religiosas e filosóficas". Significa dizer que para fins de análise de concessão de crédito – princípio da finalidade – estão vedadas inclusões nas bases de dados de quaisquer informações de natureza personalíssima e que não se relacione à finalidade almejada com a análise de crédito, com o objetivo de evitar o tratamento discriminatório – princípio da não discriminação.[11]

---

9. Ver artigos 186 e 187, do Código Civil, que conceituam o ato ilícito.
10. Ver artigo 421, do Código Civil.
11. Em pesquisa realizada quando da entrada em vigor da LGPD, utilizando-se como parâmetro de busca termos da Lei 12.414/11, há no Superior Tribunal de Justiça 1 Súmula (550), 2 acórdãos de repetitivos e 10

Este princípio – não discriminação – é dos mais relevantes, no que diz respeito ao tratamento de dados sensíveis. É esse o ponto fundamental quando diante do uso de dados sensíveis potencialmente lesivo, em decorrência de sua capacidade discriminatória, seja por entes privados – i.e. fornecedoras de produtos e serviços – seja por entes públicos. Alguns casos emblemáticos expõem a enorme dificuldade que se enfrenta relativamente ao tratamento indevido desses dados sensíveis. Cohen relata alguns o tratamento inadequado de dados sensíveis que geram discriminação e segregação abusiva no âmbito das relações de consumo. Segundo a autora, "consumer data can be used for many purposes to which consumers might not so blithely agree: employment decisions and classifications by health insurance providers that exclude or disadvantage genetic or medical "have-nots"; employment or housing decisions based on perceived personality risks; employment or housing decisions based on sexual or religious preferences; and so on" (Cohen, 2000, p. 27). Em sentido semelhante, Rodotà sustenta que a formação de perfis baseados em dados pessoais sensíveis pode gerar discriminação "(...) seja porque dados pessoais, aparentemente não "sensíveis", podem se tornar sensíveis se contribuem para a elaboração de um perfil; seja porque a própria esfera individual pode ser prejudicada quando se pertence a um grupo do qual tenha sido traçado um perfil com conotações negativas" (Rodotà, 2008, p. 56). Para o autor italiano, "(...) para garantir plenitude à esfera pública, determinam-se rigorosas condições de circulação destas informações, que recebem um fortíssimo estatuto "privado", que se manifesta sobretudo pela proibição de sua coleta por parte de determinados sujeitos (por exemplo, empregadores) e pela exclusão de legitimidade de certas formas de coleta e circulação" (Rodotà, 2008, p. 64). A Lei Geral de Proteção de Dados Pessoais brasileira segue esta tendência, ao estabelecer limitações específicas para o tratamento de dados sensíveis.

Importa reconhecer que a referida lei recebeu uma forte influência do direito comunitário europeu, desde a Diretiva de Proteção de Dados de 1995 até o Regulamento Geral de Proteção de Dados da União Europeia (GDPR), em vigor a partir de maio de 2018. No que diz respeito ao tratamento de dados sensíveis, a LGPD conceituou de forma semelhante, senão idêntica, ao GDPR, o conceito de dados pessoais sensíveis, sendo certo que a lei brasileira é bastante inspirada no regulamento europeu. Em seu artigo 9(1) e (2), o GDPR estabelece um regime bastante estrito, proibindo, via de regra, o processamento desse tipo de dado pessoal. No entanto, excetua essa proibição em dez circunstâncias, que passam desde a proteção de interesses vitais do indivíduo até razões de substancial interesse público, sem, contudo, exemplificar ou especificar quais seriam essas hipóteses concretamente consideradas.

---

acórdãos que tratam da temática relacionada ao sistema de "credit scoring". As decisões, de uma maneira geral, reconhecem o direito do consumidor de ter o acesso aos dados que foram utilizados pelas financeiras ou bancos para a negativa do direito ao crédito. Ver por todos, nesse sentido, o julgamento do Recurso Especial 1.304.736/RS, Rel. Ministro Luis Felipe Salomão, Segunda Seção, julgado em 24.02.2016.

Como forma de proteger mais intensamente os titulares dos dados sensíveis, o GDPR qualificou de maneira mais restrita o consentimento do titular dos dados sensíveis, passando a exigir que, além de expresso, a manifestação consentida deve ser livre, explícita, inequívoca, informada e específica. Nos "considerandos" do GDPR, a explicação (51) estatui que "merecem proteção específica os dados pessoais que sejam, pela sua natureza, especialmente sensíveis do ponto de vista dos direitos e liberdades fundamentais, dado que o contexto do tratamento desses dados poderá implicar riscos significativos para os direitos e liberdades fundamentais". Ademais, no comentário (71) do GDPR, fica consignado que "(...) o responsável pelo tratamento deverá (...) proteger os dados pessoais de modo a que sejam tidos em conta os potenciais riscos para os interesses e direitos do titular dos dados e de forma a prevenir, por exemplo, efeitos discriminatórios contra pessoas singulares em razão da sua origem racial ou étnica, opinião política, religião ou convicções, filiação sindical, estado genético ou de saúde ou orientação sexual, ou a impedir que as medidas venham a ter tais efeitos".

De início, a LGPD adota uma forte fundamentação no consentimento do titular de dados para admitir o tratamento dos dados pessoais. Significa dizer que será permitido o tratamento de dados pessoais em havendo manifestação livre, informada e inequívoca pela qual o titular concorda com o tratamento de seus dados pessoais para uma finalidade determinada (art. 5º, XII, Lei 13.709/18). Em complementação, a LGPD estabelece restrições importantes quando diante do tratamento de dados sensíveis, e em relação ao consentimento, estabelece a necessidade de que ele seja realizado de forma específica e destacada, para finalidades singulares também (artigo 11, I, LGPD). Assim, e de acordo com Rodotà, reconhece-se que o consentimento do titular de dados sensíveis deve ser qualificado, na medida em que estamos diante de um "contratante vulnerável", caracterizado justamente pela ausência de liberdade substancial no momento da determinação da vontade (Rodotà, 2008, p. 90).

Contudo, a LGPD permite que haja tratamento de dados sensíveis sem a necessidade de fornecimento de consentimento do titular de dados, quando for indispensável para o tratamento compartilhado de dados necessários à execução, pela administração pública, de políticas públicas previstas em leis ou regulamentos (artigo 11, II, b, LGPD), além de outras hipóteses que se referem, em grande medida, a interesses públicos. Nesse último caso, o consentimento do titular dos dados sensíveis, seja genérico, seja específico, ficaria dispensado em decorrência de uma ponderação de interesses realizada pela lei, aprioristicamente, que considera mais relevantes e preponderantes os interesses de natureza pública frente aos interesses do titular, ainda que estes tenham qualidade de direito fundamental. No entanto, críticas devem ser feitas a este posicionamento legislativo, especialmente se considerarmos que a proteção do conteúdo dos dados pessoais sensíveis é fundamental para o pleno exercício de direitos fundamentais, tais como os da igualdade, liberdade e privacidade.

4. OS DIREITOS FUNDAMENTAIS E SUA APLICAÇÃO AO DIREITO PRIVADO: UMA ANÁLISE BASEADA NO PRINCÍPIO DA DIGNIDADE DA PESSOA HUMANA

Os direitos fundamentais, previstos em nossa Constituição Federal de 1988, formam, conforme salienta Ingo Sarlet, "um conjunto complexo e extremamente heterogêneo de posições jurídicas" (Sarlet, 2008, p. 118), representados desde os direitos subjetivos de resistência ou oposição perante o Estado, até os direitos ao exercício democrático plural. Conforme ensinamentos de Konrad Hesse, os direitos fundamentais cumprem a função de "criar e manter os pressupostos elementares de uma vida na liberdade e na dignidade humana" (*apud* Bonavides, 2001, p. 514). Para Bonavides, "a vinculação essencial dos direitos fundamentais à liberdade e à dignidade humana, enquanto valores históricos e filosóficos, nos conduzirá sem óbices ao significado de universalidade inerente a esses direitos como ideal da pessoa humana" (Bonavides, 2001, p. 516).

O reconhecimento da dignidade humana, alçada constitucionalmente a fundamento do Estado Democrático de Direito, é hoje a base valorativa de sustentação de toda e qualquer situação jurídica de Direito Privado. A opção pela inclusão de tal princípio em artigo basilar da Constituição Federal é consequência de opção realizada abertamente pelo legislador constituinte pela promoção de uma sociedade solidária e justa, quer permita o livre desenvolvimento pessoal de seus cidadãos.(Mulholland, Pires, 2014, p. 14)

Este princípio possui duas acepções: uma no sentido de garantir a todas as pessoas um tratamento humano, não degradante, e, portanto, protetivo da integridade psicofísica de cada um; e outra, no sentido de realizar projetos e propostas que possibilitem a cada pessoa a concretização de sua humanidade, através de ações visíveis.

Tendo em vista esta caracterização da pessoa como um fim em si mesmo, toda e qualquer manifestação legislativa deve ter como finalidade a promoção do homem e de seus valores. E é nesta finalidade promocional que se encontra a maior dificuldade por parte do jurista. Se for possível dizer que a dignidade da pessoa humana, por se erigir como fundamento do Estado Democrático de Direito, deve alcançar todas as esferas do ordenamento jurídico – incluído aí os institutos de Direito Privado –, é também possível concluir que a limitação interpretativa do conteúdo deste valor constitucional será difícil de se alcançar. Nesta dificuldade se encontram as barreiras para a aplicação consciente do princípio da dignidade humana, pois "corre-se o risco da generalização, indicando-a como *ratio* jurídica de todo e qualquer direito fundamental" (Bodin de Moraes, 2003, p. 54). Segundo Maria Celina Bodin de Moraes, "levada ao extremo, essa postura hermenêutica acaba por atribuir ao princípio um grau de abstração tão intenso que torna impossível sua aplicação" (Bodin de Moraes, 2003, p. 84).

Para permitir a efetivação de tal princípio, o Direito Civil atua de forma protetiva. Ao caracterizar a pessoa e identificar as qualidades que a conformam concretamente, pretende-se buscar a tutela justa e equilibrada das relações privadas em que performa. Ao contrário da concepção de indivíduo, que em essência é formalmente igual, o conceito de pessoa projeta a necessidade de uma interpretação da norma jurídica que permita o tratamento desigual nas relações jurídicas em que atua, considerando a qualidade que desempenha nesta relação. (Mulholland, 2009, p. 67-68).

O princípio da dignidade da pessoa humana verifica-se por meio da efetivação dos princípios da liberdade, da igualdade, da integridade ou da solidariedade social. Refere-se o princípio a uma cláusula geral de tutela da pessoa, servindo como princípio "prevalente no momento da concretização normativa e [n]a ponderação de princípios" (Ruzyk, 2002, p. 131). Por esse raciocínio, sempre que estejam em discussão situações jurídicas de natureza existencial, estas prevalecerão sobre as de natureza patrimonial se caracterizada incompatibilidade entre elas (Mulholland, 2009, p. 69). A análise do princípio da dignidade da pessoa humana se realiza, portanto, e com razão, considerando-se sempre a plena tutela da pessoa, seja considerando aspectos relacionados à sua liberdade, seja à sua identidade e privacidade, como no caso dos dados pessoais.

Uma primeira análise da estrutura constitucional dos direitos fundamentais leva ao reconhecimento de que a proteção de dados pessoais – ainda que não prevista constitucionalmente – pode ser feito tanto da proteção à intimidade (art. 5º, X, CF), quanto do direito à informação (art. 5º, XIV), ou do direito ao sigilo de comunicações e dados (art. 5º, XII, CF), assim como da garantia individual ao conhecimento e correção de informações sobre si pelo *habeas data* (art. 5º, LXXII, CF). Para Rodotà, "estamos diante da verdadeira reinvenção da proteção de dados – não somente porque ela é expressamente considerada como um direito fundamental autônomo (o autor refere-se à Carta de Direitos Fundamentais da União Europeia),[12] mas também porque se tornou uma ferramenta essencial para o livre desenvolvimento da personalidade. A proteção de dados pode ser vista como a soma de um conjunto de direitos que configuram a cidadania do novo milênio" (Rodotà, 2008, p. 14).

Percebe-se assim que, mesmo antes de haver a previsão constitucional no Brasil do direito aos dados pessoais como uma categoria de direitos fundamentais,[13] podia-se compreender, por meio de uma leitura funcionalizada da Constituição Federal e de seus princípios e valores, que a tutela da privacidade era o *locus* constitucional da proteção dos dados pessoais, conforme esclareceremos adiante. Parte-se da ideia de que os dados são elemento constituinte da identidade da pessoa e que devem ser protegidos na medida em que compõem parte fundamental de sua personalidade,

---

12. Artigo 8, da Carta de Direitos Fundamentais da União Europeia – Proteção de dados pessoais 1. Todas as pessoas têm direito à proteção dos dados de caráter pessoal que lhes digam respeito. 2. Esses dados devem ser objeto de um tratamento leal, para fins específicos e com o consentimento da pessoa interessada ou com outro fundamento legítimo previsto por lei. Todas as pessoas têm o direito de aceder aos dados coligidos que lhes digam respeito e de obter a respectiva retificação. 3. O cumprimento destas regras fica sujeito a fiscalização por parte de uma autoridade independente.
13. A proteção de dados pessoais ingressou no rol de direitos fundamentais previstos no artigo 5º da Constituição Federal, por meio da emenda constitucional 115/2022, fruto de PEC 17/2019. Estabelece o inciso LXXIX que "é assegurado, nos termos da lei, o direito à proteção dos dados pessoais, inclusive nos meios digitais".

que deve ter seu desenvolvimento privilegiado, por meio do reconhecimento de sua dignidade.

5. DO DIREITO À PRIVACIDADE: PROTEÇÃO DA INTIMIDADE DESDE O PRINCÍPIO "THE RIGHT TO BE LET ALONE" AO DIREITO DE CONTROLAR SEUS PRÓPRIOS DADOS

Em nosso ordenamento, o artigo 5º, X, da Constituição Federal,[14] e o artigo 21, do Código Civil,[15] fundamentam a proteção da esfera privada de uma pessoa, referindo-se tanto à vida privada, quanto à intimidade da pessoa humana. O direito à privacidade, e mais especificamente, o direito à intimidade, alude à proteção da esfera privada ou íntima de uma pessoa, sendo esta abrigada contra ingerências externas, alheias e não requisitadas, e tutelada na medida em que não se permite, sem autorização do titular da informação ou dado, a sua divulgação no meio social.

Este conceito habitual de privacidade está, contudo, superado. Se, tradicionalmente, o direito à privacidade (*right to privacy*) está associado ao direito de ser deixado só, contemporaneamente pode-se afirmar que a privacidade evoluiu para incluir em seu conteúdo situações de tutela de dados sensíveis, de seu controle pelo titular e, especialmente, de "respeito à liberdade das escolhas pessoais de caráter existencial" (Lewicki, 2003, p. 9). Para Stefano Rodotà, "a privacidade pode ser definida mais precisamente, em uma primeira aproximação, como o direito de manter o controle sobre as próprias informações" sendo a esfera privada "aquele conjunto de ações, comportamentos, opiniões, preferências, informações pessoais, sobre os quais o interessado pretende manter um controle exclusivo" (Rodotà, 2008, p. 92). Para Solove, "privacy is a fundamental right, essential for freedom, democracy, psychological well-being, individuality, and creativity" (Solove, 2008, p. 5).

Aquele conteúdo primário e existencial do direito à privacidade – qual seja, o direito de estar só – foi desenvolvido em 1890, por meio de entendimento capitaneado por Warren e Brandeis, Justices da Suprema Corte dos Estados Unidos da América. Já naquele momento identificava-se o conteúdo eminentemente existencial do direito à privacidade que, contudo, era aplicado somente às situações concretas em que existia o *trespass* de terceiros contra a esfera privada do sujeito. A tutela do direito à privacidade nessa época era efetivada de maneira negativa, não promocional, ou seja, não se buscava o desenvolvimento de um direito à "privacidade", mas restringia-se o acesso de terceiros a essa esfera subjetiva, impedindo que ingressassem sem a devida autorização. Por esta orientação, o direito à privacidade foi inicialmente empregado para tutelar a vida privada das pessoas, dentro de seu próprio lar, como reflexo da proteção dada à casa ou a moradia do sujeito (Mulholland, 2012, p. 2).

---

14. Artigo 5º, X, CF – são invioláveis a intimidade, a vida privada, a honra e a imagem das pessoas, assegurado o direito a indenização pelo dano material ou moral decorrente de sua violação.
15. Art. 21, CC – A vida privada da pessoa natural é inviolável, e o juiz, a requerimento do interessado, adotará as providências necessárias para impedir ou fazer cessar ato contrário a esta norma.

O conceito de privacidade foi ampliado, especialmente, devido ao desenvolvimento de novas formas de apropriação e difusão de dados pessoais. Por meio do desenvolvimento de tecnologias, tais como a Internet e a biotecnologia, os dados sensíveis tornaram-se facilmente apreensíveis, facilitando a sua disseminação, por vezes de maneira ilícita ou abusiva. Há, em decorrência dessa expansão, um incremento nas formas de violação da esfera privada, uma vez que se torna demasiadamente rotineiro e facilitado o acesso não autorizado de terceiros a esses dados. Desta maneira, a proteção da privacidade transforma-se de um direito de não ser importunado, para um direito de ter o controle sobre os dados pessoais, visando com isso o impedimento de sua circulação indesejada (Mulholland, 2012, p. 3).

Em conclusão, o direito à privacidade é delineado por meio de três concepções, (i) o direito de ser deixado só, (ii) o direito de ter controle sobre a circulação dos dados pessoais, e (iii) o direito à liberdade das escolhas pessoais de caráter existencial (Mulholland, 2012, p. 3). Assim, "a privacidade deve ser considerada também como o "direito de manter o controle sobre suas próprias informações e de determinar a maneira de construir sua própria esfera particular", reconhecendo-se às pessoas "autodeterminação informativa" (Rodotà, 2008, p. 15) e a realização plena de sua liberdade existencial (Rodotà, 2008, p. 92).

6. A PROTEÇÃO CONSTITUCIONAL DOS DADOS SENSÍVEIS COMO EXERCÍCIO DEMOCRÁTICO DE IGUALDADE E NÃO DISCRIMINAÇÃO

A proteção de dados pessoais – enquanto decorrência da cláusula geral de tutela da pessoa humana e do direito à privacidade – é um requisito essencial da democracia. A capacidade de tratamento de dados pessoais das mais diversas ordens vem aumentando exponencialmente, principalmente devido ao advento de tecnologias avançadas de inteligência artificial, com o uso de algoritmos sofisticados e com a possibilidade de aprendizado por máquinas (*machine learning*). Significa dizer que o tratamento de "*big data*" – literalmente, grandes bases de dados – por meio de técnicas computacionais cada vez mais desenvolvidas pode levar a análises probabilísticas e resultados que, ao mesmo tempo que atingem os interesses de uma parcela específica da população, retiram a capacidade de autonomia do indivíduo e o seu direito de acesso ao consumo de bens e serviços e a determinadas políticas públicas, por exemplo.

Por isto que a regulação da coleta, uso, tratamento e compartilhamento de dados pela Lei Geral de Proteção de Dados torna-se de suma importância, devendo tais atividades serem realizadas de tal forma a respeitar os princípios previstos na mesma, enfatizando-se, no caso de dados sensíveis, o uso dos mesmos de maneira que atente ao princípio da igualdade e não gere uma discriminação. O princípio da não discriminação deve ser refletido em todas as circunstâncias em que o uso de dados, sejam sensíveis ou não, gere algum tipo de desvalor ou indução a resultados que seriam inequitativos. Esse princípio deve servir como base de sustentação da tutela dos dados sensíveis, especialmente quando estamos diante do exercício democrático e do acesso a direitos sociais, tais como o direito ao trabalho, à saúde e à moradia.

De acordo com Celina Bodin e Chiara de Teffé, "uma vez munidas de tais informações (dados pessoais), entidades privadas e governamentais tornam-se capazes de "rotular" e relacionar cada pessoa a um determinado padrão de hábitos e de comportamentos, situação que pode favorecer inclusive graves discriminações, principalmente se analisados dados sensíveis". Em continuidade, as autoras sustentam que "(...) um acervo suficientemente amplo de informações permite a elaboração de perfis de consumo, o que se, de um lado, pode ser utilizado para incrementar e personalizar a venda de produtos e serviços, de outro, pode aumentar o controle sobre a pessoa, desconsiderando sua autonomia e dificultando a participação do indivíduo no processo decisório relativo ao tratamento de seus dados pessoais, de seu patrimônio informativo" (Bodin, Teffé, 2016, p. 21).

A título de ilustração, dois casos relatam os malefícios do perfilamento (*profiling*), com uso de dados pessoais que geraram tratamento discriminatório. Os casos ocorreram nos EUA e se referiram à contratação de serviços médicos e de seguridade. No primeiro caso, algumas seguradoras utilizaram dados pessoais relacionados às vítimas de violência doméstica, acessíveis em banco de dados públicos. O resultado do tratamento dos dados levou a uma discriminação negativa, ao sugerir que mulheres vítimas de violência doméstica não poderiam contratar seguros de vida, saúde e invalidez. Em outro caso, relacionado a dados de saúde, "quando uma pessoa tem um derrame, alguns bancos, ao descobrir tal fato, começam a cobrar o pagamento dos empréstimos realizados".[16] Em outro exemplo trazido por Rodotà sobre o uso de dados pessoais sensíveis, "não há dúvida de que o conhecimento, por parte do empregador ou de uma companhia seguradora, de informações sobre uma pessoa infectada pelo HIV, ou que apresente características genéticas particulares, pode gerar discriminações. Estas podem assumir a forma da demissão, da não admissão, da recusa em estipular um contrato de seguro, da solicitação de um prêmio de seguro especialmente elevado" (Rodotà, 2008, p. 70).

A tutela jurídica de dados pessoais como um corolário do direito à privacidade (ou do direito à identidade) nos leva a considerar que a autodeterminação informativa, ou o poder de controle sobre os próprios dados, deve ser a tônica quando buscamos a proteção específica dos dados sensíveis, especialmente se tais dados podem gerar tratamentos desiguais. O reconhecimento do direito fundamental à igualdade no artigo 5º, *caput*, da Constituição Federal tutela também o direito ao tratamento sem distinções de qualquer natureza. Ao mesmo tempo, dentre os objetivos fundamentais da República Federativa do Brasil, constantes do artigo 3º, da Constituição Federal, está o de "promover o bem de todos, sem preconceitos de origem, raça, sexo, cor,

---

16. Instituto de Tecnologia e Sociedade. Transparência e Governança nos algoritmos: um estudo de caso sobre o setor de birôs de crédito, disponível em: https://itsrio.org/pt/publicacoes/transparencia-e-governanca-nos-algoritmos-um-estudo-de-caso/. Acesso em: 15 nov. 2018.

idade e quaisquer outras formas de discriminação". Soma-se ao reconhecimento constitucional da proteção da igualdade e da não discriminação, a previsão na LGPD da impossibilidade do tratamento para fins discriminatórios ilícitos ou abusivos, conforme já esclarecido em outra oportunidade.

CONCLUSÃO

Nos três casos exemplares relatados na introdução deste artigo, pode-se reconhecer o tratamento de dados sensíveis nas atividades realizadas tanto por pessoas jurídicas privadas, quanto pelo Estado. No primeiro caso – Red Cross Blood Services – informações relacionadas a hábitos sexuais de doadores de sangue foram coletadas com a finalidade de realização de análise de riscos relacionados à doação e recebimento de sangue, sendo posteriormente divulgadas, devido a uma falha de segurança no tratamento dos dados. No segundo caso – Standard Inovation – dados sensíveis relacionados ao uso de vibradores sexuais foram utilizados pela empresa sem o consentimento de seus titulares, com a finalidade de oferecer produtos mais adequados no mercado, o que levou a uma ação coletiva bem sucedida. No terceiro caso – sistema de *scoring* social na China – dados das mais diversas naturezas – incluídos dados sensíveis – são utilizados para fins de pontuação social dos cidadãos, que permitirá a sua qualificação para acessar determinados serviços públicos desenvolvidos por meio de políticas de Estado.

No primeiro caso, temos uma evidente violação no dever de segurança no tratamento de dados, caracterizando um ato ilícito. Nos dois últimos casos – por mais diversos que sejam em fundamentos – a falha no tratamento de dados sensíveis surge como decorrência da violação do princípio da finalidade. Para cada uma das aplicações envolvidas no tratamento de dados, há uma finalidade que deve servir como parâmetro ou limitação dessas atividades. Considerando que a finalidade deve ser legítima, lícita e não abusiva, podemos concluir que nestas duas hipóteses exemplares, a finalidade de propósitos foi usurpada, seja porque ilícita (no caso da Standard Inovation), seja porque abusiva (no caso chinês).

Ademais, no caso do *scoring* social chinês há ainda a violação do princípio da não discriminação, na medida em que os dados coletados, sejam de natureza sensível ou não, são utilizados para finalidades de tratamento diferenciado, excluindo cidadãos do acesso à efetivação de direitos de natureza fundamental, como a igualdade, liberdade, privacidade, saúde, educação, moradia, e impedindo o pleno exercício democrático – que, de fato e concretamente, inexiste na China.

Para Rodotà, é fundamental que haja uma tutela rigorosa dos dados sensíveis, pois esses transformaram-se em conteúdo essencial para a concretização do princípio da igualdade e da não discriminação. Mais ainda, a tutela de dados pessoais sensíveis permite a efetivação, a depender de sua natureza, do direito à saúde (dados genéticos ou sanitários), do direito à liberdade de expressão e de comunicação (dados sobre opiniões pessoais), do direito à liberdade religiosa e de associação (dados sobre convicção religiosa). Assim, para o autor italiano, "(...) a associação entre privacidade e liberdade torna-se cada vez mais forte" (Rodotà, 2008, p. 153), reconhecendo, desta maneira, a natureza de direitos fundamentais aos dados pessoais sensíveis.

Considerando que se caminha cada vez mais e com maior intensidade para uma sociedade governada por dados, o ambiente social no qual se concretiza a ideia de privacidade informacional passa a ser qualificado pela proteção dos direitos da pessoa de manter o controle sobre seus dados, por meio de sua autodeterminação informativa (liberdade), visando a não discriminação (igualdade). Portanto, o problema da privacidade hoje é causado pelo conflito consequente da assimetria de poderes existente entre os titulares de dados e aqueles que realizam o tratamento dos dados. Esta assimetria gera um desequilíbrio social que, por sua vez, leva à violação dos princípios da igualdade e da liberdade. Proteger de maneira rigorosa os dados pessoais sensíveis se torna, assim, instrumento para a efetivação da igualdade e da liberdade.

REFERÊNCIAS

BODIN DE MORAES, Maria Celina. *Danos à pessoa humana*. Rio de Janeiro: Renovar, 2003.

BODIN DE MORAES, Celina; TEFFÉ, Chiara. Redes sociais virtuais: privacidade e responsabilidade civil. Análise a partir do Marco Civil da Internet. *Revista Pensar*, v. 22, n. 1 2017.

BONAVIDES, Paulo. *Curso de Direito Constitucional*. São Paulo: Malheiros, 2001.

BRASIL. Lei 13.709, de 14 de agosto de 2018. Dispõe sobre a proteção de dados pessoais e altera a Lei 12.965, de 23 de abril de 2014 (Marco Civil da Internet). Fonte: www.planalto.gov.br.

COHEN, Julie. Examined Lives: Informational Privacy and the Subject as Object. 52 Stan. L. Rev. 1373-1438 (2000).

DONEDA, Danilo. *Da privacidade à proteção de dados*. Rio de Janeiro: Renovar, 2005.

LEWICKI, Bruno. *A privacidade da pessoa humana no ambiente de trabalho*. Rio de Janeiro: Renovar, 2003.

MULHOLLAND, Caitlin. *A responsabilidade civil por presunção de causalidade*. Rio de Janeiro: GZ Editora, 2009.

MULHOLLAND, Caitlin. O direito de não saber como decorrência do direito à intimidade. Comentário ao REsp 1.195.995. *Civilistica.com* – Revista Eletrônica de Direito Civil, v. 1, p. 1, 2012.

MULHOLLAND, Caitlin; PIRES, Thula. O reflexo das lutas por reconhecimento no direito civil constitucional. In: LISBOA, Roberto Senise; REZENDE, Elcio Nacur; COSTA, Ilton Garcia da (Org.). *Relações privadas e democracia*. Florianópolis: Conpedi, 2014. v. 1.

RODOTÀ, Stefano. *Il problema della responsabilità civile*. Milano: Giuffrè, 1967.

RODOTÀ, Stefano. *A vida na sociedade de vigilância*: privacidade hoje. Rio de Janeiro: Renovar, 2008.

RUZYK, Carlos Eduardo P. A responsabilidade civil por danos produzidos no curso da atividade econômica e a tutela da dignidade da pessoa humana: o critério do dano ineficiente. In: RAMOS, C. L S. et al. (Org.). *Diálogos sobre o Direito Civil*: Construindo a racionalidade contemporânea. Rio de Janeiro: Renovar, 2002

SARLET, Ingo W (Org.). *Direitos Fundamentais e Direito Privado*: uma Perspectiva de Direito Comparado. Coimbra: Almedina, 2008.

SOLOVE, Daniel J. *Understanding Privacy*. Cambridge: Harvard University Press, 2008.

A INFLUÊNCIA DAS *BINDING CORPORATE RULES* DA UNIÃO EUROPEIA E AS PERSPECTIVAS PARA A REGULAMENTAÇÃO DAS NORMAS CORPORATIVAS GLOBAIS NO BRASIL

Camila Nienow

Mestranda pela Universidade Federal do Rio Grande do Sul, sob orientação da Professora Dra. Lisiane Wingert Feiten Ody. Advogada no Andrade Maia Advogados. http://lattes.cnpq.br/8220642744802267. nienowcamila@gmail.com.

Mariana Fogaça

Mestranda pela Universidade Federal do Rio Grande do Sul, em cooperação com o Centro de Estudos Europeus e Alemães – CDEA (Zentrum für Deutschland – und Europastudien – ZDE-UFRGS-PUCRS), sob orientação do Professor Dr. Bruno Miragem. Advogada e Coordenadora do Núcleo de Regulação e Novas Tecnologias na Garrastazu Advogados. http://lattes.cnpq.br/1755646994790055. marianafogacap@gmail.com.

Sumário: 1. Introdução – 2. A transferência internacional de dados e as *binding corporate rules* na união europeia; 2.1 Contexto das *binding coporate rules*; 2.2 Procedimento e diretrizes conceituais para aprovação e delimitação de alcance das *binding corporate rules* na GDPR – 3. A regulamentação das normas corporativas globais no Brasil; 3.1 As normas corporativas globais na LGPD; 3.2 Perspectiva regulatória brasileira: tomada de subsídios 2/2022 e a proposta de regulamento apresentada pela ANPD – Considerações finais – Referências.

1. INTRODUÇÃO

No contexto atual, parece quase redundante afirmar que a globalização e o rápido avanço da tecnologia testemunhados nos últimos anos revolucionaram o modo de pensar, agir e de viver, no geral. Esta realidade não é mais qualquer novidade. Todos sabem – e experienciam diariamente – vanguardistas formas de conviver e de nos relacionar com pessoas e bens ao nosso redor – formas essas apenas viáveis a partir da utilização das inúmeras inovações que nos circundam e que, em sua maioria, facilitam as negociações entre indivíduos muitas vezes distantes entre si e, mais ainda, as trocas de informações imprescindíveis para concretizá-las. Em diversas hipóteses, inclusive, não fossem esses novos facilitadores, a relação sequer existiria.

Todas estas modernas ferramentas, embora aplicáveis nas mais distintas áreas da vida cotidiana, parecem valorizar – ou até necessitar – de um mesmo elemento abastecedor de seu funcionamento e, quiçá, mercadoria mais valiosa da vida contemporânea: os dados pessoais. Estes, então, suportados pela virtualização das relações, viajam pelo globo e ocupam os bancos de dados dos agentes de tratamento, que os utilizam com os mais variados fins.

No intuito de limitar esta utilização, por óbvio, estabeleceu-se uma importante premissa na área: a necessidade de proteção do direito fundamental aos dados pessoais[1] e à imposição de normas regulamentadoras de seu tratamento e, para fins deste estudo, especialmente, requisitos para sua transferência internacional. Esta necessidade, frisa-se, da mesma forma que as inovações que a criaram, não parece ser novidade.

O que, entretanto, ainda parece incerto, são as respostas a serem dadas pelo direito com fins de regulamentar as referidas tecnologias, trocas, transferências e as diversas consequências advindas destas mencionadas pioneiras interações e da imprescindibilidade de proteção ao titular dos dados transferidos. Como se sabe, afinal, o mais nucleador papel do direito é acompanhar tais modificações e dar-lhes o devido amparo e segurança jurídica. Tal tarefa, entretanto – posta, não raras vezes, sob as costas da doutrina e da jurisprudência – não é fácil e, em diversas ocasiões, sequer possível, se analisada a rapidez com que tal cobrança surge e com que é exigida solução: o direito, ao fim e ao cabo, nem sempre anda na mesma velocidade que o mundo lhe reclama e necessita.

No Brasil, como se sabe, a Lei 13.709/2018, conhecida como Lei Geral de Proteção de Dados – ou LGPD[2] – está em vigor de forma plena desde 2020. O referido dispositivo legal prevê, em seu art. 33 e seguintes, as hipóteses e os requisitos para que ocorra a transferência internacional de dados de forma a garantir os direitos dos titulares. A matéria, entretanto, dado o curto espaço de tempo desde a sua entrada em vigor, ainda é extremamente nova e de rara aplicação na prática.

No presente estudo, então, tendo em vista todo o contexto acima colocado e, especialmente, a evolução do comércio internacional com o consequente aumento de transferência de dados pessoais de titulares espalhados pelo globo e a necessidade de regulamentar, a nível corporativo e governamental, a proteção de tais dados, considerada direito fundamental do indivíduo,[3] por meio de – dentre outros mecanismos – aprovação das chamadas *Binding Corporate Rules*, conceituadas como conjunto de regras e princípios estabelecidos e aderidos por empresas multinacionais para assegurar garantias suficientes na transferência de dados a países terceiros, buscar-se-á responder quais os critérios que devem ser considerados na definição de grupo econômico ou empresarial que estaria abarcado para fins

---

1. Neste sentido, o art. 8º da Carta dos direitos fundamentais da União Europeia. Ver: UNIÃO EUROPEIA. *Carta dos direitos fundamentais da União Europeia*. Disponível em: https://eur-lex.europa.eu/legal-content/PT/TXT/PDF/?uri=CELEX:12012P/TXT&from=PT. Acesso em: 1º fev. 2023.
2. BRASIL. Lei 13.709, de 14 de agosto de 2018. Lei Geral de Proteção de Dados Pessoais (LGPD). Brasília, DF: Presidência da República, 2020. Disponível em: https://www.planalto.gov.br/ccivil_03/_ato2015-2018/2018/lei/l13709.htm. Acesso em: 14 fev. 2023.
3. DONEDA, Danilo. *Da Privacidade à Proteção de Dados Pessoais*: Elementos da Formação da Lei Geral de Proteção de Dados. São Paulo: Ed. RT, 2020. Disponível em: https://thomsonreuters.jusbrasil.com.br/doutrina/1197013435/da-privacidade-a-protecao-de-dados-pessoais-elementos-da-formacao-da-lei-geral-de-protecao-de-dados. Acesso em: 14 fev. 2023. *E-book* (não paginado).

de aplicação das normas corporativas globais aprovadas e se existem experiências sobre a verificação e a aprovação de normas corporativas globais que poderiam servir de exemplo para a ANPD.

Para isso, em um primeiro momento, sob a lente da experiência europeia, advinda da aplicação da *General Data Protection Regulation* ("GDPR")[4] e das normas anteriores a ela, serão apresentados o histórico e conceito do instituto das *Binding Corporate Rules* ("BCR's"), que como se viu constituem uma das garantias adequadas para a transferência internacional de dados entre empresas do mesmo grupo no que diz respeito aos dados de seus empregados, fornecedores e clientes e, ainda, apresentar-se-á o procedimento adotado pela GDPR na aprovação de tais normas.

Em um segundo momento, apresentar-se-á a perspectiva brasileira das normas corporativas globais, analisando os dispositivos legais constantes na LGPD e o tratamento adotado pelo legislador, além da Tomada de Subsídios 2/2022,[5] da ANPD, especificamente quanto às normas corporativas globais, com fins de, a partir do exame da experiência europeia, avaliar os questionamentos ali postos e buscar responder ao problema de pesquisa apresentado.

Como hipótese de resposta aos questionamentos realizados, tem-se que a experiência europeia quanto ao procedimento e estabelecimento de conceitos e limites à aprovação das *Binding Coporate Rules* pode nortear o modelo a ser utilizado pelo ordenamento brasileiro no tratamento a ser conferido às normas corporativas globais, procedimento a ser seguido e requisitos para aprovação. Ainda, a partir do exame das regras elencadas no GDPR, também se traz a hipótese de que estas conferem elementos suficientes para concluir que o conceito de grupo econômico não precisa ser necessariamente engessado e pode abarcar empresas diversas, desde que protagonizem relações negociais e que constem expressamente em pedido de aprovação das normas corporativas globais.

2. A TRANSFERÊNCIA INTERNACIONAL DE DADOS E AS *BINDING CORPORATE RULES* NA UNIÃO EUROPEIA

Talvez não haja área em que seja possível vislumbrar de forma tão latente o fenômeno da globalização e das inovações tecnológicas quanto no campo das corporações e multinacionais. Não apenas inventoras de muitas destas ferramentas, são as empresas, também, que parecem valer-se mais de sua utilização – ou ao menos, de

---

4. UNIÃO EUROPEIA. Regulamento (UE) 2016/679 do Parlamento Europeu e do Conselho, de 27 de abril de 2016, relativo à proteção das pessoas singulares no que diz respeito ao tratamento de dados pessoais e à livre circulação desses dados e que revoga a Diretiva 95/46/CE (Regulamento Geral sobre a Proteção de Dados). Disponível em: https://eur-lex.europa.eu/legal-content/PT/TXT/?uri=celex%3A32016R0679. Acesso em 15 fev. 2023.
5. AUTORIDADE NACIONAL DE PROTEÇÃO DE DADOS – ANPD. Tomada de Subsídios sobre Transferência Internacional 2/2022. Status: encerrada. Abertura: 18/05/2022. Encerramento: 30/06/2022. Disponível em: https://www.gov.br/participamaisbrasil/consultation-international-data-transfer. Acesso em: 10 fev. 2023.

seu emprego cada vez mais criativo e amplo. Esta conduta, por sua vez, acaba também facilitando um maior fluxo de informações e dados pessoais.[6]

O comércio, facilitado pelas plataformas digitais e, por isso, cada vez mais internacional, assim, passou a exigir a transferência de quantidades massivas de dados pessoais, sejam esses dos colaboradores destas grandes empresas, sejam de seus clientes e consumidores. Estas transferências, segundo avaliaram David Bender e Larry Ponemon já em 2006, passaram a ocorrer, em sua maioria, entre unidades da mesma corporação, sediadas em países diferentes.[7]

Diante deste contexto, as discussões sobre a necessidade de proteção jurídica aos dados transferidos e da privacidade de seus titulares se proliferaram, exigindo ações governamentais e corporativas para adesão a requisitos básicos de privacidade quando do tratamento de tais dados.[8] Uma das formas encontradas para dar concretude a tal objetivo foi utilização, pela União Europeia, das chamadas *Binding Corporate Rules* ("*BCR's*"), ainda sem muita aderência no Brasil, mas que, com o advento da Lei Geral de Proteção de Dados (Lei 13.709/2018)[9] e expressa previsão em art. 33, II, alínea "c", convida os operadores do direito a discutir sua aplicação no ordenamento nacional, a partir de modelos já preestabelecidos, conforme se demonstrará a seguir.

2.1   Contexto das *Binding Coporate Rules*

Frente ao panorama contextual acima descrito e à necessidade de tutela da proteção de dados, diversas medidas foram tomadas a nível europeu com tal intuito. Para melhor elucidar o histórico que circunda a matéria especificamente relacionada às normas corporativas globais, inicia-se a análise, em linha do tempo, pela Diretiva 95/46/CE ("Diretiva"), resultado de discussões já travadas nas Diretrizes da Organização para Cooperação e Desenvolvimento Econômico (OCDE) de 1980 e a Convenção 108 do Conselho da Europa, e ponto de partida para a formulação da estrutura do "acordo de porto seguro" (*Safe Harbor Agreement*).[10]

O artigo 25 da referida Diretiva fixava que a transferência de dados pessoais para países terceiros (externos à União Europeia), somente seria possível se o país terceiro em questão assegurasse um nível de proteção adequado. A adequação, por sua vez, seria analisada sob os vieses da natureza dos dados, finalidade e duração do

---

6. PROUST, Olivier; BARTOLI, Emmanuelle. Binding Corporate Rules: a global solution for international data transfers. *International Data Privacy Law*, v. 2, n. 1, p. 35-39, 2012.
7. BENDER, David; PONEMON, Larry. Binding Corporate Rules for Cross-Border Data Transfer. *Rutgers Journal of Law and Urban Policy*, v. 3, n. 2, p. 154-171. Spring 2006.
8. Ibidem, p. 155.
9. BRASIL. Lei 13.709, de 14 de agosto de 2018. Lei Geral de Proteção de Dados Pessoais (LGPD). Brasília, DF: Presidência da República, 2020. Disponível em: https://www.planalto.gov.br/ccivil_03/_ato2015-2018/2018/lei/l13709.htm. Acesso em: 14 fev. 2023.
10. VERONESE, Alexandre. Transferências internacionais de dados pessoais: o debate transatlântico norte e sua repercussão na América Latina e no Brasil. In: BIONI, Bruno et al (Org.) *Tratado de Proteção de dados pessoais*. Rio de Janeiro: Forense, 2021.

tratamento, os países de origem e de destino final e suas regras de direito, gerais ou setoriais, bem como as regras profissionais e as medidas de segurança respeitadas em dito país.[11]

Em contrapartida, o artigo 26 da Diretiva, em item "2", fixava a possibilidade de transferência para um país terceiro que não assegurasse nível de proteção adequado, desde que o responsável pelo tratamento apresentasse "garantias suficientes de proteção da vida privada e dos direitos e liberdades fundamentais das pessoas, assim como do exercício dos respectivos direitos".

Foi sob o manto do referido artigo, então, que empresas multinacionais com complexas estruturas passaram a postular às autoridades europeias responsáveis à época[12] a permissão para adotar "códigos de conduta" para transferências internacionais de dados pessoais entre empresas do mesmo grupo econômico,[13] acreditando na pertinência de se explorar a possibilidade de assunção de compromissos unilaterais amparados por garantias sólidas a serem prestadas pelas empresas.[14]

Em documento elaborado pelo Grupo de Trabalho do Artigo 29 intitulado "Tansfers of personal data to third countries: Applying Article 26 (2) of the EU Data Protection Directive to Binding Corporate Rules for International Data Transfers"[15] (em abreviação, denominado "WP 74"), a autoridade analisou a possibilidade de deferimento de tais pedidos, concluindo que o art. 26(2) da Directiva 95/46/CE oferecia aos Estados-Membros ampla margem para aplicação, não havendo impedimento para sua utilização neste contexto, já que os compromissos unilaterais seriam capazes de implementar e assegurar efeitos legais[16] com proteção efetiva aos

---

11. UNIÃO EUROPEIA. Diretiva 95/46/CE do Parlamento Europeu e do Conselho, de 24 de outubro de 1995, relativa à protecção das pessoas singulares no que diz respeito ao tratamento de dados pessoais e à livre circulação desses dados. Disponível em: https://eur-lex.europa.eu/legal-content/PT/TXT/HTML/?uri=CELEX:31995L0046&from=EL. Acesso em 19 fev. 2023.
12. A autoridade europeia mencionada se trata de grupo de trabalho 29 europeu independente que lidou com as questões relacionadas com a proteção de dados pessoais e da privacidade até 25 de maio de 2018. Disponível em: https://edpb.europa.eu/about-edpb/more-about-edpb/article-29-working-party_pt. Acesso em: 21 fev. 2023. O Grupo de Trabalho do artigo 29 deixou de existir em 25 de maio de 2018, sendo substituído pelo European Data Protection Board ("EDPB"), mas muitos documentos produzidos pelo primeiro foram endossados pelo EDPB.
13. Mais sobre o conceito de grupo econômico será tratado adiante, embora desde já se remeta à leitura do art. 4, itens "18" e "19" da GDPR. Ver: UNIÃO EUROPEIA. Regulamento (UE) 2016/679 do Parlamento Europeu e do Conselho, de 27 de abril de 2016, relativo à proteção das pessoas singulares no que diz respeito ao tratamento de dados pessoais e à livre circulação desses dados e que revoga a Diretiva 95/46/CE (Regulamento Geral sobre a Proteção de Dados). Disponível em: https://eur-lex.europa.eu/legal-content/PT/TXT/?uri=celex%3A32016R0679. Acesso em: 15 fev. 2023.
14. ARTICLE 29 DATA PROTECTION WORKING PARTY. Working Document: Transfers of personal data to third countries: Applying Article 26 (2) of the EU Data Protection Directive to Binding Corporate Rules for International Data Transfers. WP 74. Disponível em: https://ec.europa.eu/justice/article-29/documentation/opinion-recommendation/files/2003/wp74_en.pdf. Acesso em: 07 fev. 2023. p. 05.
15. Em tradução livre das autoras: "Transferência de dados pessoais para países terceiros: Aplicando o artigo 26 (2) da Diretiva europeia de proteção de dados a normas corporativas globais para transferências de dados internacionais".
16. O Grupo de Trabalho do Artigo 29, entretanto, faz ressalva de que, em alguns Estados-membros os compromissos unilaterais não criariam obrigações e direitos com efeitos legais. Neste sentido, enfatizou que

titulares dos dados pessoais e com a possibilidade de intervenção das autoridades caso necessário.[17]

No mesmo documento, ainda, o Grupo de Trabalho do Artigo 29 adotou, para se referir aos mencionados compromissos unilaterais, a terminologia *"Binding Corporate Rules"* – comumente chamados *"BCR's"*[18] –, diferindo-os dos "Códigos de Conduta" (terminologia tradicional empregada até então).[19] Isso porque, enquanto os primeiros lidariam com salvaguardas a serem estabelecidas pelo controlador[20] a fim de garantir uma proteção adequada dos dados pessoais quando da sua transferência para um país terceiro, os segundos, de forma diversa, diriam respeito a regras profissionais dirigidas à aplicação prática da legislação nacional de proteção de dados em um setor específico.[21]

Esmiuçando o termo adotado (em tradução livre das autoras, "normas corporativas vinculantes"), na perspectiva da transferência internacional de dados, então, tem-se os seguintes elementos, explícitos no WP 74:[22] (i) Vinculantes: apenas as regras com natureza vinculante poderiam ser consideradas "salvaguardas suficientes" dentro do significado conferido pela redação do Artigo 26 (2) da Diretiva; (ii) Corporativas: no sentido de que são normas estabelecidas em empresas multinacionais sob a responsabilidade de uma sede matriz. Ainda, importante mencionar já aqui – ponto que será aprofundado no decorrer deste estudo – que o documento considera como "grupo" qualquer grupo de empresas efetivamente obrigado às regras, tanto no aspecto jurídico (obrigatoriedade legal), que considera o quadro externo à empresa, quanto no aspecto prático (*compliance*), que leva em conta o quadro interno da empresa; e (iii) Transferência internacional de dados: principal razão para existência de tais normas.

---

o documento possuía natureza geral e que não interferiria na aplicação de legislações nacionais, reservando o seu direito de apresentar soluções futuras e específicas com fins de harmonizar a utilização das *Binding Corporte Rules* ("*BCR's*") em todos os Estados-Membros.

17. ARTICLE 29 DATA PROTECTION WORKING PARTY. Working Document: Transfers of personal data to third countries: Applying Article 26 (2) of the EU Data Protection Directive to Binding Corporate Rules for International Data Transfers. WP 74. Disponível em: https://ec.europa.eu/justice/article-29/documentation/opinion-recommendation/files/2003/wp74_en.pdf. Acesso em: 07 fev. 2023. p. 5.
18. Optam as autoras por não traduzir o termo para "normas corporativas globais", utilizando, por isso, a terminologia "*BCR's*", uma vez que, como se verá adiante, embora as *BCR's* sejam similares às normas corporativas globais previstas no art. 33, II, alínea "c", da Lei Geral de Proteção de Dados, não parece guardar equivalência absoluta entre si.
19. A confusão relacionada ao termo pode ser observada, por exemplo, em Bender e Ponemon no trabalho "Binding Corporate Rules for Cross-Border Data Transfer", quando os autores definem as BCR's como "A code of conduct setting forth the privacy policy of the entire enterprise (...) to which each entity included in the enterprise subscribes, enabling data subjects and other entities to enforce that code against the entity/enterprise". Mais em: BENDER, David; PONEMON, Larry. Binding Corporate Rules for Cross-Border Data Transfer. *Rutgers Journal of Law and Urban Policy*, v. 3, n. 2, p. 154-171. Spring 2006.
20. Entende-se que, em virtude dos WP's números 263, 264 e 265, possível a extensão do conceito também ao agente de tratamento.
21. ARTICLE 29 DATA PROTECTION WORKING PARTY. Working Document: Transfers of personal data to third countries: Applying Article 26 (2) of the EU Data Protection Directive to Binding Corporate Rules for International Data Transfers. WP 74. Disponível em: https://ec.europa.eu/justice/article-29/documentation/opinion-recommendation/files/2003/wp74_en.pdf. Acesso em: 07 fev. 2023. p. 07.
22. Ibidem, p. 8.

A WP 74 trouxe, ainda, os requisitos essenciais de conteúdo das *BCR's*, que deve ser suficientemente detalhado e personalizado às particularidades do caso concreto para permitir às autoridades determinarem que o processo levado a termo nos países terceiros é adequado. Resumiu, assim, os seguintes elementos a serem abarcados pelas *BCR's*: previsões garantindo bom nível de *compliance*, realização de auditorias internas e externas, um sistema de resolução de reclamos por um departamento específico e claramente identificável, dever de cooperar com as autoridades de proteção de dados no que diz respeito à salvaguarda dos dados pessoais dos titulares que precisem de auxílio institucional, garantia de que os titulares dos dados pessoais poderão valer-se dos mesmos remédios e previsões de responsabilidade caso fossem submetidos às normas da Diretiva ou quaisquer normais nacionais que a transponha.

Ainda, a sede matriz do grupo (se localizada na União Europeia – "EU") ou, ainda, qualquer empresa membro da EU com responsabilidade delegada de proteção dos dados, deve aceitar a responsabilidade de agir para reparar atos de outros membros do grupo mesmo que fora da EU e pagar a devida compensação em caso de danos, comprovando capacidade econômica para tanto e, ainda, de que poderá ser ativada judicialmente nestes casos.

Ademais, deve haver regra de jurisdição, com aceitação do grupo, a partir das *BCR's*, à escolha dos titulares em acionar o grupo e escolher a jurisdição e, por fim, há de existir transparência, devendo o grupo econômico demonstrar que os titulares dos dados pessoais estão cientes de que esses dados estão sendo transferidos a outros membros do grupo em países terceiros por autorização das autoridades de proteção de dados baseada nas legalmente obrigatórias *BCR's*, cujo acesso deve lhe ser facilitado.

Todas as recomendações acima enunciadas, presentes na WP 74, note-se, foram publicadas enquanto ainda em vigor a Diretiva 95/46/CE que, como se viu, embora não possuísse ainda dispositivo explícito sobre a utilização de normas corporativas globais, valeu-se do artigo 26 (2) para sua implementação.

Seguindo-se a linha do tempo acima inicialmente delimitada, passa-se ao exame do período posterior à revogação da Diretiva, com a entrada em vigor do Regulamento (EU) 2016/679 (já mencionada *General Data Protection Regulation* ou "GDPR"). Nesta, foram introduzidos os artigos 46 (2) (b) e 47 que tratam especificamente sobre o tema, sedimentando a aplicação das *BCR's* como garantias adequadas para a transferência internacional de dados, em caso de ausência de decisão de adequação.

A GDPR, assim, fixou dois meios gerais[23] para autorizar a transferência internacional de dados pessoais, dando preferência, primeiro, à decisão de adequação, prevista no art. 45 (1) e 45 (3), e, na ausência desta, permitiu ao controlador ou operador a transferência internacional de dados pessoais a um país terceiro ou orga-

---

23. VERONESE, Alexandre. Transferências internacionais de dados pessoais: o debate transatlântico norte e sua repercussão na América Latina e no Brasil. In: BIONI, Bruno et al (Org.). *Tratado de Proteção de dados pessoais*. Rio de Janeiro: Forense, 2021.

nização internacional se tal controlador ou operador oferecer garantias adequadas – como é o caso das *BCR's* –, sob a condição de que estejam disponíveis ao titular dos dados pessoais direitos legalmente exigíveis e efetivos mecanismos de reparação em caso de danos.[24]

Conceitualmente, por meio da análise dos mencionados artigos, as *BCR's* podem ser definidas como um conjunto de regras e princípios estabelecidos e aderidos por empresas multinacionais que possuam sede na União Europeia para transferências de dados pessoais para "grupo de empresas ou grupo de empresas envolvidas em atividades econômicas conjuntas", empresas do mesmo grupo econômico que estejam situadas fora do território da EU com intuito de garantir a conformidade com GDPR nos países terceiros em que atuam, de acordo com os requisitos elencados no regulamento.[25],[26]

São, assim, instrumento de autorregulação que permite à empresa estabelecer padrões consistentes de proteção de dados em todas as suas operações globais e, como tais, devem incluir os princípios e direitos vinculantes para assegurar garantias adequadas para a transferência de dados que sejam legalmente obrigatórias e aplicadas por todos os membros do grupo.

Ainda, conforme redação do art. 47, as *BCR's* deverão ser aprovadas pela autoridade supervisora competente, desde que as normas sejam legalmente vinculantes, confiram expressamente direitos exigíveis pelos titulares dos dados e preencham os seguintes requisitos: (i) Detalhamento quanto à estrutura e contatos do grupo econômico ou grupo de empreendimentos/empresas e de todos os seus membros; (ii) Especificação quanto aos dados transferidos, tipo de tratamento e objetivo da transferência, além da identificação dos titulares dos dados a serem afetados com a transferência e nomeação dos países terceiros e países envolvidos na transferência; (iii) Especificação da natureza vinculante, tanto interna quanto externamente; (iv) Aplicação dos princípios gerais da proteção de dados (limitação do objeto, minimização dos dados, limitação do período de armazenamento, qualidade dos dados, proteção de dados desde a concepção e por padrão, base legal para o tratamento, especificação quanto ao tratamento de categorias especiais de dados pessoais, medidas para garantir a segurança dos dados, e os requisitos em relação a transferências supervenientes a

---

24. Artigo 46 (2) (b) GDPR. Ver: UNIÃO EUROPEIA. Regulamento (UE) 2016/679 do Parlamento Europeu e do Conselho, de 27 de abril de 2016, relativo à proteção das pessoas singulares no que diz respeito ao tratamento de dados pessoais e à livre circulação desses dados e que revoga a Diretiva 95/46/CE (Regulamento Geral sobre a Proteção de Dados). Disponível em: https://eur-lex.europa.eu/legal-content/PT/TXT/?uri=celex%3A32016R0679. Acesso em: 15 fev. 2023.
25. EUROPEAN COMISSION. *Binding Corporate Rules (BCRs)*: corporate rules for data transfers with multinacional companies. Disponível em: https://commission.europa.eu/law/law-topic/data-protection/international-dimension-data-protection/binding-corporate-rules-bcr_en. Acesso em: 17 fev. 2023.
26. ZAPPELINI, Thaís Duarte. *Guia de proteção de dados pessoais: transferência internacional*. São Paulo: CEPI-FGV Direito SP, 2020. 6 v. (Guia de proteção de dados pessoais; 5). Disponível em: https://bibliotecadigital.fgv.br/dspace/handle/10438/30876. Acesso em 17 fev. 2023. Ainda: INFORMATION COMMISSIONER'S OFFICE – UNITED KINGDOM. Guide to Binding Corporate Rules, de 27 jul. de 2022. Disponível em: https://ico.org.uk/for-organisations/guide-to-binding-corporate-rules/. Acesso em 20 fev. 2023.

pessoas não vinculadas às *BCR's*; (v) Os direitos dos titulares dos dados em relação ao tratamento e os meios de exercer esses direitos; (vi) Aceitação pelo controlador ou agente de tratamento da responsabilidade em caso de descumprimento das *BCR's*, sendo que apenas não haverá responsabilidade se comprovado que ao membro em questão não pode ser atribuída a conduta geradora do dano; (vii) A forma pela qual a informação acerca dos itens anteriores é fornecida aos titulares dos dados conforme artigo 13 e 14 do GDPR;[27] (viii) As funções do indivíduo designado para proteção de dados de acordo com art. 37 do GDPR,[28] assim como o monitoramento de treinamentos e a forma de lidar com reclamos; (ix) Os procedimentos a serem adotados em caso de reclamos; (x) Os mecanismos utilizados para assegurar a verificação do compliance em relação às BCR's (como auditorias, métodos de garantir ações corretivas para proteger os direitos dos titulares, com a divulgação dos resultados ao indivíduo designado para a proteção dos dados e ao conselho do grupo econômico, devendo estar disponível também à autoridade supervisora. (xi) Os mecanismos para reportar e realizar mudanças nas *BCR's* e notificá-las a autoridade supervisora; (xii) Os mecanismos de cooperação com a autoridade supervisora para garantir o compliance e tornar acessível os resultados das medidas e mecanismos já citados acima; (xiii) Os mecanismos para notificar à autoridade supervisora competente requisitos legais exigidos sob a legislação de país terceiro que podem ter efeitos adversos substanciais nas garantias fornecidas pelas *BCR's*; e, finalmente (xiv) Treinamento apropriado de pessoal que tiver acesso permanente e regular aos dados pessoais.

Como se vê, então, é extenso o rol de requisitos a serem exigidos das empresas[29] e há diversas similitudes quanto aos elementos imprescindíveis às *BCR's* quando se avaliam aqueles exigidos por meio da interpretação do art. 26 (2) da Diretiva e dos termos do WP 74 e, atualmente, os exigidos pela GDPR em seu art. 47, os quais certamente poderão ser utilizados como modelo pela Autoridade Nacional de Proteção de Dados, se assim se desejar, quando da regulamentação das normas corporativas globais, uma vez que há forte influência da GDPR sobre a LGPD, ressalvadas eventuais adaptações necessárias para tornar os procedimentos de aprovação menos complexos e demorados,[30] conforme se verá com mais profundidade em pontos "2.1" e "2.2" deste estudo.

---

27. UNIÃO EUROPEIA. Regulamento (UE) 2016/679 do Parlamento Europeu e do Conselho, de 27 de abril de 2016, relativo à proteção das pessoas singulares no que diz respeito ao tratamento de dados pessoais e à livre circulação desses dados e que revoga a Diretiva 95/46/CE (Regulamento Geral sobre a Proteção de Dados). Disponível em: https://eur-lex.europa.eu/legal-content/PT/TXT/?uri=celex%3A32016R0679. Acesso em: 15 fev. 2023.
28. Ibidem.
29. Exemplos de empresas com *Binding Coporate Rules* aprovadas são Airbus, Allianz, American Express Company, Astra Zeneca AB, BMW, Hermès, Tetra Park, entre outros. Mais em: EUROPEAN DATA PROTECTION BOARD. *Pre-GDPR BCRs overview list*. Disponível em: https://edpb.europa.eu/system/files/2023-03/EDPB_Information_Pre-GDPR_BCRs_Overview_en.pdf. Acesso em: 17 fev. 2023.
30. MARQUES, Fernanda; AQUINO, Theófilo Miguel de. O regime da transferência internacional de dados na LGPD: delineando as opções regulatórias em jogo. In: BIONI, Bruno et al. *Tratado de Proteção de Dados Pessoais*. Rio de Janeiro: Forense, 2021. p. 310-329. E-book.

2.2 Procedimento e diretrizes conceituais para aprovação e delimitação de alcance das *Binding Corporate Rules* na GDPR

O art. 47 (3) da GDPR prevê que a Comissão Europeia pode especificar o formato e os procedimentos a serem adotados para a troca de informações entre controladores, agentes de tratamento e autoridades supervisoras para as *BCR's*, levando em conta o significado inserido no artigo.

Neste sentido, então, a EDPB publicou a Recomendação 01/2022[31] que trata do formulário para aprovação e dos elementos e princípios que devem ser encontrados nas *BCR's*. Tal documento reafirma a necessidade de que todas as provisões presentes no Capítulo 5 da GDPR (artigos 44 a 50) sejam aplicadas com o objetivo de assegurar que o nível de proteção das pessoas naturais garantidos pelo Regulamento não será ameaçado.

A referida Recomendação, ainda, busca fornecer formulário padrão para aprovação das *BCR's* aos controladores, clarificar o necessário conteúdo das *BCR's* e fazer distinção entre o que deve ser incluído em tal formulário e o que deve ser apresentado à autoridade supervisora líder no formulário.

Há, adicionalmente, como forma de orientar os requerentes, o WP 263,[32] estabelecido pelo Grupo de Trabalho do Artigo 29 ainda na vigência da Diretiva, cujo conteúdo foi endossado pela EDPB, que estabelece o procedimento a ser respeitado quando da apresentação de formulário para aprovação das *BCR's*.

Nele, fica estabelecido que as *BCR's* devem ser aprovadas pela autoridade supervisora competente, nos termos do art. 57 (1) (s) e 58 (3) (j), ambos da GDPR, com respeito ao mecanismo de consistência previsto do Artigo 63, também da GDPR. A competência, por sua vez, é estabelecida, nos termos destes artigos, pelo território em que situada a autoridade supervisora.

Todavia, como apontado no referido WP 263,[33] a GDPR não estabelece regras específicas para a fase de cooperação entre as autoridades supervisoras envolvidas ou para identificar qual seria a autoridade supervisora competente e, portanto, deverá ser nomeada a líder, nos casos em que o grupo econômico possui empresas em mais

---

31. EUROPEAN DATA PROTECTION BOARD. Recommendation 1/2022 on the Application for Approval and on the elements and principles to be found in Controller Binding Corporate Rules (Art. 47 GDPR). Disponível em: https://edpb.europa.eu/our-work-tools/documents/public-consultations/2022/recommendations-12022-application-approval-and_en. Acesso em: 21 fev. 2023.
32. EUROPEAN DATA PROTECTION BOARD. Working Document Setting Forth a Co-Operation Procedure for the approval of "Binding Corporate Rules" for controllers and processors under the GDPR. WP 263. Disponível em: https://commission.europa.eu/law/law-topic/data-protection/international-dimension-data-protection/binding-corporate-rules-bcr_en#:~:text=Relevant%20documents-,What%20are%20binding%20corporate%20rules%3F,group%20of%20undertakings%20or%20enterprises. Acesso em: 21 fev. 2023.
33. EUROPEAN DATA PROTECTION BOARD. Working Document Setting Forth a Co-Operation Procedure for the approval of "Binding Corporate Rules" for controllers and processors under the GDPR. WP 263. Disponível em: https://commission.europa.eu/law/law-topic/data-protection/international-dimension-data-protection/binding-corporate-rules-bcr_en#:~:text=Relevant%20documents,What%20are%20binding%20corporate%20rules%3F,group%20of%20undertakings%20or%20enterprises. Acesso em: 21 fev. 2023.

de um Estado-Membro. A definição desta autoridade líder é essencial, já que é ela que vai agir como ponto focal nos contatos com o requerente da aprovação das *BCR's*. A WP 263,[34] então, objetiva preencher estas lacunas.

Segundo as recomendações do documento, o requerente indica uma autoridade supervisora como líder, justificando as razões para tanto. Tais razões podem estar baseadas em critérios como a localização da empresa inserida no grupo com as responsabilidades delegadas de proteção de dados, a localização da sede do grupo econômico na União Europeia, a localização da empresa inserida no grupo com maiores possibilidades de lidar com o formulário de aprovação, seu procedimento e as regras vinculantes do grupo, o local onde a maioria das decisões acerca do tratamento de dados são tomadas ou o Estado-Membro inserido na União Europeia onde a maioria ou todas as transferências fora do espaço econômico europeu irão ocorrer.

Ainda, o requerimento de aprovação deverá trazer todas as informações necessárias para justificar tal escolha, como a estrutura da atividade de tratamento de dados na União Europeia com indicação dos lugares em que as decisões são tomadas, a localização de eventuais afiliadas, número de empregados e pessoas afetadas pelo tratamento, as formas e objetivos do tratamento, os locais de origem dos dados a serem transferidos (exportador) a países terceiros e os países terceiros destinatários dos dados (importador).

Após esta etapa, então, a autoridade supervisora indicada como líder, de forma discricionária, decidirá se é a autoridade mais apropriada para liderar o procedimento, sendo que, em qualquer hipótese, as autoridades poderão decidir, entre si, alocar o requerimento à autoridade diversa da indicada pelo requerente, principalmente se esta modificação significar maior celeridade.

A Autoridade autorizada encaminhará as informações fornecidas a todas as autoridades supervisoras interessadas indicando se concorda ou não com a indicação. Se concordar, as demais autoridades interessadas serão questionadas, conforme artigo 57 (1) da GDPR, sobre a aceitação de tal encargo pela autoridade indicada, podendo apresentar objeções em duas semanas, renováveis por igual período, sendo o silêncio interpretado como anuência. Caso não concordar, a autoridade indicada deve elencar as razões para tal decisão, assim como apontar se há autoridade diversa que entende ser competente para analisar o requerimento, sendo certo que as autoridades interessadas deverão chegar a uma conclusão em até um mês após o recebimento do pedido.

Fixada a autoridade supervisora competente, ou autoridade supervisora líder, esta iniciará a cooperação e discussões com o requerente, analisando o requerimento e enviando rascunho revisado das *BCR's* a uma ou duas autoridades supervisoras

---

34. EUROPEAN DATA PROTECTION BOARD. Working Document Setting Forth a Co-Operation Procedure for the approval of "Binding Corporate Rules" for controllers and processors under the GDPR. WP 263. Disponível em: https://commission.europa.eu/law/law-topic/data-protection/international-dimension-data-protection/binding-corporate-rules-bcr_en#:~:text=Relevant%20documents-,What%20are%20binding%20 corporate%20rules%3F,group%20of%20undertakings%20or%20enterprises. Acesso em: 21 fev. 2023.

diversas, de acordo com o art. 57 (1), da GDPR, que atuarão como correvisadoras e deverão responder em até um mês.

Assim que o rascunho estiver consolidado (este processo não possui prazo limite para findar) este é enviado pela requerente à autoridade líder, pelo que dispõe o artigo 57 (1) do GDPR, que por sua vez circulará o documento entre todas as autoridades interessadas para comentários, em prazo não superior a um mês.

A autoridade líder, neste momento, enviará comentários ao rascunho consolidado após eventuais apontamentos das demais autoridades e as discussões se encerrarão se necessário. Caso, entretanto, a autoridade líder entender possível ao requerente responder satisfatoriamente a todos os comentários, postulará a este que lhe envie um rascunho final.

Este rascunho final das *BCR's* será, por fim, submetido a EDPB, conforme artigos 64 (1) e 64 (4) da RGPD, e a EDPB adotará opinião sobre o caso, na forma do art. 64 (3), da GDPR. Caso a opinião endorse a decisão rascunho concernente ao rascunho das *BCR's* submetidas pelo requerimento/formulário, a autoridade líder adotará tal decisão e aprovará as *BCR's*, enviando cópias a todas as autoridades interessadas.

Caso, em sentido contrário, a opinião fornecida pela EDPB, nos termos do artigo 64 (3), postular emendas ao rascunho das *BCR's*, a autoridade líder comunicará o presidente do conselho em duas semanas (artigo 64(7) da GDPR) para que esse mantenha o rascunho original ou emende o requerimento nos termos da opinião. No primeiro caso, aplicam-se os artigos 64 (8) e 65 (1), ambos da GDPR. No segundo caso, a autoridade supervisora líder contatará o requerente postulando a apresentação de tais ajustes para que o rascunho seja finalizado e a autoridade líder possa notificar o EDPB de acordo com o artigo 64 (7) da GDPR e aprovar as *BCR's*.

Finalmente, depois do cumprimento de todas as fases do procedimento,[35] quando aprovadas as *BCR's*, todas as transferências internacionais de dados pessoais intragrupo são consideradas em conformidade com GDPR, sem necessidade de obtenção de autorização adicional para conferir-lhes validade ou legalidade.

É este ponto, entretanto, que parece merecer atenção. Afinal, quais são as empresas que, uma vez obtida a autorização pela empresa requerente, serão, em virtude de tal concessão, automaticamente consideradas abarcadas pelo grupo? Qual é, segundo a definição europeia, afinal, o conceito de "Grupo econômico"?

---

35. O procedimento, como se vê, é extremamente rigoroso e condicionado ao preenchimento de diversos requisitos. Talvez não por menos existem críticas à morosidade para obtenção de aprovações e o número de empresas com *BCR's* aprovadas não alcance 200. Mais em: EUROPEAN DATA PROTECTION BOARD. Approved Binding Corporate Rules. Disponível em: https://edpb.europa.eu/our-work-tools/accountability-tools/bcr_en?page=0. Acesso em: 17 fev. 2023. E, ainda: GUTIERREZ, Andriei. Transferência internacional de dados & estratégias de desenvolvimento nacional. p. 211-223. In: MALDONADO, Viviane Nóbrega; BLUM, Renato Opice (Org.). *Comentários ao GDPR*. 3. ed. São Paulo: Thomson Reuters Revista dos Tribunais, 2021. *E-book* (não paginado).

O art. 4 do GDPR,[36] que trata das definições de conceitos presentes na norma, em item "18", faz constar que o termo "*enterprise*" ou, em tradução livre, "empreendimento", significaria "pessoa natural ou jurídica envolvida em uma atividade econômica, independentemente de sua forma jurídica, incluindo parcerias ou associações regularmente envolvidas em uma atividade econômica".

Ainda, em item imediatamente subsequente, "19", traz a definição de "*group of undertakins*" ou, em tradução livre, "grupo de empresas", como sendo grupo formado por empresa controladora e suas controladas.

Em item "20", por sua vez, define as *Binding Corporate Rules* como as normas a serem adotadas dentro de um grupo de empresas ou grupo de empreendimentos que exerçam uma atividade econômica conjunta.

Parece, assim, que uma vez aprovadas as *BCR's*, elas seriam vinculativas para empresas pertencentes a um "grupo de empresas" (controladora e controlada) ou, até mesmo, entre empreendimentos (independentemente de sua forma jurídica) que exerçam atividade conjunta (incluindo parcerias ou associações regularmente envolvidas em atividade econômica).

Como consequência do que concluído acima, tem-se que as aprovações obtidas por certa empresa poderiam tocar controladora e controladas, além de outros empreendimentos que protagonizassem com a requerente relações regulares de parcerias e associações. Parece, assim, ao menos à primeira vista, existir um conceito aberto para grupo econômico, que permite abrigar dentro desta concepção até mesmo empresas que apenas firmem com a requerente negócios jurídicos com certa frequência.

Contudo, não há como se olvidar, independentemente da composição de empresas a ser considerada integrante de grupo econômico, grupo de empresas ou empreendimentos, conforme requisitos do art. 47 (2), do GDPR, ao realizar o requerimento de aprovação das *BCR's*, deverão essas conter, dentre outros itens, o detalhamento quanto à estrutura e contatos do grupo econômico ou grupo de empreendimentos/empresas e de todos os membros que estariam abarcados pelas normas, o que acaba tornando obrigatório que a autoridade, ao analisar o pedido, também verifique a observância, por todas as empresas nomeadas, às garantias mínimas de proteção de dados pessoais.

3. A REGULAMENTAÇÃO DAS NORMAS CORPORATIVAS GLOBAIS NO BRASIL

A regulamentação da temática da transferência internacional de dados no âmbito brasileiro, diferentemente do europeu, em que o atravessamento da matéria

---

36. UNIÃO EUROPEIA. Regulamento (UE) 2016/679 do Parlamento Europeu e do Conselho, de 27 de abril de 2016, relativo à proteção das pessoas singulares no que diz respeito ao tratamento de dados pessoais e à livre circulação desses dados e que revoga a Diretiva 95/46/CE (Regulamento Geral sobre a Proteção de Dados). Disponível em: https://eur-lex.europa.eu/legal-content/PT/TXT/?uri=celex%3A32016R0679. Acesso em: 15 fev. 2023.

já vem ocorrendo há décadas, tem como ponto de partida legal a publicação da Lei 13.709/2018 (Lei Geral de Proteção de Dados Pessoais), sendo um dos grandes desafios da Autoridade Nacional de Proteção de Dados ("ANPD"), pois além da necessidade de regulamentação de diversos outros aspectos da LGPD, a doutrina brasileira ainda é restrita quanto ao tema, extremamente novo e de necessário aprofundamento.

As transferências internacionais de dados pessoais representam uma das atividades de tratamento de dados que mais oferece riscos aos titulares, na medida em que possui potencial para permitir que os dados viajem, muitas vezes, a locais que não necessariamente apresentam garantias suficientes ou consideradas adequadas de proteção. Embora a circulação de dados pessoais entre países seja necessária para o desenvolvimento do comércio e da cooperação internacional, o aumento dessa circulação gera, então, novos desafios e preocupações com relação à proteção desses dados, cujo enfrentamento deve ocorrer.[37]

3.1 As normas corporativas globais na LGPD

A transferência internacional de dados é definida pela LGPD, no artigo 5°, inciso IX, como a transferência de dados pessoais para um país estrangeiro ou organismo internacional do qual o Brasil seja membro.

E, para tanto, a LGPD, apresenta, em artigo 33, as hipóteses em que é permitido transferir internacionalmente os dados pessoais, sendo eles: (i) transferência para países ou organismos internacionais que proporcionem grau de proteção de dados pessoais adequado ao previsto na LGPD; (ii) quando o controlador oferecer e comprovar garantias de cumprimento dos princípios, dos direitos do titular e do regime de proteção de dados previsto na LGPD; (iii) quando a transferência for necessária para a cooperação jurídica internacional entre órgãos públicos de inteligência, de investigação e de persecução, de acordo com os instrumentos de direito internacional; (iv) quando a transferência for necessária para a proteção da vida ou da incolumidade física do titular ou de terceiro; (v) quando a autoridade nacional autorizar a transferência; (vi) quando a transferência resultar em compromisso assumido em acordo de cooperação internacional; (vii) quando a transferência for necessária para a execução de política pública ou atribuição legal do serviço público; (viii) quando o titular tiver fornecido o seu consentimento específico e em destaque para a transferência, com informação prévia sobre o caráter internacional da operação, distinguindo claramente esta de outras finalidades; ou (ix) quando necessário para atender o cumprimento de obrigação legal ou regulatória pelo controlador, quando necessário para a execução de contrato ou de procedimentos preliminares relacionados a contrato do qual seja

---

37. SILVA, Matheus Passos. Os desafios para a proteção de dados no contexto de transferências internacionais de dados pessoais no setor privado. In: FRANCOSKI, Denise de Souza Luiz; TASSO, Fernando Antonio (Coord.). *A Lei Geral de Proteção de Dados Pessoais*: aspectos práticos e teóricos relevantes no setor público e privado. São Paulo: Thomson Reuters, 2021, p. 781-813.

parte o titular, a pedido do titular dos dados ou para o exercício regular de direitos em processo judicial, administrativo ou arbitral.

Na hipótese do inciso II, do artigo 33, poderá ocorrer a transferência internacional quando o controlador oferecer e comprovar garantias de cumprimento dos princípios, dos direitos do titular e do regime de proteção de dados, na forma de (i) cláusulas contratuais específicas para determinada transferência; (ii) cláusulas-padrão contratuais; (iii) normas corporativas globais ou (iv) os selos, certificados e códigos de conduta regularmente emitidos.

Logo, até as menores organizações que desejem transferir dados internacionalmente, por exemplo, aproveitando um sistema de serviço na nuvem internacional, terão que lidar apenas com parceiros de lugares previamente considerados como adequados ou usar um meio que garanta proteção.[38]

Em artigo 35, ainda, a LGPD instituiu que a definição dos conteúdos e a verificação dos mecanismos apresentados pelo artigo 33, inciso II, deverá ser feita pela Autoridade Nacional de Proteção de Dados – ANPD. Contudo, mesmo dependendo de regulamentação específica a ser editada, é indispensável a observância das condições e das garantias mínimas para que a transferência observe aos direitos, garantias e princípios da LGPD.

De forma mais procedimental, visando operacionalizar a edição e a fiscalização, é possível que a ANPD designe organismos de certificação para a materialização dos instrumentos, que permanecerão sob sua fiscalização nos termos a serem definidos, inclusive com a faculdade de a Autoridade rever as respectivas certificações, conforme § 3º e § 4º, do artigo 35.

O presente estudo se propõe a analisar especificamente o a possibilidade apresentada na alínea "c", do inciso II, do artigo 33 – as normas corporativas globais.

Para Marcelo Leonardi, as normas corporativas globais são similares às *Binding Corporate Rules* (ou *BCRs*) do direito europeu, que foram abordadas anteriormente. No âmbito da GDPR, uma das empresas de um grupo econômico submeterá sua política interna de proteção de dados pessoais para avaliação da Autoridade Nacional Competente.[39]

As *BCR's* devem conter além dos princípios de proteção de dados pessoais e dos meios para garantir a efetividade, os mecanismos que comprovem que a política seja vinculante para as empresas do grupo. Inclusive, o conteúdo das *BCR's* não é limitado a transferências internacionais, mas caso o grupo tenha suas *BCR's* aprovadas, todas as transferências internacionais de dados pessoais intragrupo estarão em conformi-

---

38. LEMOS, Ronaldo; PERRONE, Christian. A bolha e o escudo: oportunidades e desafios da transferência internacional de dados. In: FRAZÃO, Ana; CUEVA, Ricardo Villas Bôas. *Compliance e políticas de proteção de dados*. São Paulo: Ed. RT, 2022. E-book (não paginado).
39. LEONARDI, Marcelo. Transferência Internacional de Dados. In: DONEDA, Danilo et al (Coord.). *Tratado de proteção de dados pessoais*. Rio de Janeiro: Forense, 2021.

dade com o GDPR, não sendo necessário obter nova autorização da autoridade para realizá-las.[40]

As normas corporativas globais da LGPD encontram correspondência no instituto das *BCR's*, sendo que para auxiliar os agentes de tratamento de dados pessoais no desenvolvimento das *BCR's*, o *European Data Protection Board* que, como se viu, após o advento do GDPR, substituiu o WP29, mantém *guidelines* que abordam o conteúdo mínimo esperado para esse tipo de documento, que poderão ser utilizados, de modo que a ANPD poderá se aproveitar dessas orientações europeias para estruturação das normas corporativas globais, seguindo, portanto, o padrão internacional pretendido pelo legislador brasileiro.[41]

É válido destacar que tanto as *Recommendations on the approval of the Controller and Processor Binding Corporate Rules form* (WP264[42] e WP265),[43] que foram endossadas pelo EDPB, quanto as *Recommendations 1/2022 on the Application for Approval and on the elements and principles to be found in Controller Binding Corporate Rules* (Art. 47 GDPR), expressam preocupações extremamente semelhantes e que podem ser sintetizadas (i) na Natureza Vinculante das *BCR's*; (ii) na Eficácia; (iii) na Cooperação com as Autoridades Supervisoras; (iv) na Necessidade de Descrição do processamento e fluxos de dados; (v) nos Mecanismos para relatar e registrar alterações e (vi) nas Salvaguardas de proteção de dados.

Ainda, o documento WP265 (*Processor*), também prevê (i) Cooperação com os Responsáveis pelo Tratamento de Dados e (ii) Prestação de Contas e Outras Ferramentas. Ou seja, buscando a regulamentação das normas corporativas globais no Brasil, é possível utilizar esse *framework* de trabalho que tem sido experimentado no espaço europeu.

3.2 Perspectiva regulatória brasileira: Tomada de Subsídios 2/2022 e a proposta de regulamento apresentada pela ANPD

A ANPD, se valendo da tomada de subsídios, instrumento utilizado para a coleta de informações e opiniões de entidades e pessoas interessadas em determinado tema

---

40. Ibidem.
41. CHAVES, Luis Fernando Prado. Capítulo V. Da Transferência Internacional de Dados. In: MALDONADO, Viviane; BLUM, Renato. *LGPD – Lei Geral de Proteção de Dados Pessoais Comentada*. São Paulo: Ed. RT, 2021. Disponível em: https://thomsonreuters.jusbrasil.com.br/doutrina/1198081131/lgpd-lei-geral-de-protecao-de-dados-pessoais-comentada . Acesso em: 03 mar. 2023.
42. EUROPEAN DATA PROTECTION BOARD. Recommendation on the Standard Application form for Approval of Controller Binding Corporate Rules for the Transfer of Personal Data: WP264. Disponível em: https://edpb.europa.eu/sites/default/files/files/file2/wp264_art29_wp_bcr-c_application_form.pdf. Acesso em: 05 fev. 2023.
43. EUROPEAN DATA PROTECTION BOARD. Recommendation on the Standard Application form for Approval of Processor Binding Corporate Rules for the Transfer of Personal Data: WP265. Disponível em: https://commission.europa.eu/law/law-topic/data-protection/international-dimension-data-protection/binding-corporate-rulesbcr_en#:~:text=Relevant%20documents-,What%20are%20binding%20corporate%20rules%3F,group%20of%20undertakings%20or%20enterprises. Acesso em: 20 fev. 2023.

e que, no caso, tem o objetivo de subsidiar a elaboração de normas relacionadas à transferência internacional de dados, publicou a Nota Técnica 20/2022/CGN/ANPD[44] que objetiva subsidiar a Tomada de Subsídios 2/2022.[45]

A Nota ressalta a importância dos mecanismos de transferência internacional para o desenvolvimento da economia digital e, também, para a garantia da efetiva proteção dos dados pessoais. Neste ponto, em que pese a ANPD tenha sinalizado a priorização das cláusulas-padrão contratuais (CPC), para fins de normatização, já que considerado o mecanismo de transferência internacional de dados mais utilizado mundialmente, funcionando inclusive como ferramenta de convergência entre diferentes sistemas, inclusive por ser uma opção para pequenas e médias empresas, não deve se perder de vista a necessidade de regulamentação dos outros instrumentos, como as normas corporativas globais.

Por esse motivo, a ANPD sinalizou que as normas corporativas globais seguirão requisitos fundamentalmente similares aos das CPCs e, portanto, decidiu pela sua inclusão na Tomada de Subsídios, incluindo-os neste primeiro bloco de regulamentação, que são as cláusulas-padrão contratuais, as cláusulas contratuais específicas e as normas corporativas globais, neste bloco denominado de "instrumentos contratuais".

Por meio do regulamento, a ANPD pretende resolver a seguinte questão: quais são os meios eficazes que são capazes de permitir as transferências internacionais de maneira adequada, na ausência de decisão de adequação abrangendo o país destino da transferência?

Na mencionada Tomada de Subsídios 2/2022,[46] especificamente quanto às normas corporativas globais, trouxe seguintes questionamentos: a) quais critérios e/ou requisitos devem ser considerados na regulamentação? b) há requisitos que precisam ser diferentes para normas corporativas globais em relação aos usualmente exigidos para cláusulas-padrão contratuais? quais? c) que critérios deveriam ser considerados na definição de grupo econômico ou empresarial que estaria habilitado para fins de aplicação das normas corporativas globais?; d) quais informações mínimas (nível de detalhamento) sobre os dados pessoais devem ser exigidas para permitir a análise da conformidade pela ANPD das transferências internacionais de dados realizadas por instrumentos contratuais, que minimizem impactos negativos às atividades do grupo empresarial e preservem elevado grau de proteção ao titular de dados? e) quais os riscos e benefícios de se permitir transferências entre grupos econômicos distintos

---

44. AUTORIDADE NACIONAL DE PROTEÇÃO DE DADOS. Nota Técnica no 20/2022/CGN/ANPD. Proposta de realização de Tomada de Subsídios para regulamentação de transferência internacional de dados pessoais. Disponível em: https://www.gov.br/participamaisbrasil/consultation-international-data-transfer. Acesso em: 10 fev. 2023.
45. AUTORIDADE NACIONAL DE PROTEÇÃO DE DADOS – ANPD. Tomada de Subsídios sobre Transferência Internacional 2/2022. Status: encerrada. Abertura: 18.05.2022. Encerramento: 30.06.2022. Disponível em: https://www.gov.br/participamaisbrasil/consultation-international-data-transfer. Acesso em: 10 fev. 2023.
46. AUTORIDADE NACIONAL DE PROTEÇÃO DE DADOS – ANPD. Tomada de Subsídios sobre Transferência Internacional 2/2022. Status: encerrada. Abertura: 18.05.2022. Encerramento: 30.06.2022. Disponível em: https://www.gov.br/participamaisbrasil/consultation-international-data-transfer. Acesso em: 10 fev. 2023.

cujas normas corporativas globais tenham sido aprovadas pela ANPD? e f) existem experiências sobre a verificação e a aprovação de normas corporativas globais que poderiam servir de exemplo para a ANPD?

Para fins específicos deste trabalho, buscar-se-á responder aos seguintes questionamentos: a) que critérios deveriam ser considerados na definição de grupo econômico ou empresarial que estaria habilitado para fins de aplicação das normas corporativas globais? e b) existem experiências sobre a verificação e a aprovação de normas corporativas globais que poderiam servir de exemplo para a ANPD?

Neste contexto, em agosto de 2023, foi submetida à Consulta Pública a proposta de Regulamento de Transferências Internacionais de Dados Pessoais ("proposta de Regulamento") cuja finalidade é regulamentar a transferência internacional de dados pessoais e apresentar o modelo de cláusulas-padrão contratuais, além de estabelecer definições, requisitos gerais, caracterização das transferências internacionais, modalidades de transferências e procedimentos de aprovação, respondendo a muitos dos questionamentos à época da Tomada de Subsídios 2/2022.

Naquilo que toca às normas corporativas globais, a proposta de Regulamento reforça que a sua finalidade é permitir transferências internacionais de dados entre organizações do mesmo grupo econômico e, portanto, possuem caráter vinculante em relação a todos os membros do grupo.

Entretanto, as normas corporativas necessitam, obrigatoriamente, estarem a vinculadas à implementação de programa de governança em privacidade que atenda aos critérios estabelecidos. Os critérios apresentados no artigo 25 são diversos e perpassam desde o comprometimento do controlador com as políticas internas, a abrangências das normas, o estabelecimento de políticas de riscos e planos de respostas a incidentes e remediações, até o estabelecimento de relação de confiança com o titular dos dados.

Além disso, a proposta de Regulamento estabelece, em seu artigo 26, de forma semelhante à GDPR, os pontos que deverão ser abarcados pelas normas corporativas globais, dentre elas a estrutura do grupo ou conglomerado de empresas, contendo a lista de entidades vinculadas, o papel exercido por cada uma delas no tratamento e os dados de contato de cada organização que efetue tratamento de dados pessoais.

Igualmente, estabelece o procedimento de aprovação junto à ANPD (artigos 28 e seguintes), que observará o mesmo procedimento das cláusulas contratuais específicas, e cujo pedido deverá ser instruído com a minuta das normas corporativas globais e os documentos que comprovam o grupo econômico, ressalvada a possibilidade da ANPD requerer documentos complementares.

A proposta de Regulamento, em seu artigo 3º, VI, ainda, definiu como grupo ou conglomerado de empresas o "conjunto de empresas de fato ou de direito com personalidades jurídicas próprias", que estejam "sob direção, controle ou administração de uma pessoa natural ou jurídica", ou, ainda, um grupo de pessoas que detenha "isolada ou conjuntamente, poder de controle sobre a demais, desde que demonstrado interesse integrado, efetiva comunhão de interesses e atuação conjunta das empresas dele integrantes".

Como se vê, o conceito parece abstrato, especialmente em sua última parte. Por esse motivo, se faz necessário que se analisem os critérios que possibilitam a determinação de grupo econômico ou empresarial que estariam habilitados à aplicação das normas corporativas globais e, na busca deste intuito, se torna indispensável a análise doutrinária e de algumas definições abordadas na primeira parte deste trabalho.

Para Gustavo Saad Diniz, o direito brasileiro segmentou as agremiações societárias em arranjos contratuais formais – grupos de direito ou modelo contratual – e estruturas derivadas do controle – grupos de fato ou modelo orgânico.[47]

A diversidade de negócios realizados dentro de um grupo de natureza econômica múltipla (industrial, comercial, financeiro e de serviços) leva-o assumir, como um todo, centenas de operações diferentes, mas integradas em busca de um fim econômico comum.[48]

A organização de uma empresa pode ocorrer de forma individual ou através da coordenação de diversas unidades organizacionais em um grupo sob uma direção unitária. No entanto, o termo "grupo" tem uma conotação polissêmica no direito brasileiro devido ao tratamento diferenciado dado pela legislação às concentrações econômicas, uma realidade inevitável na atual fase do capitalismo.[49]

Nesse contexto, é possível conceber a existência de três categorias interpretativas que são: a) os grupos econômicos; b) grupos de sociedades e c) grupos decorrentes de relações contratuais.[50]

Os grupos econômicos seriam arranjos entre organizações que coordenam atividades econômicas em cadeias verticais ou horizontais, com tratamento da legislação de forma a unificar com solidariedade as atividades e protegendo setores específicos, como no caso trabalhista (art. 2º, § 2º, da CLT[51]), consumidores (art.

---

47. DINIZ, Gustavo S. *Grupos Societários* – Da Formação à Falência. Barueri/SP: Grupo GEN, 2016. E-book. ISBN 9788530971960. Disponível em: https://app.minhabiblioteca.com.br/#/books/9788530971960/, p. 44.e 53-54 Acesso em: 07 mar. 2023.
48. VERÇOSA, Haroldo Malheiros Duclerc. O Direito e a 'Terceirização' da Economia. *Doutrinas Essenciais*: Direito Empresarial. São Paulo: *Revista dos Tribunais*, 2018. p. 74-76. Disponível em: https://proview.thomsonreuters.com/launchapp/title/rt/monografias/74368138/v1/document/74411607/anchor/a-74411607. Acesso em: 08 mar. 2023.
49. DINIZ, Gustavo S. *Grupos Societários* – Da Formação à Falência. Barueri/SP: Grupo GEN, 2016. E-book. ISBN 9788530971960. Disponível em: https://app.minhabiblioteca.com.br/#/books/9788530971960/, p. 44.e 53-54 Acesso em: 07 mar. 2023.
50. DINIZ, Gustavo S. *Curso de Direito Comercial*. 2. ed. Barueri/SP: Grupo GEN, 2022. E-book. Disponível em: https://app.minhabiblioteca.com.br/#/books/9786559773022/. Acesso em: 1º abr. 2023, p.148.
51. CLT, Art. 2º. Considera-se empregador a empresa, individual ou coletiva, que, assumindo os riscos da atividade econômica, admite, assalaria e dirige a prestação pessoal de serviço: (...) § 2º Sempre que uma ou mais empresas, tendo, embora, cada uma delas, personalidade jurídica própria, estiverem sob a direção, controle ou administração de outra, ou ainda quando, mesmo guardando cada uma sua autonomia, integrem grupo econômico, serão responsáveis solidariamente pelas obrigações decorrentes da relação de emprego.

28 do CDC[52]), contribuições previdenciárias (art. 30, inciso IX, da Lei 8.212/91[53]), infrações à ordem econômica (art. 33 da Lei 12.529/2011[54]), penalidades anticorrupção (art. 4º, § 2º, da Lei 12.846/2013[55]) e do Marco Civil da Internet (arts. 11, § 2º e 12, parágrafo único, da Lei 12.965/2014[56]). Nestes casos, a tutela geralmente é baseada na solidariedade e unidade indiscriminada entre os membros de um grupo econômico para defender interesses coletivos estabelecidos pela lei correspondente.[57]

Inclusive, os tributos com natureza de contribuições para o custeio da Previdência Social geram solidariedade entre sociedades em grupo de fato e de direito, independentemente da autonomia entre as pessoas jurídicas.[58]

Os grupos de sociedades, por sua vez, são uma categoria de grupos econômicos compostos exclusivamente por pessoas jurídicas sob a forma de sociedades, que são coordenadas (em consórcios) e subordinadas (em grupos de direito e fato). É possível identificar a presença de coligação ou controle de uma ou mais sociedades personificadas do grupo, com uma direção unitária permanente das atividades, com potencial para influenciar significativamente os interesses da sociedade controladora.[59]

A terceira classificação apresentada pelo autor se refere a uma realidade econômica moldada por acordos verticais e cadeias contratuais que determinam a colabo-

---

52. CDC, Art. 28. O juiz poderá desconsiderar a personalidade jurídica da sociedade quando, em detrimento do consumidor, houver abuso de direito, excesso de poder, infração da lei, fato ou ato ilícito ou violação dos estatutos ou contrato social. A desconsideração também será efetivada quando houver falência, estado de insolvência, encerramento ou inatividade da pessoa jurídica provocados por má administração.
53. Lei 8.212/91, Art. 30. (...) IX – as empresas que integram grupo econômico de qualquer natureza respondem entre si, solidariamente, pelas obrigações decorrentes desta Lei.
54. Lei 12.529/2011, Art. 33. Serão solidariamente responsáveis as empresas ou entidades integrantes de grupo econômico, de fato ou de direito, quando pelo menos uma delas praticar infração à ordem econômica.
55. Lei 12.846/2013, Art. 4º Subsiste a responsabilidade da pessoa jurídica na hipótese de alteração contratual, transformação, incorporação, fusão ou cisão societária. (...) § 2º As sociedades controladoras, controladas, coligadas ou, no âmbito do respectivo contrato, as consorciadas serão solidariamente responsáveis pela prática dos atos previstos nesta Lei, restringindo-se tal responsabilidade à obrigação de pagamento de multa e reparação integral do dano causado.
56. Lei 12.965/2014, Art. 11. Em qualquer operação de coleta, armazenamento, guarda e tratamento de registros, de dados pessoais ou de comunicações por provedores de conexão e de aplicações de internet em que pelo menos um desses atos ocorra em território nacional, deverão ser obrigatoriamente respeitados a legislação brasileira e os direitos à privacidade, à proteção dos dados pessoais e ao sigilo das comunicações privadas e dos registros. (...) § 2º O disposto no *caput* aplica-se mesmo que as atividades sejam realizadas por pessoa jurídica sediada no exterior, desde que oferte serviço ao público brasileiro ou pelo menos uma integrante do mesmo grupo econômico possua estabelecimento no Brasil.
Lei 12.965/2014, Art. 12. (...) Parágrafo único. Tratando-se de empresa estrangeira, responde solidariamente pelo pagamento da multa de que trata o *caput* sua filial, sucursal, escritório ou estabelecimento situado no País.
57. DINIZ, Gustavo S. *Curso de Direito Comercial*. 2. ed. Barueri/SP: Grupo GEN, 2022. E-book. Disponível em: https://app.minhabiblioteca.com.br/#/books/9786559773022/. Acesso em: 1º abr. 2023, p. 148.
58. DINIZ, Gustavo S. *Grupos Societários* – Da Formação à Falência. Barueri/SP: Grupo GEN, 2022: Grupo GEN, 2016. E-book. ISBN 9788530971960. Disponível em: https://app.minhabiblioteca.com.br/#/books/9788530971960/. p. 59-62. Acesso em: 03 abr. 2023.
59. DINIZ, Gustavo S. *Curso de Direito Comercial*. 2. ed. Barueri/SP: Grupo GEN, 2022. E-book. Disponível em: https://app.minhabiblioteca.com.br/#/books/9786559773022/. Acesso em: 1º abr. 2023, p.148.

ração ou até mesmo relações, como nos casos de franquia, *joint venture*, concessão mercantil e distribuição. Em outras palavras, esses acordos não estão acomodados na natureza plurilateral e associativa dos contratos de sociedade, mas podem gerar um tratamento unitário, tanto para a interpretação da dependência econômica internamente ao contrato quanto para os efeitos externos dela decorrentes.[60]

Existem, ainda, os grupos convencionais (grupos de direito), que são estruturas empresariais desempenhadas por diversas organizações ligadas por convenção. A constituição, portanto, provoca a transmutação do centro decisões para a sociedade controladora.[61]

A Lei das Sociedades por Ações – Lei 6.404/76, no artigo 265, dispõe que a sociedade controladora e suas controladas poderão constituir grupo de sociedades, mediante convenção pela qual se obriguem a combinar recursos ou esforços para a realização dos respectivos objetos, ou a participar de atividades ou empreendimento comuns. Tal instrumento de formação da sobre organização societária deverá ser registrado na Junta Comercial para a produção dos efeitos pretendidos.[62]

Inclusive e, a partir do disposto no artigo 266, também da Lei das Sociedades por Ações, as relações entre as sociedades, a estrutura administrativa do grupo e a coordenação ou subordinação dos administradores das sociedades filiadas serão estabelecidas na convenção do grupo.[63]

A experiência europeia contribui, igualmente, para a definição do grupo econômico, vez que a GDPR, em seu artigo 4, apresentou os seguintes conceitos, já visitados neste artigo: (i) a *enterprise*, como a pessoa natural ou jurídica inserida em atividade econômica, independentemente de sua forma jurídica, incluindo parcerias ou associações regularmente envolvidas em atividade econômica e (ii) o *group of undertakings*, como um grupo formado por uma empresa controladora e suas controladas.

Observa-se que o contexto brasileiro apresenta múltiplas perspectivas em relação à definição de grupo econômico. Todavia, uma abordagem pertinente consiste em considerar que, ao permitir a transferência internacional de dados pessoais, utilizando a base legal das normas corporativas globais, é imperativo manter postura cautelosa tanto no procedimento a ser observado, quanto no que diz respeito à abrangência do conceito de grupo econômico e de quais empresas estariam por ele abarcadas quando

---

60. DINIZ, Gustavo S. *Grupos Societários – Da Formação à Falência*. Barueri/SP: Grupo GEN, 2022: Grupo GEN, 2016. E-book. ISBN 9788530971960. Disponível em: https://app.minhabiblioteca.com.br/#/books/9788530971960/. p. 62. Acesso em: 03 abr. 2023.
61. DINIZ, Gustavo S. *Curso de Direito Comercial*. 2. ed. Barueri/SP: Grupo GEN, 2022. E-book. Disponível em: https://app.minhabiblioteca.com.br/#/books/9786559773022/. Acesso em: 1º abr. 2023, p.148.
62. Ibidem.
63. FERREIRA, R. G. P. O grupo econômico e a reforma trabalhista: Existe harmonia entre o Direito Empresarial e o Direito do Trabalho? *Revista Científica da Academia Brasileira de Direito Civil*, Rio de Janeiro, v. 2, n. 2, 2018. Disponível em: https://abdc.emnuvens.com.br/abdc/article/view/23. p. 04-05. Acesso em: 03 abr. 2023.

de eventual aprovação de normas corporativas globais a partir de requerimento de empresa requerente.

Neste sentido, questionamento que surge é o de identificar qual a abrangência empresarial das normas corporativas globais, uma vez obtida a autorização pela empresa requerente. Em outras palavras, quais empresas – se é que assim poderia ocorrer – estariam automaticamente abarcadas pelas normas corporativas globais aprovadas para o grupo?

A definição da proposta de Regulamento, como verificado, deixa margem para a interpretação, principalmente se analisada a parte final, que parece permitir a configuração de grupo entre empresas com mero interesse integrado, efetiva comunhão de interesses e atuação conjunta das empresas dele integrantes, desde que haja algum poder de controle, não sendo descabida a conclusão de que a escolha do redator, neste ponto, busca incluir na definição aqueles grupos decorrentes de relações contratuais, conforme conceitos de Gustavo Saad Diniz.

Não obstante tais possíveis conclusões, é imprescindível que se observe que o direito à proteção de dados pessoais é um direito fundamental previsto na Constituição Federal de 1988, inserido pela Emenda Constitucional 115 de 2022, no inciso LXXIX, que dispõe: "é assegurado, nos termos da lei, o direito à proteção dos dados pessoais, inclusive nos meios digitais". Fica, claro, assim, a importância de se garantir ao seu tratamento salvaguardas adequadas.

Ademais, salientar também o estabelecido no Marco Civil da Internet, o qual determina que, em operações de coleta, armazenamento, guarda e tratamento de registros, dados pessoais ou comunicações por provedores de conexão e aplicações de internet que ocorram pelo menos em parte em território nacional, devem ser respeitados os direitos à privacidade, proteção de dados pessoais e sigilo das comunicações, bem como que será solidária a responsabilidade de empresa estrangeira por eventuais sanções.

Apontadas tais preocupações com a proteção de dados, pode-se focar na análise efetiva da conceitualização de grupos econômicos para fins do presente estudo. A partir disso, viu-se, como já salientado, que diversos são os conceitos utilizados pelo ordenamento jurídico brasileiro, a depender da área de sua aplicação. As definições introduzidas na CLT, CDC e na Lei 12.846 (Lei de Anticorrupção), por exemplo, possuem abrangência mais aberta, seja porque visam proteger aqueles considerados hipossuficientes em relações legalmente caracterizadas como díspares, seja porque possuem viés de responsabilização em âmbito administrativo ou criminal, enquanto aquela da LSA, por outra banda, exige maior formalidade para reconhecimento.

Entretanto, a despeito disso, muito mais do que buscar uma definição de conceito fechado de grupo econômico para fins de aprovação das normas corporativas globais, vez que o próprio avanço da digitalização, da tecnologia e também das próprias relações empresariais poderão – assim como vem fazendo – tornar obsoletas eventuais definições, é importante sempre ter-se em mente o principal objetivo da aprovação de tais normas, qual seja, a necessidade de proteção adequada e suficiente aos dados pessoais.

Por exemplo, imagine-se o cenário em que uma multinacional adquire empresa, a integrando em seu grupo econômico, poder-se-ia inferir que a empresa adquirida recentemente, por vir a integrar o grupo, estaria automaticamente em conformidade com as normas corporativas globais? Parece que tal suposição seria irreal, na medida em que a necessária adequação da empresa adquirida ao contexto legal, cultural e normativo de tal grupo econômico – inclusive no que diz respeito à governança corporativa, *compliance* e observância das normas e condutas que visem proteger os dados pessoais – pode e, geralmente leva, tempo, o que por consequência também pode significar que, mesmo integrante do grupo cujas normas corporativas globais já tenham sido autorizadas pela Autoridade, podem não apresentar requisitos mínimos para garantir salvaguardas à transferência internacional de dados.

A experiência europeia parece, entretanto, oferecer uma resposta à questão ao estipular que, no processo de solicitação das *BCR's* – o que foi reproduzido na proposta de Regulamento –, a empresa solicitante deverá fornecer informações detalhadas sobre a estrutura e os contatos do grupo econômico ou do grupo de empreendimentos/empresas e de todos os seus membros. Portanto, a empresa solicitante deve explicitamente indicar as empresas que estarão sujeitas às normas corporativas globais.

Quanto ao ponto, cabível e pertinente a reflexão de se permitir, com o intuito de agilizar o processo de inclusão de outras empresas no conglomerado econômico para as quais as normas corporativas já tenham sido aprovadas pela Autoridade, que a tais empresas sejam oferecidos atendimentos e procedimentos eventualmente prioritário, mais célere ou simplificado.

Da mesma forma a GDPR também contribui para o aspecto procedimental de aprovação das *BCR's*, que podem servir de exemplo para as normas corporativas globais no ordenamento jurídico brasileiro. Nesse contexto, o segundo aspecto proposto nesta parte consiste em identificar possíveis exemplos de verificação e aprovação de normas corporativas globais que possam ser aplicados como modelo pela ANPD.

No âmbito da GDPR, vimos que o processo para obtenção de autorização para transferência intragrupo de dados pessoais em conformidade com a GDPR é composto por diversas fases, dentre as quais, destacamos as etapas que podem ser utilizadas como exemplo pela ANPD, sendo elas, (i) recebimento do rascunho pela Autoridade e necessidade revisão, que pode ser feita até mesmo com o auxílio de eventual certificadora, buscando agilizar o processo de recebimento; (ii) discussão no âmbito da Autoridade e inserção de eventuais comentários no documento; (iii) entendendo que a Requerente atende e responde satisfatoriamente a todos os comentários, postulará a este que lhe envie um rascunho final; (iv) o rascunho final deverá ser submetido à Autoridade, que entendendo pela aprovação decidirá e aprovará as normas corporativas globais, enviando cópias a todas as autoridades interessadas.

Diferente do que ocorre no sistema europeu, entretanto, a ANDP é, ao menos por ora, a única Autoridade líder e responsável pela análise de requerimentos do tipo, e, em razão disso, no âmbito da própria autarquia será indispensável que haja estruturas hierárquicas que atuem tanto como revisoras quanto como responsáveis pela decisão final na aprovação ou rejeição das normas corporativas globais. Aqui, vale a ressalva de que embora a proposta de Regulamento preveja, em seus artigos 28 e seguintes, procedimento comum para aprovação de cláusulas contratuais específicas e de normas corporativas globais, elenca como premissa para o requerimento de aprovação, além da apresentação de documentos, o preenchimento de requisitos inerentes apenas às cláusulas contratuais específicas (dispostas em Capítulos V e VI), deixando de mencionar aqueles atinentes às normas corporativas globais (Capítulo VII).

Tendo esta ausência sido proposital ou não, certo é que deve ser estabelecido, com clareza, os passos a serem tomados e os requisitos a serem preenchidos para fins de aprovação das normas corporativas globais. E, com as decisões de aprovação das *BCR's*, é possível extrair informações relevantes para estruturação procedimental a partir, mais uma vez, do modelo europeu, cujo caminho pode ser simplificado – assim como parece ter sido o intuito da ANPD em proposta de Regulamento – em virtude da menor complexidade do sistema brasileiro.

No âmbito europeu, que poderá servir de norte, menciona-se o exemplo da Autoridade Sueca de Proteção de Dados que aprovou as *BCR's* do Controlador do Grupo Tetra Pak para a transferência de dados pessoais para países terceiros.[64] A decisão afirma, nos termos do que visto neste estudo, que as *BCR's* fornecem salvaguardas adequadas e não exigem autorização específica das autoridades de proteção de dados da União Europeia e do Espaço Econômico Europeu. Segundo a decisão, poderá haver a revogação, caso a Tetra Pak venha a processar dados pessoais em desacordo com as *BCRs*.[65]

Em conformidade com Working Document WP263, então, a Tetra Pak realizou a solicitação de aprovação feita à Autoridade Sueca de Proteção de Dados para suas *BCR's*, as *BCR's* foram revisadas pela Autoridade Sueca de Proteção de Dados, apontada como autoridade competente, além da Autoridade Italiana de Proteção de Dados e da Autoridade Francesa de Proteção de Dados, que atuaram como correvisadoras.[66] Após realização de emendas em fase de cooperação entre as autoridades de proteção de dados da União Europeia e do Espaço Econômico Europeu, observado o procedimento, então, a Autoridade Sueca de Proteção de Dados decidiu por aprovar as *BCR's*.[67]

Como se viu, o exemplo europeu apresenta-se apto para trazer ao ordenamento brasileiro exemplos, conceitos e limites aos procedimentos e cuidados a serem

---

64. AUTORIDADE SUECA DE PROTEÇÃO DE DADOS. Datainspektionen. Decision approving the Binding Corporate Rules of Tetra Pak Group. 2020. Disponível em: https://edpb.europa.eu/sites/default/files/bcr_decision_sa/se_sa_final_decision_bcr-c_tetra-pak_2020081_7_en.pdf. Acesso em: 10 fev. 2023.
65. Ibidem.
66. Ibidem.
67. Ibidem.

observados quando da efetiva regulamentação das normas corporativas globais pela ANPD, brevemente expostos neste estudo, o qual, espera-se, pode contribuir para as discussões iniciais sobre a matéria.

CONSIDERAÇÕES FINAIS

No presente trabalho, buscou-se responder, dentro da perspectiva das normas corporativas globais, quais os critérios que devem ser considerados na definição de grupo econômico ou empresarial que estaria abarcado para fins de aplicação de tais normas aprovadas e se existem experiências sobre a verificação e a aprovação de normas corporativas globais que poderiam servir de exemplo para a ANPD.

Para isso, em um primeiro momento, a partir da experiência da União Europeia, viu-se que as *BCR's* podem ser definidas como um conjunto de regras e princípios estabelecidos e aderidos por empresas multinacionais que possuam sede na União Europeia para garantir às transferências de dados pessoais para "grupo de empresas ou grupo de empresas envolvidas em atividades econômicas conjuntas" empresas do mesmo grupo econômico que estejam situadas fora do território da EU a conformidade com o GDPR. Ademais, também se analisaram os procedimentos adotados no âmbito do GDPR e os conceitos de "grupo de empresas" ou "grupo de empreendimentos" adotados pelo regulamento europeu.

Em um segundo momento, passou-se a examinar o ordenamento brasileiro e verificou-se que as normas corporativas globais apresentam similaridades com o instituto das *BCR's*, e a experiência europeia decorrente da aplicação da GDPR, bem como de normas precedentes, podem contribuir significativamente para a regulamentação das normas corporativas globais pela Autoridade Nacional de Proteção de Dados.

Viu-se que ANPD indicou a priorização de regulamentação das Cláusulas-Padrão Contratuais devido à sua ampla utilização mundial como mecanismo de transferência internacional de dados, em decorrência de suas particularidades. Não obstante, outros instrumentos previstos no inciso II, do Artigo 33 não devem ser negligenciados, incluindo aí as normas corporativas globais que foram objeto do presente estudo e que, de forma exemplar, também vem sendo alvo das prioridades da ANPD, tendo a autoridade inclusive minutado proposta de Regulamento neste sentido. Almejou-se, com o presente estudo, contribuir com reflexões sobre a matéria a partir da análise da Tomada de Subsídios 2/2022 e dos questionamentos ali inseridos.

Assim, quanto aos critérios de definição do grupo econômico ou empresarial, propôs-se que mais que estabelecer um conceito fechado, a partir dos mais variados conceitos legislativos existentes no ordenamento jurídico brasileiro, há a necessidade de que a empresa requerente, no procedimento de solicitação das normas corporativas globais, forneça informações detalhadas sobre a estrutura do grupo econômico, da mesma forma que detalhe as empresas que estão inseridas no requerimento, tal como é feito no procedimento de solicitação das *BCR's* – e tal como deve estar disposto em Regulamento –, que determina que empresa solicitante forneça informações detalhadas sobre a estrutura e os contatos do grupo econômico ou do grupo de empreendimentos/empresas e de todos os seus membros.

Em relação ao procedimento de verificação e aprovação das normas corporativas globais, identificou-se que o procedimento para obtenção de autorização para transferência intragrupo de dados pessoais, na experiência europeia, é composto por fases que podem ser reproduzidas pela Autoridade Nacional quando da regulamentação, como, as etapas de negociação e diálogo com a Autoridade, bem como de prazos para ajustes no conteúdo do texto das normas corporativas globais sujeitas à aprovação, adequadas e simplificadas em virtude da sistemática menos complexa do ordenamento jurídico brasileiro, se comparado ao europeu.

Por fim, conclui-se que, independentemente de todos estes apontamentos e da necessária discussão e reflexão daí advindas, a prioridade deve ser, sempre, o de observância ao direito fundamental à proteção de dados pessoais explícito na Constituição Federal de 1988, que deve nortear todos os aspectos de regulamentação, dentre eles, o da própria definição e interpretação do conceito de grupo econômico e também de procedimento a ser adotado para aprovação e verificação das normas corporativas globais.

REFERÊNCIAS

ARTICLE 29 DATA PROTECTION WORKING PARTY. Working Document: Transfers of personal data to third countries: Applying Article 26 (2) of the EU Data Protection Directive to Binding Corporate Rules for International Data Transfers. WP 74. Disponível em: https://ec.europa.eu/justice/article-29/documentation/opinion-recommendation/files/2003/wp74_en.pdf. Acesso em: 07 fev. 2023.

AUTORIDADE NACIONAL DE PROTEÇÃO DE DADOS - ANPD. Tomada de Subsídios sobre Transferência Internacional 2/2022. Status: encerrada. Abertura: 18.05.2022. Encerramento: 30.06.2022. Disponível em: https://www.gov.br/participamaisbrasil/consultation-international-data-transfer. Acesso em: 10 fev. 2023.

AUTORIDADE NACIONAL DE PROTEÇÃO DE DADOS. Nota Técnica no 20/2022/CGN/ANPD. Proposta de realização de Tomada de Subsídios para regulamentação de transferência internacional de dados pessoais. Disponível em: https://www.gov.br/participamaisbrasil/consultation-international-data-transfer. Acesso em: 10 fev. 2023.

AUTORIDADE SUECA DE PROTEÇÃO DE DADOS. Datainspektionen. Decision approving the Binding Corporate Rules of Tetra Pak Group. 2020. Disponível em: https://edpb.europa.eu/sites/default/files/bcr_decision_sa/se_sa_final_decision_bcr-c_tetra-pak_2020081_7_en.pdf. Acesso em: 10 fev. 2023.

BENDER, David; PONEMON, Larry. Binding Corporate Rules for Cross-Border Data Transfer. *Rutgers Journal of Law and Urban Policy*, Newark, v. 3, n. 2, p. 154-171, Spring 2006.

BRASIL. Decreto-Lei 5.452, de 1º de maio de 1943. Consolidação das Leis do Trabalho. Disponível: http://www.planalto.gov.br/ccivil_03/decreto-lei/del5452.htm. Acesso em: 10 abr. 2023.

BRASIL. Lei 13.709, de 14 de agosto de 2018. Lei Geral de Proteção de Dados Pessoais (LGPD). Brasília, DF: Presidência da República, 2020. Disponível em: https://www.planalto.gov.br/ccivil_03/_ato2015-2018/2018/lei/l13709.htm. Acesso em: 14 fev. 2023.

BRASIL. Lei 8.078, de 11 de setembro de 1990. Código de Defesa do Consumidor. Disponível: http://www.planalto.gov.br/ccivil_03/leis/l8078compilado.htm. Acesso em: 10 abr. 2023.

BRASIL. Lei 8.212, de 24 de julho de 1991. Organização da Seguridade Social. Disponível: http://www.planalto.gov.br/ccivil_03/leis/l8212cons.htm. Acesso em: 10 abr. 2023.

BRASIL. Lei 12.529, de 30 de novembro de 20211. Defesa da Concorrência. Disponível: https://www.planalto.gov.br/ccivil_03/_ato2011-2014/2011/lei/l12529.htm. Acesso em: 10 abr. 2023.

BRASIL. Lei 12.846, de 1º de agosto de 2013. Lei Anticorrupção. Disponível: http://www.planalto.gov.br/ccivil_03/_ato2011-2014/2013/lei/l12846.htm. Acesso em: 10 abr. 2023.

BRASIL. Lei 12.965/2014, de 23 de abril de 2014. Marco Civil da Internet. Disponível: http://www.planalto.gov.br/ccivil_03/_ato2011-2014/2014/lei/l12965.htm. Acesso em: 10 abr. 2023.

DINIZ, Gustavo S. *Curso de Direito Comercial*. 2.ed. Barueri/SP: Grupo GEN, 2022. E-book. Disponível em: https://app.minhabiblioteca.com.br/#/books/9786559773022/. Acesso em: 1º abr. 2023.

DINIZ, Gustavo S. *Grupos Societários* – Da Formação à Falência. Barueri/SP: Grupo GEN, 2016. E-book. Disponível em: https://app.minhabiblioteca.com.br/#/books/9788530971960/, p. 44.e 53-54 Acesso em: 07 mar. 2023.

DONEDA, Danilo. *Da Privacidade à Proteção de Dados Pessoais*: Elementos da Formação da Lei Geral de Proteção de Dados. São Paulo: Ed. RT, 2020. Disponível em: https://thomsonreuters.jusbrasil.com.br/doutrina/1197013435/da-privacidade-a-protecao-de-dados-pessoais-elementos-da-formacao-da-lei-geral-de-protecao-de-dados. Acesso em: 14 fev. 2023. *E-book*.

EUROPEAN COMISSION. Binding Corporate Rules (BCR): Corporate rules for data transfers within multinational companies. Disponível em: https://commission.europa.eu/law/law-topic/data-protection/international-dimension-data-protection/binding-corporate-rules-bcr_en. Acesso em 10 fev. 2023.

EUROPEAN DATA PROTECTION BOARD. Approved Binding Corporate Rules. Disponível em: https://edpb.europa.eu/our-work-tools/accountability-tools/bcr_en?page=0. Acesso em: 17 fev. 2023.

EUROPEAN DATA PROTECTION BOARD. Pre-GDPR BCRs overview list. Disponível em: https://edpb.europa.eu/system/files/2023-03/EDPB_Information_Pre-GDPR_BCRs_Overview_en.pdf. Acesso em: 17 fev. 2023.

EUROPEAN DATA PROTECTION BOARD. Recommendation 1/2022 on the Application for Approval and on the elements and principles to be found in Controller Binding Corporate Rules (Art. 47 GDPR). Disponível em: https://edpb.europa.eu/our-work-tools/documents/public-consultations/2022/recommendations-12022-application-approval-and_en. Acesso em: 21 fev. 2023.

EUROPEAN DATA PROTECTION BOARD. Recommendation on the Standard Application form for Approval of Controller Binding Corporate Rules for the Transfer of Personal Data: WP264. Disponível em: https://edpb.europa.eu/sites/default/files/files/file2/wp264_art29_wp_bcr-c_application_form.pdf. Acesso em: 05 fev. 2023.

EUROPEAN DATA PROTECTION BOARD. Recommendation on the Standard Application form for Approval of Processor Binding Corporate Rules for the Transfer of Personal Data: WP265. Disponível em: https://commission.europa.eu/law/law-topic/data-protection/international-dimension-data-protection/binding-corporate-rules-bcr_en#:~:text=Relevant%20documents-,What%20are%20binding%20corporate%20rules%3F,group%20of%20undertakings%20or%20enterprises. Acesso em: 20 fev. 2023.

EUROPEAN DATA PROTECTION BOARD. Working Document Setting Forth a Co-Operation Procedure for the approval of "Binding Corporate Rules" for controllers and processors under the GDPR. WP 263. Disponível em: https://commission.europa.eu/law/law-topic/data-protection/international-dimension-data-protection/binding-corporate-rules-bcr_en#:~:text=Relevant%20documents-,What%20are%20binding%20corporate%20rules%3F,group%20of%20undertakings%20or%20enterprises. Acesso em: 21 fev. 2023.

FERREIRA, R. G. P. O grupo econômico e a reforma trabalhista: Existe harmonia entre o Direito Empresarial e o Direito do Trabalho? *Revista Científica da Academia Brasileira de Direito Civil*, Rio de Janeiro, v. 2, n. 2, 2018. Disponível em: https://abdc.emnuvens.com.br/abdc/article/view/23. p. 04-05. Acesso em: 03 abr. 2023.

FRAZÃO, Ana; OLIVA, Milena Donato; ABILIO, Viviane da Silveira. Compliance de dados pessoais. In: FRAZÃO, Ana et al. *Lei Geral de Proteção de Dados e suas repercussões no Direito Brasileiro*. São Paulo: Thomson Reuters Brasil, 2019.

GUTIERREZ, Andriei. Transferência internacional de dados & estratégias de A desenvolvimento nacional. p. 211-223. In: MALDONADO, Viviane Nóbrega; BLUM, Renato Opice (Org.). *Comentários ao GDPR*. 3. ed. São Paulo: Thomson Reuters Revista dos Tribunais, 2021. E-book.

INFORMATION COMMISSIONER'S OFFICE - UNITED KINGDOM. Guide to Binding Corporate Rules, de 27 jul. de 2022. Disponível em: https://ico.org.uk/for-organisations/guide-to-binding-corporate-rules/. Acesso em 20 fev. 2023.

LEMOS, Ronaldo; PERRONE, Christian. A bolha e o escudo: oportunidades e desafios da transferência internacional de dados. In: FRAZÃO, Ana; CUEVA, Ricardo Villas Bôas. *Compliance e políticas de proteção de dados*. São Paulo: Ed. RT, 2022. E-book (não paginado).

LEONARDI, Marcel. Transferência Internacional de Dados Pessoais. In: DONEDA, Danilo; MENDES, Laura Schertel; SARLET, Ingo Wolfgang; RODRIGUES JR., Otávio Luiz (Coord.). *Tratado de Proteção de Dados Pessoais*. 2. ed. Rio de Janeiro: Forense, 2021. Disponível em: https://integrada.minhabiblioteca.com.br/reader/books/9788530992200/. Acesso em: 15 jan. 2023.

MARQUES, Fernanda; AQUINO, Theófilo Miguel de. O regime da transferência internacional de dados na LGPD: delineando as opções regulatórias em jogo. In: BIONI, Bruno et al. *Tratado de Proteção de Dados Pessoais*. Rio de Janeiro: Forense, 2021. E-book.

PROUST, Olivier; BARTOLI, Emmanuelle. Binding Corporate Rules: a global solution for international data transfers. *International Data Privacy Law*, v. 2, n. 1, p. 35-39, 2012.

SARLET, Wolfgang Ingo. Fundamentos Constitucionais: O Direito Fundamental à Proteção de Dados. In: DONEDA, Danilo; MENDES, Laura Schertel; SARLET, Ingo Wolfgang; RODRIGUES JR., Otávio Luiz (Coord.). *Tratado de Proteção de Dados Pessoais*. 2. ed. Rio de Janeiro: Forense, 2021. Disponível em: https://integrada.minhabiblioteca.com.br/reader/books/9788530992200/. Acesso em: 15 jan. 2023.

SILVA, Matheus Passos. Os desafios para a proteção de dados no contexto de transferências internacionais de dados pessoais no setor privado. In: FRANCOSKI, Denise de Souza Luiz; TASSO, Fernando Antonio (Coord.). *A Lei Geral de Proteção de Dados Pessoais*: aspectos práticos e teóricos relevantes no setor público e privado. São Paulo: Thomson Reuters, 2021.

UNIÃO EUROPEIA. Carta dos direitos fundamentais da União Europeia. Disponível em: https://eur-lex.europa.eu/legal-content/PT/TXT/PDF/?uri=CELEX:12012P/TXT&from=PT. Acesso em: 1º fev. 2023.

UNIÃO EUROPEIA. Diretiva 95/46/CE do Parlamento Europeu e do Conselho de 24 de Outubro de 1995 relativa à protecção das pessoas singulares no que diz respeito ao tratamento de dados pessoais e à livre circulação desses dados. Disponível em: https://eur-lex.europa.eu/legal-content/PT/TXT/HTML/?uri=CELEX:31995L0046&from=EL. Acesso em 19 fev. 2023.

UNIÃO EUROPEIA. Regulamento (UE) 2016/679 do Parlamento Europeu e do Conselho, de 27 de abril de 2016, relativo à proteção das pessoas singulares no que diz respeito ao tratamento de dados pessoais e à livre circulação desses dados e que revoga a Diretiva 95/46/CE (Regulamento Geral sobre a Proteção de Dados). Disponível em: https://eur-lex.europa.eu/legal-content/PT/TXT/?uri=celex%3A32016R0679. Acesso em 15 fev. 2023.

VERONESE, Alexandre. Transferências internacionais de dados pessoais: o debate transatlântico norte e sua repercussão na América Latina e no Brasil. In: BIONI, Bruno et al. (Coord.). *Tratado de Proteção de Dados Pessoais*. Rio de Janeiro: Forense, 2021. E-book.

WEBINAR: Transferências Internacionais de Dados do Brasil para o Exterior: Perspectivas. 1 vídeo (95 minutos). Publicado pela Cultural OAB. Disponível em: https://www.youtube.com/watch?v=7R-7d92QnCQ. Acesso em 19 fev. 2023.

ZAPPELINI, Thaís Duarte. *Guia de proteção de dados pessoais*: transferência internacional. São Paulo: CEPI-FGV Direito SP, 2020. 6 v. (Guia de proteção de dados pessoais; 5). Disponível em: https://bibliotecadigital.fgv.br/dspace/handle/10438/30876. Acesso em: 17 fev. 2023.

INTELIGÊNCIA ARTIFICIAL EM *SOFTWARES* QUE EMULAM PERFIS DE FALECIDOS E DADOS PESSOAIS DE MORTOS

Cristiano Colombo

Pós-Doutor em Direito, Pontifícia Universidade Católica do Rio Grande do Sul (PUCRS). Doutor e Mestre em Direito, Programa de Pós-Graduação em Direito da Universidade Federal do Rio Grande do Sul (UFRGS). Professor Permanente do Mestrado Profissional em Direito da Empresa e dos Negócios da UNISINOS. Professor de graduação em Direito e Relações Internacionais da UNISINOS. Professor de Graduação em Direito da Faculdade Verbo Jurídico. e-mail: cristianocolombo@unisinos.br.

Guilherme Damasio Goulart

Doutor e Mestre em Direito pela Universidade Federal do Rio Grande do Sul (UFRGS). Atua como advogado, professor e consultor em Segurança da Informação e Direito da Tecnologia. Professor de Direito Civil do Centro Universitário Cesuca. E-mail: guilherme@direitodatecnologia.com.

Sumário: 1. Introdução – 2. Inteligência artificial em *softwares* que emulam perfis de falecidos; 2.1 Dados pessoais de mortos "coloridos" pela LGPD (13.709 de 2018) – 3. Princípio da centralidade no ser humano e projeção póstuma; 3.1 Princípio da centralidade no ser humano; 3.2 Sua projeção póstuma – Considerações finais. Referências.

1. INTRODUÇÃO

O presente estudo se dedica à investigação da Inteligência Artificial (IA) empregada em *softwares* que emulam perfis de falecidos. A possibilidade concreta da IA imitar comportamentos de falecidos e criar experiências que, fantasiosamente, ligam o mundo dos vivos ao dos mortos geram inúmeras questões de ordem psicológica, médica e jurídica.[1] Sob o recorte da Ciência Jurídica, buscar-se-á harmonizar recomendações sobre a IA expedidas no contexto da União Europeia, bem como estudos que desencadearam o Projeto de Lei sob o n. 21 de 2020, e, mais recentemente, o PL 2338 de 2023, em conexão à disciplina de Proteção de Dados Pessoais. O problema a ser analisado é: podem os dados pessoais dos mortos ser objeto de tratamento em *softwares* que emulam perfis póstumos inteligentes? Adverte-se que não se trata de investigar a possibilidade da existência de uma personalidade artificial, ou ainda, do reconhecimento de uma personalidade enquanto sujeito de direitos que exsurge

---

1. Recentemente, o caso Elis Regina revela a oportunidade da temática. Ver BRAUN, Julia. Conar analisa anúncio da Volks com Elis Regina: os dilemas de usar inteligência artificial para recriar pessoas mortas. Disponível em: https://www.bbc.com/portuguese/articles/cx9p9x01y84o. Acesso em: 26 set 2023.

da inteligência artificial,[2] ou, mesmo, questões póstumas de direitos autorais. Antes disso, o tema aqui investigado envolve o uso de dados pessoais de falecidos para a criação de perfis inteligentes animados pela IA.

No primeiro capítulo, abordar-se-á a Inteligência Artificial embarcada em *softwares* que emulam perfis de falecidos, estudando as características da IA, bem como a existência de aplicativos já desenvolvidos, inclusive, sob forma de *chatbots*, permitindo a imaginária comunicação entre vivos e mortos. Mais adiante, aprofundar-se-á na temática dos dados pessoais dos mortos e seu tratamento jurídico. No segundo capítulo, decompor-se-á o princípio da Centralidade no Ser Humano, refletindo, em sua parte final, sobre sua projeção póstuma. A metodologia aplicada passa pela pesquisa teórica, avançando na temática de forma exploratória e descritiva, aplicando procedimentos técnicos bibliográficos e vídeo fonográficos, consultando obras ficcionais e técnicas.

2. INTELIGÊNCIA ARTIFICIAL EM *SOFTWARES* QUE EMULAM PERFIS DE FALECIDOS

A fronteira permeável entre o real e o fantástico encanta aos que experienciam as novidades oferecidas pela IA. O fascínio se opera em face de *softwares*, engendrados ou não a hardwares,[3] apresentarem características "tipicamente humanas", como a visão, a percepção de espaço e tempo, desenvolvendo a capacidade de tomar decisões e responder a estímulos, com certo grau de autonomia.[4] Isaac Asimov, em sua obra ficcional "Eu, Robô", projetou instigante preocupação no então longínquo ano de 2057, referindo-se sobre a necessidade de ser aberta uma investigação para apurar se o personagem Stephen Byerley seria uma pessoa ou um robô. O estado da arte alcançado pela tecnologia, naquele futuro ficcional, geraria situações de difícil distinção entre humanos e máquinas. A resposta àquele questionamento era importante na medida que Byerley era provável candidato a prefeito, o que poderia gerar confusão entre os eleitores, que poderiam sufragar um robô. Os argumentos apresentados por seu então adversário político se desdobravam no sentido de que Byerley, esta incógnita do imaginário futurista, que, curiosamente, era operador do Direito, nunca tinha sido visto comendo, bebendo ou dormindo.[5] Os diálogos,

---

2. Tema que foi brilhantemente abordado por CACHAPUZ, Maria Cláudia. O conceito de pessoa e a autonomia de Data (ou sobre a medida da humanidade em tempos de inteligência artificial). *Revista de Direito Civil Contemporâneo*, São Paulo, v. 20, p. 63-65, jul./set. 2019.
3. UNIÃO EUROPEIA. *Inteligência Artificial para a Europa*. Disponível em: https://ec.europa.eu/transparency/regdoc/rep/1/2018/PT/COM-2018-237-F1-PT-MAIN-PART-1.PDF. Acesso em: 12 mar. 2021, p.1. "Os sistemas baseados em inteligência artificial podem ser puramente confinados ao *software*, atuando no mundo virtual (por exemplo, assistentes de voz, programas de análise de imagens, motores de busca, sistemas de reconhecimento facial e de discurso), ou podem ser integrados em dispositivos físicos (por exemplo, robôs avançados, automóveis autónomos, veículos aéreos não tripulados ou aplicações da Internet das coisas)."
4. MAGLIO, Marco et al. *Manuale di diritto alla protezione dei dati personali*. Santarcangelo di Romagna: Maggioli, 2019, p. 871.
5. ASIMOV, Isaac. *Eu robô*. Trad. Aline Sotoria Pereira. São Paulo: Editora Aleph, 2017, posição 2929-3397.

ao longo do texto, também alertavam que, se robô fosse, não poderia ele exercer os mesmos direitos reconhecidos a um ser humano, inclusive, o direito à privacidade.[6]

Este afeiçoamento entre *softwares*, hardwares e seres humanos toma, hoje, níveis de excelência pela aplicação da Inteligência Artificial (IA), que guarda cinco características essenciais que promovem a semelhança entre pessoas e máquinas. A primeira delas é a capacidade de exploração dos dados das pessoas naturais que inundam os sistemas e a Internet, servindo de *input* ao seu funcionamento e adestramento. Os dados se revelam uma fonte incomensurável, sobretudo, em razão da crescente utilização de dispositivos que coletam, armazenam e classificam os fatos da vida.[7] A Internet das Coisas (*IoT – Internet of Things*) é um bom exemplo, na medida em que disponibiliza "coisas inteligentes", as quais "monitoram e se comunicam com as nossas casas, carros, ambiente de trabalho e atividades físicas".[8] A IoT pode ser observada em múltiplos campos, sendo *input* para a Inteligência Artificial: a) na "computação vestível", quando presente em acessórios, como relógios e óculos, contando com sensores, a fim de atender determinada funcionalidade, como por exemplo, monitoramento cardíaco em atividades físicas; b) no "eu quantificado", que abarca todo e qualquer *software* que promove a mensuração de fatos da vida, como por exemplo, quando o programa contabiliza o tempo de trabalho ou de lazer; c) na domótica ou automação residencial, que diz respeito aos eletrodomésticos, como ar condicionado, iluminação, fogões etc.[9]

Nada mais adequado para se mimetizar a alguém ou a algo do que obter dados de quem se quer imitar. A análise desta tecnologia demonstra a possibilidade de conexão entre o ser humano e as máquinas/aplicativos, permitindo a coleta de gostos, comportamentos, preferências, tempo que se permanece em casa, horário em que se cozinha, tempo de sono, a apreender a rotina do usuário, titular de dados. É de se notar que os Large Language Models (LLMs), como o ChatGPT e Bard, são treinados com grandes quantidades de dados. Esse processo de treinamento poderia ter como *inputs* dados de pessoas, visando moldar o modelo para "agir" conforme o titular dos dados.[10]

Como segunda característica da Inteligência Artificial estão as possibilidades de identificação e de rastreamento, com emprego de geolocalização, em dispositivos,

---

6. Idem. Ibidem.
7. MAGLIO, Marco et al. Ibidem, p. 872.
8. UNIÃO EUROPEIA. Comissão Europeia. Parecer 8/2014 sobre os recentes desenvolvimentos na Internet das Coisas. Grupo de trabalho do artigo 29. Para a Proteção dos Dados. Adotado em 16 set 2014. Disponível em: https://www.gpdp.gov.mo/uploadfile/2016/0831/20160831044805583.pdf. Acesso em: 28 mar. 2021.
9. MAGLIO, Marco et al. Ibidem. Não se perca de vista o aumento no uso de assistentes virtuais inteligentes como a Alexa, da Amazon.
10. Para uma explicação sobre o processo de treinamento dos LLMs, ver o nosso COLOMBO, Cristiano; GOULART, Guilherme Damasio. A Inteligência Artificial dos Large Language Models (LLMs) e os riscos aos Direitos Autorais: diretrizes aplicadas às plataformas e novos deveres éticos-jurídicos para sua utilização. In: HUPFFER, Haide Maria; ENGELMANN, Wilson; BLAUTH, Taís Fernanda (Org.). *Inteligência Artificial no Sul Global*: Regulação, riscos discriminatórios, governança e responsabilidades. São Leopoldo: Casa Leiria, 2023.

permitindo que seja viável verificar onde as pessoas estão, seja em casa, no trabalho ou em lugares públicos.[11] Apreender dados de mobilidade das pessoas revela muito de seu cotidiano, sendo fonte para a composição de *profiling*.

Como terceira característica, enumeram-se as ferramentas de reconhecimento vocal e facial.[12] Neste caso, a tecnologia alimenta-se diretamente da voz e expressões faciais humanas, potencializando o processo de humanização das máquinas. Como quarta característica, está a predição, que se revela como a possibilidade de prever o comportamento de alguém, valendo-se, como *input* de dados pessoais. A maneira como o ser humano usa o seu teclado pode colher estados de tristeza, alegria, nervosismo e angústia,[13] tornando possível projetar seus próximos passos. E, por último, a criação de perfis comportamentais, no sentido de "classificar, avaliar e medir as pessoas", com o objetivo de ranquear seres humanos, aplicando os resultados nas mais diversas oportunidades, como em situações profissionais, relações sociais e também afetivas.

Partindo do prisma do fantástico, a série Black Mirror, do NetFlix, em seu episódio 1 da segunda temporada, intitulado "Volto Já", lança contundente problemática quanto à convergência entre a utilização de dados pessoais do morto e aplicação da Inteligência Artificial. No referido episódio, Martha e Ash formavam um casal. Ele estava hiperconectado em redes sociais e aplicativos e acabou por sofrer um acidente e morrer. Em meio ao luto, é apresentada à Martha a possibilidade de continuar falando com o falecido, sem envolver questões espirituais. Martha recusa, em um primeiro momento, no entanto, acaba por ser surpreendida, mesmo sem o seu consentimento, com a inscrição feita por uma amiga no aplicativo, tendo como primeira reação: "eu não quero estar usando o nome dele". A amiga explica que deve conversar com ele por mensagem, salientando ser um *software* que imita o falecido, a partir de dados públicos que estão nas redes sociais e na rede mundial de computadores. No entanto, é advertida que se permitir o acesso do *software* aos e-mails privados, este cada vez mais se assemelha ao morto. Martha, tomada pelo luto, revela dados sensíveis como gravidez e exames do bebê ao aplicativo, sentindo como se tivesse contado ao real genitor. Para aprimorar o algoritmo, a viúva se rende e promove *upload* de fotos, vídeos e e-mails do falecido, valendo-se do sistema de reconhecimento vocal e facial. Em seguida, com o aperfeiçoamento do algoritmo, recebe um telefonema com a voz do falecido. De pronto, verifica-se que o serviço oferecido não reconhece expressões comuns do casal, que não estavam no banco de dados, estimulando a viúva a alimentar o sistema com mais e mais fotos, esclarecendo as interações. Ao final, o *app* sugere um novo "nível disto disponível" e "experimental", sendo enviado uma estrutura física, que se transforma no robô do falecido. Ao longo do episódio, o aplicativo acaba por revelar sérios problemas de formação do perfil comportamental e predi-

---

11. MAGLIO, Marco et al. Ibidem, p. 873.
12. Idem. Ibidem, p. 873.
13. Idem. Ibidem, p. 873.

ção, permitindo concluir que, como nem todos os dados pessoais estão registrados *online*, as respostas a perguntas feitas pela viúva e a própria experiência sexual – não compartilhada virtualmente pelo falecido – se revela distorcida, havendo diferenças entre o verdadeiro Ash e a predição engendrada pelo *software*.[14]

Em direção ao mundo real, em notícia veiculada em 4 de fevereiro de 2021 pelo Correio Braziliense, a problemática transborda das telas para a realidade, uma vez que a Microsoft patenteou um sistema que, através da Inteligência Artificial, permite "falar com os mortos". Trata-se de um *chatbot*, ou seja, um *software* de troca de mensagens que pode "imitar uma pessoa específica" com base nas "características físicas e personalidade".[15] O *input* são "cartas, imagens, postagens em mídias sociais e dados de voz", que busca apresentar um robô pronto para falar como se fosse o falecido. Outro caso interessante se operou na Rússia, com a morte prematura do jovem Roman Mazurenko; seus amigos construíram um "robô virtual" usando mensagens enviadas pelo falecido e seus escritos.[16] Dessa forma, a Inteligência Artificial torna possível, pela combinação de suas características, elaborar um perfil comportamental, emulando atos que poderiam se referir a falecidos, no entanto, atraindo sérios questionamentos a serem enfrentados por múltiplos campos do conhecimento, como a Sociologia, a Psicologia e, sob a perspectiva ora analisada, as intersecções entre as Ciências Jurídica e de Dados.

2.1 Dados pessoais de mortos "coloridos"[17] pela LGPD (13.709 de 2018)

O ponto de partida para a presente investigação é estabelecer quais são as normas jurídicas que regulam o tratamento de dados pessoais dos falecidos, inclusive, para que se possa resolver as questões práticas que dela decorrem. É preciso debruçar-se no ordenamento nacional para identificar a matriz principiológica e as regras aplicáveis, formulando o seu quadro jurídico. Nesse particular, destaca-se a emissão da Nota Técnica 3/2023/CGF/ANPD, expedida pela Autoridade Nacional de Proteção de Dados (ANPD). O ato administrativo dispôs sobre os dados dos mortos, em consulta feita pela Polícia Rodoviária Federal, para "criar memorial, no Portal Web da PRF para homenagear os servidores já falecidos", nos seguintes termos:

---
14. VOLTO JÁ. Direção: Owen Harris. Produção: Netflix, fev./2013. Streaming (49 min.). Disponível em: https://www.netflix.com/watch/70279173?trackId=137522 90&tctx=0%2C0% 2C191e359a939be71cda2e4ce4c1dad103bf5a7b07%3A1fa51ec6a3dcf03c727 a4ea41da5b2 d4ac5836c0%2C191e359a939be71cda2e4ce4c1dad103bf5a7b07%3A1fa51ec6a3dcf03c727 a4ea41da5b2 d4ac5836c0%2Cunknown%2C. Acesso em: 05 abr. 2021.
15. YAMAGUTI, Bruna. *Black Mirror*? Microsoft desenvolve sistema que permite 'falar com mortos'. Correio Braziliense, Brasília, 4 fev. 2021. Disponível em: https://www.correiobraziliense.com.br/tecnologia/2021/02/4904695-black-mirror--microsoft-desenvolve-sistema-que-permite----falar-com-mortos.html.
16. BBC NEWS BRASIL. *O jovem russo que virou "inteligência artificial" e se comunica com amigos após a morte*, São Paulo, 19 Jan. 2021. Disponível em: https://www.bbc.com/portuguese/geral-55717445.
17. Pontes de Miranda ensina que "À lei é essencial colorir os fatos, tornando-os fatos do mundo jurídico e determinando-lhes os efeitos (eficácia deles)." PONTES DE MIRANDA, Francisco Cavalcanti Pontes de Miranda. *Tratado de Direito Privado*. Rio de Janeiro: Editor Borsoi, 1954, t. 1, p. 6.

Nesse caso, pressupõe-se que a sua incidência se dá no âmbito do tratamento de dados pessoais de pessoas naturais, ou seja, vivas, já que, de acordo com o art. 6º do Código Civil, a existência da pessoa natural termina com a morte. A proteção *post mortem* dos direitos da personalidade dos titulares de dados pessoais não estaria, então, abarcada pela LGPD, pois não mais há desenvolvimento de personalidade.[18]

E, acrescentou:

A título de comparação, diferentemente da LGPD, o Regulamento Geral de Proteção de Dados (RGPD), da União Europeia, em seu preâmbulo, precisamente no Considerando 27, exclui expressamente os dados de pessoas falecidas de seu âmbito de aplicação, embora a norma garanta aos Estados membros a faculdade de criar regras para o tratamento dos dados dessas pessoas. Dessa forma, cabe aos Estados membros regularem se e de que forma a proteção de dados seria aplicável ao tratamento de dados de pessoas falecidas. (...) Nesse cenário, quando aplicáveis, os direitos de personalidade podem ser utilizados como ferramentas de proteção dos interesses das pessoas falecidas, sendo a proteção de dados seara inadequada para defesa desses interesses.[19]

Sumarizando: o procedimento envolvendo dados pessoais de falecidos foi arquivado, sob o argumento de que o Direito à Proteção de Dados Pessoais é "seara inadequada" para "interesses das pessoas falecidas". Respeitosamente, não se concorda. Além do mais, é de se destacar que o referido documento foi uma "nota técnica" somente, não constituindo uma resolução, que, se assim fosse, deveria passar pelo procedimento do § 2º do art. 55-J da LGPD, sendo precedido por audiência e consulta pública, além da análise de impacto regulatório.[20] Entende-se que uma mera nota técnica não pode ser tomada com força o suficiente para diminuir ou limitar direitos de cariz constitucional.

A "incidência das regras jurídicas não falha",[21] em verdade, é como "plancha da máquina de impressão, deixando a sua imagem colorida em cada folha".[22] Embalados pelo ensinamento de Pontes de Miranda é que se compreende insustentável afirmar que a LGPD não incide sobre dados de falecidos. Sobretudo, visto que a Proteção de Dados Pessoais foi elevada à Direito Fundamental, nos termos da Emenda Constitucional 115 de 2022. O reconhecimento da Proteção de Dados Pessoais como Direito Fundamental transcende o simples fato de a sociedade brasileira considerá-la relevante ou de incluí-la entre os direitos elencados na Constituição. Em termos práticos, à luz do processo legislativo constitucional, significa que normas infraconstitucionais, como uma mera nota técnica, não podem afastar a infalibilidade de sua incidência,

---

18. AUTORIDADE NACIONAL DE PROTEÇÃO DE DADOS PESSOAIS (ANPD). Nota Técnica 3/2023/CGF/ANPD. Disponível em: https://www.gov.br/anpd/pt-br/assuntos/noticias/NotaTecnica3CGF.ANPD.pdf. Acesso em: 24 set. 2023.
19. Idem. Ibidem.
20. Sobre o tema, ver MAFFINI, Rafael; CARVALHO, Luciana Luso. A atribuição do regime autárquico especial à Autoridade Nacional de Proteção de Dados – ANPD. *Revista de Direito do Consumidor*, São Paulo, v. 144, p. 123-157, nov./dez. 2022, versão Revista dos Tribunais On-Line.
21. PONTES DE MIRANDA, Francisco Cavalcanti Pontes de Miranda. *Tratado de Direito Privado*. Rio de Janeiro: Editor Borsoi, 1954, t. 1, p. 6.
22. Idem. Ibidem, p. 11.

restringindo sua proteção, mesmo diante do reconhecido poder normativo da Autoridade. Sendo assim, foi exatamente por este motivo e, para ocasiões como esta, que os mecanismos constitucionais devem socorrer o Direito à Proteção de Dados, por ser fundamental.

Outrossim, ao comparar a LGPD com o Regulamento de Proteção de Dados da União Europeia (RGPD), existem duas questões a serem observadas. A primeira se dá no campo hermenêutico. Se o legislador não distinguiu o tratamento de dados pessoais entre vivos e mortos, ao intérprete não incumbe promover a distinção. Se o Regulamento Geral de Proteção de Dados da União Europeia exclui expressamente a sua aplicação aos dados do falecido e, assim o faz, enquanto na LGPD assim o legislador não procedeu, este é motivo suficiente para entender, em verdade, pela infalível incidência e aplicabilidade da LGPD. A conclusão, dessa forma, encaminha-se diametralmente contrária ao aplicado na nota técnica da ANPD. Logo, a LGPD se aplica aos dados pessoais de mortos. A segunda se dá no sentido de que a RGPD e a LGPD estão inseridos em sistemas jurídicos diferentes. O RGPD faz parte do Direito da União Europeia (UE), que, "em termos práticos", pode ser classificado como Direito Comunitário.[23] O Direito da UE se estrutura como um sistema multinível, em camadas, com a harmonização do contexto eurounitário e do Direito de cada país.[24] No caso, o Regulamento Geral de Proteção de Dados da União Europeia não dispôs que dados pessoais de falecidos estão excluídos da seara do Direito de Proteção de Dados, como parecer levar a crer a ANPD. Muito pelo contrário, atribuiu aos Estados-membros, ou seja, aos países que passem a legiferar sobre os dados pessoais dos mortos. A competência da matéria foi atribuída ao direito nacional de cada país, diante da cultura de cada Estado-membro, respeitando-se a "autonomia local e regional".[25]

E, neste ponto, as Autoridades Nacionais dos países que compõem a União Europeia, como se operou, exemplificativamente, na Itália e em Portugal, regularam com plena eficácia o Direito à Proteção de Dados das pessoas falecidas. A Autorità Garante per la Protezione dei Dati Personali, na Itália, inseriu expressamente o "Diritto di accesso riguardante persone defunte",[26] tendo expedido comunicado sobre o direito de acesso aos dados de mortos, com literal previsão no artigo *2-tercedies*, do *Codice in materia di protezione dei dati personali*.[27]

---

23. GOMES, José Caramelo. *Lições de Direito da União Europeia*. Coimbra: Almedina, 2014, p. 51.
24. COLAPIETRO, Carlo. *Il diritto alla protezione dei dati personali in un sistema delle fonti multilivello*. Napoli: Scientifica, 2018, p. 50.
25. UNIÃO EUROPEIA. Tratado da União Europeia e o Tratado Sobre Funcionamento da União Europeia (2016/C 202/01). Disponível em: https://eur-lex.europa.eu/legal-content/PT/TXT/HTML/?uri=CELEX:12016ME/TXT&from=PT. Acesso em: 24 set. 2023.
26. GARANTE PER LA PROTEZIONE DEI DATI PERSONALI. Le schede sui Diritti di Accesso. Disponível em: https://www.garanteprivacy.it/documents/10160/0/SCHEDE+Diritto+di+accesso+-+Booklet.pdf/00f15ec0-ea0c-0425-7ea0-48bbaee477d3?version=2.0 Acesso em: 24 set. 2023.
27. ITÁLIA. Codice in materia di protezione dei dati. Disponível em: *https://www.normattiva.it/atto/caricaDettaglioAtto?atto.dataPubblicazioneGazzetta=2018-09-04&atto.codiceRedazionale=18G00129&atto.articolo.numero=0&atto.articolo.sottoArticolo=1&atto.articolo.sottoArticolo1=10&qId=dbb00d6a-da70-44c2-8f09-6719281f7297&tabID=0.24483154493813641&title=lbl.dettaglioAtto*. Acesso em: 24 set. 2023.

E, em Portugal, a Lei 58, de 2019, também estabeleceu, nos termos do artigo 17º, a "Proteção de dados pessoais de pessoas falecidas". Transcreve-se o artigo da Lei Portuguesa que demonstra a total aplicação do Direito de Proteção de Dados aos falecidos:

> 1 – Os dados pessoais de pessoas falecidas são protegidos nos termos do RGPD e da presente lei quando se integrem nas categorias especiais de dados pessoais a que se refere o n. 1 do artigo 9º do RGPD, ou quando se reportem à intimidade da vida privada, à imagem ou aos dados relativos às comunicações, ressalvados os casos previstos no n. 2 do mesmo artigo.
>
> 2 – Os direitos previstos no RGPD relativos a dados pessoais de pessoas falecidas, abrangidos pelo número anterior, nomeadamente os direitos de acesso, retificação e apagamento, são exercidos por quem a pessoa falecida haja designado para o efeito ou, na sua falta, pelos respetivos herdeiros.
>
> 3 – Os titulares dos dados podem igualmente, nos termos legais aplicáveis, deixar determinada a impossibilidade de exercício dos direitos referidos no número anterior após a sua morte.[28]

Assim, como se verifica, a comparação entre a União Europeia e o Brasil não pode ser fundamento para a não aplicação do Direito de Proteção de Dados Pessoais aos falecidos, muito pelo contrário. A solução da Nota Técnica, portanto, não poderia considerar que não se aplica a LGPD aos dados dos falecidos.

E, finalmente, em um sentido teleológico, o que contribuiu para o Direito da Proteção de Dados Pessoais a restrição feita, na medida da vocação de salvaguarda de Direitos que deve direcionar a ANPD? Neste sentido, é que se roga, respeitosamente, à Autoridade, diante do cenário de implementação do Direito da Proteção de Dados, no Brasil, se não seria o caso de revisar ou rediscutir este posicionamento.

Logo, segue-se como premissa a plena aplicação da LGPD, em matéria de proteção de dados pessoais. De maneira geral, a LGPD estabelece a obrigação dos agentes de tratamento eliminarem os dados pessoais após o término do seu tratamento, conforme seu artigo 16. O término, ainda, ocorrerá, entre outros casos, quando, conforme o artigo 15, inc. I, verificar-se que "a finalidade foi alcançada ou de que os dados deixaram de ser necessários ou pertinentes ao alcance da finalidade específica almejada". Isso significa que a eliminação de dados de qualquer pessoa está relacionada com o atingimento da finalidade principal. Lembrando, que, ainda assim, o artigo 16 da LGPD permite a manutenção dos dados para cumprimento de obrigação legal ou regulatória, o que pode ocorrer, por exemplo, em situações de serviços financeiros em que dados de transações e de cadastros precisam ser mantidos por força das disposições gerais do Banco Central e do Conselho Monetário Nacional.

(Art. 2 – terdecies (Diritti riguardanti le persone decedute). – 1. I diritti di cui agli articoli da 15 a 22 del Regolamento riferiti ai dati personali concernenti persone decedute possono essere esercitati da chi ha un interesse proprio, o agisce a tutela dell'interessato in qualita' di suo mandatario, o per ragioni familiari meritevoli di protezione).

28. PORTUGAL. Lei 58, de 2019. Disponível em: https://www.uc.pt/site/assets/files/475840/20190808_lei_58_2019_execucao_protecao_de_dados_e_livre_circ_de_dados.pdf. Acesso em: 24 set. 2023.

Questão interessante diz respeito à revogação do consentimento dado pela pessoa morta pelos seus sucessores. Revogar significa "tirar a voz", o que implica em retirar um dos elementos do suporte fático do ato, ou seja, a própria vontade.[29] Em relação ao titular vivo, não há problemas: trata-se de um direito explícito da pessoa, o de revogar o consentimento, conforme o artigo 8º, § 5º da LGPD. A lei estabelece, contudo, que ficam "ratificados os tratamentos realizados sob amparo do consentimento anteriormente manifestado enquanto não houver requerimento de eliminação". Tal definição estabelece, portanto, que enquanto não houver o pedido de eliminação, a eficácia da revogação será *ex nunc*,[30] ou seja, não afetará os tratamentos praticados até sua manifestação. Pode o titular cumular a revogação com o pedido de eliminação, lembrando que o agente de tratamento, mesmo diante de tais pedidos, ainda poderá continuar tratando dados por força de obrigação legal, como se viu.

No âmbito do titular morto, parece não haver dúvidas de que há a possibilidade dos sucessores do titular revogarem os consentimentos dados por ele em vida. De maneira geral, acerca da revogação, a doutrina clássica já prevê a possibilidade dos sucessores do promitente revogarem sua vontade manifestada.[31] Já, acerca do tema aqui tratado, reconhece-se a possibilidade de revogação pelos sucessores, visto que pensar contrariamente violaria profundamente os direitos do titular morto. Isso significaria (ao não permitir a revogação *post mortem*) dar uma autorização para os agentes de tratamento tratarem perpetuamente os dados do titular somente pelo fato de ele não poder mais revogar o consentimento. Permitir uma disposição dessa natureza implicaria em descumprir completamente a proteção já estabelecida pelo Direito Civil acerca dos direitos do falecido após sua morte ou, ainda, implicaria em tornar todo e qualquer tratamento de dados pessoais de pessoas mortas absolutamente descontrolado.

Note-se que, no âmbito dos direitos do titular, já defendemos a tese de transmissibilidade do direito de portabilidade de dados pessoais do falecido para seus herdeiros e parentes.[32] A análise deu-se no sentido de indicar que os dados pessoais do falecido, pela sua natureza, estariam no fluxo de interesses dos seus familiares. É bastante frequente o interesse dos parentes do falecido terem acesso a certas informações mantidas nos mais variados sistemas digitais. O direito dos familiares ainda estaria ancorado na própria proteção de uma identidade familiar. A manutenção de certas memórias, carregadas pelo exercício do direito à portabilidade de dados,

---

29. MELLO, Marcos Bernardes de. *Teoria do Fato Jurídico*: Plano da Eficácia. 11. ed. São Paulo: Saraiva, 2019, p. 78.
30. Sobre a eficácia mista da revogação, ver Idem. Ibidem.
31. PONTES DE MIRANDA, Francisco Cavalcanti. *Tratado de Direito Privado*. 2. ed. Rio de Janeiro: Borsoi, 1959, t. XXV, p. 272. É claro que em outras situações acerca da possibilidade da revogação, há casos em que a irrevogabilidade seria permitida quando assim manifestada pelo promitente, no entanto, no âmbito da proteção de dados, essa situação torna-se impossível por força do direito do titular de revogar o consentimento.
32. COLOMBO, Cristiano; GOULART, Guilherme Damasio. *Direito póstumo...*, p. 61.

permitiria que os parentes preservassem a memória familiar e ainda realizassem um controle sobre o armazenamento dos dados do falecido. Como já referimos:

> A família pode ter o interesse bastante singelo de apenas ter acesso a fotos do falecido que estiverem armazenadas em algum serviço eletrônico ou transmitir esses dados para outra rede social para escolher a forma que sua memória será preservada. Não se perca de vista que pela multiplicidade de sistemas informáticos existentes, a família pode ainda portar dados de saúde do falecido, até para apoio de tratamento de saúde dos descendentes.[33]

O ordenamento jurídico francês possui disposições bastante específicas acerca deste problema. A famosa Lei 78-17, chamada de *Loi Informatique et Libertés*, regula as questões relativas ao tratamento de dados de pessoas mortas.[34] Ela estabelece, em seu artigo 85, o direito de qualquer pessoa estabelecer as "diretivas relativas à conservação, apagamento e comunicação de seus dados pessoais depois de sua morte". A inovação da lei, perante a legislação brasileira, é a possibilidade estabelecida, no mesmo artigo, de entregar este poder, ou faculdade, a um terceiro. Caso este terceiro designado pela pessoa morta também venha a falecer, os herdeiros do titular passam a possuir essa titularidade. Além disso, na falta da definição de um terceiro definido pelo titular, são os herdeiros que passam a ter o poder imediato de realizar o controle dos direitos do titular falecido. No entanto, nestas situações, há uma limitação de que tais poderes sejam exercidos tão somente a fim de "obter informações úteis à liquidação e partilha da sucessão". O mais importante, para o tema aqui tratado, é que a lei francesa, no mesmo artigo 85, ainda permite que os herdeiros do titular possam demandar o encerramento das contas do falecido, oporem-se ao tratamento de seus dados ou ainda atualizá-los. Eventuais discordâncias entre os herdeiros serão resolvidas pelo judiciário. Note-se que a lei francesa buscou preencher justamente as mesmas lacunas que estão presentes no ordenamento jurídico brasileiro. Trata-se de uma inspiração importante para a discussão do tema aqui abordado, visto que o legislador francês procurou dar segurança jurídica às questões relacionadas ao tratamento de dados da pessoa morta. A partir de agora, será abordado o princípio da centralidade do ser humano e sua influência nas situações de controle para a criação de perfis inteligentes de pessoas mortas com base em seus dados pessoais.

3. PRINCÍPIO DA CENTRALIDADE NO SER HUMANO E PROJEÇÃO PÓSTUMA

3.1 Princípio da centralidade no ser humano

Um dos temas mais importantes na disciplina de proteção de dados pessoais está relacionado à consideração da pessoa humana enquanto foco de proteção. Tra-

---
33. Idem. Ibidem, p. 62.
34. A lei pode ser lida em https://www.legifrance.gouv.fr/loda/id/JORFTEXT000000886460/. As regras referentes ao tratamento de dados de pessoas mortas foram atualizadas em 2019, entrando em vigor no início do ano de 2020.

ta-se de aplicar à disciplina o conhecido princípio da centralidade no ser humano, ou da pessoa.[35] O referido princípio leva em consideração o papel da pessoa humana como protagonista no Direito,[36] sendo fruto de grande evolução jusfilosófica ao longo da história.[37] Trata-se de um princípio que levou também em consideração os fenômenos da despatrimonialização e repersonalização do direito civil[38] e que, em suma, prega a prioridade da consideração da pessoa no ordenamento e "dos valores existenciais quando estes conflitarem com valores patrimoniais".[39] Isso traz, entre outras questões, uma diretriz interpretativa de sempre buscar a proteção dos valores da pessoa nas situações (ou relações) jurídicas. Simultaneamente, garante à pessoa a tutela de seus direitos da personalidade, inclusive pela possibilidade de conformar sua personalidade, sua identidade e, também, levar adiante o seu projeto de vida,[40] de desenvolver livremente sua personalidade. Esse projeto e esses direitos, por sua vez, podem ser duramente afetados pelo uso desmedido e descontrolado da tecnologia.[41]

O conceito de dados pessoais está umbilicalmente ligado à centralidade da pessoa no ordenamento, pois eles revelam fatos ligados a ela, que possuem uma ligação objetiva a refletir aspectos de sua personalidade.[42] Ao mesmo tempo em que o princípio projeta uma proteção da pessoa individual, ele também leva em consideração a vida em comunidade, vida esta que implica em uma "dimensão coexistencial".[43] Esta última constatação também está relacionada com o próprio fluxo de dados pessoais necessários para a vida em sociedade. A proteção de dados não dá ao seu titular um poder absoluto de controle, ao contrário, estabelece situações em que dados poderão ser mesmo usados sem o seu consentimento. A centralidade da pessoa está, portanto, na razão de ser da disciplina de proteção de dados pessoais.[44] Logo no artigo 1º da

---

35. Gustavo Tepedino, no prefácio à segunda edição da obra de Danilo Doneda, assim afirma: "Instiga-se o leitor a repensar a centralidade da pessoa na sociedade da informação, com enfoque no direito à privacidade, promovendo-se estudo denso sobre a base normativa hoje existente em termos de proteção de dados pessoais". DONEDA, Danilo. *Da privacidade à proteção de dados pessoais*: fundamentos da Lei Geral de Proteção de Dados. São Paulo: Ed. RT, 2019, p. 9.
36. SESSAREGO, Carlos Fernández. *Derecho y persona*. 5. ed. Buenos Aires: Astrea, 2015, p. 76.
37. Idem. Ibidem.
38. CASTRO, Julia Ribeiro; SOUSA, Thiago Andrade. A dicotomia entre as situações existenciais e as situações patrimoniais. In: SCHREIBER, Anderson; KONDER, Carlos Nelson. *Direito Civil Constitucional*. São Paulo: Atlas, 2016, p. 144.
39. Idem. Ibidem, p. 153.
40. TEIXEIRA, Ana Carolina Brochado. Autonomia existencial. *Revista Brasileira de Direito Civil*, Belo Horizonte, v. 16, p. 75-104, abr./jun. 2018.
41. No âmbito dos direitos humanos, ver, DOUZINAS, Costas. *The end of human rights*: Critical legal thought at the turn of the century. Oxford: Hard, 2000, p. 372-373: "Technological and genetic developments accompanied by the necessary institutional extensions and adjust ments may still remove the *human person's centrality*. In such a case, the reverse of the slave society's exclusion of some biological humans from humanity will emerge" (grifo nosso).
42. Ver MENDES, Laura Schertel. *Privacidade e proteção de dados e defesa do consumidor*: Linhas gerais de um novo direito fundamental. São Paulo: Saraiva, 2014, p. 56.
43. SESSAREGO, Carlos Fernández. p. 78.
44. Cf. DONEDA, Danilo. Proteção da personalidade na era digital. CLÉVE, Clèmerson Merlin (Coord.). *Direito Constitucional Brasileiro*: Teoria da Constituição e Direitos Fundamentais. São Paulo: Ed. RT, 2014, versão ProView, cap. 20: "A centralidade da pessoa para o ordenamento jurídico, por um lado estruturou-se

LGPD vê se o princípio do livre desenvolvimento da personalidade que está diretamente ligado ao princípio da centralidade, sendo ele repetido no artigo 2º, inc. VII, ao lado dos direitos humanos e da dignidade. Além do mais, a própria consideração de uma autodeterminação da pessoa (o que inclui a autodeterminação informativa, presente no artigo 2º, inc. II da LGPD) também está centrada na valorização do princípio da centralidade.[45]

De igual forma, a disciplina da Inteligência Artificial se dedica à Centralidade no Ser Humano. A orquestração em prol da pessoa para qualificar e reger as relações estabelecidas entre seres humanos e máquinas, sejam estas exclusivamente *softwares* ou combinadas a hardwares, surge na ambiência do imaginário futurista, rompendo limites em direção ao mundo real. Isaac Asimov, na já nomeada obra de ficção científica "Eu, Robô", inverte a clássica ordem de que primeiro deve vir o fato para depois se construir o Direito, e, com antecipação, apresenta as Três Leis da Robótica, se afinam ao princípio da Centralidade no Ser Humano. São elas: a primeira, "um robô não pode ferir um ser humano ou, por inação, permitir que um ser humano venha a ser ferido"; a segunda, que "um robô deve obedecer às ordens dadas por seres humanos, exceto nos casos em que tais ordens entrem em conflito com a Primeira Lei", e, a terceira e última, "um robô deve proteger sua própria existência, desde que tal proteção não entre em conflito com a Primeira ou com a Segunda Lei".[46] Infere-se, de plano, que o ser humano é reconhecido como protagonista, como centro, nas ponderações a serem feitas quanto à preservação de sua existência frente a entes automatizados. Dessa forma, na construção hierárquica das regras, Asimov legisla que a vida humana está em primeiro lugar, mesmo que implique na destruição da máquina, apontando o fio condutor para a temática.

Avançando da ficção científica para a observação de regras promovidas pelo Poder Legislativo, a União Europeia, adiantando-se em exatos quarenta anos ao fantástico 2057 d.C, projetado por Asimov, publicou a "Resolução do Parlamento Europeu, de 16 de fevereiro de 2017, que contém recomendações à Comissão sobre disposições de Direito Civil sobre Robótica". Entre seus considerandos, descreve-se:

> que, agora que a humanidade se encontra no limiar de uma era em que robôs, «bots», androides e outras manifestações de inteligência artificial (IA), cada vez mais sofisticadas", é necessário que o "legislador pondere as suas implicações e os seus efeito a nível jurídico e ético, sem pôr entraves à inovação".

---

em seu formato atual apenas muito recentemente, porém está presente na forma jurídica desde algumas de suas primeiras compilações. As relações jurídicas privadas que, em certo momento, ostentaram uma pretensa neutralidade perante os interesses que procuravam equilibrar, foram fortemente influenciadas pelo paradigma dos direitos humanos, o que refletiu na idealização de institutos de natureza protetiva e cuja orientação axiológica era bem definida, como os direitos da personalidade".

45. RODOTÀ, Stefano. *El derecho a tener derechos*. Trad. José Manuel Revuelta López. Madrid: Trotta, 2014, p. 244.
46. ASIMOV, Isaac. Ibidem, posição 687.

Nesse sentido, as *guidelines* seguem centradas no ser humano, harmonizando-as com os avanços. Saliente-se que, no preâmbulo do "Código de Conduta para Engenheiros em Robótica", no anexo da referida Resolução, o Parlamento Europeu convida os artífices desta nova tecnologia a agirem "de forma responsável e com consideração absoluta pela necessidade de respeitar a dignidade, a privacidade e a segurança dos seres humanos.". Devem seus operadores trabalhar de "modo seguro, ético e eficaz". No texto, são apontados os princípios da "Beneficência", atuando os robôs no interesse da humanidade, bem como o da "Não maleficência", conduzindo que "acima de tudo" não deve "prejudicar" os seres humanos.[47] Posteriormente, em 25 de abril de 2018, nos veios desta mesma linha orientadora, o Parlamento Europeu expediu a Comunicação "Inteligência artificial para a Europa",[48] que, tendo apresentado uma visão favorável, apontou as contribuições da IA em diversas áreas, como meio ambiente, cibersegurança e saúde. Outrossim chancelou e enfatizou a necessidade da atenção às questões éticas e jurídicas, sobretudo, a observância dos direitos fundamentais, tendo como foco o benefício das pessoas e da sociedade.

Em 20 de outubro de 2020, o mesmo Parlamento Europeu divulgou o "Regime relativo aos aspectos éticos da inteligência artificial, da robótica e das tecnologias conexas", quando, diante de todo esse contexto de protagonismo do ser humano frente aos entes autônomos, expressamente afirmou que a Inteligência Artificial deve ser:

> antropocêntrica e antropogênica", no sentido de que feita pelos seres humanos e voltada ao ser humano e à sociedade. Entre as garantias para o desenvolvimento da IA, o Regime refere a necessidade da "plena supervisão humana em qualquer momento", e, ainda, "permitir a recuperação do controlo humano quando necessário", com a possibilidade de "alteração ou interrupção dessas tecnologias.[49]

Sintonizado ao cenário europeu, percebe-se que o Brasil busca inscrever a "Centralidade no Ser Humano" entre os elementos formadores da base principiológica da disciplina de tratamento da Inteligência Artificial, ao referi-lo, de forma expressa, no Projeto de Lei sob o n. 21 de 2020, que "Estabelece princípios, direitos e deveres para o uso de inteligência artificial no Brasil, e dá outras providências.". Como se lê, em seu artigo 6º, II, pode-se compreender a sua definição: "Centralidade no Ser Humano: respeito à dignidade humana, à privacidade e à proteção de dados pessoais e aos direitos trabalhistas". No mesmo sentido, o recente PL 2338/2023 prevê no art. 2º, inc. I, a centralidade da pessoa humana como um de seus fundamentos.

O princípio posiciona o ser humano como centro, no sentido pragmático de que conflitos aparentes que relevem a necessidade de ponderações entre o sacrifício da

---

47. PARLAMENTO EUROPEU. Resolução de 16 de fevereiro de 2017. Disponível em: https://www.europarl.europa.eu/doceo/document/TA-8-2017-0051_PT.html#def_1_3. Acesso em: 2 abr. 2021.
48. UNIÃO EUROPEIA. Inteligência Artificial para a Europa. Disponível em: https://ec.europa.eu/transparency/regdoc/rep/1/2018/PT/COM-2018-237-F1-PT-MAIN-PART-1.PDF. Acesso em: 12 mar. 2021, p. 3.
49. UNIÃO EUROPEIA. Regime relativo aos aspectos éticos da inteligência artificial, da robótica e das tecnologias conexas. Disponível em: europarl.europa.eu/doceo/document/TA-9-2020-0275_PT.html Acesso em: 02 abr. 2021.

pessoa humana e questionamentos acerca da implementação de avanços tecnológicos devem ser decididos em prol da pessoa humana. De sua composição, estão harmonizados o princípio da dignidade da pessoa humana e três direitos fundamentais: direito à privacidade, proteção de dados e direitos trabalhistas.

A "Centralidade no Ser Humano" apresenta-se como desdobramento e presença do Princípio da Dignidade da Pessoa Humana no ambiente das novas tecnologias. Fez-se necessário reafirmar que a pessoa humana está no núcleo, em sua essência, frente aos algoritmos, uma vez que as máquinas/*softwares* passaram a ocupar o ambiente de trabalho, bem como a serem pseudos sujeitos nas relações sociais, em assentos que eram exclusivos dos seres humanos. O aprendizado dos *softwares* permite que respondam a estímulos, a imitar os seres humanos, afinal, quem poderá afirmar que nunca conversou com um robô?

O direito à privacidade e à proteção de dados pessoais compõem o Princípio da Centralidade do Ser Humano, em face do *modus operandi* da Inteligência Artificial, na medida que fatos da vida, como nomes, datas, locais, gostos, sejam protegidos pelo segredo, no primeiro caso, como pelo controle, no segundo, são *inputs* de algoritmos a promover a predição e/ou formação de perfis comportamentais, *outputs*.[50]

Em um novo olhar sobre as Leis da Robótica, estendendo a temática à Inteligência Artificial, Frank Pasquale lança relevantes contribuições, afirmando que as Leis de Asimov trazem ambiguidades, referindo-se ao dilema a ser enfrentado, no caso hipotético, da necessidade de explosão por um drone autônomo de uma célula terrorista. Refere Pasquale sobre como determinar qual parte da primeira lei deve ser aplicada: a que diz que o robô não pode prejudicar um ser humano ou a segunda parte que dispõe que "por inação, permitir que um ser humano venha a ser ferido"?[51] Como Primeira Lei, o autor dispõe que "Robotic systems and AI should complement professionals, not replace them", ou seja, exatamente na linha do Princípio da Centralidade do Ser Humano, aplicada nas relações trabalhistas, no sentido de que a IA deve complementar as tarefas desempenhadas pelas pessoas naturais, não substituir o trabalho humano. A ideia é que os seres humanos tenham mais tempo para desempenhar tarefas criativas, afastando-se de repetições. Como Segunda Lei, "Robotic systems and AI should not counterfeit humanity", tema que toca diretamente ao presente estudo, no sentido de que a humanidade deve saber clara e inequivocamente que está falando com Inteligência Artificial. Não pode o *software* se camuflar de ser humano para enganar aqueles que com ele interagem. Como salienta Pasquale, há diferença entre humanizar a tecnologia, que pode ser utilizada em hospitais, escolas,

---

50. Ver FACCHINI NETO, Eugênio; COLOMBO, Cristiano. Decisões automatizadas em matéria de perfis e riscos algorítmicos: Diálogos entre Brasil e Europa acerca das vítimas do dano estético digital. In: MARTINS, Guilherme Magalhães; ROSENVALD, Nelson. (Org.). *Responsabilidade civil e novas tecnologias*. Indaiatuba: Foco, 2020. v. 1, p. 163-184.
51. PASQUALE, Frank. *News Law of Robotics*: Defending human expertise in the Age of Ai. Londres: Harvard University Press, 2020, p. 3.

entre outros, e falsificá-la como se ser humano fosse.[52] A Terceira Lei determina que "Robotic systems and AI should not intensify zero-sum arms races", no sentido de que IA não deve ser utilizada para criar armas letais autônomas (Lethal Autonomus Weapons Systems – LAWS). E, como Quarta e Última Lei, "Robotic systems an AI must always indicate the identity of their creator(s), controller(s) and owner(s)", nesse sentido, é importante identificar quem são os responsáveis, por criar, controlar e quem são os proprietários dos algoritmos de Inteligência Artificial.[53] Esta exigência se volta à futura responsabilização, no sentido de identificar quem são os atores que promoveram o *software* e, portanto, possam ser demandados em tutelas inibitórias e ações indenizatórias.

A partir dos estudos feitos, depreende-se que elementos da Centralidade no Ser Humano estão presentes desde a sua gênese ficcional, passando pelas Recomendações, Projetos de Lei, e, na doutrina, sobre as intersecções da Inteligência Artificial e Proteção de Dados Pessoais.

3.2 Sua projeção póstuma

Chega-se, então, à análise da relação entre a proteção de dados pessoais de pessoas mortas e sua relação com o princípio da centralidade da pessoa.

A projeção (e o controle) de uma identidade pessoal póstuma, relacionada com a própria proteção dos direitos do morto pelos seus parentes, é tema que está presente tanto na lei quanto na doutrina.[54] Isso significa considerar, como bem menciona Rodotà, a "unidade da pessoa entre o mundo físico e o virtual".[55] A união destes dois cenários faz com que apareça o conceito de "corpo eletrônico", ou seja, a representação virtual de aspectos da personalidade, o que se dá, por óbvio, por meio dos dados pessoais.[56] Assim, se o corpo humano precisa ser devidamente inumado, como dissemos em outro espaço, "com os sistemas digitais, nasce o direito [dos parentes] de efetuarem o controle dos dados pessoais que sustentam o corpo eletrônico do *de cujus*".[57] O uso de dados de pessoas mortas para a criação de perfis inteligentes envolve um tipo de projeção póstuma da personalidade que pode, quando mal conduzida, causar danos não só à família do falecido como à sua própria memória. Ainda de acordo com o mestre italiano, o centro da atenção aqui não é a biologia,[58] mas a

---

52. Idem. Ibidem, p.7.
53. Idem. Ibidem, p.7.
54. Especificamente acerca da proteção da identidade pessoal, proteção de dados pessoais depois da morte, fazendo, inclusive, uma breve relação com o princípio da centralidade ver: SARLET, Gabrielle Bezerra Sales. Notas sobre a identidade digital e o problema da herança digital: uma análise jurídica acerca dos limites da proteção póstuma dos direitos da personalidade na Internet do ordenamento jurídico brasileiro. *Revista de Direito Civil Contemporâneo*, São Paulo, v. 17, p. 33-59, out./dez. 2018, versão Revista dos Tribunais On-line.
55. RODOTÀ, Stefano. Ibidem, p. 248.
56. RODOTÀ, Stefano. Ibidem.
57. COLOMBO, Cristiano; GOULART, Guilherme Damasio. Direito póstumo..., p. 61.
58. No mesmo sentido, afirmando que "a morte nunca foi um fenômeno meramente biológico, mas sim um fenômeno cultural no âmbito da existência moral", ver CAMPOS, Diogo Leite. O estatuto jurídico da pessoa

biografia, e tais questões, justamente, ultrapassam a própria fronteira entre "vida e existência".[59] Tudo isso importa em considerar, como fez De Cupis, que "para a lei, a morte física não significa a morte moral".[60]

Se é verdade que os sistemas virtuais permitem a conformação de um corpo eletrônico, de acordo com Rodotà, ao mesmo tempo, também pode-se falar em uma identidade eletrônica ou digital. Não é novidade que as pessoas promovem a conformação de sua identidade nos meios digitais. Assim, uma pessoa que tem afinidade com esportes pode "conformar" uma identidade "fitness" na Internet. O mesmo pode ser dito da pessoa que gosta de carros, ou de música, ou de futebol etc. Essa possibilidade de controle da identidade (composta de dados pessoais) é justamente uma das facetas do exercício do direito à autodeterminação informativa, um dos núcleos da disciplina de proteção de dados. Se, ao contrário do corpo físico, o corpo eletrônico permanece nos meios digitais, emular perfis ativos de pessoas mortas pode, potencialmente, violar a própria proteção da identidade pessoal, que se projeta *post mortem*.[61] Caso o sujeito não tenha dado a autorização específica para isso, é possível a ocorrência de situações em que o perfil inteligente, por ter tido acesso a dados privados do titular, possa começar a manifestar interesses ou preferências que o sujeito, quando vivo, gostaria de manter em sigilo, algo bastante difícil de se prever. Trata-se, aí, de um controle relacionado à proteção da privacidade e da intimidade do morto. No entanto, para além dessas proteções, qualquer erro ou expansão inadequada de ideias do perfil inteligente do morto poderia também causar danos à sua memória. Basta pensar na ideia de um perfil inteligente que passasse a se manifestar ou declarar preferências políticas, filosóficas ou religiosas distintas daquelas que a pessoa manifestava em vida.

Não se defende aqui a impossibilidade total do uso de dados pessoais da pessoa morta. Bem pelo contrário, razões de cumprimento de contratos e obrigações legais podem, de forma lícita, permitir a continuidade do tratamento.[62] O problema a ser tratado é especificamente o uso de dados pessoais para a finalidade específica de construção de perfis póstumos inteligentes. Neste sentido, não parece pairar nenhuma dúvida sobre a possibilidade do seu uso em situações em que há o consentimento explícito dado em vida pelo falecido. Sua vontade, assim declarada em vida, tem o condão de ter uma *eficácia post-mortem*.[63] É possível usar, analogicamente, o

---

depois da morte. In: CAMPOS, Diogo Leite; CHINELLATO, Silmara Juny de Abreu (Coord.). *Pessoa humana e Direito*. Coimbra: Almedina, 2009, p. 56.

59. RODOTÀ, Stefano. Ibidem. p. 249 e 249.
60. DE CUPIS, Adriano. *Teoria e Pratica Del Diritto Civile*. 2. ed. Milano: Giuffrè, 1967, p. 160.
61. Por sinal, a própria proteção do nome é uma das formas mais primitivas de proteção da identidade pessoal que evolui para proteções mais especializadas diante da utilização de dados pessoais.
62. Dá-se o exemplo de questões tributárias ou até mesmo a preservação de dados para a defesa de interesses patrimoniais no inventário.
63. SOUZA, Rabindranath V. A. Capelo de. *O Direito Geral de Personalidade*. Coimbra: Coimbra, 2011, p. 194: "[..] sua vontade objetivada [do de cujus] pode *post-mortem* continuar a influenciar as relações jurídicas e os reflexos do espírito do defunto". Também chamada de "eficácia póstuma" ou ainda "pós-eficácia dos

próprio art. 14 do CC que permite "a disposição gratuita do próprio corpo, no todo ou em parte, para depois da morte". O problema consiste, todavia, na possibilidade de criação de tais perfis quando não houver o consentimento do falecido. Em tais casos, seus familiares poderiam consentir, ou autorizar, a criação dos perfis póstumos inteligentes?

Em primeiro lugar, parece ser ilícita a utilização de dados pessoais do falecido sem o seu consentimento expresso para esta finalidade específica de criação de perfis póstumos inteligentes em sistemas especializados que ativamente pedem o consentimento do titular (prevendo o possível uso para esta finalidade). Trata-se de dar o protagonismo necessário do consentimento para o tratamento (ou não) de dados pessoais depois da morte. Do ponto de vista procedimental, sistemas que se proponham a realizar tais atividades devem coletar o consentimento do titular para tais finalidades. Também é possível pensar na via testamentária, na medida em que situações existenciais são passíveis de disposições de última vontade.[64]

A LGPD não menciona a hipótese de um consentimento realizado por parentes do falecido, visto não ter se preocupado – aparentemente – com a questão dos possíveis conflitos envolvendo o tratamento de dados de pessoas mortas. O Código Civil, por sua vez, permite um tipo de tutela específica dos interesses do morto, conforme se vê no seu art. 20.[65] A simples leitura do referido artigo permite compreender que os parentes ali referidos poderiam realizar a tutela geral de controle em face de atos que possam atingir a "honra, boa-fama ou respeitabilidade". Isso significaria dizer que os parentes teriam a legitimidade para interromper o uso e funcionamento dos

---

direitos da personalidade" de acordo com Cf. CORDEIRO, António Menezes. *Tratado de Direito Civil*. Parte Geral. Pessoas. 3. ed. Coimbra: Almedina, 2011, t. IV, p. 534.

64. ALPA, Guido. *Manuale di diritto privato*. Padova: CEDAM, 2013, p. 857-861. "Il testamento è un atto: – personalissimo, deve essere redatto esclusivamente dal testatore, il quale non può avvalersi di rappresentanti o di terzi; – unilaterale, che riguarda esclusivamente il testatore; l'erede, o chi ricevere per legato (legatario) non hanno alcun rapporto con il testatore: e la dichiarazione dell'erede (accettazione) è semplice dichiarazione unilaterale; libero, nel senso che volontà del testatore non può essere coartata o condizionata (di qui la nullità dei patti successori e del testamento reciproco, con il quale due persone nella stessa scheda si nomina non rispettivamente eredi, o dispongono delle proprie sostanze congiuntamente a favore di terzi (artt. 458, 589 c.c.); – formale, nel senso che deve essere redatto nelle forme stabilite dalla legge; – sempre revocabile, nel senso che il testatore può modificare, revocare integralmente, distruggere il testamento a suo piacimento; – a causa di morte, perché la morte del testatore giustifica l'attribuzione; di ultima volontà, perché rivela giuridicamente nei confronti dei terzi solo dopo la morte del testatore; – a titolo gratuito; a contenuto patrimoniale; – certo. Ma, come si vedrà, il testamento può contenere anche disposizioni di carattere non patrimoniale; esse sono egualmente efficaci (art. 587, 2° c., c.c.). Il testamento, nei casi limite, può contenere soltanto disposizioni non patrimoniali; esse avranno egualmente efficacia (art. 587, § 2° c., c.c.) (p. 858) Il testamento può contenere disposizioni riguardanti il cadavere del *de cuius*, che, pur essendo cosa *extra commercium*, è titolare di diritti per quanto riguarda le disposizioni concernenti la salma (ad es., l'incenerimento, la tumulazione, le esequie, ecc.)".

65. Art. 20. Salvo se autorizadas, ou se necessárias à administração da justiça ou à manutenção da ordem pública, a divulgação de escritos, a transmissão da palavra, ou a publicação, a exposição ou a utilização da imagem de uma pessoa poderão ser proibidas, a seu requerimento e sem prejuízo da indenização que couber, se lhe atingirem a honra, a boa fama ou a respeitabilidade, ou se se destinarem a fins comerciais.
Parágrafo único. Em se tratando de morto ou de ausente, *são partes legítimas para requerer essa proteção o cônjuge, os ascendentes ou os descendentes*.(grifo nosso).

tais perfis inteligentes, quando se verificar uma situação de ofensa à memória, honra ou até mesmo a privacidade do falecido. Outra questão a ser tratada no termo de consentimento é a autorização de que o *software* se relacione com pessoas de fora do círculo familiar. Trata-se de um possível caso de *oversharing* de dados pessoais do falecido, que muitas vezes são íntimos, para terceiros. E o que dizer ainda do convite por uma emissora de televisão para entrevistar o perfil movido por IA do morto? Os limites podem ser muito bem definidos no campo do consentimento. Saliente-se que, mesmo tendo havido consentimento expresso do falecido, a teor do artigo 12, parágrafo único, do Código Civil, haverá a possibilidade de controle das possibilidades de predição resultantes do *software*, de forma póstuma, caso ele venha a ofender direitos de personalidade do falecido. Basta imaginar o perfil póstumo movido por IA começar a revelar tendências ou gostos que o sujeito mantinha em segredo quando vivo. As possibilidades de violações são muito amplas, o que faz com que as considerações acerca dos riscos sejam igualmente problemáticas.

Note-se também que não se trata de um tema meramente ligado ao direito sucessório.[66] Os dados com um conteúdo meramente patrimonial, como já afirmamos, (contemplando "direitos autorais patrimoniais, por exemplo, sobre textos, imagens, de forma geral, trabalhos artísticos, que tenham conteúdo econômico"[67] etc.) estão relacionados com a chamada herança digital, "obedecendo à vocação hereditária".

Certos atributos da personalidade, mesmo após a morte, geram certos efeitos jurídicos,[68] entre os quais, aqueles relacionados com uma projeção indelével da personalidade do *de cujus*,[69] o que faria parte do fenômeno de uma "herança moral".[70] A morte faz com que haja uma "aquisição derivada translativa mortis causa de direitos pessoais",[71] o que importa, em nosso direito, a uma legitimação de proteção,[72] por

---

66. Neste particular, dialogando com os direitos autorais, por seu conteúdo econômico, pode-se refletir sobre a utilização da voz, de imagens de artistas, ou, até as próprias obras em si, como *input* da IA, por meio de algoritmos que identificassem padrões, gerando, como *output*, obras derivadas. Situação que também merece um olhar atento e diferenciado sobre a necessidade ou não de consentimento do criador da obra primígena, inclusive, pela via testamentária, dada a imprevisibilidade de seu resultado, que, em síntese, é ligada à criação de espírito. O que merece estudo específico. De qualquer forma, sempre, e, em todos os casos, estar-se-ia sob a supervisão humana dos legitimados, na defesa da memória do falecido, buscando impedir ofensas às projeções de personalidade do falecido, mesmo diante do elemento patrimonial. Nessa linha, predominantemente dos direitos de autor, a artista Madonna, em testamento, "proibiu que ela seja recriada por inteligência artificial, como em hologramas". Como tratado em CORREIO BRAZILIENSE. *Após UTI, Madonna muda testamento e proíbe uso de imagem por IA*. Disponível em: https://www.correiobraziliense.com.br/diversao-e-arte/2023/07/5108193-apos-uti-madonna-muda-testamento-e-proibe-uso-de-imagem-por-ia.html. Acesso em: 26 set. 2023.
67. COLOMBO, Cristiano; GOULART, Guilherme Damasio. Direito póstumo..., p. 64.
68. SOUZA, Rabindranath V. A. Capelo de. Ibidem, p. 189, afirma que certos bens da personalidade "continuam a influir no curso social e que, por isso mesmo, perduram no mundo das relações jurídicas e como tais são autonomamente protegidos".
69. Idem. Ibidem, p. 192: "das obras e das demais objectivações criadas pelo defunto e nais quais ele tenha, de um modo muito pessoal, imprimido sua marca".
70. CAMPOS, Diogo Leite. Ibidem, p. 60.
71. Idem. Ibidem, p. 367.
72. As pessoas vivas também possuem interesse na proteção dos direitos da personalidade de seus parentes. Ocorre que "em vida de uma pessoa, a proteção dos seus interesses nos seus bens de personalidade exclui

meio da requisição de medidas.[73] Essa aquisição derivada permite, inclusive, diferenciar situações jurídicas em que o fato causou dano direto aos direitos do falecido ou aos de seus parentes. Isso demonstra claramente uma "permanência de certos direitos de personalidade do defunto".[74] Note-se que a presente situação diferencia-se ligeiramente de outras situações de proteção simples de direitos como a honra ou a memória do morto. O perfil emulado do sujeito morto não deixa de representar uma projeção ampliada e muito mais profunda de sua personalidade, o que demanda muito mais cuidado na verificação de sua licitude. Por isso que essa investigação avança um pouco nas discussões clássicas de proteção *post mortem* de direitos da personalidade.

No entanto, seria viável algum tipo de autorização para permitir o uso de dados do falecido no caso de seu silêncio em vida? Haveria algum tipo de patrimônio ou memória familiar apta a ser tutelada de forma positiva pelos familiares do morto? De antemão, é preciso ressaltar que a proteção dos interesses das pessoas mortas não é um valor caro somente aos familiares, mas também à própria sociedade.[75] Tanto é assim que a própria honra do morto é protegida tanto pelo Direito Civil, quanto pelo Direito Penal.[76] Cabe, então, especificar as possibilidades aqui tratadas: como já se disse, um sistema que ofereça um serviço de emulação de um perfil para depois da morte, sistema esse que contou com o consentimento do titular, parece não envolver tantos problemas. A questão central é se seria possível a reunião (e o uso imprevisto pelo falecido) de dados esparsos (não concentrados em um sistema específico de formação de perfis), como, por exemplo, presentes em e-mails, redes sociais diversas, textos escritos, declarações gerais na Internet etc. Note-se que tal hipótese contaria com uma eventual imprevisibilidade do titular que, em vida, sequer cogitou essa possibilidade.

Os parentes do falecido possuem interesse na proteção jurídica dos direitos da personalidade do falecido, desde que a referida proteção não seja incompatível com a morte. Assim, eles possuem a legitimidade substantiva[77] para promover a proteção

---

a proteção dos interesses que outras pessoas possam ter nesses mesmos bens. Quando essa pessoa morre, algumas pessoas [...] passam a ter os seus interesses protegidos". Cf. VASCONCELOS, Pedro Leitão Pais. *A autorização*. 2. ed. Coimbra: Almedina, 2016, p. 371.

73. Com base no parágrafo único do art. 12 e parágrafo único do art. 20, ambos do CC.
74. SOUZA, Rabindranath V. A. Capelo de. Ibidem, p. 192. Continua o autor, na p. 193, afirmando que: "os direitos da personalidade das pessoas já falecidas respeitam a interesses próprios dessas mesmas pessoas em vida, a instintos, impulsos e aspirações concretas suas de sobrevivência, de continuação de si mesmo e de *ultrapassagem da morte* [...]" (grifo nosso).
75. SESSAREGO, Carlos Fernández, Ibidem, p. 78: "La estructura del ser humano nos lo muestra como un ente que, sin dejar de ser idéntico a sí mismo, es – al mismo tiempo – un ser coexistencial, por lo que requiere necesariamente hacer su vida con los demás, como "un-ser-en-el-mundo"."
76. Ver a calúnia contra mortos, § 2º do art. 138 e o Título V, Capítulo II (ambos do CP) sobre os crimes contra o respeito aos mortos.
77. Referindo-se ao direito português, bastante semelhante ao brasileiro neste sentido, VASCONCELOS, Pedro Leitão Pais. Ibidem, p. 372, afirma que: "Embora o texto da lei refira que estes [os parentes] têm legitimidade, essa legitimidade é o resultado da titularidade da situação em causa, integrada com a sua autonomia privada. Não se trata de uma legitimidade sem titularidade de uma situação jurídica. Não se trata de uma mera legitimidade processual, mas de uma legitimidade substantiva, que resulta da situação jurídica concreta face ao ato a praticar".

contra ataques ao direito do morto. O Código Civil português possui referência a este tema no artigo 71, acerca da ofensa a pessoas falecidas,[78] inclusive prevendo um consentimento específico[79] que pode ser dado pelos parentes do morto. Neste sentido, há duas possibilidades que diferenciam a esfera de proteção dos direitos *post mortem*, conforme Antônio Menezes Cordeiro: 1) bens que demandam a proteção absoluta, como a honra e o bom nome, situação em que "qualquer violação desencadeia a legitimidade" para a ação pelos parentes; e 2) direitos permitem uma atuação de terceiros desde que houver a autorização dos parentes, na linha do n. 3 do art. 71 do CC português.[80] O exemplo, sobre a última situação, dado pelo catedrático português, seria a autorização dos familiares para a publicação de uma carta escrita pelo falecido.

Ocorre que a tecnologia altera bastante essa previsão "pré-digital" do possível consentimento ou autorização envolvendo os interesses da pessoa morta. Uma coisa é a autorização de publicação de uma carta do falecido, que possui uma dimensão estática, que se esgota no seu texto. O perfil inteligente tem um potencial bastante amplo de revelação de detalhes da vida do sujeito, a depender dos repositórios de dados pessoais que foram utilizados. Uma eventual autorização dos parentes dificilmente poderia alcançar temas e assuntos que só poderiam ser autorizados pelo próprio titular dos dados. Diante disso, da imprevisibilidade envolvida na prática, entende-se que a autorização *post mortem*, dada pelos parentes, para o uso de dados pessoais do falecido seria incompatível com as possibilidades de tutela que o ordenamento jurídico dá. Nesse sentido, o uso de dados por perfis somente poderá ser realizado com a autorização dada em vida pelo sujeito.

CONSIDERAÇÕES FINAIS

A partir do estudo realizado, apresentam-se as seguintes considerações finais:

A uma, a possibilidade do uso de dados pessoais do morto em perfis inteligentes somente é possível com o consentimento explícito, dado em vida pelo falecido, tendo eficácia *post-mortem*, delimitando aspectos objetivos – para que possam ser utilizados, bem como subjetivos – quem pode fruir do serviço, evitando que seja inadequadamente apresentado a terceiros. E, mesmo tendo havido consentimento expresso do falecido, a teor do artigo 12, parágrafo único do Código Civil, haverá a

---

78. Art. 71 – 1. Os direitos de personalidade gozam igualmente de protecção depois da morte do respectivo titular.
    2. Tem legitimidade, neste caso, para requerer as providências previstas no n. 2 do artigo anterior o cônjuge sobrevivo ou qualquer descendente, ascendente, irmão, sobrinho ou herdeiro do falecido.
    3. Se a ilicitude da ofensa resultar da falta de consentimento, só as pessoas que o deveriam prestar têm legitimidade, conjunta ou separadamente, para requerer as providências a que o número anterior se refere.
79. Embora o código português se refira a consentimento, trata-se, na verdade, segundo a melhor doutrina, de uma "autorização constitutiva", cf. VASCONCELOS, Pedro Leitão Pais. Ibidem, p. 373.
80. MENEZES CORDEIRO, Antônio. *Tratado de Direito Civil*. Parte Geral: Pessoas. 3. ed. Coimbra: Almedina, 2011, t. IV, p. 538-539.

possibilidade de controle da predição resultante do *software*, de forma póstuma, caso venha a ofender direitos de personalidade do falecido.

A duas, compreende-se inadequado que parentes possam dar o consentimento, em nome do falecido, para o emprego em perfis de emulação do morto, à luz do princípio da Centralidade do Ser Humano, reconhecendo sua projeção póstuma.

A três, deverá sempre ficar claro que se está a interagir com um *software* e não com um ser humano, mesmo em se tratando de falecido. Todos que estiverem expostos ao programa devem saber que se trata de Inteligência Artificial, não de mensagens ou textos feitos em vida pelo falecido.

A quatro, a necessidade de que sejam plenamente identificados quem foram os criadores, controladores e os proprietários do *software*, a fim de que respondam a demandas de tutela inibitória ou reparatória.

A cinco, recorte feito se volta a questões jurídicas, poderia outros campos de conhecimento serem substratos à sua proibição, inclusive, de forma ampla, ou, casuística, diante de situações como o prolongamento do luto, entre outras questões psicológicas e médicas, que não é escopo do tema.

REFERÊNCIAS

ALPA, Guido. *Manuale di diritto privato*. Padova: CEDAM, 2013.

ASIMOV, Isaac. *Eu robô*. Trad. Aline Sotoria Pereira. São Paulo: Editora Aleph, 2017.

AUTORIDADE NACIONAL DE PROTEÇÃO DE DADOS PESSOAIS (ANPD). Nota Técnica 3/2023/CGF/ANPD. Disponível em:https://www.gov.br/anpd/pt-br/assuntos/noticias/NotaTecnica3CGF.ANPD.pdf. Acesso em: 24 set. 2023.

BRAUN, Julia. *Conar analisa anúncio da Volks com Elis Regina*: os dilemas de usar inteligência artificial para recriar pessoas mortas. Disponível em: https://www.bbc.com/portuguese/articles/cx9p9x01y84o. Acesso em: 26 set 2023.

CACHAPUZ, Maria Cláudia. O conceito de pessoa e a autonomia de Data (ou sobre a medida da humanidade em tempos de inteligência artificial). *Revista de Direito Civil Contemporâneo*, São Paulo, v. 20, p. 63-65, jul./set. 2019.

CAMPOS, Diogo Leite. O estatuto jurídico da pessoa depois da morte. In: CAMPOS, Diogo Leite; CHINELLATO, Silmara Juny de Abreu (Coord.). *Pessoa humana e Direito*. Coimbra: Almedina, 2009.

CASTRO, Julia Ribeiro; SOUSA, Thiago Andrade. A dicotomia entre as situações existenciais e as situações patrimoniais. In: SCHREIBER, Anderson; KONDER, Carlos Nelson. *Direito Civil Constitucional*. São Paulo: Atlas, 2016.

COLAPIETRO, Carlo. *Il diritto alla protezione dei dati personali in un sistema delle fonti multilivello*. Napoli: Scientifica, 2018.

COLOMBO, Cristiano; GOULART, Guilherme Damasio. Direito póstumo à portabilidade de dados pessoais no ciberespaço à luz do direito brasileiro. In: POLIDO, Fabrício; ANJOS, Lucas; BRANDÃO, Luíza. *Políticas, Internet e Sociedade*. Belo Horizonte: IRIS, 2019.

COLOMBO, Cristiano; GOULART, Guilherme Damasio. A Inteligência Artificial dos Large Language Models (LLMs) e os riscos aos Direitos Autorais: diretrizes aplicadas às plataformas e novos deveres éticos-jurídicos para sua utilização. In: HUPFFER, Haide Maria; ENGELMANN, Wilson; BLAUTH,

Taís Fernanda (org.) *Inteligência Artificial no Sul Global*: Regulação, riscos discriminatórios, governança e responsabilidades. São Leopoldo: Casa Leiria, 2023.

CORDEIRO, António Menezes. *Tratado de Direito Civil*. Parte Geral. Pessoas. 3. ed. Coimbra: Almedina, 2011. t. IV.

CORREIO BRAZILIENSE. *Após UTI, Madonna muda testamento e proíbe uso de imagem por IA*. Disponível em: https://www.correiobraziliense.com.br/diversao-e-arte/2023/07/5108193-apos-uti-madonna-muda-testamento-e-proibe-uso-de-imagem-por-ia.html. Acesso em: 26 set. 2023.

DE CUPIS, Adriano. *Teoria e Pratica Del Diritto Civile*. 2. ed. Milano: Giuffrè, 1967.

DONEDA, Danilo. Proteção da personalidade na era digital. CLÉVE, Clèmerson Merlin (Coord.). *Direito Constitucional Brasileiro*: Teoria da Constituição e Direitos Fundamentais. São Paulo: Ed. RT, 2014, versão ProView.

DONEDA, Danilo. *Da privacidade à proteção de dados pessoais*: fundamentos da Lei Geral de Proteção de Dados. 2. ed. São Paulo: Ed. RT, 2019.

DOUZINAS, Costas. *The end of human rights*: Critical legal thought at the turn of the century. Oxford: Hard, 2000.

FACCHINI NETO, Eugênio; COLOMBO, Cristiano. Decisões automatizadas em matéria de perfis e riscos algorítmicos: Diálogos entre Brasil e Europa acerca das vítimas do dano estético digital. In: MARTINS, Guilherme Magalhães; ROSENVALD, Nelson. (Org.). *Responsabilidade civil e novas tecnologias*. Indaiatuba: Foco, 2020. v. 1.

GARANTE PER LA PROTEZIONE DEI DATI PERSONALI. *Le schede sui Diritti di Accesso*. Disponível em: https://www.garanteprivacy.it/documents/10160/0/SCHEDE+Diritto+di+accesso+-+Booklet.pdf/00f15ec0-ea0c-0425-7ea0-48bbaee477d3?version=2.0 Acesso em: 24 set. 2023.

GOMES, José Caramelo. *Lições de Direito da União Europeia*. Coimbra: Almedina, 2014.

MAFFINI, Rafael; CARVALHO, Luciana Luso. A atribuição do regime autárquico especial à Autoridade Nacional de Proteção de Dados – ANPD. *Revista de Direito do Consumidor*, São Paulo, v. 144, p. 123-157, nov./dez. 2022, versão Revista dos Tribunais On-Line.

MAGLIO, Marco et al. *Manuale di diritto alla protezione dei dati personali*. Santarcangelo di Romagna: Maggioli, 2019.

MELLO, Marcos Bernardes de. *Teoria do Fato Jurídico*: Plano da Eficácia. 11. ed. São Paulo: Saraiva, 2019.

MENDES, Laura Schertel. *Privacidade e proteção de dados e defesa do consumidor*: Linhas gerais de um novo direito fundamental. São Paulo: Saraiva, 2014.

MENEZES CORDEIRO, Antônio. *Tratado de Direito Civil*. Parte Geral: Pessoas. 3ª ed. Coimbra: Almedina, 2011, t. IV.

PARLAMENTO EUROPEU. Resolução de 16 de fevereiro de 2017. Disponível em: https://www.europarl.europa.eu/doceo/document/TA-8-2017-0051_PT.html#def_1_3. Acesso em: 2 abr. 2021.

PASQUALE, Frank. *News Law of Robotics*: Defending human expertise in the Age of Ai. Londres: Harvard University Press, 2020.

PONTES DE MIRANDA, Francisco Cavalcanti Pontes de Miranda. *Tratado de Direito Privado*. Rio de Janeiro: Editor Borsoi, 1954. t. I.

PONTES DE MIRANDA, Francisco Cavalcanti. *Tratado de Direito Privado*. 2. ed. Rio de Janeiro: Borsoi, 1959. t. XXV.

PORTUGAL. Lei 58, de 2019. Disponível em: https://www.uc.pt/site/assets/files/475840/20190808_lei_58_2019_execucao_protecao_de_dados_e_livre_circ_de_dados.pdf. Acesso em: 24 set. 2023.

RODOTÀ, Stefano. *El derecho a tener derechos*. Trad. José Manuel Revuelta López. Madrid: Trotta, 2014.

SARLET, Gabrielle Bezerra Sales. Notas sobre a identidade digital e o problema da herança digital: uma análise jurídica acerca dos limites da proteção póstuma dos direitos da personalidade na Internet do ordenamento jurídico brasileiro. *Revista de Direito Civil Contemporâneo*. São Paulo, v. 17, p. 33-59, out./dez. 2018, versão Revista dos Tribunais On-line.

SESSAREGO, Carlos Fernández. *Derecho y persona*. 5. ed. Buenos Aires: Astrea, 2015.

SOUZA, Rabindranath V. A. Capelo de. *O Direito Geral de Personalidade*. Coimbra: Coimbra, 2011.

TEIXEIRA, Ana Carolina Brochado. Autonomia existencial. *Revista Brasileira de Direito Civil*, Belo Horizonte, v. 16, p. 75-104, abr./jun. 2018.

UNIÃO EUROPEIA. Inteligência Artificial para a Europa. Disponível em: https://ec.europa.eu/transparency/regdoc/rep/1/2018/PT/COM-2018-237-F1-PT-MAIN-PART-1.PDF. Acesso em: 12 mar. 2021.

UNIÃO EUROPEIA. Comissão Europeia. Parecer 8/2014 sobre os recentes desenvolvimentos na Internet das Coisas. Grupo de trabalho do artigo 29. Para a Proteção dos Dados. Adotado em 16 set 2014. Disponível em: https://www.gpdp.gov.mo/uploadfile/2016/0831/20160831044805583.pdf. Acesso em: 28 mar. 2021.

UNIÃO EUROPEIA. Regime relativo aos aspectos éticos da inteligência artificial, da robótica e das tecnologias conexas. Disponível em: https://www.europarl.europa.eu/doceo/document/TA-9-2020-0275_PT.html Acesso em: 02 abr. 2021.

UNIÃO EUROPEIA. Tratado da União Europeia e o Tratado Sobre Funcionamento da União Europeia (2016/C 202/01). Disponível em: https://eur-lex.europa.eu/legal-content/PT/TXT/HTML/?uri=CELEX:12016ME/TXT&from=PT. Acesso em: 24 set. 2023.

VASCONCELOS, Pedro Leitão Pais. *A autorização*. 2. ed. Coimbra: Almedina, 2016.

LIMITES À PROTEÇÃO DE DADOS: *DRAGNET SURVEILLANCE* E O CASO MARIELLE FRANCO, DE ACORDO COM A ORIENTAÇÃO DO STJ

Eugênio Facchini Neto

Doutor em Direito Comparado (Florença/Itália). Mestre em Direito Civil (USP). Professor Titular dos Cursos de Graduação, Mestrado e Doutorado em Direito da PUC/RS. Ex-diretor da Escola Superior da Magistratura/AJURIS. Desembargador do TJ/RS.

Sumário: 1. Introdução – 2. O caso Marielle Franco (STJ, 2020) – 3. O uso da *dragnet surveillance* no Brasil – 4. O caso *carpenter v. United states* (USSC, 2018) – 5. O que está em jogo: da velha privacidade à atual proteção de dados – 6. Proteção de dados e direitos da personalidade – 7. A relativização da proteção de dados – Considerações finais – Referências.

1. INTRODUÇÃO

Ao longo da história, a humanidade experimentou a introdução de tecnologias tão impactantes que mudaram a forma de existir. Quando isso ocorre, diz-se que se trata de um fenômeno revolucionário. Assim ocorreu, pela primeira vez, há dez mil anos atrás, com a primeira grande revolução, a agrícola, que permitiu a sedentarização humana e o início do processo civilizatório.

Foi necessário aguardar outros 9.700 anos para se chegar a uma outra grande revolução que tivesse semelhante impacto transformador – a referência, agora, é à revolução industrial, a partir de meados do século XVIII. Ela foi representada principalmente pela substituição da força humana pela energia mecânica, em razão da invenção da máquina a vapor e suas aplicações. Atualmente, esta é chamada de primeira revolução industrial, pois a ela se sucederam novas revoluções igualmente disruptivas, como a segunda revolução industrial, a partir do final do século XIX e início do século XX, com o advento da eletricidade, que impactou o modelo industrial, com a criação da linha de montagem e a produção em massa. A terceira revolução industrial teria ocorrido a partir dos anos sessenta, em razão da disseminação da computação e, por volta dos anos noventa, da internet. É a chamada revolução digital.

Em 2016, Klaus Schwab publicou obra intitulada "A Quarta Revolução Industrial",[1] que é o nome que ele dá à época em que passamos a viver nas duas últimas décadas, como um aprofundamento da revolução digital. Ela é caracterizada "por uma internet mais ubíqua e móvel, por sensores menores e mais poderosos que se tornaram mais baratos e pela inteligência artificial e aprendizagem automática (ou

---

1. SCHWAB, Klaus. *A Quarta Revolução Industrial*. Trad. Daniel Moreira Miranda. Bauru/SP: EDIPRO, 2019.

aprendizado de máquina)." A razão do seu caráter disruptivo em relação à terceira revolução industrial é que essas novas tecnologias estão se tornando mais sofisticadas e integradas, envolvendo a fusão e interação de domínios físicos, digitais e biológicos, abrangendo aspectos tão distintos quanto sequenciamento genético, nanotecnologia, energias renováveis e computação quântica. Tudo isso implicou o advento de tecnologias que estão novamente transformando a maneira como vivemos, como evidenciam os fenômenos do bitcoin, blockchain, economia compartilhada, impressão em 3D, aplicações cada vez mais extensas da inteligência artificial etc. No final de 2022 o mundo conheceu o ChatGPT, cujos impactos sobre nossa maneira de viver ainda estão sendo dimensionados, não faltando abalizadas vozes temerosas quanto ao seu potencial disruptivo.

Também se usa a expressão *Indústria 4.0*, cunhada em 2011, por ocasião da Feira de Hannover, para identificar esse período.

Tudo isso está transformando a maneira como vivemos. Mas há algo que nos toca ainda mais de perto e que teve seu início com o desdobramento da terceira revolução industrial, com o advento da internet. A rede transformou a maneira como nos relacionamos com o mundo e com as pessoas. Aos poucos, todos fomos migrando boa parte de nossas vidas para o mundo digital. Esse passou a ser o mercado onde compramos produtos e serviços, nossa fonte primeira de informações sobre o mundo e sobre as pessoas, além de ser o espaço predominante para os contatos pessoais. Suas aplicações são múltiplas e as vantagens infinitas.

Todavia, ao navegarmos na rede, deixamos pegadas, rastros, em quantidades imensas. Com o uso de tecnologia (inteligência artificial, algoritmos, *machine* e *deep learning*), é possível agrupar e tratar esses volumosos dados esparsos (*big data*), a ponto de fazê-los revelar quem somos, do que gostamos, o que pensamos. Isso tem um valor econômico incomensurável, pois permite o direcionamento de publicidade adequada a cada perfil. Mas também suscita preocupações, diante de potenciais usos indevidos desse conhecimento, inclusive para tentar influenciar pessoas na sua vivência democrática, como episódios ocorridos nos últimos anos revelaram.

Todavia, não são apenas os agentes econômicos que se utilizam dos dados pessoais como relevantíssimo ativo empresarial, atualmente imprescindível para atividades econômicas. No âmbito do poder público, os dados pessoais continuam cruciais para a formulação e implementação de boa parte das políticas públicas.[2] De

---

2. Além disso, "permanecem, latentes e plausíveis, porém, as hipóteses de rastreamento e controle invisível por parte do governo como perigo potencial para um futuro, que inclusive pode tomar proporções trágicas caso sociedades totalitárias tenham acesso às tecnologias necessárias" –mas não só por elas, já que o sistema Echelon de vigilância (rede de rastreamento global de telecomunicações) teria sido formado por países que compõem sólidas democracias modernas, como os Estados Unidos, Inglaterra, Canadá, Austrália e Nova Zelândia – nestes termos, DONEDA, Danilo. *Da privacidade à proteção de dados pessoais*. 2. ed. rev. e atual. São Paulo: Thomson Reuters Brasil/Revista dos Tribunais, 2019, p. 37-38 e n. 26.

fato, "não seria possível idealizar e executar as políticas públicas sem o conhecimento do perfil da população e suas demandas".[3]

O risco, porém, é de a sociedade ficar passivamente acostumada com essa coleta incessante de dados pessoais, a ponto de posteriormente sentir-se impotente para fazer respeitar a fronteira que deve existir entre as esferas pública e privada, como aparentemente ocorreu na China.[4]

Todavia, tal prática não é exclusiva de Estados com pouca tradição democrática e de respeito aos direitos individuais. Amplo estudo publicado pela Georgetown University (pelo seu *Center on Privacy & Technology*) em maio de 2022 sobre práticas que estão sendo implementadas pelo *US Immigration and Customs Enforcement (Ice)*, agência federal norte-americana encarregada de questões de imigração e alfândega, comprovou que aquele órgão criou um sistema de vigilância digital que fornece acesso a detalhes pessoais da vida de praticamente qualquer pessoa em solo americano. Comprovou-se que aquela agência está, de fato, exercendo funções muito mais amplas do que aquelas para as quais foi criada, tendo se tornado uma verdadeira agência de vigilância. Operando em grande parte em segredo e com um mínimo de supervisão pública, a Ice acumulou um arsenal formidável de capacidades digitais que permite a seus agentes "puxar dossiês detalhados sobre quase qualquer pessoa, aparentemente a qualquer momento". E o mais preocupante é que à medida que vão sendo aprovadas leis que estabelecem condições e critérios para tal atividade, limitando sua capacidade de operação, a agência vem conseguindo alterar seus procedimentos, diversificando a forma de coletar informações, de modo a formalmente estar cumprindo a lei, mas ao mesmo tempo logrando conseguir seus objetivos.[5] Aliás, não teria sido a primeira agência federal norte-americana a ter se excedido em suas funções, violando a privacidade digital dos norte-americanos.[6]

---

3. MENEZES, Joyceane Bezerra de; COLAÇO, Hian Silva. Quando a Lei Geral de Proteção de Dados não se aplica? In: TEPEDINO, Gustavo; FRAZÃO, Ana; OLIVA, Milena Donato (Coord.). *Lei Geral de Proteção de Dados Pessoais* – e suas repercussões no Direito Brasileiro. 2. ed. São Paulo: Thomson Reuters Brasil/Revista dos Tribunais, 2020, p. 158.
4. "Na China não há nenhum momento da vida cotidiana que não esteja submetido à observação. Cada clique, cada compra, cada contato, cada atividade nas redes sociais são controlados. Quem atravessa no sinal vermelho, quem tem contato com críticos do regime e quem coloca comentários críticos nas redes sociais perde pontos. A vida, então, pode chegar a se tornar muito perigosa. Pelo contrário, quem compra pela Internet alimentos saudáveis e lê jornais que apoiam o regime ganha pontos. Quem tem pontuação suficiente obtém um visto de viagem e créditos baratos. Pelo contrário, quem cai abaixo de um determinado número de pontos pode perder seu trabalho. Na China essa vigilância social é possível porque ocorre uma irrestrita troca de dados entre os fornecedores da Internet e de telefonia celular e as autoridades. Praticamente não existe a proteção de dados. No vocabulário dos chineses não há o termo "esfera privada" – nesses termos manifestou-se BYUNG-CHUL HAN. *O coronavírus de hoje e o mundo de amanhã, segundo o filósofo Byung-Chul Han*. Entrevista concedida pelo filósofo sul-coreano Byung-Chul Han ao jornal EL PAÍS, em 22.03.2020. Disponível em: https://brasil.elpais.com/ideas/2020-03-22/o-coronavirus-de-hoje-e-o-mundo-de-amanha-segundo-o-filosofo-byung-chul-han.html. Acesso em: 20 jan. 2021.
5. THE GUARDIAN. *US immigration agency operates vast surveillance dragnet, study finds*. Publicado em 10.05.2022. Disponível em: https://www.theguardian.com/world/2022/may/10/us-immigration-agency-ice-domestic-surveillance-study. Acesso em: 11 abr. 2023.
6. De fato, sete anos após o ex-contratado da Agência Nacional de Segurança (*National Security Agency – NSA*), Edward Snowden, ter denunciado a vigilância em massa dos registros telefônicos dos americanos, o Tribunal Federal de Apelações para o 9º Circuito, no início de setembro de 2020, reconheceu que o arrastão telefônico

Portanto, há que se estar sempre atento quando o Estado utiliza dados, que diretamente coletou ou requisitou a outros operadores, para atingir os seus propósitos, em razão dos danos potenciais que pode causar aos cidadãos ao transpor referida linha fronteiriça.

Por vezes, tal utilização é justificada, ainda que disto decorram danos ao cidadão, como no caso discutido na primeira parte desse artigo, em que, na tentativa de elucidação da autoria de rumoroso crime, pretendeu-se a captura e tratamento de inúmeros dados (geolocalização, acesso a certos aplicativos etc.) de um número indeterminado de pessoas. Defender-se-á, porém, que isso só possa ocorrer diante de situações realmente extremas, com demonstração de sua imperiosidade, através do teste da proporcionalidade: comprovação da adequação das medidas, para os fins propostos, sua necessidade, diante da ausência de outras medidas menos drásticas, e a proporcionalidade em sentido estrito, no sentido de que as vantagens obtidas superarão os prejuízos, preservando-se o máximo possível dos direitos afetados.

Iniciar-se-á com a apresentação de caso judicial, julgado em 2020 pelo STJ, que envolveu a prática da chamada *dragnet surveillance*, uma espécie de "vigilância por arrastão", pela qual se colhem múltiplos dados de um número amplo de pessoas para, depois de 'peneirá-los', tentar achar alguma informação útil para fins de investigação criminal. Após breve referência ao direito comparado sobre o tema, abordar-se-á o que está efetivamente em jogo – a necessidade de proteção dos dados pessoais, que são nossos avatares no mundo digital. Ainda que se aceite a inequívoca fundamentalidade do direito à proteção de dados, naturalmente não se trata de direito absoluto. Sua relativização, porém, deve ser sujeita a critérios jurídicos bem claros e definidos, como se verá a final.

2. O CASO MARIELLE FRANCO (STJ, 2020)

Em 2020 a Terceira Seção do STJ proferiu importante julgamento envolvendo o tema da possibilidade de utilização da técnica de geolocalização para fins de investigação criminal. Trata-se do RMS 61.302-RJ, julgado em 26.08.2020, sob Relatoria do Min. Rogerio Schietti Cruz, com apenas um voto vencido (Min. Sebastião Reis Júnior).

Apesar de extensa, convém reproduzir a ementa do acórdão (com supressão dos elementos não essenciais ao tema), pois bem elucida as questões debatidas e decididas:

> Recurso em mandado de segurança. Direito à privacidade e à intimidade. Identificação de usuários em determinada localização geográfica. Imposição que não indica pessoa individualizada. Ausência de ilegalidade ou de violação dos princípios e garantias constitucionais. Fundamentação da medida. Ocorrência. Proporcionalidade. Recurso em mandado de segurança não provido.

(telephone dragnet), realizado pela agência sem mandado judicial, que diariamente coletara secretamente milhões de registros telefônicos dos americanos, clientes da empresa Verizon, violou o Foreign Intelligence Surveillance Act. – cf. THE GUARDIAN. *NSA surveillance exposed by Snowden was illegal, court rules seven years on*. Publicado em 03.09.2020. Disponível em: https://www.theguardian.com/us-news/2020/sep/03/edward-snowden-nsa-surveillance-guardian-court-rules. Acesso em: 11 abr. 2023.

1. Os direitos à vida privada e à intimidade fazem parte do núcleo de direitos relacionados às liberdades individuais, sendo, portanto, protegidos em diversos países e em praticamente todos os documentos importantes de tutela dos direitos humanos. (...). A ideia de sigilo expressa verdadeiro direito da personalidade, notadamente porque se traduz em garantia constitucional de inviolabilidade dos dados e informações inerentes a pessoa, advindas também de suas relações no âmbito digital.

2. Mesmo com tal característica, o direito ao sigilo não possui, na compreensão da jurisprudência pátria, dimensão absoluta. De fato, embora deva ser preservado na sua essência, este Superior Tribunal de Justiça, assim como a Suprema Corte, entende que é possível afastar sua proteção quando presentes circunstâncias que denotem a existência de interesse público relevante, invariavelmente por meio de decisão proferida por autoridade judicial competente, suficientemente fundamentada, na qual se justifique a necessidade da medida para fins de investigação criminal ou de instrução processual criminal, sempre lastreada em indícios que devem ser, em tese, suficientes à configuração de suposta ocorrência de crime sujeito à ação penal pública.

3. Na espécie, a ordem judicial direcionou-se a dados estáticos (registros), relacionados à identificação de usuários em determinada localização geográfica que, de alguma forma, possam ter algum ponto em comum com os fatos objeto de investigação por crimes de homicídio.

4. A determinação do Magistrado de primeiro grau, de quebra de dados informáticos estáticos, relativos a arquivos digitais de registros de conexão ou acesso a aplicações de internet e eventuais dados pessoais a eles vinculados, é absolutamente distinta daquela que ocorre com as interceptações das comunicações, as quais dão acesso ao fluxo de comunicações de dados, isto é, ao conhecimento do conteúdo da comunicação travada com o seu destinatário. Há uma distinção conceitual entre a quebra de sigilo de dados armazenados e a interceptação do fluxo de comunicações. Decerto que o art. 5º, X, da CF/88 garante a inviolabilidade da intimidade e da privacidade, inclusive quando os dados informáticos constarem de banco de dados ou de arquivos virtuais mais sensíveis. Entretanto, o acesso a esses dados registrados ou arquivos virtuais não se confunde com a interceptação das comunicações e, por isso mesmo, a amplitude de proteção não pode ser a mesma.

(...)

7. Os arts. 22 e 23 do Marco Civil da Internet, que tratam especificamente do procedimento de que cuidam os autos, não exigem a indicação ou qualquer elemento de individualização pessoal na decisão judicial. Assim, para que o magistrado possa requisitar dados pessoais armazenados por provedor de serviços de internet, mostra-se satisfatória a indicação dos seguintes elementos previstos na lei: a) indícios da ocorrência do ilícito; b) justificativa da utilidade da requisição; e c) período ao qual se referem os registros. (...)

(...)

10. Quanto à proporcionalidade da quebra de dados informáticos, ela é adequada, na medida em que serve como mais um instrumento que pode auxiliar na elucidação dos delitos, cuja investigação se arrasta por dois anos, sem que haja uma conclusão definitiva; é necessária, diante da complexidade do caso e da não evidência de outros meios não gravosos para se alcançarem os legítimos fins investigativos; e, por fim, é proporcional em sentido estrito, porque a restrição a direitos fundamentais que dela redundam – tendo como finalidade a apuração de crimes dolosos contra a vida, de repercussão internacional – não enseja gravame às pessoas eventualmente afetadas, as quais não terão seu sigilo de dados registrais publicizados, os quais, se não constatada sua conexão com o fato investigado, serão descartados

11. Logo, a ordem judicial para quebra do sigilo dos registros, delimitada por parâmetros de pesquisa em determinada região e por período de tempo, não se mostra medida desproporcional, porquanto, tendo como norte a apuração de gravíssimos crimes cometidos por agentes públicos

contra as vidas de três pessoas – mormente a de quem era alvo da emboscada, pessoa dedicada, em sua atividade parlamentar, à defesa dos direitos de minorias que sofrem com a ação desse segmento podre da estrutura policial fluminense – não impõe risco desmedido à privacidade e à intimidade dos usuários possivelmente atingidos pela diligência questionada.

12. Recurso em mandado de segurança não provido.

(RMS 61.302/RJ, Rel. Ministro Rogerio Schietti Cruz, Terceira Seção, julgado em 26.08.2020, DJe 04.09.2020).

Uma das vítimas do crime a que se refere o acórdão era a vereadora Marielle Franco, cujo desenrolar das investigações é do conhecimento público, diante da repercussão mundial do caso. O crime fora cometido por profissionais que deixaram poucas pistas sobre a autoria. Durante as investigações, a autoridade investigante solicitou à justiça que o provedor de aplicação de internet Google disponibilizasse à polícia e MP informações relacionadas à "quebra de sigilo telemático, de um conjunto não identificado de pessoas, unidas tão somente pela circunstância aleatória de terem transitado, em certo lapso de tempo, por diversas coordenadas geográficas do Município do Rio de Janeiro/RJ" (trecho do relatório). Buscava-se identificar quem havia acessado os aplicativos Google Maps, Waze, e similares, em restrito período temporal e área geográfica, com vista a potencial associação aos suspeitos e investigados. O Juízo da 4ª Vara Criminal do Estado do Rio de Janeiro acolheu o pedido em 23.11.2018. O Tribunal de Justiça carioca manteve, por maioria, a decisão judicial, tendo o Google recorrido ao STJ, que igualmente manteve a ordem judicial.

O Relator salientou, em seu voto, a importância do tema, envolvendo "o limite e o alcance das ordens judiciais de quebra de sigilo de dados informáticos, quando circunscritas a determinada localização ou a períodos curtos de tempo, notadamente diante do aparente confronto entre o direito à privacidade dos indivíduos em geral e o interesse público na atividade de persecução penal para a apuração e a responsabilização penal de autor(es) de gravíssimos crimes dolosos contra a vida".

Registrou, ainda, o sr. Ministro, a existência de inúmeros recursos em mandado de segurança em tramitação no STJ, envolvendo a "oposição da GOOGLE BRASIL INTERNET LTDA., GOOGLE LLC e o FACEBOOK ao fornecimento de informações legítimas e que são relevantes ao prosseguimento da tarefa investigatória, no sentido de se dar continuidade à tentativa de identificação dos mandantes", referindo que "conquanto incompreensivelmente as referidas empresas, que controlam os dados de milhões de cidadãos de todo o mundo, sabem o que compram, do que gostam e não gostam, o que leem, aonde vão de férias, quanto ganham, as suas lembranças fotográficas, bem como se estão buscando um carro novo ou tênis para comprar e, ainda, que são capazes de conectar e vender todas essas informações, mas *inexplicavelmente*, se negam a fornecer os dados requeridos pelo Ministério Público do Estado do Rio de Janeiro e deferidas judicialmente [...]".

Embora reconhecendo a relevância da proteção de dados pessoais, ponderou que "a doutrina e a jurisprudência compreendem que não se trata de um direito absoluto, admitindo-se a sua restrição quando imprescindível ao interesse público."

Citando constitucionalista gaúcho, referiu o Relator que a Carta Magna "atribuiu a tais direitos um elevado grau de proteção, de tal sorte que uma restrição apenas se justifica quando necessária a assegurar a proteção de outros direitos fundamentais ou bens constitucionais relevantes (no caso, portanto, de uma restrição implicitamente autorizada pela Constituição Federal), de modo que é em geral na esfera dos conflitos com outros direitos que se pode, em cada caso, avaliar a legitimidade constitucional da restrição (Sarlet, Ingo Wollgang et al. *Curso de direito constitucional*. São Paulo: Saraiva, 2016, p. 447)." Acrescentou que "de acordo com a jurisprudência do STF, 'os direitos e garantias individuais não têm caráter absoluto. Não há, no sistema constitucional brasileiro, direitos ou garantias que se revistam de caráter absoluto, mesmo porque razões de relevante interesse público ou exigências derivadas do princípio de convivência das liberdades legitimam, ainda que excepcionalmente, a adoção, por parte dos órgãos estatais, de medidas restritivas das prerrogativas individuais ou coletivas, desde que respeitados os termos estabelecidos pela própria Constituição' (MS 23.452/RJ, Rel. Ministro Celso de Mello, DJ 15.05.2000)".

Em outra parte de seu voto, o Relator aceitou a distinção entre acesso a conteúdo das comunicações (sujeito a maiores restrições) e acesso a dados já armazenados (sujeito a restrições mais brandas): "a propósito, já decidiu o STF que 'a proteção contida no artigo 5º, inciso XII, da Constituição Federal restringe-se ao sigilo das comunicações telefônicas e telemáticas, não abrangendo os dados já armazenados em dispositivos eletrônicos' (HC 167.720/SP, Rel. Ministro Luiz Fux, DJe 14.04.2019). Logo, o ordenamento jurídico brasileira tutela de maneira diversa o conteúdo das comunicações entre indivíduos e, a seu turno, as informações de conexão e de acesso a aplicações de internet, garantindo proteção também a essa segunda categoria de dados, ainda que em dimensão não tão ampla.

Essa decisão, tomada pela Terceira Seção do STJ, regimentalmente vinculará as duas Turmas criminais daquele sodalício para julgamentos futuros sobre casos assemelhados, o que demonstra sua importância. É claro que outras situações fáticas poderão justificar decisões diversas. No caso Marielle Franco, todos sabiam das dificuldades enfrentadas pela investigação para chegar a conclusões sobre autoria e mandantes – inclusive, suspeita-se, por pressões do "segmento podre da estrutura policial fluminense" (expressão do Relator) –, além do fato de uma ampla pressão por resultados, oriunda da sociedade civil, imprensa e entidades de direitos humanos, nacionais e internacionais. Talvez em casos de menor visibilidade pública ou sem tantos obstáculos investigatórios, possa o STJ se afastar desse precedente, já que, ainda que justificável no caso em tela, ele importa uma violação de dados pessoais, contra o que há razões para se preocupar, como será visto.

O caso Marielle Franco foi julgado à luz da legislação anterior à Lei Geral de Proteção de Dados, que não estava ainda em vigor quando dos fatos. De acordo com o novo marco regulatório, referida lei (art. 4º, III, d) "não se aplica ao tratamento de dados pessoais: III – realizado para fins exclusivos de: d) atividades de investigação e repressão de infrações penais". O § 1º do referido art. 4º prevê que "o tratamento de dados pessoais previsto no inciso III será regido por legislação específica, que deverá prever medidas proporcionais e estritamente necessárias ao atendimento do interesse público, observados o devido processo legal, os princípios gerais de proteção e os direitos do titular previstos nesta Lei."

Portanto, a decisão em tela atendeu adequadamente ao Marco Civil da Internet incidente ao caso, e mesmo que tivesse que julgar o caso à luz da LGPD, não teria havido violação das suas normas.

Essa técnica, porém, não foi propriamente inédita, como se verá na sequência.

3. O USO DA *DRAGNET SURVEILLANCE* NO BRASIL

Esse não foi o primeiro caso envolvendo o fenômeno do que vem sendo denominado *dragnet*[7] *surveillance,* algo como 'vigilância por arrastão'. Trata-se de "um conjunto de técnicas de investigação que envolve a coleta de dados e informações sobre um número elevado de pessoas (a maioria inocentes), e não apenas sobre aquelas pessoas contra as quais há indícios de envolvimento em atividades criminosas." É o que ocorre quando se recolhem dados de um universo indeterminado de pessoas "para daí tentar achar a agulha no palheiro".[8]

Em longa reportagem,[9] indicam-se vários precedentes em que isso ocorreu, como no caso do caso do assalto à Prosegur, em Ribeirão Preto, em julho de 2016, quando cerca de 40 pessoas, usando explosivos e armamento de elevado calibre, invadiram as dependências da empresa Prosegur e furtaram mais de 50 milhões de reais. Houve tiroteio por mais de 40 minutos, tendo um policial militar sido morto. Durante as investigações, foi identificado um sítio que servira de base para a preparação do assalto, o que levou a autoridade policial a solicitar judicialmente os dados de usuários de celular com contas ativas da Google, Apple e Microsoft de todas as pessoas que estiveram num raio de 500 metros da chácara do dia 2 de julho a 5 de julho. Os dados

---

7. O termo *dragnet* é usado na gíria policial norte-americana para se referir a um sistema coordenado de identificação eventual de suspeitos ou criminosos, por meio de medidas amplas, como barreiras no trânsito, submissão de uma generalidade de pessoas potencialmente suspeitas a testes de DNA etc. A expressão também se refere a pesca por arrastão. Assim como o arrastão é feito em águas promissoras, essa atividade policial normalmente envolve pessoas que tenham uma relação com um local específico ou uma categoria de pessoas potencialmente envolvida em um crime. Desde os anos cinquenta esse tipo de *dragnet* vem sendo considerado inconstitucional nos EUA, por ofender a garantia que veda buscas e apreensões desarrazoadas, já que a ampla maioria dos sujeitos ao procedimento não tem qualquer envolvimento com o fato investigado. Todavia, diante de crimes impactantes muitas vezes a polícia excepcionalmente o adota, como ocorreu com o atentado à bomba na maratona de Boston, em 2013. A polícia francesa fez o mesmo por ocasião do atentado ao jornal Charlie Hebdo, em 2015 – informações extraídas da Wikipedia, vocábulo *"Dragnet (policing)"*.
8. ABREU, Jacqueline de Souza. Tratamento de dados pessoais para segurança pública: contornos do regime jurídico pós-LGPD. In: MENDES, Laura Schertel; DONEDA, Danilo; SARLET, Ingo Wolfgang; RODRIGUES JR., Otavio Luiz; BIONI, Bruno Ricardo (Coord.). *Tratado de proteção de dados pessoais*. Rio de Janeiro: Forense, 2021, p. 593.
9. LEORATTI, Alexandre; COURA, Kalleo. Juízes ordenam quebra coletiva de sigilo de dados com base em localização. *Jota*, ed. de 27.05.2019, disponível em: https://www.jota.info/especiais/juizes-ordenam-quebra-coletiva-de-sigilo-de-dados-com-base-em-localizacao-27052019, acesso em: 22 dez. 2020.

requisitados pelas autoridades policiais foram: a relação dos locais salvos pelos usuários no Google Maps (aplicativo de mapa e GPS no celular), o histórico de localização e deslocamento nos 30 dias anteriores, a atividade das respectivas contas no mesmo período, o *Internet Protocol* (IP) dos aparelhos telefônicos, data e hora dos acessos (*logins*), marca e modelo dos celulares, número telefônico do dispositivo, as fotos armazenadas nos últimos 30 dias no Google Fotos, e todas as senhas armazenadas no serviço passwords.google.com. O pedido foi deferido.

Em caso envolvendo furto de caminhões em fevereiro de 2018, o juiz da 3ª Vara de Santa fé do Sul/SP, determinou que o Google, a Apple e o Waze deveriam informar os dados cadastrais e a localização de todos os seus usuários que passaram num raio de até 250 metros, ao longo de três horas, no dia e local onde caminhões foram furtados.

Uma decisão da 1ª Vara Criminal da Regional de Bangu/RJ determinou que o Google fornecesse dados de "todas as pessoas em determinada área do Rio de Janeiro, localizada em unidades do complexo penitenciário de Gericinó", na tentativa de identificar membros da organização criminosa Comando Vermelho.

Em Catanduva/SP, para auxiliar a investigação de quatro homicídios, determinou-se judicialmente o fornecimento do histórico de localização e "todos os trajetos efetuados por todos os celulares" que tenham sido identificados num raio de 200 metros de cinco locais diferentes do município, num período de 2 horas.

Na referida reportagem ainda são citados outros casos, inclusive do nordeste do país. Invariavelmente o Google e a Microsoft se opõem judicialmente a tais medidas, especialmente quando são demasiadamente genéricas, como no caso dos homicídios de Catanduva ou da investigação em Bangu, ocasião em que costumam ter êxito nas instâncias superiores, parecendo que o caso Marielle, pelas suas peculiaridades, foi uma exceção.

Situações como essa obviamente também ocorrem em outros países.[10] Diante das limitações desse artigo, será citado apenas um caso norte-americano relativamente recente.[11]

4. O CASO *CARPENTER V. UNITED STATES* (USSC, 2018)

No direito comparado, impõe-se uma referência a uma relativamente recente decisão da Suprema Corte norte-americana, envolvendo fatos semelhantes. Trata-se do caso *Carpenter v. United States,* julgado em 2018. O tema controvertido dizia res-

---

10. O Parlamento holandês aprovou uma lei disciplinando a *dragnet* no verão de 2017, que entraria em vigor em 01.05.2018. Diante da enorme celeuma causada, o governo foi forçado a fazer um referendum consultivo, em razão de uma iniciativa popular. O referendo foi realizado em 21.03.2018 e dele participaram mais de seis milhões de eleitores, cuja vasta maioria votou contra a norma – informações extraídas do site *Bits of Freedom* – dossier: *Dragnet surveillance for secret services* – disponível em: https://www.bitsoffreedom.nl/dossiers/dragnet-surveillance/. Acesso em: 20 dez. 2020.
11. Para uma visão ampla do fenômeno nos Estados Unidos, especialmente diante do amplo monitoramente feito pela NSA – Agência de Segurança Nacional norte-americana –, revelada por Edward Snowden em 2013, remete-se o leitor interessado a ANGWIN, Julia. *Dragnet Nation*: A Quest for Privacy, Security, and Freedom in a World of Relentless Surveillance. New York: St. Martin's Griffin, 2015.

peito a se a Quarta Emenda à Constituição americana, que protege o cidadão contra buscas e apreensões irrazoáveis (*unreasonable searches and seizures*), aplicava-se apenas a itens em posse do suspeito/investigado ou se também se aplicava a itens e informações em posse de terceiros, como empresas de telefonia ou provedores de acesso à internet. Entendeu-se que quer o governo empregue sua própria tecnologia de vigilância ou se aproveite de uma empresa privada que colete dados pessoais, o cidadão mantém uma expectativa legítima de privacidade quanto ao registro de seus movimentos físicos capturados por meio de informações de localização de celular.

No caso específico, o FBI havia identificado o número de telefones celulares de inúmeros suspeitos de roubo. Com base no *Stored Communications Act*, a promotoria conseguiu ordem judicial determinando o repasse de dados pela companhia telefônica – os dados envolviam 12.898 pontos de geolocalização que identificavam as movimentações do sr. Timothy Carpenter durante 127 dias. A defesa de Carpenter arguiu a ilegalidade da obtenção de tais dados por violação da Quarta Emenda. A arguição foi rejeitada e as provas foram usadas em juízo para comprovar que o celular de Carpenter esteve próximo ao local de quatro roubos, no momento em que os mesmos foram cometidos. Carpenter foi condenado. A Corte Federal de Apelações para o Sexto Circuito manteve a decisão, alegando que Carpenter não tinha uma "razoável expectativa de *privacy*" (que é *test* usado nas questões envolvendo questões sobre *privacy*), já que o próprio Carpenter havia compartilhado tais informações com sua companhia telefônica.[12]

Todavia, a Suprema Corte norte-americana entendeu de forma diversa, afirmando que o acesso a todos os dados de geolocalização do sr. Carpenter violara, sim, sua razoável expectativa de privacidade, sendo irrelevante que tais dados estivessem armazenados junto a terceiros, pois continuavam protegidos pela Quarta Emenda. Foi ressalvada a necessidade da presença de uma *probable cause* para que a ordem judicial fosse expedida, o que inocorria no caso, em que nenhuma circunstância excepcional estava presente.

---

12. Essa era a lógica que a própria Suprema Corte norte-americana havia adotado no caso *Smith v. Maryland*, em 1979. Naquele caso, a polícia havia solicitado à companhia telefônica que fornecesse os números dos telefones discados a partir do telefone residencial de um suspeito. Diante da confirmação que havia uma ligação para a casa da vítima, a polícia só então solicitou um mandado judicial para fazer uma busca e apreensão na casa do suspeito, onde localizou evidências que o conectavam ao crime. Com base nisso, ele foi condenado. O acusado, sr. Smith, questionou judicialmente a validade da requisição policial à empresa telefônica sem mandado judicial, mas seu argumento foi rechaçado em todas as instâncias, inclusive pela Suprema Corte, diante da afirmação de que ele não tinha nenhuma "expectativa de privacidade" quanto àquela informação (dos números discados), já que sabia que isso era registrado pela companhia telefônica. Para um resumo desse caso, v. "Smith v. Maryland", Oyez, www.oyez.org/cases/1978/78-5374. Acesso em: 20 jan. 2021. Em outro caso famoso, *United States v. Knotts*, julgado em 1983 pela Suprema Corte, esta Corte também aceitou como válida a instalação sub-reptícia de um *beeper* em um veículo pertencente a um suspeito de tráfico de drogas, para rastrear sua movimentação, sem mandado judicial. Com base em tais registros, outras evidências foram obtidas, que levaram à sua condenação. A Suprema Corte entendeu que esse procedimento não violava a constituição, pois "americanos não tem a expectativa de que seus deslocamentos públicos sejam sigilosos" – sobre esse caso e a evolução da jurisprudência da Suprema Corte tangenciando o tema da *dragnet surveillance*, v. ABDO, Alex. Is Dragnet Surveillance Constitutional?, publicado no site *JURIST* – Legal News & Commentary (em colaboração com a University of Pittsburgh), em 26.03.2014. Disponível em: https://www.jurist.org/commentary/2014/03/alex-abdo-nsa-cell-surveillance/, acesso em: 25 jan. 2021.

Afastando-se, portanto, de precedentes anteriores, a Suprema Corte norte-americana parece cada vez mais inclinada a proteger dados identificadores dos cidadãos norte-americanos. E isso é plenamente justificável, diante do que está em jogo, como se verá.

5. O QUE ESTÁ EM JOGO: DA VELHA PRIVACIDADE À ATUAL PROTEÇÃO DE DADOS

De forma rápida e inexorável, todos estamos migrando parte substancial de nossas vidas para um mundo virtual, onde praticamente todos estão conectados entre si, assim como as próprias coisas (fenômeno da *Internet of Things*[13]). As vantagens são múltiplas e conhecidas – instantâneo acesso às mais variadas informações, conexão imediata com praticamente qualquer pessoa em qualquer lugar do mundo, agilidade e praticidade em transações financeiras e comerciais em escala planetária, localização de produtos e serviços que se deseja etc. Tudo isso a um custo zero. Custo zero? Na verdade, não. Paga-se por todas essas comodidades com dados pessoais, que se tornaram o novo petróleo da economia atual.[14] Isoladamente, os dados que

---

13. O termo "Internet of Things" (internet das coisas) foi criado em 2005, mas ainda não há uma definição consensual do que significa. Costuma-se dizer que se trata da conexão de objetos físicos à internet e entre si, através de sensores e tecnologias plugadas ou wireless, que criam um "ecosystem of ubiquitous computing", ou então que se trata de um fenômeno que indica a interação entre computadores, sensores e objetos físicos, capaz de processar dados – in: *Internet of Things – Privacy & Security in a Connected World*, Federal Trade Commission Staff Report, January, p. 5, disponível em: https://www.ftc.gov/system/files/documents/reports/federal-trade-commission-staff-report-november-2013-workshop-entitled-internet-things-privacy/150127iotrpt.pdf, acesso em: 21 dez. 2020. Segundo Mulholland, "a Internet das Coisas representa inovação tecnológica que permite a criação de ambiente interligado através de sensores que conectam objetos ou bens por meio da Internet, possibilitando não só a comunicação e realização de funções específicas entre as coisas, como gerando a cada vez mais constante coleta, transmissão, guarda e compartilhamento de dados entre os objetos", tais como "smartphones, televisores, relógios, pulseiras identificadoras de funções físicas e de saúde, tablets", tags afixados em veículos que permitem passagem direta por pedágios, acessos a shoppings centers, ingresso em estabelecimentos etc. – MULHOLLAND, Caitlin Sampaio. Mercado, pessoa humana e tecnologias: a internet das coisas e a proteção do direito à privacidade. In: BRAGA NETTO, Felipe Peixoto; SILVA, Michael César (Org.). *Direito Privado e Contemporaneidade*. Desafios e perspectivas do direito privado no século XXI. Indaiatuba: ed. Foco, 2020, v. 3, p. 248. Bruno Bioni alerta para o perigo para a proteção dos dados representado pela Internet das Coisas, diante dos "inúmeros dispositivos que tornariam a coleta de dados ainda mais permanente, massiva, intrusiva e opaca" – BIONI, Bruno Ricardo. *Proteção de Dados Pessoais*: a função e os limites do consentimento. 2. ed., rev., atual. e reform. Rio de Janeiro: Forense, 2020, p. 175. Nessa mesma linha, é importante a leitura de artigo de Scott Peppet, alertando sobre os riscos potenciais à privacidade e à segurança, decorrente desse novo mundo da internet das coisas: "Electronic sensors are now ubiquitous in our smartphones, cars, homes, electric systems, health-care devices, fitness monitors, and workplaces. These connected, sensor-based devices create new types and unprecedented quantities of detailed, high-quality information about our everyday actions, habits, personalities, and preferences. Much of this undoubtedly increases social welfare. For example, insurers can price automobile coverage more accurately by using sensors to measure exactly how you drive (e.g., Progressive's Snapshot system), which should theoretically lower the overall cost of insurance. But the Internet of Things raises new and difficult questions as well. (...) As connected, sensor-based devices tell us more and more about ourselves and each other, what discrimination – racial, economic, or otherwise – will that permit, and how should we constrain socially obnoxious manifestations? As the Internet of Things generates ever more massive and nuanced datasets about consumer behavior, how to protect privacy?" – PEPPET, Scott. R. Regulatin the internet of things: first steps toward managing discrimination, privacy, security, and consent. *Texas Law Review*, v. 93, p. 85-176, 2014.

14. A referência é a conhecido artigo publicado na revista The Economist, em 06.05.2017, que foi também sua chamada de capa, intitulado *"The world's most valuable resource is no longer oil, but data"*, onde se referiu aos dados pessoais como *new oil* – https://www.economist.com/leaders/2017/05/06/the-worlds-most-valuable-resource-is-no-longer-oil-but-data, acesso em: 29 nov. 2020. Balkin assim explica essa frase: Big Data é fundamental para o uso e desenvolvimento de algoritmos e inteligência artificial. Algoritmos e IA são as máquinas; Big Data é o combustível que faz as máquinas funcionarem. Assim como as máquinas e fábricas movidas a petróleo funcionam

fornecemos ao longo de nossas navegações (transações comerciais ou bancárias, busca por certos tipos de informações na rede, manifestações [likes ou dislikes] que postamos etc.) podem ser irrelevantes. Mas com a utilização de potentes algoritmos,[15] capazes de analisar uma infinidade de dados (*big data*[16]) nossos dispersos na rede, é possível identificar um perfil preciso de cada um de nós, formando-se uma espécie de "mosaico identitário", proveniente não só dos "dados espontaneamente fornecidos,

---

na Era Industrial, o Big Data faz as máquinas relevantes funcionarem na Sociedade Algorítmica – BALKIN, Jack M. *Free Speech in the Algorithmic Society*: Big Data, Private Governance, and New School Speech Regulation. Yale Law School: Faculty Scholarship Series, n. 5160, 2018, p. 1154. Disponível em https://digitalcommons.law.yale.edu/cgi/viewcontent.cgi?article=6159&context=fss_papers. Acesso em: 22 dez. 2020.

15. "Algoritmos são, basicamente, um conjunto de passos ou atividades necessárias para a realização de uma tarefa seja um cálculo balístico, uma plataforma de comércio eletrônico e até mesmo tarefas como o reconhecimento de voz. Os algoritmos, à medida que se tornaram também passíveis de serem automatizados e executados por computadores, passaram a aumentar sobremaneira a sua capacidade e, consequentemente, o seu campo de aplicação" – nesses termos, Transparência e Governança nos algoritmos: um estudo de caso sobre o setor de birôs de crédito – *Instituto de Tecnologia & Sociedade do Rio – ITS*, p. 32. Disponível em: https://itsrio.org/wp-content/uploads/2017/05/algorithm-transparency-and-governance-pt-br.pdf, acesso em: 21 dez. 2020. O funcionamento das plataformas digitais é baseado em algoritmos computacionais que se propõem a "substituir as decisões humanas, consideradas naturalmente falhas e enviesadas, pelas escolhas algorítmicas, vistas como mais eficientes, objetivas e imparciais". Como a racionalidade humana é naturalmente limitada e suscetível a ilusões e vieses cognitivos, "a estatística pode ajudar a evitar o pensamento causal impróprio, que é a tendência das pessoas de aplicar o pensamento causal em situações que exigiriam o raciocínio estatístico. Afinal, como as pessoas tendem a ver padrões onde eles não existem, a estatística seria uma ferramenta hábil e resolver esses problemas", já que "humanos são incorrigivelmente inconsistentes em fazer julgamentos sumários de informação complexa" – nesses termos, baseando-se em Daniel Kahnemann, FRAZÃO, Ana. Plataformas digitais, *big data* e riscos para os direitos da personalidade. In: TEPEDINO, Gustavo; MENEZES, Joyceane Bezerra de (Coord.). *Autonomia privada, liberdade existencial e direitos fundamentais*. Belo Horizonte: Fórum, 2019, p. 339-340.

16. *Big data* é o termo usualmente empregado para descrever "qualquer quantidade volumosa de dados estruturados, semiestruturados ou não estruturados que tem o potencial de ser explorados para obter informações" (MAGRANI, Eduardo; OLIVEIRA, Renan Medeiros de. O Big Data somos nós: novas tecnologias e projetos de gerenciamento pessoal de dados. In: TEPEDINO, Gustavo et al. (Coord.). *Anais do VI Congresso do Instituto Brasileiro de Direito Civil*. Belo Horizonte: Fórum, 2019, p. 405. Nas palavras de Sarlet e Molinaro, *big data* é uma expressão que descreve um "tratamento de grandes quantidades de dados que visa reconhecer padrões e obter novas percepções a partir deles", caracterizando-se pela "abundância, diversidade dos dados e rapidez com que são coletados, analisados e revinculados ou reintroduzidos no sistema" – SARLET, Gabrielle Bezerra Sales; MOLINARO, Carlos Alberto. Questões tecnológicas, éticas e normativas da proteção de dados pessoais na área da saúde em um contexto de big data. *Direitos Fundamentais & Justiça*, Porto Alegre, v. 13 (2019), p. 183-213, p. 188. Doug Laney refere-se a big data como os "Four Vs", os Quatro Vs: volume, variety, veracity e velocity. Segundo ele, Data é considerado "big" porque é produzido e coletado em *volume* gigantesco. Além disso, os dados apresentam-se com uma *variedade* nunca antes vista, abrangendo desde dados banais, como nome, idade, sexo, como outros abarcando dados de saúde e precisa geolocalização a cada momento do dia. A *veracidade* fica por conta da confiabilidade das informações coletadas, fornecidas pelo próprio interessado mesmo que ele não saiba disso. E *velocidade*, em razão da impressionante rapidez com que os dados são coletados, transmitidos, analisados, tratados – LANEY, Doug, disponível em: http://blogs.gartner.com/doug-laney/files/2012/01/ad949-3D-Data-Management-Controlling-Data-Volume-Velocity-and-Variety.pdf. Acesso em: 10 dez. 2019. Pfeiffer acrescenta a esses quatro 'vs' um quinto – *valor*, ou seja, o fato de que a característica que efetivamente salienta o papel dos dados na economia digital é o seu enorme e crescente valor – PFEIFFER, Roberto Augusto Castellanos. Digital Economy, Big Data and Competition Law. *Market and Competition Law Review*, v. iii, n. 1, p. 55-56, Apr. 2019. Bruno Bioni esclarece que o enorme volume de dados processados permite "correlacionar uma série de fatos (dados), estabelecendo-se entre eles relações para desvendar *padrões* e, por conseguinte, inferir, inclusive, *probabilidades* de acontecimentos futuros". De certa forma, "big data não é um sistema inteligente", pois ele "não se preocupa com a *causalidade* de um evento, mas, tão somente, com a probabilidade de sua ocorrência". Assim, big data permite "inferir a probabilidade de que uma consumidora esteja grávida, verificando-se que uma determinada lista de produtos é recorrentemente adquirida por tal tipo de cliente. É por meio dessa (cor)relação estabelecida entre fatos que se revela um padrão, ou seja, a recorrência de um evento que permite prever que eles se repetirão no futuro" – BIONI, Bruno Ricardo. *Proteção de Dados Pessoais*: a função e os limites do consentimento. 2. ed., rev., atual. e reform. Rio de Janeiro: Forense, 2020, p. 36.

mas é igualmente extraído das pegadas ou das sombras digitais, a dizer, do histórico de todas as transações efetuadas pelo usuário que formam os registros dos sites e dos portais de acesso à internet".[17] E isso tem um enorme valor econômico.[18]

Fala-se, por isso, em capitalismo da vigilância,[19] *data driven economy*,[20] sociedade da vigilância,[21] economia da atenção,[22] para designar o momento que vivemos.

---

17. RUARO, Regina Linden; SARLET, Gabrielle Bezerra Sales. O direito fundamental à proteção de dados sensíveis no sistema normativo brasileiro: uma análise acerca das hipóteses de tratamento e da obrigatoriedade do consentimento livre, esclarecido e informado sob o enfoque da Lei Geral de proteção de Dados (LGPD) – Lei 13.709/2018. In: MENDES, Laura Schertel; DONEDA, Danilo; SARLET, Ingo Wolfgang; RODRIGUES JR., Otavio Luiz; BIONI, Bruno Ricardo (Coord.). *Tratado de proteção de dados pessoais*. Rio de Janeiro: Forense, 2021, p. 184-185.
18. A simples capacidade técnica de reunir volumes gigantescos de dados pessoais não teria grande significado, pois eles necessitam ser processados e trabalhados para que possam gerar valor, ou seja, há que se transformá-los em informação. E isso é feito através do que é chamado *big analytics*, ou seja, "a possibilidade de extrair, a partir dos dados, correlações, padrões e associações que possam ser consideradas informações. Para tal objetivo, é grande a importância dos algoritmos e das máquinas responsáveis por tal processamento." Os fenômenos do *big data* e do *big analytics* apresentam, assim, uma "relação simbiótica", pois as plataformas digitais "procuram ter o maior acesso possível aos dados dos usuários para depois poder convertê-los em informações e, a partir daí, usar tais informações em seu próprio negócio ou compartilhá-las com parceiros comerciais" – nesses termos, FRAZÃO, Ana. Plataformas digitais, *big data* e riscos para os direitos da personalidade. In: TEPEDINO, Gustavo; MENEZES, Joyceane Bezerra de (Coord.). *Autonomia privada, liberdade existencial e direitos fundamentais*. Belo Horizonte: Fórum, 2019, p. 337.
19. Ou economia da vigilância, para significar o fenômeno em que estamos imersos, em que o cidadão se torna um mero expectador passivo do fluxo de suas informações pessoais, como adverte ZUBOFF, Shoshana. Big Other: Surveillance Capitalism and the Prospects of an Information Civilization. *Journal of Information Technology*, 4 abr. 2015, p. 75-89, p. 79, disponível em: https://papers.ssrn.com/sol3/papers.cfm?abstract_id=2594754, acesso em: 20 de. 2020. Nesse artigo, adverte a autora que "surveillance capitalism challenges democratic norms and departs in key ways from the centuries long evolution of market capitalism." No mesmo sentido, adverte Frank Pasquale que a coleta dos dados pessoais, tanto por governos quanto por poderosos agentes econômicos, permite a criação do que ele chama de *one way mirror*, ou seja, uma situação em que eles podem tudo saber a respeito dos cidadãos/consumidores, sem que esses sequer saibam que estão sendo minuciosamente observados. Esse monitoramento constante, envolvendo cada ação individual (mesmo fora de transações formais, envolvendo simples manifestações de interesse na rede), leva ao chamado *capitalismo de vigilância*, uma economia que passou a se alimentar substancialmente dos dados pessoais para se desenvolver – PASQUALE, Frank. *The black box society*: the secret algorithms that control money and information. Harvard: Harvard University Press, 2015, p. 9.
20. Trata-se de expressão que evoca o estágio da economia atual, após a superação dos anteriores, baseados na agricultura, na indústria e na prestação de serviços. Atualmente, o maior ativo econômico das empresas é representado pela quantidade de dados pessoais de que dispõem, coletados constantemente, a partir dos quais identificam os perfis de seus potenciais clientes, categorizando-os em classes ou grupos, a quem podem ser direcionados produtos ou serviços. Como lembram Terra e Mulholland, as cinco maiores empresas do mundo – Facebook, Amazon, Google, Microsoft e Apple (que em 2020 valiam mais de 5 trilhões de dólares), possuem um modelo de negócio substancialmente baseado no tratamento de dados pessoais dos seus usuários, através de técnicas que utilizam inteligência artificial, algoritmos e *data analytcs* – TERRA, Aline de Miranda Valverde; MULHOLLAND, Caitlin. A utilização econômica de rastreadores e identificadores *on-line* de dados pessoais. In: TEPEDINO, Gustavo; FRAZÃO, Ana; OLIVA, Milena Donato (Coord.). *Lei Geral de Proteção de Dados* – e suas repercussões no Direito Brasileiro. 2. ed. São Paulo: Revista dos Tribunais/Thompson Reuters Brasil, 2020, p. 610.
21. A expressão *sociedade da vigilância* apareceu inicialmente no título do livro de LACE, Susanne. *The glass consumer*: life in a surveillance society. Bristol: Policy Press, 2005. A autora refere que todos nos tornamos "consumidores de vidro", uma vez que os outros sabem tanto sobre nós que praticamente podem nos ver através de nós, como se fôssemos de vidro, já que nossas vidas cotidianas são gravadas, analisadas e monitoradas de inúmeras maneiras (p. 1). Já a expressão *Estado de Vigilância* é utilizada para identificar "uma forma de contaminação da democracia caracterizada pela intrusão dos governos e das corporações na liberdade e na privacidade de terceiros, sejam estes atores públicos ou privados" – nesses termos, MOLINARO, Carlos Alberto; SARLET, Ingo Wolfgang. Sociedade em rede, internet e estado de vigilância: algumas aproximações. *Revista AJURIS*, v. 40, n. 132, p. 65, dez. 2012.
22. Nas palavras de Ana Frazão, apoiada em Tim Wu, "a atenção dos usuários tornou-se um dos maiores bens a serem disputados pelos agentes da economia digital. Quanto mais tempo as pessoas passam em determinadas plataformas, mais intensamente estarão submetidas à publicidade e à coleta de seus dados, assim como

O resultado disso tudo é que "Facebook define quem somos,[23] Amazon define o que queremos e Google define o que pensamos", segundo a icástica frase de George Dyson, citada por Pasquale.[24] Ou, ainda, "Google can see what people search for, Facebook what they share, Amazon what they buy".[25]

Fato é que a noção de privacidade variou ao longo da história e, dentro do mesmo período histórico, variou para as diversas classes sociais que nele conviviam,[26] representando um valor mais elevado para a alta burguesia.

A antiga noção de privacidade, de feição individualista e ancorada no direito de propriedade, divulgada no artigo seminal (*The Right to Privacy*, publicada na *Harvard Law Review* em 1890) de Warren e Brandeis, como um *right to be let alone*, passou por uma necessidade de atualização a partir dos anos 60, com a aceleração do desenvolvimento tecnológico, e com a possibilidade inaugurada com a revolução informática de se recolher e agrupar dados pessoais. Assim, a noção passou também a envolver a proteção aos dados e informações pessoais.

Comentando a evolução normativa europeia a partir da proteção da vida privada na Convenção de 1950 (que se limitava a proteger o "respeito à vida privada e familiar, seu domicílio e sua correspondência") para a proteção conferida pela Carta de direitos Fundamentais da União Europeia, de 2000 (que garante também o "direito à proteção de dados pessoais"), diz Rodotà que "o direito ao respeito da vida privada e familiar reflete, primeira e principalmente, um componente individualista" que conferia uma proteção estática e negativa. Já a proteção de dados confere "um tipo de proteção dinâmico, que segue o dado em todos os seus movimentos." Tudo isso implicou, segundo Rodotá, que a privacidade passou a ser o "direito de manter o controle sobre suas próprias informações e de determinar a maneira de construir sua própria esfera particular".[27]

---

mais suscetíveis estarão a estratégias que visam influenciar e alterar suas preferências e visões de mundo. (...) o verdadeiro negócio de muitas indústrias da nova economia é influenciar consciências" – FRAZÃO, Ana. Plataformas digitais, *big data* e riscos para os direitos da personalidade. In: TEPEDINO, Gustavo; MENEZES, Joyceane Bezerra de (Coord.). *Autonomia privada, liberdade existencial e direitos fundamentais.* Belo Horizonte: Fórum, 2019, p. 345.

23. Como referem Menezes e Colaço, fere-se a "autonomia do sujeito que passa a ser mensurado e identificado pelo avatar que se forma a partir do manejo de todas as informações achadas sobre ele na web. O que se agrava quando tais informações são desatualizadas ou irrelevantes" – MENEZES, Joyceane Bezerra de; COLAÇO, Hian Silva. Facebook como o novo *Big Brother*: Uma abertura para a responsabilidade civil por violação à autodeterminação informativa. *Quaestio Iuris*. Rio de Janeiro, v. 10, n. 04, p. 2319-2338, p. 2.326, 2017.

24. PASQUALE, Frank. *The black box society*: the secret algorithms that control money and information. Harvard: Harvard University Press, 2015, p. 15.

25. Disponível em: https://www.economist.com/leaders/2017/05/06/the-worlds-most-valuable-resource-is-no-longer-oil-but-data.

26. Para uma análise das diversas concepções de *privacy*, ao longo do tempo (*the right to bel et alone; limited access to the self; secrecy; control over personal information; personhood*, que o autor divide em *individuality, dignity and autonomy*, por um lado, e *antitotalitarianism*, por outro; *intimacy*), v. SOLOVE, Daniel J. Conceptualizing Privacy. *California Law Review*, v. 90, p. 1.099/1.124, 2002.

27. RODOTÀ, Stefano. *A vida na sociedade da vigilância* – a privacidade hoje. Organização, seleção e apresentação de Maria C. B. de Moraes. Trad. Danilo Doneda e Luciana C. Doneda. Rio de Janeiro: Renovar, 2008, p. 17.

Nesse novo sentido, a privacidade deixa de ser apenas um poder reativo (de resistência ao poder), uma espécie de imunidade, transformando-se também em poder, com dimensão ativa de postular conhecimento, controle e disposição de dados pessoais que estejam em poder de terceiros e sejam capazes de afetar sua autonomia.[28] Não por acaso, assim, Pérez Luño denomina esse movimento de *metamorfose da intimidade*.[29]

Informações sobre quem somos, o que fazemos e como nos comportamos são capturadas a cada momento do dia na rede, pois estão constantemente fluindo pelo mundo sem o nosso conhecimento, muito menos nosso consentimento,[30] já que a estrutura das mídias sociais revela a necessidade da constante inserção de dados pessoais por parte de seus usuários. Tais dados são explorados e monetizados, através da venda de espaços para publicidade[31] e anúncios, do desenvolvimento de perfis para o direcionamento de produtos e informações.[32]

---

28. QUEIROZ, Rafael Mafei Rabelo; PONCE, Paula Pedigonoi. Tercio Sampaio Ferraz Júnior e Sigilo de dados: o direito à privacidade e os limites à função fiscalizadora do Estado: o que permanece e o que deve ser reconsiderado. *Internet & Sociedade*, São Paulo, n. 1, v. 1, p. 64-90, p. 79, fev. 2020.
29. PÉREZ LUÑO, Antonio Enrique. *Los derechos humanos en la sociedadd tecnológica*. Madrid: Universitas, 2012, p. 115.
30. USTARAN, Eduardo. Apresentação. In: SOMBRA, Thiago Luís Santos. *Fundamentos da Regulação da Privacidade e Proteção de Dados Pessoais*: Pluralismo Jurídico e Transparência em Perspectiva. 2. tir. São Paulo: Thomson Reuters Brasil/Revista dos Tribunais, 2020, p. 20.
31. A gigantesca coleta de dados, sua conexão e o tratamento que permite a identificação de perfis, conduziu à criação da chamada *publicidade direcionada*, que se subdivide em *contextual, segmentada* e *comportamental*. Ou seja, permite-se identificar potenciais consumidores que frequentam determinados ambientes (websites), ou direcionar a publicidade especificamente a um público feminino, ou de terceira idade, ou de adolescentes, ou de pessoas que gostam de viagens, de culinária etc. Essas novas formas de publicidade, especialmente a comportamental on-line, permitiu a redução dos custos da publicidade, pois ela passou a ser direcionada exclusivamente ao consumidor interessado, tanto que o serviço de publicidade da Google – Google Ads, anteriormente conhecido como Google AdWords – prevê que a contraprestação somente será devida se o potencial consumidor clicar no correspondente anúncio. Sobre essas formas de publicidade e seus efeitos para a proteção de dados, v. BIONI, Bruno Ricardo. *Proteção de Dados Pessoais*: a função e os limites do consentimento. 2. ed., rev., atual. e reform. Rio de Janeiro: Forense, 2020, p. 14-17. Não se há dúvidas de que se trata de uma atividade extraordinariamente lucrativa, considerando que a holding Alphabet (que abrange a Google e todas as companhias do grupo), em 2016, teve um faturamento superior a 90 bilhões de dólares, dos quais 87% originavam-se de publicidade – MATTIUZZO, Marcela. Business Models and Big Data: How Google uses your Personal Information. In: BRANCO, Sérgio; TEFFÉ, Chiara de (Org.). *Privacidade em perspectivas*. Rio de Janeiro: Lumen Juris, 2018, p. 181.
32. TEPEDINO, Gustavo; TEFFÉ, Chiara Spadaccini de. Consentimento e proteção de dados pessoais na LGPD. In: TEPEDINO, Gustavo; FRAZÃO, Ana; OLIVA, Milena Donato (Coord.). *Lei Geral de Proteção de Dados* – e suas repercussões no Direito Brasileiro. 2. ed. São Paulo: Revista dos Tribunais/Thompson Reuters Brasil, 2020, p. 290. Excelente estudo realizado pelo Ministério Público Federal nos informa que "empresas de tecnologia monitoram as atividades do consumidor quando conectado à internet – incluindo as pesquisas que ele fez, as páginas que ele visitou e o conteúdo consultado – com a finalidade de fornecer publicidade dirigida aos interesses individuais desse consumidor. Grandes empresas de tecnologia da internet, como o Google, coletam dados pessoais dos usuários de seus serviços, para fins comerciais, principalmente. Os dados são tratados com o auxílio de métodos estatísticos e técnicas de inteligência artificial, com o fim de sintetizar hábitos, preferências pessoais e outros registros. A partir disso são criados perfis para cada usuário (*profiling*) que possibilitam o envio seletivo de mensagens publicitárias de um produto a seus potenciais compradores. Redes sociais on-line como o Facebook também realizam o tratamento de dados pessoais dos seus usuários. A rede social permite a seus usuários gerar um perfil público, alimentado por dados e informações pessoais, dispondo de ferramentas que permitem a interação com outros usuários afins ou não

Todas as nossas atividades na rede – das mais simples (como digitar na barra de ferramentas do Google um assunto qualquer para pesquisa) às mais complexas (como transações financeiras) – são armazenadas, revelando nossas "pegadas digitais". Diferentemente do mundo "físico", onde nem sempre nossas ações são registradas, no mundo "virtual" nada se perde, tudo fica guardado. Nesse mundo, nada é passado – tudo é presente contínuo, permanentemente ao acesso de nossos dedos,[33] o que representa outra grande ameaça à nossa autodeterminação informativa, exigindo que o mundo normativo imponha os limites possíveis a essa nova economia.

6. PROTEÇÃO DE DADOS E DIREITOS DA PERSONALIDADE

Ainda que efetivamente dados pessoais sejam extremamente valiosos para a economia digital em que estamos imersos, não podemos esquecer que "seus dados pessoais são você!", como advertem Lemos e Branco: eles são nossos avatares com relação a tudo o que acontece conosco no mundo digital, o corpo eletrônico que representa o que somos. Por meio deles, nossa vida é decidida em múltiplas esferas: se teremos acesso a crédito, a um seguro, qual tipo de propaganda ou conteúdo veremos e, na medida em que o governo se digitaliza, qual tipo de política pública se aplicará a cada um de nós.[34] No mesmo sentido, Tamò-Larrieux refere que as empresas classificam as preferências do consumidor por meio de algoritmos e criação de perfis. Os algoritmos permitem que, de um gigantesco conjunto de dados, extraiam-se padrões e correlações que permitem classificações e categorizações de pessoas.[35]

Em razão disso, há consenso sobre a fundamentalidade do direito à proteção de dados. Refere Ingo Sarlet que "tanto no âmbito do sistema universal de proteção da ONU quanto na esfera do direito europeu, um direito à proteção de dados tem sido deduzido em especial do direito à privacidade, embora com este não se confunda",

---

ao perfil publicado. A rede social é um intermediário que acumula informações pessoais sobre os usuários. Os clientes de redes sociais são aqueles que efetivamente contratam a rede social mediante retribuição, não os usuários, mas empresas que apresentam interesse na base de dados e na relação de usuários, para oferecer publicidade focada em grupos. (...). A publicidade específica tem o efeito colateral de uniformizar padrões de comportamento, diminuindo o rol de escolhas apresentadas a uma pessoa. A elaboração de perfis pode levar à negativa de acesso a determinado bem ou serviço (negativa de acesso a site porque o consumidor acessou sites de proteção ao crédito), bem como preços diferentes a consumidores diversos conforme o seu perfil (*adaptative pricing*)" – Brasil. Ministério Público Federal. Câmara de Coordenação e Revisão, 3. Sistema brasileiro de proteção e acesso a dados pessoais : análise de dispositivos da Lei de Acesso à Informação, da Lei de Identificação Civil, da Lei do Marco Civil da Internet e da Lei Nacional de Proteção de Dados – Brasília: MPF, 2019. 85 p. – (Roteiro de Atuação; v. 3), p. 58. Disponível em: http://www.mpf.mp.br/atuacao-tematica/ccr3/documentos-e-publicacoes/roteiros-de-atuacao/sistema-brasileiro-de-protecao-e-acesso-a-dados-pessoais-volume-3, acesso em: 19 dez. 2020.

33. FACCHINI NETO, Eugênio; DEMOLINER, Karine Silva. Direito à privacidade na era digital – uma releitura do art. XII da Declaração Universal dos Direitos Humanos (DUDH) na sociedade do espetáculo. *Revista Internacional Consinter de Direito*. ano V, n. IX, p. 134, 2º Semestre 2019.

34. LEMOS, Ronaldo; BRANCO, Sérgio. *Privacy by Design*: conceito, fundamentos e aplicabilidade na LGPD. In: MENDES, Laura Schertel; DONEDA, Danilo; SARLET, Ingo Wolfgang; RODRIGUES JR., Otavio Luiz; BIONI, Bruno Ricardo (Coord.). *Tratado de proteção de dados pessoais*. Rio de Janeiro: Forense, 2021, p. 448.

35. TAMÒ-LARRIEUX, Aurelia. *Designing for privacy and its legal framework*: data protection by design and default for the Internet of Things. Basileia: Springer, 2018, p. 3.

frisando, mais adiante, que "o direito à proteção dos dados pessoais é (...) tanto um direito humano quanto um direito fundamental".[36]

Essa visão doutrinária acabou repercutindo também na jurisprudência do STF, cujo plenário, em decisões proferidas nos dias 6 e 7 de maio de 2020, ao julgar as Ações Diretas de Inconstitucionalidade 6387, 6388, 6389, 6390 e 6393, suspendeu a eficácia da MP 954/20, que previa o compartilhamento de dados dos consumidores (nomes, números de telefone e endereços) pelas empresas de telefonia móvel ao IBGE, para permitir a coleta de informações necessárias para fins estatísticos, diante dos problemas gerados pela pandemia. Naquela ocasião, foi reconhecido, por dez votos (foi do Min. Marco Aurélio o único voto contrário), que a proteção de dados pessoais configura verdadeiro direito fundamental.[37] Esse julgamento, ainda que em sede liminar, representou importante avanço em relação à jurisprudência anterior do próprio STF (v.g. RE 418.416-8/SC, da relatoria do Min. Sepúlveda Pertence, j. em 10.05.2006, e HC 91.867/PA, da relatoria do Min. Gilmar Mendes, j. em 14.04.2012, que não haviam reconhecido a fundamentalidade de tal direito). Assentou-se, nessa ocasião, que nem mesmo a gravíssima pandemia, que acarretou medidas de isolamento social e paralisação de grande parte das atividades econômicas, justificaria o afastamento das garantias fundamentais à privacidade e à proteção de dados pessoais de cada usuário.[38] Em seu voto concorrente, a Min. Carmen Lúcia referiu que "não existem dados insignificantes" (no caso, tratava-se de nome, endereço e telefone – dados que há duas décadas atrás estavam disponíveis em todas as residências, através das listas telefônicas impressas – ou facilmente disponibilizadas pelo serviço de Informações, fornecido pela empresa oficial de telefonia). Isso se deu, segundo a Ministra, em razão da "atual capacidade de processamento de dados, desde que cruzados com outras informações e compartilhados com pessoas ou entidades distintas", o que permite

---

36. SARLET, Ingo Wolfgang. Fundamentos constitucionais: o direito fundamental à proteção de dados. In: MENDES, Laura Schertel; DONEDA, Danilo; SARLET, Ingo Wolfgang; RODRIGUES JR., Otavio Luiz; BIONI, Bruno Ricardo (Coord.). *Tratado de proteção de dados pessoais*. Rio de Janeiro: Forense, 2021, p. 28 e 29. No mesmo sentido, DONEDA, Danilo. O direito fundamental à proteção de dados pessoais. In: MARTINS, Guilherme Magalhães; LONGHI, João Victor Rozatti (Coord.). *Direito Digital* – Direito Privado e Internet. 3. ed., atual., rev. e ampl. Indaiatuba: Ed. Foco, 2020, p. 44; MENDES, Laura Schertel; RODRIGUES JÚNIOR, Otavio Luiz; FONSECA, Gabriel Campos Soares da. O Supremo Tribunal Federal e a proteção constitucional dos dados pessoais: rumo a um direito fundamental autônomo. In: MENDES, Laura Schertel; DONEDA, Danilo; SARLET, Ingo Wolfgang; RODRIGUES JR., Otavio Luiz; BIONI, Bruno Ricardo (Coord.). *Tratado de proteção de dados pessoais*. Rio de Janeiro: Forense, 2021, p. 68. No mesmo sentido, ainda, FRAZÃO, Ana; CARVALHO, Angelo G. Prata de. Os gigantes da internet e a apropriação e exploração de dados pessoais; direitos fundamentais e direito ao esquecimento digital. In: VERONESE, Alexandre et al (Org.) *A efetividade do direito em face do poder dos gigantes da internet*: diálogos acadêmicos entre o Brasil e a França. B.H.: Fórum, 2018, v. I, p. 310.
37. Uma excelente análise desse julgamento encontra-se em MENDES, Laura Schertel; RODRIGUES JÚNIOR, Otavio Luiz; FONSECA, Gabriel Campos Soares da. O Supremo Tribunal Federal e a proteção constitucional dos dados pessoais: rumo a um direito fundamental autônomo. In: MENDES, Laura Schertel; DONEDA, Danilo; SARLET, Ingo Wolfgang; RODRIGUES JR., Otavio Luiz; BIONI, Bruno Ricardo (Coord.). *Tratado de proteção de dados pessoais*. Rio de Janeiro: Forense, 2021, p. 61-71.
38. TEPEDINO, Gustavo. Editorial: O reconhecimento pelo STF do direito fundamental à proteção de dados. *Revista Brasileira de Direito Civil*, v. 24, p. 11-13, abr./jun. 2020.

que os dados ganhem novo valor e significado. Segundo ela, "a partir de técnicas de agregação e de tratamento, sua utilização pode-se dar para fins muito distintos dos expostos na coleta inicial". E, no mesmo julgamento, o Min. Gilmar Mendes reforçou que o direito fundamental à proteção dos dados possui conteúdo mais alargado do que o direito à privacidade, já que não se restringe aos dados íntimos, estendendo-se, ao contrário, a todo e qualquer dado que possa conduzir à identificação de alguém.

Essa nova visão, reconhecendo a fundamentalidade da proteção de dados, repercutiu na seara legislativa, pois a Emenda Constitucional 115, de 2022, inseriu mais um inciso – o de n. LXXIX – no rol dos direitos e garantias individuais do art. 5º da Constituição, com a seguinte redação: "LXXIX – é assegurado, nos termos da lei, o direito à proteção dos dados pessoais, inclusive nos meios digitais."

Se assim é, impõe-se limitar, ou ao menos regulamentar, a coleta de dados, tanto por operadores privados quanto por agentes públicos. Isso porque, nos quadrantes das democracias constitucionais, desenvolveram-se mecanismos jurídicos voltados ao controle e limitação do poder, dentre os quais, no âmbito em que nos situamos, indicam-se os instrumentos de opacidade e instrumentos de transparência. Aqueles desempenham importante papel na proteção dos indivíduos contra a interferência estatal e de entes privados em sua esfera de liberdade pessoal e autonomia. Já estes, por sua vez, consistem em mecanismos que limitam o poder mediante formas de controle exercidas pelos próprios cidadãos, entes coletivos e inclusive outros órgãos estatais.[39]

7. A RELATIVIZAÇÃO DA PROTEÇÃO DE DADOS

Importante lembrar que o fato de se tratar de um direito fundamental não significa que seja um direito absoluto e que não possa ser limitado, desde que autorizado pela Constituição, com base em critérios jurídicos e observado o princípio de proporcionalidade.[40]

De fato, assim com a proteção da privacidade antiga, envolvendo aspectos de intimidade e segredo, não era inflexível, igualmente a proteção de dados pessoais não configura um direito absoluto. No caso do sigilo das comunicações, a própria Constituição Federal, no seu art. 5º, XII, exceptua o sigilo "para fins de investigação criminal ou instrução processual penal". A Lei das Interceptações – Lei 9.296/96 – estabeleceu as condições formais e materiais para a quebra do sigilo telefônico. No caso dos dados médicos, o Código de Ética Médica (aprovado pela Resolução CFM 2.217/2018) prevê a possibilidade de o médico liberar cópias do prontuário do seu paciente "para atender a ordem judicial", dentre outras exceções. E o sigilo das

---

39. MACHADO, Diego Carvalho; MENDES, Laura Schertel. Tecnologias de perfilamento e dados agregados de geolocalização no combate à Covid-19 no Brasil: uma análise dos riscos individuais e coletivos à luz da LGPD. *Direitos Fundamentais & Justiça*, ano 14, número especial, p. 115, nov. 2020.
40. MENDES, Laura Schertel Ferreira. *Habeas data* e autodeterminação informativa: os dois lados da mesma moeda. *Direitos Fundamentais & Justiça*. Belo Horizonte, ano 12, n. 39, p. 185-216, jul./dez. 2018.

informações financeiras, disciplinado pela Lei Complementar 105/2001, pode ser quebrado "quando necessária para apuração de qualquer ilícito, em qualquer fase do inquérito ou do processo judicial".[41]

Também a jurisprudência do STF, ponderando os direitos e interesses contrapostos na seara do sigilo de informações financeiras e fiscais, ao julgar o RE 1.055.941, em 04.12.2019 (com publicação em 06.10.2020), de Relatoria do Min. Dias Toffoli, em sede de repercussão geral (tema 990), fixou as seguintes teses: "1. É constitucional o compartilhamento dos relatórios de inteligência financeira da UIF e da íntegra do procedimento fiscalizatório da Receita Federal do Brasil – em que se define o lançamento do tributo – com os órgãos de persecução penal para fins criminais sem prévia autorização judicial, devendo ser resguardado o sigilo das informações em procedimentos formalmente instaurados e sujeitos a posterior controle jurisdicional; 2. O compartilhamento pela UIF e pela RFB referido no item anterior deve ser feito unicamente por meio de comunicações formais, com garantia de sigilo, certificação do destinatário e estabelecimento de instrumentos efetivos de apuração e correção de eventuais desvios".

Portanto, ainda que considerada a fundamentalidade da proteção de dados, inclusive os relativos à geolocalização, constata-se que não se trata de uma proteção absoluta, que não aceite relativizações. Mas, uma vez reconhecida a fundamentalidade de tal direito, impõe-se observar os limites que se impõe a qualquer tentativa de sua violação, como ponderou o Min. Gilmar Mendes, por ocasião da ADI 6.389 antes mencionada, na dimensão subjetiva, o reconhecimento do direito fundamental à proteção de dados "impõe que o legislador assuma o ônus de apresentar uma justificativa constitucional para qualquer intervenção que de algum modo afete a autodeterminação informacional", indicando sua finalidade e precisos limites, ao passo que, na dimensão objetiva, tal direito imporia ao legislador "verdadeiro dever de proteção", envolvendo a previsão de mecanismos eficazes de salvaguarda, normas de organização e procedimento e normas de proteção.[42]

No caso que motivou esse artigo, as razões invocadas judicialmente para a coleta e tratamento de tais dados eram relevantes, justificando o uso dos dados coletados, segundo pensamos. Mas o uso desse procedimento, em outros casos, deve ser efetivamente prudencial, em casos especialíssimos, sujeitos a concreta fundamentação e justificação, em exercício de cautelosa ponderação.

---

41. Sobre esses aspectos, v. ABREU, Jacqueline de Souza. Tratamento de dados pessoais para segurança pública: contornos do regime jurídico pós-LGPD. In: MENDES, Laura Schertel; DONEDA, Danilo; SARLET, Ingo Wolfgang; RODRIGUES JR., Otavio Luiz; BIONI, Bruno Ricardo (Coord.). *Tratado de proteção de dados pessoais*. Rio de Janeiro: Forense, 2021, p. 584-587.
42. Sobre o voto do Min. Gilmar, v. VITAL, Danilo. Gilmar: Pandemia não atenua, mas reforça necessidade de proteção de dados. *CONJUR*, 07 de maio de 2020, disponível em: https://www.conjur.com.br/2020-mai-07/pandemia-reforca-necessidade-protecao-dados-gilmar, acesso em: 21 dez. 2020.

Há que se refletir sobre as observações de Sarah Brayne,[43] ao referir que a *dragnet surveillance* está associada a três transformações fundamentais na prática da investigação criminal: (i) a mudança de sistemas baseados em consultas para sistemas baseados em alertas torna possível vigiar sistematicamente um número de pessoas sem precedentes; (ii) indivíduos sem contato direto com a esfera criminal são agora incluídos nos sistemas de persecução penal, reduzindo o limiar para inclusão em bancos de dados policiais; (iii) a integração de sistemas de dados institucionais, com a polícia agora armazenando e usando informações coletadas por instituições não tipicamente associadas ao controle do crime. Entretanto, frisa a autora, a vigilância por arrastão (*dragnet surveillance*) não é um resultado inevitável da digitalização em massa. Ao contrário, é o resultado de escolhas que refletem as posições sociais, políticas e ideológicas dos agentes com autoridade para investigar e promover a persecução penal, bem como depende do objeto que está sob vigilância.

É hora de encerrar.

CONSIDERAÇÕES FINAIS

Percebeu-se que o "admirável mundo novo" em que estamos imersos trouxe consigo enormes vantagens, principalmente em termos de comunicação e de acesso à informação. São vantagens tão atrativas que aos poucos estamos migrando parte substancial de nossas vidas para esse mundo digital. Mas esse novo mundo também possui ferramentas que podem transformá-lo no distópico mundo de "1984", com seu *big brother* que tudo sabe e tudo vê.

No caso da *dragnet surveillance,* objeto de análise na parte inicial deste artigo, os dados colacionados – dados de geolocalização e de acesso a aplicativos da internet – aparentemente são neutros. Todavia, conjugados com outros dados, eles fornecem muitas informações, revelando integralmente o sujeito por trás dos dados. No caso que envolveu a investigação do assassinato de Marielle Franco, objeto da disputa judicial que chegou ao STJ, como analisado no início do artigo, a dificuldade de fazer avançar as investigações, em razão de dificuldades colocadas por parte do próprio aparato policial, e diante da pressão mundial para que os responsáveis fossem identificados e responsabilizados, o uso da referida técnica pareceu-nos justificada, pois passou no teste da proporcionalidade – era adequada, necessária e proporcional em sentido estrito.

Mas, como toda medida excepcional, deve ser usada apenas excepcionalmente, quando inexistentes outras formas menos invasivas de investigação, em razão da proteção constitucional dos dados pessoais.

Ou seja, queremos ter presente em nossas vidas todas as tecnologias de informação e comunicação disponíveis, pois elas tornam a vida mais agradável, prática, segura, rápida e eficiente, mas não queremos a sensação de estarmos permanentemente monitorados, vigiados e potencialmente manipulados.

---

43. BRAYNE, Sarah. *Predict and Surveil*: Data, Discretion, and the Future of Policing. Oxford: Oxford University Press, 2020, especialmente o Terceiro Capítulo, intitulado "Dragnet Surveillance: Our Incriminating Lives".

REFERÊNCIAS

ABDO, Alex. *Is Dragnet Surveillance Constitutional?*, publicado no site JURIST – Legal News & Commentary (em colaboração com a *University of Pittsburgh*), em 26.03.2014. Disponível em https://www.jurist.org/commentary/2014/03/alex-abdo-nsa-cell-surveillance/, acesso em 25.01.2021.

ABREU, Jacqueline de Souza. Tratamento de dados pessoais para segurança pública: contornos do regime jurídico pós-LGPD. In: MENDES, Laura Schertel; DONEDA, Danilo; SARLET, Ingo Wolfgang; RODRIGUES JR., Otavio Luiz; BIONI, Bruno Ricardo (Coord.). *Tratado de proteção de dados pessoais*. Rio de Janeiro: Forense, 2021.

ANGWIN, Julia. *Dragnet Nation*: A Quest for Privacy, Security, and Freedom in a World of Relentless Surveillance. New York: St. Martin's Griffin, 2015.

BALKIN, Jack M. *Free Speech in the Algorithmic Society*: Big Data, Private Governance, and New School Speech Regulation. Yale Law School: Faculty Scholarship Series, n. 5160, 2018. Disponível em: https://digitalcommons.law.yale.edu/cgi/viewcontent.cgi?article=6159&context=fss_papers. Acesso em: 22 dez. 2020.

BIONI, Bruno Ricardo. *Proteção de Dados Pessoais*: a função e os limites do consentimento. 2. ed., rev., atual. e reform. Rio de Janeiro: Forense, 2020.

BRAYNE, Sarah. *Predict and Surveil*: Data, Discretion, and the Future of Policing. Oxford: Oxford University Press, 2020.

BYUNG-CHUL HAN. *O coronavírus de hoje e o mundo de amanhã, segundo o filósofo Byung-Chul Han*. Entrevista concedida pelo filósofo sul-coreano Byung-Chul Han ao jornal EL PAÍS, em 22.03.2020. Disponível em: https://brasil.elpais.com/ideas/2020-03-22/o-coronavirus-de-hoje-e-o-mundo-de-amanha-segundo-o-filosofo-byung-chul-han.html, acesso em: 20 jan. 2021.

DONEDA, Danilo. *Da privacidade à proteção de dados pessoais*. 2. ed. rev. e atual. São Paulo: Thomson Reuters Brasil/Revista dos Tribunais, 2019.

DONEDA, Danilo. O direito fundamental à proteção de dados pessoais. In: MARTINS, Guilherme Magalhães; LONGHI, João Victor Rozatti (Coord.). *Direito Digital* – Direito Privado e Internet. 3. ed., atual., rev. e ampl. Indaiatuba: Ed. Foco, 2020.

FACCHINI NETO, Eugênio; DEMOLINER, Karine Silva. Direito à privacidade na era digital – uma releitura do art. XII da Declaração Universal dos Direitos Humanos (DUDH) na sociedade do espetáculo. *Revista Internacional Consinter de Direito*. ano V, n. IX, 2º Semestre 2019.

FEDERAL TRADE COMMISSION STAFF. *Internet of Things – Privacy & Security in a Connected World*, Federal Trade Commission Staff Report, January, p. 5, disponível em: https://www.ftc.gov/system/files/documents/reports/federal-trade-commission-staff-report-november-2013-workshop-entitled-internet-things-privacy/150127iotrpt.pdf, acesso em: 21 dez. 2020.

FRAZÃO, Ana. Plataformas digitais, *big data* e riscos para os direitos da personalidade. In: TEPEDINO, Gustavo; MENEZES, Joyceane Bezerra de (Coord.). *Autonomia privada, liberdade existencial e direitos fundamentais*. Belo Horizonte: Fórum, 2019.

FRAZÃO, Ana; CARVALHO, Angelo G. Prata de. Os gigantes da internet e a apropriação e exploração de dados pessoais; direitos fundamentais e direito ao esquecimento digital. In: VERONESE, Alexandrew et al (Org.) *A efetividade do direito em face do poder dos gigantes da internet*: diálogos acadêmicos entre o Brasil e a França. B.H.: Fórum, 2018. v. I.

ITS. Transparência e Governança nos algoritmos: um estudo de caso sobre o setor de birôs de crédito – *Instituto de Tecnologia & Sociedade do Rio* – ITS. Disponível em: https://itsrio.org/wp-content/uploads/2017/05/algorithm-transparency-and-governance-pt-br.pdf, acesso em: 21 dez. 2020.

LACE, Susanne. *The glass consumer*: life in a surveillance society. Bristol: Policy Press, 2005.

LEMOS, Ronaldo; BRANCO, Sérgio. *Privacy by Design:* conceito, fundamentos e aplicabilidade na LGPD. In: MENDES, Laura Schertel; DONEDA, Danilo; SARLET, Ingo Wolfgang; RODRIGUES JR., Otavio Luiz; BIONI, Bruno Ricardo (Coord.). *Tratado de proteção de dados pessoais.* Rio de Janeiro: Forense, 2021.

LEORATTI, Alexandre; COURA, Kalleo. Juízes ordenam quebra coletiva de sigilo de dados com base em localização. Jota, ed. de 27.05.2019, disponível em: https://www.jota.info/especiais/juizes-ordenam-quebra-coletiva-de-sigilo-de-dados-com-base-em-localizacao-27052019, acesso em: 22 dez. 2020.

MACHADO, Diego Carvalho; MENDES, Laura Schertel. Tecnologias de perfilamento e dados agregados de geolocalização no combate à Covid-19 no Brasil: uma análise dos riscos individuais e coletivos à luz da LGPD. *Direitos Fundamentais & Justiça*, ano 14, número especial, nov. 2020.

MAGRANI, Eduardo; OLIVEIRA, Renan Medeiros de. O Big Data somos nós: novas tecnologias e projetos de gerenciamento pessoal de dados. In: TEPEDINO, Gustavo et al. (Coord.). *Anais do VI Congresso do Instituto Brasileiro de Direito Civil.* Belo Horizonte: Fórum, 2019.

MATTIUZZO, Marcela. Business Models and Big Data: How Google uses your Personal Information. In: In: BRANCO, Sérgio; TEFFÉ, Chiara de (Org.). *Privacidade em perspectivas.* Rio de Janeiro: Lumen Juris, 2018.

MENDES, Laura Schertel; RODRIGUES JÚNIOR, Otavio Luiz; FONSECA, Gabriel Campos Soares da. O Supremo Tribunal Federal e a proteção constitucional dos dados pessoais: rumo a um direito fundamental autônomo. In: MENDES, Laura Schertel; DONEDA, Danilo; SARLET, Ingo Wolfgang; RODRIGUES JR., Otavio Luiz; BIONI, Bruno Ricardo (Coord.). *Tratado de proteção de dados pessoais.* Rio de Janeiro: Forense, 2021.

MENDES, Laura Schertel Ferreira. Habeas data e autodeterminação informativa: os dois lados da mesma moeda. *Direitos Fundamentais & Justiça.* Belo Horizonte, ano 12, n. 39, p. 185-216, jul./dez. 2018.

MENEZES, Joyceane Bezerra de; COLAÇO, Hian Silva. Facebook como o novo Big Brother: Uma abertura para a responsabilidade civil por violação à autodeterminação informativa. *Quaestio Iuris.* Rio de Janeiro, v. 10, n. 04, 2017.

MENEZES, Joyceane Bezerra de; COLAÇO, Hian Silva. Quando a Lei Geral de Proteção de Dados não se aplica? In: TEPEDINO, Gustavo; FRAZÃO, Ana; OLIVA, Milena Donato (Coord.). *Lei Geral de Proteção de Dados Pessoais* – e suas repercussões no Direito Brasileiro. 2. ed. São Paulo: Thomson Reuters Brasil/Revista dos Tribunais, 2020.

MINISTÉRIO PÚBLICO FEDERAL. Câmara de Coordenação e Revisão, 3. Sistema brasileiro de proteção e acesso a dados pessoais : análise de dispositivos da Lei de Acesso à Informação, da Lei de Identificação Civil, da Lei do Marco Civil da Internet e da Lei Nacional de Proteção de Dados – Brasília : MPF, 2019. 85 p. – (Roteiro de Atuação ; v. 3), p. 58. Disponível em: http://www.mpf.mp.br/atuacao-tematica/ccr3/documentos-e-publicacoes/roteiros-de-atuacao/sistema-brasileiro-de-protecao-e-acesso-a-dados-pessoais-volume-3. Acesso em: 19 dez. 2020.

MOLINARO, Carlos Alberto; SARLET, Ingo Wolfgang. Sociedade em rede, internet e estado de vigilância: algumas aproximações. Revista *AJURIS*, v. 40, n. 132, dez. 2012.

MULHOLLAND, Caitlin Sampaio. Mercado, pessoa humana e tecnologias: a internet das coisas e a proteção do direito à privacidade. In: BRAGA NETTO, Felipe Peixoto; SILVA, Michael César (Org.). *Direito Privado e Contemporaneidade.* Desafios e perspectivas do direito privado no século XXI. Indaiatuba: ed. Foco, 2020. v. 3.

PASQUALE, Frank. *The black box society:* the secret algorithms that control money and information. Harvard: Harvard University Press, 2015.

PEPPET, Scott. R. Regulatin the internet of things: first steps toward managing discrimination, privacy, security, and consent. *Texas Law Review*, v. 93, p. 85-176, 2014.

PÉREZ LUÑO, Antonio Enrique. *Los derechos humanos en la ociedad tecnológica*. Madrid: Universitas, 2012.

PFEIFFER, Roberto Augusto Castellanos. Digital Economy, Big Data and Competition Law. *Market and Competition Law Review*, v. iii, n. 1, Apr. 2019.

QUEIROZ, Rafael Mafei Rabelo; PONCE, Paula Pedigonoi. Tercio Sampaio Ferraz Júnior e Sigilo de dados: o direito à privacidade e os limites à função fiscalizadora do Estado: o que permanece e o que deve ser reconsiderado. *Internet & Sociedade*, São Paulo, n. 1, v. 1 p. 64-90, fev. 2020.

RODOTÀ, Stefano. *A vida na sociedade da vigilância* – a privacidade hoje. Organização, seleção e apresentação de Maria C. B. de Moraes. Trad. Danilo Doneda e Luciana C. Doneda. Rio de Janeiro: Renovar, 2008.

RUARO, Regina Linden; SARLET, Gabrielle Bezerra Sales. O direito fundamental à proteção de dados sensíveis no sistema normativo brasileiro: uma análise acerca das hipóteses de tratamento e da obrigatoriedade do consentimento livre, esclarecido e informado sob o enfoque da Lei Geral de proteção de Dados (LGPD) – Lei 13.709/2018. In: MENDES, Laura Schertel; DONEDA, Danilo; SARLET, Ingo Wolfgang; RODRIGUES JR., Otavio Luiz; BIONI, Bruno Ricardo (Coord.). *Tratado de proteção de dados pessoais*. Rio de Janeiro: Forense, 2021.

SARLET, Gabrielle Bezerra Sales; MOLINARO, Carlos Alberto. Questões tecnológicas, éticas e normativas da proteção de dados pessoais na área da saúde em um contexto de big data. *Direitos Fundamentais & Justiça*, Porto Alegre, v. 13, p. 183-213, 2019.

SARLET, Ingo Wolfgang. Fundamentos constitucionais: o direito fundamental à proteção de dados. In: MENDES, Laura Schertel; DONEDA, Danilo; SARLET, Ingo Wolfgang; RODRIGUES JR., Otavio Luiz; BIONI, Bruno Ricardo (Coord.). *Tratado de proteção de dados pessoais*. Rio de Janeiro: Forense, 2021.

SCHWAB, Klaus. *A Quarta Revolução Industrial*. Trad. por Daniel Moreira Miranda. Bauru/SP: EDIPRO, 2019.

SOLOVE, Daniel J. Conceptualizing Privacy. *California Law Review*, v. 90, p. 1.099-1.124, 2002.

TAMÒ-LARRIEUX, Aurelia. *Designing for privacy and its legal framework*: data protection by design and default for the Internet of Things. Basileia: Springer, 2018.

TEPEDINO, Gustavo; TEFFÉ, Chiara Spadaccini de. Consentimento e proteção de dados pessoais na LGPD. In: TEPEDINO, Gustavo; FRAZÃO, Ana; OLIVA, Milena Donato (Coord.). *Lei Geral de Proteção de Dados* – e suas repercussões no Direito Brasileiro. 2. ed. São Paulo: Revista dos Tribunais/Thompson Reuters Brasil, 2020.

TEPEDINO, Gustavo. Editorial: O reconhecimento pelo STF do direito fundamental à proteção de dados. *Revista Brasileira de Direito Civil*, v. 24, p. 11-13, abr./jun. 2020.

TERRA, Aline de Miranda Valverde; MULHOLLAND, Caitlin. A utilização econômica de rastreadores e identificadores *on-line* de dados pessoais. In: TEPEDINO, Gustavo; FRAZÃO, Ana; OLIVA, Milena Donato (Coord.). *Lei Geral de Proteção de Dados* – e suas repercussões no Direito Brasileiro. 2. ed. São Paulo: Revista dos Tribunais/Thompson Reuters Brasil, 2020.

THE ECONOMIST *The world's most valuable resource is no longer oil, but data*, 06.05.2017. Disponível em: https://www.economist.com/leaders/2017/05/06/the-worlds-most-valuable-resource-is-no-longer-oil-but-data. Acesso em: 29 dez. 2020.

THE GUARDIAN. *NSA surveillance exposed by Snowden was illegal, court rules seven years on*. Publicado em 03.09.2020. Disponível em: https://www.theguardian.com/us-news/2020/sep/03/edward-snowden-nsa-surveillance-guardian-court-rules. Acesso em: 11 abr. 2023.

THE GUARDIAN. *US immigration agency operates vast surveillance dragnet, study finds*. Publicado em 10/05/2022. Disponível em: https://www.theguardian.com/world/2022/may/10/us-immigration-agency-ice-domestic-surveillance-study. Acesso em: 11 abr. 2023.

USTARAN, Eduardo. Apresentação. In: SOMBRA, Thiago Luís Santos. *Fundamentos da Regulação da Privacidade e Proteção de Dados Pessoais:* Pluralismo Jurídico e Transparência em Perspectiva. 2. tir. São Paulo: Thomson Reuters Brasil/Revista dos Tribunais, 2020.

VITAL, Danilo. Gilmar: Pandemia não atenua, mas reforça necessidade de proteção de dados. *CONJUR,* 07 de maio de 2020, disponível em: https://www.conjur.com.br/2020-mai-07/pandemia-reforca-necessidade-protecao-dados-gilmar, acesso em: 21 dez. 2020.

ZUBOFF, Shoshana. Big Other: Surveillance Capitalism and the Prospects of an Information Civilization. *Journal of Information Technology,* 4 abr. 2015. Disponível em: https://papers.ssrn.com/sol3/papers.cfm?abstract_id=2594754, acesso em: 20 dez. 2020.

SPIROS SIMITIS E A PRIMEIRA LEI DE PROTEÇÃO DE DADOS DO MUNDO

Fabiano Menke

> Doutor em Direito pela Universidade de Kassel, com bolsa de estudos de doutorado integral CAPES/DAAD. Professor associado de Direito Civil da Faculdade de Direito e do Programa de Pós-Graduação em Direito da Universidade Federal do Rio Grande do Sul – UFRGS. Integrou como Membro titular o Conselho Nacional de Proteção de Dados e da Privacidade. Coordenador do Projeto de Pesquisa "Os fundamentos da proteção de dados na contemporaneidade", na UFRGS. Advogado e consultor jurídico em Porto Alegre.

Sumário: 1. Introdução – 2. O contexto da edição da lei de hesse e o papel de Spiros Simitis – 3. Estrutura e conteúdo da lei de hesse: a figura da autoridade – Conclusão – Referências.

1. INTRODUÇÃO

Nos diversos trabalhos dedicados à disciplina da proteção de dados, é usual que se aponte, para fins de registro histórico, a Lei do Estado alemão de Hesse como o primeiro texto legal a ser editado no mundo, no ano de 1970.[1]

O exemplo serve para demonstrar o pioneirismo e a liderança dos alemães no tratamento da matéria: mensagem que é acompanhada da informação de que no ano de 1977 seria editada a Lei Federal Alemã de Proteção de Dados (*Bundesdatenschutzgesetz*), e, no ano de 1983, o Tribunal Constitucional Federal (*Bundesverfassungsgericht*) pronunciaria, no âmbito da decisão do censo, o direito fundamental à autodeterminação informativa.

O objeto do presente texto é o de abordar o contexto em que a Lei de Hesse de 1970 foi editada, com destaque para a participação do jurista Spiros Simitis, bem como o seu conteúdo principal, de modo a investigar como foi estruturada e acerca do que efetivamente dispôs, colocando em evidência a criação da figura da autoridade de supervisão, ou comissário.

2. O CONTEXTO DA EDIÇÃO DA LEI DE HESSE E O PAPEL DE SPIROS SIMITIS

Cogita-se que a elaboração de uma lei de proteção de dados no Estado de Hesse tenha sido motivada por um artigo publicado em 10.6.1969, no tradicional jornal *Frankfurter Allgemeine Zeitung*, de autoria de seu redator-chefe Hanno Kühnert, de

---

1. Ver, por todos, DONEDA, Danilo. *Da privacidade à proteção de dados pessoais*: elementos da formação da Lei geral de proteção de dados. 2. ed. São Paulo: Thomson Reuters, 2019, p. 191.

formação jurídica, e que alertava para os perigos do lado sombrio dos computadores e dos bancos de dados.[2]

O articulista temia pela utilização totalitária das informações relacionadas aos cidadãos, e clamava por regras que disciplinassem o assunto.

Relata-se que o Chefe de Governo do Estado[3] de Hesse à época, Georg-August Zinn, leu o artigo de Hanno Kühnert e de pronto tomou a decisão de que editaria uma lei que disciplinasse a utilização das informações relacionadas ao cidadão.[4]

Mas a elaboração da Lei de Hesse não pode ser dissociada da figura de Spiros Simitis. Esse jurista nasceu na Grécia em 19.10.1934 e mudou-se para a Alemanha após o período escolar para cursar a Faculdade de Direito na tradicional Universidade de Marburg[5] (1952-1956), localizada em Hesse, onde também concluiu seu doutorado.[6]

Interessante para os que se dedicam ao estudo do Direito Civil é descobrir que a tese de doutorado de Spiros Simitis, de nada mais nada menos do que 619 páginas(!) abordou o tema das relações contratuais de fato, desempenhando um relevante papel para uma figura jurídica que posteriormente seria superada na Alemanha,[7] mas que também obteve repercussão em Portugal e no Brasil.[8]

Posteriormente, realizou sua habilitação na Universidade de Frankfurt, mas iniciou a docência na Universidade de Giessen, vindo a receber um convite para voltar, como professor, para Frankfurt no ano de 1969, onde lecionou Direito Civil, Direito do Trabalho, Direito Europeu e Informática Jurídica com ênfase em proteção de dados.

Todas essas cidades de sua trajetória acadêmica se encontram em Hesse, de modo que Simitis sempre manteve a vinculação com esse Estado da federação alemã, onde veio a falecer em 18 de março de 2023, com 88 anos de idade.

---

2. DITTRICH, Monika. *Eine Idee wird 50*: Wie in Hessen der Datenschutz erfunden wurde. Disponível em: https://www.deutschlandfunk.de/eine-idee-wird-50-wie-in-hessen-der-datenschutz-erfunden-100.html.
3. Em alemão, o cargo é denominado de Ministerpräsident.
4. Idem.
5. Com a renomada Faculdade de Direito da Universidade de Marburg diversas personalidades tiveram relaão, como Ludwig Enneccerus, Friedrich Carl von Savigny, Franz von Liszt e Peter Häberle.
6. Disponível em: https://www.munzinger.de/search/portrait/Spiros+Simitis/0/15230.html.
7. Sobre o ponto, ver: CANARIS, Claus-Wilhelm. O "contato social" no ordenamento jurídico alemão. *Revista de Direito Civil Contemporâneo*, São Paulo: Ed. RT, v. 16, ano 5. p. 211-219. jul.-set. 2018.
8. A tese foi publicada sob o título: *Die faktischen Vertragsverhältnisse als Ausdruck der gewandelten sozialen Funktion der Rechtsinstitute des Privatrechts*. Frankfurt a. M.: Vittorio Klostermann, 1957. Em tradução livre, "As relações contratuais de fato como expressão transformadora da função social dos institutos jurídicos de direito privado". No Brasil, a título de exemplo, ver o texto da Profa. Vera Fradera em homenagem à obra e aos julgados do Min. Ruy Rosado de Aguiar Júnior, em que cita a acolhida das relações contratuais de fato na jurisprudência do STJ com inspiração na doutrina de Clóvis do Couto e Silva: https://www.conjur.com.br/2019-dez-16/direito-civil-atual-contribuicao-ruy-rosado-junior-magistrado-parte-ii#sdfootnote6sym.

Em 2015, Simitis concedeu entrevista à Revista da Universidade de Frankfurt, *Forschung Frankfurt*, oportunidade em que esclareceu os detalhes dos fatos que levaram à edição da Lei de Hesse.[9]

Simitis esteve diretamente envolvido com a edição da pioneira lei de 1970 e com a própria criação da disciplina da proteção de dados. É reconhecido internacionalmente como o "Pai da proteção de dados" ou "Prof. Dr. Proteção de Dados", qualificativos que aceita, pois entende que efetivamente participou ativamente do desenvolvimento da disciplina.[10]

Simitis relata que no final dos anos 1960, a Alemanha,[11] no contexto da modernização da área da saúde, empenhou-se na construção de diversos hospitais públicos. Essa iniciativa foi seguida com muita seriedade pelo governo do Estado de Hesse. E, como se tratava de hospitais que dispunham de uma multiplicidade de dados, especialmente de pacientes, o processamento automatizado das informações chegava no momento oportuno.

Sob a justificativa de uma maior eficiência no diagnóstico e no tratamento dos pacientes, os dados pessoais seriam coletados e formariam bancos de dados centralizados. E aí está o ponto que fez de Hesse o Estado de vanguarda na proteção de dados, pois foi justamente lá onde a informatização e a automação da administração pública se encontravam bastante avançadas para os padrões da época. E, nesse ambiente, conforme enfatiza Simitis, os hospitais funcionaram como um primeiro pilar central do debate público acerca da proteção de dados.

O jurista de origem grega seria, no âmbito das discussões, convocado pelo Chefe de Governo de Hesse, com o pedido de que apresentasse uma proposta de legislação sobre proteção de dados.

A razão que levou ao seu chamamento, segundo ele próprio,[12] teria sido a publicação de um relevante e pioneiro artigo jurídico para os tempos de então, sob o título "Oportunidades de utilização de sistemas cibernéticos para o direito".[13]

As publicações anteriores de Simitis não se dedicavam ao assunto, e é possível supor que jamais imaginasse que a repercussão de um único artigo de sua autoria pudesse guindá-lo à condição de autor do anteprojeto do que viria a ser a primeira lei do mundo de proteção de dados, e por consequência no reconhecimento de sua condição de pioneiro internacional da disciplina.

---

9. Ver entrevista de Spiros Simitis, concedida à Revista *Forschung Frankfurt: Das Wissenschaftsmagazin der Goethe-Universität*, vol. 1/2015, disponível em: www.forschung-frankfurt.uni-frankfurt.de.
10. Idem.
11. Recorde-se que no final da década de 1960 a Alemanha estava dividida em Alemanha Ocidental e Alemanha Oriental. O depoimento de Simitis se refere à Alemanha Ocidental (Bundesrepublik Deutschland).
12. Entrevista disponível em: https://netzpolitik.org/2015/spiros-simitis-man-spielt-nicht-mehr-mit-dem-datenschutz/.
13. Tradução livre do título da seguinte publicação: SIMITIS, Spiros. *Rechtliche Anwendungsmöglichkeiten kybernetischer Systeme*. Mohr: Tübingen, 1966.

Atendendo ao convite formulado por Georg-August Zinn, prontamente redigiu o anteprojeto que passou por uma revisão interna no gabinete de governo, e, em alguns pontos modificado, para logo em seguida ser apresentado ao Parlamento de Hesse que em 07.10.1970 o aprovou e passou a vigorar em 13.10.1970.[14]

3. ESTRUTURA E CONTEÚDO DA LEI DE HESSE: A FIGURA DA AUTORIDADE

A primeira lei do mundo, na sua versão original, não se notabilizou por sua extensão. Ela contemplou dezessete parágrafos distribuídos em três capítulos. Algo bastante diferente do que a Lei de Hesse, após diversas modificações, apresenta em 2023, uma vez que, na versão de sua última alteração, em 2018, contém cinco capítulos e noventa e um parágrafos.

Passa-se a destacar alguns dos dispositivos da lei originária.

O parágrafo primeiro estabelece regra sobre o que denomina "área da proteção de dados", estatuindo a abrangência da lei para todos os documentos confeccionados por meio de processamento automatizado de dados bem como para todos os dados armazenados e para o resultado de seu processamento. Esse dispositivo deixa claro, em sua parte final, que a lei se aplicava, e assim permaneceu até o ano de 2011, como se verá abaixo, exclusivamente ao setor público do Estado de Hesse.

O segundo parágrafo sob o título de "conteúdo da proteção de dados" estipula uma regra de segurança da informação, ao determinar que os documentos, dados e resultados referidos no parágrafo primeiro devem ser utilizados, compartilhados e conservados, de modo a vedar que pessoas não autorizadas os acessem, modifiquem ou os eliminem, o que deve ser implementado por meio de medidas técnicas.

E o parágrafo terceiro, por seu turno, contempla o dever geral de confidencialidade das pessoas que desempenhassem as funções de coleta, transmissão, armazenamento ou processamento automatizado de dados.

No parágrafo quarto foram disciplinados, sob a denominação de "pretensão à proteção de dados", e ainda que de forma incipiente, o que nos tempos atuais se conhece como direitos dos titulares de dados pessoais, expressos no dever do controlador de correção dos dados armazenados bem como no direito de restabelecimento da situação anterior sempre que ocorrer uma consulta, modificação ou eliminação irregular dos dados pessoais. A previsão de tutela inibitória em caso de ameaça também constou no dispositivo.

O parágrafo quinto dispõe sobre regras acerca de bancos de dados e sistemas de informação, contendo a diretriz de que deveria ser garantido, no âmbito da administração pública, a vedação a acessos ou à utilização de documentos, bem como aos dados e às inferências dos mesmos, a menos que houvesse vinculação com as

---

14. Entrevista de Spiros Simitis à Revista Forschung Frankfurt: Das Wissenschaftsmagazin der Goethe-Universität, v. 1/2015, disponível em: www.forschung-frankfurt.uni-frankfurt.de.

atribuições do respectivo órgão ou entidade da administração. Com efeito, a questão da confidencialidade das informações é uma marca da lei.

No segundo capítulo da Lei de Hesse constou aquela que talvez tenha sido uma das maiores contribuições para a disciplina de proteção de dados, qual seja a previsão da autoridade de proteção de dados, na expressão em alemão, *Datenschutzbeauftragter*, e que Danilo Doneda traduziu por comissário de proteção de dados.[15]

Nesse contexto, é importante que se faça uma distinção por conta da terminologia utilizada na língua alemã, que pode levar a incompreensões quando se analisa a questão com base no quadro que temos no presente.

É que a palavra *Datenschutzbeauftragter* pode ser utilizada em três circunstâncias no sistema de proteção de dados alemão: ela designa, como no exemplo pioneiro de Hesse, a autoridade dos estados da federação, chamada *Landesdatenschutzbeauftragter*, no sentido de autoridade de proteção de dados que tem as atribuições de supervisão,[16] nos dias de hoje, tanto do setor público quanto do setor privado que tenha sede na respectiva unidade da federação.

A assunção da supervisão do setor privado pelos *Landesdatenschutzbeauftragter* se deu apenas a partir do ano de 2011, após modificações legislativas em reação à decisão do Tribunal de Justiça da União Europeia, que considerou insuficientes os mecanismos de fiscalização da atuação das pessoas jurídicas de direito privado.

Ao mesmo tempo, existe o *Bundesdatenschutzbeauftragter*, e que funciona como instância de controle independente para a supervisão da proteção de dados no setor público federal e em empresas que fornecem serviços postais e de telecomunicações.

E, por fim, há o *Datenschutzbeauftragter*,[17] que é o que no Brasil se localiza na figura do encarregado no âmbito das pessoas jurídicas de direito privado e de direito público, não atuando, portanto, como autoridade, mas sim como ponto focal das questões internas relativas à proteção de dados das organizações bem como canal de comunicação com os titulares de dados pessoais e com as autoridades de proteção de dados.[18]

Para o modelo alemão que persiste até os dias de hoje no exemplo de Hesse, há a personificação da figura da autoridade, tanto do *Landesdatenschutzbeauftragter* quan-

---

15. DONEDA, Danilo. *Da privacidade à proteção de dados pessoais*: elementos da formação da Lei geral de proteção de dados. 2. ed. São Paulo: Thomson Reuters, 2019, p. 308.
16. A competência pela supervisão das atividades do que hoje se denomina agentes de tratamento de dados pessoais foi estabelecida no § 10, 1, da Lei de Hesse de 1970. A regra estipula que a autoridade de proteção de dados supervisiona a observância das regras da lei e das demais disposições legais sobre o tratamento confidencial de informações relacionadas aos cidadãos. Na parte final do dispositivo consta ainda que a autoridade instruirá as repartições públicas do Estado acerca de violações e sugere medidas para aprimorar a proteção de dados.
17. Conforme seja no âmbito do setor público ou do setor privado, a nomenclatura do Datenschutzbeauftragter será mais específica, sendo denominado, respectivamente, behördliche (relativo à repartição pública) ou betriebliche (relativo à pessoa jurídica de direito privado).
18. A teor do que determina o art. 38 do Regulamento Europeu de Proteção de Dados.

to do *Bundesdatenschutzbeauftragter*, que goza de uma autonomia e de uma posição hierárquica com status do que no Brasil, na esfera estadual, estaria equiparado a uma secretaria de Estado. Mas mais do que isso, a situa como entidade pública superior da administração da unidade federativa, sem qualquer subordinação, submetendo-se exclusivamente à lei.[19]

Além disso, e pelo menos no que toca a Hesse, desde a pioneira Lei de 1970, o Parlamento Estadual escolhe a pessoa que exercerá a função de autoridade, podendo ela inclusive comparecer às sessões do Parlamento e de suas comissões para se manifestar sobre as questões que se relacionem com proteção de dados.[20]

Calha registrar que na versão atual da Lei de Hesse, a figura é tratada tanto como "ele", assim como "ela", não deixando dúvidas de que o cargo possa ser ocupado por um homem ou por uma mulher.[21]

Desde 2018, a Autoridade de Proteção de Dados de Hesse também acumula a função de supervisionar a garantia do acesso à informação aos cidadãos.[22]

CONCLUSÃO

Spiros Simitis marcou época na atuação como autoridade de proteção de dados do Estado de Hesse, posto que ocupou de 1975, após obter a cidadania alemã, até 1991. No transcurso de sua gestão, o Tribunal Constitucional Federal proferiu a decisão do censo (1983), em que reconheceu o direito fundamental à autodeterminação informativa. Simitis se refere à decisão como a "bíblia da proteção de dados" e o maior marco da disciplina, tendo chegado a afirmar que depois dessa decisão "não se brinca mais com a proteção de dados".[23]

Simitis[24] foi sucedido por outras importantes personalidades, como Winfried Hassemer, que deixou o cargo para se tornar juiz do Tribunal Constitucional Federal, e, desde janeiro de 2021, personifica o papel de autoridade de proteção de dados de Hesse o Prof. Alexander Roßnagel,[25] da Universidade de Kassel, que apresenta um extenso currículo de atuação na área, tendo, entre outras tantas atividades, apre-

---

19. Conforme o disposto no § 8º, I e II da Lei de Proteção de Dados de Hesse.
20. Na lei originária, o § 7º, I contemplava a forma de eleição da autoridade por parte do Parlamento, após sugestão do chefe de governo, e na lei atual dispositivo equivalente consta no § 9º.
21. Já no título do Capítulo IV da Lei de Hesse em vigor consta o artigo "a" ou "o" para designar a autoridade, ou comissária(o) de proteção de dados. No original: "Die oder der Hessische Datenschutzbeauftragte".
22. Temática que no Brasil é regrada pela Lei de Acesso à Informação, Lei Federal 12.527, de 18.11.2011. Note-se que no Brasil não existem autoridades centrais dedicadas ao assunto.
23. Entrevista disponível em: https://netzpolitik.org/2015/spiros-simitis-man-spielt-nicht-mehr-mit-dem-datenschutz/.
24. Vale à pena a leitura dos comentários ao Regulamento Europeu de Proteção de Dados, de autoria de Spiros Simitis em conjunto com Indra Spiecker e Gerrit Hornung, estes últimos professores atuantes no Estado de Hesse. SIMITIS, Spiros; HORNUNG, Gerrit; SPIECKER, Indra. (Org.): *Datenschutzrecht: DSGVO mit BDSG*. Nomos: Baden-Baden, 2019.
25. Para a biografia do Prof. Alexander Roßnagel: https://datenschutz.hessen.de/ueber-uns/biografie-der-hessische-datenschutzbeauftragte.

sentado sob encomenda do governo alemão, em 2001, um extenso parecer sobre a necessidade de modernização da proteção de dados.[26]

Por fim, há que se fazer o registro de que o trabalho de Spiros Simitis deixou marcas de excelência, indeléveis na área de proteção de dados: uma herança que ressoa em todos os pontos do mundo, inclusive na nossa Lei Geral de Proteção de Dados, o que se pode constatar pelo exame da pioneira Lei de Proteção de Dados de Hesse de 1970.

REFERÊNCIAS

CANARIS, Claus-Wilhelm. O "contato social" no ordenamento jurídico alemão. *Revista de Direito Civil Contemporâneo*, São Paulo: Ed. RT, v. 16, ano 5. p. 211-219. jul./set. 2018.

DITTRICH, Monika. *Eine Idee wird 50*: Wie in Hessen der Datenschutz erfunden wurde. Disponível em: https://www.deutschlandfunk.de/eine-idee-wird-50-wie-in-hessen-der-datenschutz-erfunden-100.html

DONEDA, Danilo. *Da privacidade à proteção de dados pessoais*: elementos da formação da Lei geral de proteção de dados. 2. ed. São Paulo: Thomson Reuters, 2019.

ROẞNAGEL, Alexander; PFITZMANN, Andreas; GARTSKA, Hansjürgen. *Modernisierung des Datenschutzrecths*: Gutachten im Auftrag des Bundesministeriums des Innern. Möller Druck, Berlim, 2001.

SIMITIS, Spiros; HORNUNG, Gerrit; SPIECKER, Indra. (Org.). *Datenschutzrecht*: DSGVO mit BDSG. Nomos: Baden-Baden, 2019.

SIMITIS, Spiros. *Entrevista*. Forschung Frankfurt: Das Wissenschaftsmagazin der Goethe-Universität, v. 1/2015, disponível em: www.forschung-frankfurt.uni-frankfurt.de.

SIMITIS, SPIROS. *Die faktischen Vertragsverhältnisse als Ausdruck der gewandelten sozialen Funktion der Rechtsinstitute des Privatrechts*. Frankfurt a. M.: Vittorio Klostermann, 1957.

---

26. ROẞNAGEL, Alexander; PFITZMANN, Andreas; GARTSKA, Hansjürgen. Modernisierung des Datenschutzrecths: Gutachten im Auftrag des Bundesministeriums des Innern. Möller Druck, Berlim, 2001.

A PROTEÇÃO DE DADOS PESSOAIS E OS DIREITOS DAS CRIANÇAS E DOS ADOLESCENTES NO SISTEMA NORMATIVO BRASILEIRO

Ana Paula Motta Costa

Pós-doutora em Criminologia e Justiça Juvenil junto ao Center for the Study of Law and Society (Berkeley Law) da Universidade da Califórnia. Doutora em Direito (PUC/RS). Mestre em Ciências Criminais (PUC/RS). Professora da Faculdade de Direito da UFRGS, com atuação na Graduação, Mestrado e Doutorado. Advogada, Socióloga. E-mail: anapaulamottacosta@gmail; Endereço para acessar este CV: http://lattes.cnpq.br/4819150909009593; ORCID ID https://orcid.org/0000-0002-4512-1776.

Gabrielle Bezerra Sales Sarlet

Pós-doutora em Direito pela Universidade de Hamburgo-Alemanha. Pós-doutora em Direito pela Pontifícia Universidade Católica do Rio Grande do Sul (PUCRS). Doutora em Direito pela Universidade de Augsburg – Alemanha. Mestre e graduada em Direito pela Universidade Federal do Ceará (UFC). Ex-bolsista do MPI – Max Planck Institute Hamburg-Alemanha. Professora do curso de graduação e de pós-graduação em Direito na Pontifícia Universidade Católica do Rio Grande do Sul (PUCRS). Especialista em Neurociências e comportamento na PUC-RS. Professora Produtividade CNPQ. E-mail: gabriellebezerrasales@gmail.com. Currículo: http://lattes.cnpq.br/9638814642817946. ORCID ID – https://orcid.org/0000-0003-3628-0752.

Sumário: 1. Notas introdutórias – 2. Os direitos das crianças e adolescentes no constitucionalismo atual – 3. A proteção de dados pessoais como um direito fundamental no sistema normativo brasileiro – Sínteses conclusivas – Referências.

1. NOTAS INTRODUTÓRIAS

O contexto atual passou a ser delineado com a aplicação cada vez mais frequente das chamadas Tecnologias da Informação e da Comunicação (TICs), vulgarmente conhecidas como novas tecnologias ou tecnologias do futuro, das quais emergiu o hodierno cotidiano informacional e algoritmizado. No que se refere ao uso e aos seus efeitos, impende destacar que há, na atualidade, uma sistemática produção de novos sentidos que modularam o tempo, o espaço, gerando novas formas de subjetivação e, em vista disso, novas formas de commodities que, em suma, são os dados pessoais.

Oportuno reafirmar que, na medida em que os dados pessoais passaram a figurar na lista das principais *commodities*, a contemporaneidade assistiu a emergência de novas condições de agravos à pessoa humana, vez que a mesma se encontra completamente inserida em um novo contexto pós-panóptico, ou seja, um cenário opressivo, discriminatório e exploratório forjado pelo capitalismo de vigilância bem como situado a partir e com base na economia da atenção.

Interessante sublinhar que há um panorama de afetações que não se restringem apenas à esfera da privacidade comumente tratada com ênfase pela comunidade jurídica desde o século passado, em especial no que toca aos chamados vulneráveis, em que alguns danos já podem ser reconhecidos e, portanto, abre-se um vasto terreno para uma arquitetura legislativa composta por novas hipóteses legais e para as medidas de proteção em conformidade com o disposto, à guisa de exemplo, na Lei Geral de Proteção de Dados (doravante LGPD).

Contudo, deve-se mencionar que ainda há muito a ser desvelado em termos de danos e de violações e, desta feita, reflexões lúcidas e factíveis urgem para a estruturação de novos parâmetros condizentes com o traço civilizatório alcançado até o presente momento, com os desdobramentos do catálogo de direitos e de garantias nacionalmente assegurado e com as conquistas sociais, culturais e políticas do final do século XX.

Em face desse novo contexto, intenta-se uma reflexão eminentemente dialogada acerca do sistema normativo brasileiro reconfigurado a partir da entrada em vigor da LGPD e demais documentos que formatam a proteção de dados pessoais no Brasil tendo em vista a preexistência de uma não menos relevante composição de direitos e de garantias voltadas para a proteção de crianças e de adolescentes.

Para tanto, empregando o método hipotético-dedutivo mediante uma investigação bibliográfica e exploratória embasada na perspectiva constitucional e com o enfoque na proteção multinível, especificamente no catálogo de direitos humanos e fundamentais voltados mais diretamente para este contingente populacional, este artigo é composto de partes essenciais.

Inicialmente, aborda-se os direitos das crianças e dos adolescentes no Brasil pós-88, acercando-se a seguir de considerações sobre a proteção de dados pessoais no sistema normativo brasileiro, particularmente no que se refere ao problema do manejo seguro das bases legais na LGPD para, ao fim e ao cabo, por meio de um maior adensamento acerca da doutrina da proteção da criança e dos contornos do direito à proteção de dados pessoais, propor uma espécie de cartografia mais específica, afirmando uma nova pauta para a resolução de conflitos que envolvem direta e indiretamente esses sujeitos e, assim, proporcionando uma abordagem que visa enfatizar a necessidade de afirmação de um maior alcance eficacial do ordenamento jurídico sob pena do real comprometimento das futuras gerações, particularmente tendo em vista o emolduramento protetivo dos dados pessoais.

2. OS DIREITOS DAS CRIANÇAS E ADOLESCENTES NO CONSTITUCIONALISMO ATUAL

No que se refere aos direitos das crianças e dos adolescentes, deve-se alertar, o texto constitucional buscou sua fundamentação no princípio da Dignidade da Pessoa Humana, incorporando igualmente algumas das principais diretrizes dos Direitos Humanos no plano internacional, especificamente, seguindo os caminhos traçados por ocasião da elaboração da Convenção Internacional dos Direitos da Criança.

Conveniente situar que na medida da dignidade a todos conferida, a CF/88 instituiu uma diversificada paleta de parâmetros de interpretação e de aplicabilidade dos demais dispositivos que implicam no resguardo da sua força normativa e, por assim dizer, do seu sentido eficacial amplo como premissa básica, sobretudo quando se refere aos historicamente subalternizados.

Paralelamente, no ambiente latino-americano, a partir do início da década de oitenta do século passado, começou a difundir-se o processo de discussão da Convenção Internacional dos Direitos da Criança. Nessa altura, observa-se, de modo particular, a atuação e a influência dos movimentos sociais emergentes na construção de textos jurídicos da área dos direitos da infância.

Importa mencionar que no Brasil, tal movimento coincidiu com os debates que antecederam a convocação da Assembleia Nacional Constituinte e que, particularmente em razão dos apelos populares, prosseguiram com fôlego durante a elaboração da CF/88. Assim, a situação das crianças e dos adolescentes foi um dos temas mais significativos nessa trajetória para assegurar a positivação de direitos e de garantias[1] no cenário brasileiro.

Toda essa mudança legislativa somente pode ser compreendida desde uma perspectiva arqueológica e, de certo modo, cartográfica na medida em que representou a superação de um modelo de tratamento jurídico da infância e da juventude, que já vigorava há cerca de um século na maioria dos países ocidentais.

Trata-se das chamadas "legislações de menores", fundamentadas na "doutrina da situação irregular" – como ficou conhecida na América Latina –, que se caracterizava pela legitimação jurídica da intervenção estatal discricional. Entre o final do Século XIX e quase final do século XX, e.g., as legislações fundadas nesses preceitos doutrinários foram a manifestação objetiva do pensamento considerado avançado em relação à situação anterior.[2] Assim, em um período não superior a vinte anos, todas as leis latino-americanas adotavam a concepção tutelar, tendo por objetivo central o "sequestro social" de todos aqueles em "situação irregular", também do ponto de vista jurídico.

O enfoque principal da referida doutrina estava em legitimar a potencial atuação judicial indiscriminada sobre crianças e adolescentes em situação de dificuldade. Tendo como foco o "menor em situação irregular", deixava-se de considerar as deficiências das políticas sociais, optando-se por soluções individuais que privilegiavam a institucionalização (Méndez, 1996, p. 88-96). Em nome dessa compreensão individualista, biologista, o juiz aplicava a lei de menores sempre a partir de uma justificação

---

1. Uma comissão popular, conhecida como "Comissão Nacional Criança e Constituinte", reuniu 1.200.000 assinaturas para sua emenda, que buscava a inclusão na Constituição do art. 227. (PEREIRA, 1998, p. 33).
2. Antes do final do Século XIX não havia tratamento jurídico específico para a infância e para a adolescência; alguns doutrinadores, que fundamentam tal análise histórica, entendem tratar-se da fase de "Pré-história dos direitos da infância". (MÉNDEZ, 2000, p. 7-10).

positiva, a qual transitava entre o dilema de satisfazer um discurso assistencialista e, particularmente, uma necessidade de controle social.

A partir da contribuição de Mary Beloff, podem-se resumir as características da "doutrina da situação irregular":

> As crianças e os jovens eram considerados como objetos de proteção, tratados a partir de sua incapacidade. As leis não eram para toda infância e adolescência, mas para uma categoria específica, denominada de "menores". Para designá-los eram utilizadas figuras jurídicas em aberto, como "menores em situação irregular", em "perigo moral ou material", "em situação de risco", ou "em circunstâncias especialmente difíceis". Ainda, prossegue a autora, configurava-se do ponto de vista normativo uma distinção entre as crianças e aqueles em "situação irregular", entre crianças e menores, de sorte que as eventuais questões relativas àquelas eram de competência do Direito de Família e desses dos Juizados de Menores. As condições em que se encontravam individualmente convertiam as crianças e adolescentes em "menores em situação irregular" e, por isso, objeto de uma intervenção estatal coercitiva, tanto em relação a eles como em suas famílias (Belloff, 1999, p. 13-15).

Diante do conceito de incapacidade, a opinião da criança fazia-se irrelevante e a "proteção" estatal frequentemente violava ou restringia direitos, vez que não era concebida desde uma perspectiva dos Direitos Humanos e tampouco dos Fundamentais. O juiz de menores não era uma autoridade de quem se esperava uma atuação tipicamente judicial, deveria identificar-se com um "bom pai de família", em sua missão de encarregado do "patronato" do Estado sobre esses "menores em situação de risco ou perigo moral ou material". Disso resulta que o juiz de menores não estava limitado pela lei e tinha faculdades ilimitadas e onipotentes de disposição e de intervenção sobre a família e a criança, com amplo poder discricionário (Belloff, 1999, p. 15).

De outra parte, não havia distinção em relação ao tratamento das políticas sociais e de assistência destinadas às crianças e aos adolescentes que cometiam delitos ou outros, em situação geral de pobreza.

Tratava-se, consoante a autora, de "sequestro e judicialização dos problemas sociais". Como consequência, desconheciam-se todas as garantias reconhecidas pelos diferentes sistemas jurídicos no Estado de Direito e a medida por excelência adotada pelos Juizados de Menores, tanto para os infratores da lei penal quanto para as "vítimas" ou "protegidos", era a privação de liberdade, sendo esta imposta por tempo indeterminado, não sendo aplicada em decorrência de qualquer processo judicial que respeitasse os direitos e as garantias individuais (Belloff, 1999, p. 16).

De fato, pode-se dizer que, segundo as legislações fundamentadas na doutrina da situação irregular, a centralização do poder de decisão estava no Estado, mediante a figura do juiz, com competência ilimitada e discricional, sem praticamente nenhuma limitação legal. Nesse sentido, buscava-se a judicialização dos problemas vinculados à infância empobrecida e à patologização dos conflitos de natureza social, portanto, à criminalização da pobreza (Méndez, 1996, p. 26).

Com o advento da Convenção Internacional dos Direitos da Criança, de acordo com o critério proposto por Emílio Garcia Méndez, caracterizou-se uma nova fase dos direitos da criança e do adolescente (Méndez, 2000, p. 7-10).

Assim, no caso brasileiro, essa nova etapa expressou-se, sobretudo com a promulgação da CF/88 e, a *posteriori*, em 1990, com a entrada em vigor do Estatuto da Criança e do Adolescente, Lei 8.069/90, bem como, no mesmo ano, confirmou-se com a ratificação da Convenção Internacional pelo Congresso Nacional. Tratava-se, destarte, da consolidação na legislação internacional, com influência gradativa nas Constituições dos vários países, da "Doutrina das Nações Unidas de Proteção Integral à Criança".

Assertivamente, deve-se sublinhar que a Doutrina da Proteção Integral (Machado, 2003, p. 47-54, entre outros autores que tratam do tema) é a atual base valorativa que fundamenta os direitos da infância e da juventude. Parte-se do reconhecimento normativo de uma condição especial, ou melhor dizendo, peculiar, das pessoas desse grupo etário (zero a 18 anos), que devem ser respeitadas enquanto sujeitos de direitos. Crianças e adolescentes, a partir de então, ainda que no texto normativo, foram reconhecidos em sua dignidade, pessoas em desenvolvimento, que necessitam de especial proteção e, nesse mesmo âmbito, de garantia dos seus diretos por parte dos adultos: Estado, família e sociedade.

Logo, são os adultos, no desempenho de seus papéis sociais, que devem viabilizar as condições objetivas para que os sujeitos "crianças" e "adolescentes" possam crescer de forma plena, ou seja, possam desenvolver suas potencialidades e, empreender uma trajetória de vida fecunda no compasso do livre desenvolvimento da personalidade constitucionalmente previsto. Proteção integral, nesse sentido, nada mais é que a responsabilização dos adultos pelo cuidado[3] e pela garantia de condições para que as crianças e os adolescentes possam exercer a sua cidadania de modo pleno e, nessa conjuntura, integralmente investidas de dignidade, dentro e fora do ambiente digital.

Notabiliza-se que a questão se situa no reconhecimento da condição de titularidade de direitos dessa parcela da população, cujo tratamento histórico e legislativo foi sempre de indiferença em relação a sua peculiaridade, ou de consideração como um objeto do poder e da decisão dos adultos, com o intuito de tutela, ou de controle. Importa lembrar que crianças e adolescentes, titulares de direitos, são considerados sujeitos autônomos, mas com exercício de suas capacidades limitadas em face das etapas de desenvolvimento. Titulares de direitos e igualmente de obrigações ou de responsabilidades, as quais são graduais na medida de seu estágio de vida.

---

3. A compreensão do "cuidado" como valor jurídico, tem sido desenvolvida por alguns autores e identifica-se com a ideia, protegida pelo ordenamento jurídico brasileiro, notadamente de inspiração constitucional, que envolve, além de circunstâncias materiais, a especificidade da proteção, que significa defesa, socorro, ajuda, ter aos cuidados os interesses de alguém, portanto, inserida em dispositivos de ordem imaterial, mas que podem ser identificados racionalmente na medida em que se evidencia sua existência (COLTRO, OLIVEIRA e TELLE, 2008, p. 112).

Sobre o tema, Flávia Piovesan admoesta que o reconhecimento é a condição para a viabilização das condições necessárias ao pleno desenvolvimento das potencialidades das pessoas: A garantia da igualdade, da diferença e do reconhecimento de identidades é a condição e o pressuposto para o direito à autodeterminação, bem como para o direito ao pleno desenvolvimento das potencialidades humanas, transitando-se da igualdade abstrata e geral para um conceito plural de dignidades concretas (Piovesan, 2010, p. 76).

A Doutrina da Proteção Integral tem nesses pressupostos seus fundamentos e é complementada a partir de princípios jurídicos positivados na Convenção Internacional e, de forma paradigmática, na CF/88. Entre os quais, destacam-se: o princípio da prioridade absoluta; o princípio do melhor interesse; o princípio da brevidade e da excepcionalidade; o princípio da condição peculiar de desenvolvimento; e o princípio da livre manifestação, ou, em termos mais diretos, o direito de ser ouvido.

Para além disso, interessa mencionar que essa Doutrina encontra-se presente nos seguintes documentos e tratados internacionais: Convenção Internacional sobre os Direitos da Criança, de 1989; Regras Mínimas das Nações Unidas para a Administração dos Direitos dos Menores, Regras de Beijing, de 1985; Regras das Nações Unidas para a Proteção dos Menores Privados de Liberdade, de 1990; Diretrizes das Nações Unidas para a Prevenção da Delinquência Juvenil, Diretrizes de Riad, de 1990; Regras Mínimas das Nações Unidas para a elaboração de Medidas Não Privativas de Liberdade, Regras de Tóquio, igualmente de 1990.

Assim, o conjunto de documentos internacionais superou, portanto, no âmbito normativo, a antiga concepção tutelar, trazendo a criança e o adolescente para uma condição singular de sujeitos de direitos perante o Estado e a sociedade civil; estabelecendo para esses, consequentemente, um feixe de obrigações e de limites de intervenção. A positivação de direitos destinados ao público infantojuvenil, em conformidade com a base doutrinária, tem especial significado na medida em que rompeu com o tratamento jurídico destinado a esse público, até então: o "direito do menor".

A propósito, a Doutrina da Proteção Integral tem um significado e um sentido contextualizado, devendo ser entendida como proteção especial aos direitos da pessoa em desenvolvimento e não das pessoas em si. Caso contrário, continuar-se-ia a considerar a pessoa como se objeto fosse, o que fez parte da tradição histórica do tratamento de crianças e de adolescentes pela sociedade e pelo Estado. "Lo que se protege son precisamente derechos y no directamente a la persona, pues de esta última forma pasa a ser ella el objeto protegido" (Morales, 2001, p. 19).

Daí, pode-se salientar que as alterações normativas no plano internacional, com forte influência nos Estados nacionais, em especial no caso brasileiro, significaram um importante avanço. De outra banda, tal compreensão histórica e contextualizada ajuda no entendimento acerca das razões pelas quais, no contexto de complexidade dos dias de hoje, ainda se verificam algumas intervenções sobre a vida de crianças e adolescentes como se ainda estivesse vigente a "situação irregular".

Na percepção de Emílio Garcia Méndez, trata-se da predominância de uma cultura que faz parte da "epiderme ideológica", que perpassava o conteúdo de tais leis, sendo superada no plano internacional e constitucional da maioria dos Estados nacionais democráticos, e que, no entanto, continua presente na "epiderme" institucional e judicial, ao menos no caso brasileiro, em muitos momentos e circunstâncias (Méndez, 2001, p. 42).

Nesse plano situa-se, em alguma medida, a dificuldade de reconhecimento, em especial do público de adolescentes, notadamente quando se tem em vista os recortes de gênero, de raça e de classe social, como sujeitos de direitos em uma atmosfera de efetividade e, assim, de empoderamento.

Esse processo de fortalecimento do protagonismo, no entanto, se projeta de modo muito desafiador na medida em que exige novos critérios, estratégias e novas políticas públicas em função do alto e, em princípio, inevitável impacto da tecnologia nos dias atuais, da frequente estrutura dos termos de uso das plataformas e redes sociais que não possibilitam a reflexão e a tomada de decisão livre e soberana e da emergência de novos agravos ainda não mapeados, seja em relação ao uso desordenado e à exposição excessiva de dados seja em relação às consequências advindas com a divisão digital,[4] sobretudo no que afeta aos hipervulneráveis.[5]

3. A PROTEÇÃO DE DADOS PESSOAIS COMO UM DIREITO FUNDAMENTAL NO SISTEMA NORMATIVO BRASILEIRO

Segundo os relatórios do IPEA[6] e do IBGE[7] o Brasil se particulariza pelo fato de ser uma sociedade hiperconectada, por ser uma das maiores consumidoras de tecnologia, possuir um dos piores sinais de internet, principalmente em razão de um abismo composto pelas lacunas ainda muito consideráveis no ordenamento jurídico, por um déficit educacional que afeta a formação de recursos humanos para atuar nessa área, por um alto índice de corrupção e de conivência dos agentes públicos com relação aos abusos cometidos pelas empresas de tecnologia e em função de uma realidade marcadamente assimétrica que se tornou um campo fecundo para os efeitos da divisão digital que grassa nos dias atuais.

---

4. Disponível em: https://www.em.com.br/app/noticia/economia/2020/04/29/internas_economia,1142936/internet-chega-a-4-em-cada-5-lares-diz-ibge-excluidos-digitais-somam.shtml. Acesso em: 12 dez. 2020.
5. LEAL, Livia Teixeira. *Internet of toys*: os brinquedos conectados à internet e a necessária proteção da criança e do adolescente. In: TEIXEIRA, Ana Carolina Brochado; DADALTO, Luciana.(Org.). *Autoridade parental*: dilemas e desafios contemporâneos. Indaiatuba/SP: Editora Foco, 2019, p.157.
6. INTERNET no Brasil reproduz desigualdades do mundo real. Instituto de Pesquisa Econômica Aplicada – IPEA, 10 jun. 2019. Disponível em: https://www.ipea.gov.br/portal/index.php?option=com_content&view=article&id=34796. Acesso em: 22 ago. 2020.
7. PNAD Contínua TIC 2018: Internet chega a 79,1% dos domicílios do país. Agência IBGE Notícias, 29 abr. 2020. Disponível em: https://agenciadenoticias.ibge.gov.br/agencia-sala-de-imprensa/2013-agencia-de-noticias/releases/27515-pnad-continua-tic-2018-internet-chega-a-79-1-dos-domicilios-do-pais. Acesso em: 20 ago. 2020.

Há, todavia, em face do que ainda carece o sistema protetivo de dados pessoais sempre um alento ao se contemplar a efeméride dos trinta anos do Código de Defesa do Consumidor e do Estatuto da Criança e do adolescente, sobretudo da maneira em que esses instrumentos conferiram novos parâmetros para a interpretação e para a aplicação constitucional e, assim, passaram a expressar e a suportar uma atual rede social e jurídica que permite contemplar segurança aos hipossuficientes e, nesse sentido, incrementaram o teor e a densidade do corolário de direitos e de garantias constitucionalmente assegurados, inclusive os advindos com o Marco Civil da Internet, comumente chamado de Constituição da Internet no Brasil. Relevante ainda destacar os trinta e cinco anos da promulgação da CF/88 e os cinco anos da LGPD (Lei Geral de Proteção de Dados Pessoais).

A segurança e a proteção da pessoa humana no âmbito digital, no que afeta aos inúmeros usos dos dados pessoais e, de modo especial, no contexto da internet, ainda carecem de maior atenção no Brasil, muito embora já se tenha desde 2014 um marco civil que, dentre outros pilares, expressamente previu como princípio estruturante a privacidade, delegando, no entanto, a proteção de dados pessoais a uma legislação específica que se concretizou por meio da promulgação da Lei Geral de Proteção de Dados – Lei 13.709/2018 (doravante LGPD) que entrou em vigor em setembro de 2020.

Interessante apontar que o movimento que ensejou a promulgação daquela ferramenta legislativa contagiou grupos diversos e incluiu a questão da cibersegurança na pauta nacional na medida em que o Brasil passava a aderir ao padrão de exigência por transparência, por equidade, por liberdade, notadamente em face do crescente vigilantismo que, à época, se projetava e continua se mostrando como um grande obstáculo para a consolidação do regime democrático.

À guisa de ilustração, o debate sobre a produção legislativa voltada para a proteção de dados pessoais é um legado evidente daquele momento em que o país parecia tomar algumas rédeas em função do caso Snowden. O Brasil, deve ser notabilizado nessa altura, passou a ser visto e ouvido no panteão internacional como um lugar de resistência em que havia a esperança de que a sociedade civil tivesse uma participação mais ativa na discussão e na produção de metodologias de uso das TICs amigáveis aos direitos humanos e fundamentais. E isso resultou no início do processo discursivo de elaboração de uma Lei geral de proteção de dados pessoais que, em síntese, fosse voltada para a proteção da pessoa natural no âmbito digital, mas, não exclusivamente a ele, vez que já não se pode mais delinear com facilidade as fronteiras do real em face do virtual.

A finalidade, a adequação, a necessidade, o livre acesso, a qualidade dos dados, a transparência, a segurança, a prevenção e a não discriminação, permeadas pelo princípio da boa-fé, perfazem a constelação principiológica da LGPD que, por óbvio, é emoldurada pelos princípios constitucionalmente previstos pela Carta de 1988 e se ampara em instrumentos jurídicos previstos em outras searas, para além do direito digital, como a civil, a penal, a que expressa direitos de crianças e de adolescentes e a consumerista.

Deve-se apontar ainda a sintonia com o que proclama o artigo 5º, X da CF/88. Assim, em uma análise mais pormenorizada dos dispositivos desse instrumento legal, podem ser apontados como desdobramentos do direito à proteção de dados, dentre outros, os direitos: ao livre acesso, à qualidade dos dados, à transparência, à segurança, à prevenção, à não discriminação, ao devido processo informacional, à explicabilidade e à oponibilidade em decisões maquínicas.

A promulgação dessa lei colocou o Brasil no rol de mais de uma centena de países que hoje podem, em certa medida, ser considerados adequados para proteger a privacidade e o uso de dados pessoais, uma vez que possuem institutos voltados para essa área, sendo que, em regra, estão integrados aos demais países que atuam em rede, inclusive no que afeta às cautelas em relação à transferência de dados no contexto mundial.

A LGPD, deve-se reafirmar, criou uma regulamentação específica para o uso, para a proteção e, notadamente, para a transferência de dados pessoais no Brasil, nos âmbitos privado e público, e estabelece de modo claro quais e quem são as figuras diretamente envolvidas nos fluxos de dados e quais são as suas atribuições, as responsabilidades e as penalidades no âmbito civil – que podem chegar à multa de 50 milhões de reais em decorrência de algum incidente ocorrido. Devendo-se nessa altura alertar para o fato de que essa soma se refere a cada uma das infrações e não à condenação de modo geral.

Em linhas amplas, a LGPD visa, em suma, assegurar a integralidade da proteção à pessoa humana na medida em que consagra a obrigatoriedade do gerenciamento seguro do início ao fim das diversas modalidades de operações que envolvem os dados pessoais.

Importa salientar que o resguardo dos dados pessoais, particularmente os dados sensíveis, embora inicialmente tomados como personalíssimos, nunca tem apenas uma dimensão individual, uma vez que estão intrinsecamente atrelados ou podem ser atrelados aos dados de outrem. Nesse sentido, interessa um olhar mais adensado na busca pela proteção dos interesses difusos, dos interesses coletivos e, de modo geral, dos interesses das crianças e dos adolescentes que apontam para as futuras gerações na busca por uma sintonia fina com os princípios da responsabilidade e da solidariedade, da proteção integral, dentre outros.

De acordo com o art. 5º, I e II, da LGPD, os dados pessoais são, então, em princípio, todas as informações de caráter personalíssimo caracterizadas pela identificabilidade e pela determinabilidade do seu titular, enquanto os dados sensíveis são aqueles que, à guisa de exemplo, tratam sobre a origem racial e étnica, as convicções políticas, ideológicas, religiosas, as preferências sexuais, os dados sobre a saúde, os dados genéticos e os biométricos. Os dados sensíveis são, em vista disto, nucleares para a prefiguração e para a personificação do sujeito de direito no contexto atual.[8]

---

8. Segundo Castells, "no informacionalismo, as tecnologias assumem um papel de destaque em todos os segmentos sociais, permitindo o entendimento da nova estrutura social – sociedade em rede – e

O conjunto dessas informações[9] compõe os perfis ou as identidades[10] digitais, possuindo valor político e, sobretudo, econômico, vez que podem ser a matéria-prima[11] para as novas formas de controle e, assim, de poder social, especialmente mediante o uso de algoritmos, de inteligência artificial e de *Big Data*. Oportuno clarificar que a tendência da granulagem no que toca ao perfilamento, em razão do avanço e do incremento da tecnologia, vai desnudando cada vez mais a pessoa humana no ambiente digital e, por sua vez, gerando mais graves as condições de vulnerabilização.

Os perfis são composições, ou melhor dizendo, são mosaicos compostos pelas informações fornecidas pelos usuários em uma formatação igualmente constituída e circunstanciada pelo que é consciente e livremente disponibilizado e pelo que advém em forma de dados públicos e das pegadas digitais, dos cruzamentos e dos vazamentos de dados.

Importa relembrar que o que pode igualmente caracterizar o dado como sensível é a possibilidade de ser utilizado de modo discriminatório e, dessa forma, há de se reconhecer que o manejo/tratamento desses dados pode expressar uma afetação direta ou indireta à pessoa humana, sendo normalmente detectada *a posteriori*. Aduz-se uma urgência em pensar além da mera noção de usuário, incluindo a perspectiva da cidadania de forma mais ampla e condizente com o presente e, assim, em consonância com a indefinição de fronteiras entre o mundo real e o mundo virtual.

Nessa altura, portanto, propício é reafirmar que a natureza dos dados é a fluidez em um ambiente marcadamente incerto, inseguro e volátil configurado a partir da ação de monopólios e, por outra banda, destituídos de qualquer regulamentação efetiva, no caso da considerável parcela manifestada pela *deep web*, por exemplo. De fato, interessa a produção de sistemas de garantia da cidadania plena que, além de afeitos à privacidade, oportunizem e estimulem, em geral, o protagonismo do usuário em um ecossistema seguro e confiável de modo a configurar, na medida do possível, a soberania de seus dados como parte da proteção da sua própria personalidade.

Há, a despeito da atual complexidade, um apelo significativo pela sistematização de regras e de modos de regulamentação que, transcendentes às limitações impostas

---

consequentemente, de uma nova economia, na qual a tecnologia da informação é considerada uma ferramenta indispensável na manipulação da informação e construção do conhecimento pelos indivíduos", pois "a geração, processamento e transmissão de informação torna-se a principal fonte de produtividade e poder". De sorte que a informação passou a ser a matéria prima mais valiosa. Cf. CASTELLS, Manuel. *A era da informação*: economia, sociedade e cultura. São Paulo: Paz e Terra, 1999, v. 3, p. 21.

9. Exemplos de dados disponibilizados – desde os dados que perfazem o registro civil, resultados de exames médicos, dados fornecidos em consultas, regularidade de consultas médicas, frequência e especificidade de exames e de procedimentos clínicos, dados escolares, históricos universitários, histórico de compras em cadeias de lojas virtuais e não virtuais, consumo por meio de aplicativos, assinaturas de periódicos, dados bancários, dados fornecidos à receita federal, dados obtidos no departamento de trânsito, da polícia, dos cartões de crédito, histórico de páginas visitadas, participação em enquetes virtuais etc.

10. MURAT, Pierre. L'identité imposée par le droit et le droit à connaître son identifié. In: MALLET-BRICOUT, Blandine; FRAVARIO, Thierry (Dir.). *L'identité, un singulier au pluriel*. Paris: Dalloz, 2015. p. 52.

11. JÖNS, Johanna. *Daten als Handelsware*. Hamburg: Deutsches Institut für Vertrauen und Sicherheit im Internet (DIVSI), 2016. p. 18.

pela ideia de soberania possam, de fato, propiciar a segurança, a transparência e resgatem a confiança como eixos centrais para o tráfego de dados no ecossistema virtual.

A emergência da nova identidade do humano-usuário implica em novos padrões normativos que abranjam os diversos fluxos de dados, sejam eles, primários ou secundários. Mas, em particular ofereçam anteparos eficazes, no caso das crianças e dos adolescentes, para o exercício dos direitos e das garantias outrora consagradas e voltadas, em um primeiro sentido, para o mundo real.

De toda forma, os dados pessoais, comuns ou sensíveis, advém minimamente desde um fluxo pautado no consentimento, passando inclusive pela produção e pela disponibilização de dados públicos quanto das chamadas pegadas digitais, bem como dos inúmeros vazamentos que tem sido detectados. Não resta dúvida, de qualquer sorte, que a anuência livre, consciente, responsável e solidária ainda deve ser entendida como um anteparo a ser fortalecido pelas legislações.

Contudo, as pegadas ou os rastros digitais configuram todo o conjunto de dados que são tomados de assalto em razão da vida em sociedade a despeito do conhecimento da pessoa envolvida, sobretudo pela prática do vigilantismo que tem sido muito mais usual no presente momento. E, na medida em que se agudizaram as atenções para a questão da segurança pública, passaram a fazer parte indelével da vida urbana, sendo praticamente impossível imaginar um sistema em que o indivíduo possa gozar de um espaço de liberdade real.

Não se pode olvidar, em síntese, que esses rastros são expressões que forçosamente tragam os indivíduos para um mundo virtual em que os perigos estão muito além da questão do consentimento e da disponibilização consciente, perfazendo um sólido patrimônio para alguns e uma teia de agravos para os demais, especialmente quando se tem em vista o contingente de crianças e de adolescentes, sobretudo aqueles e aquelas que estão institucionalizados.

O paradoxo que se verifica vai, nesses termos, além da mera disponibilização consciente de dados pessoais, tampouco da atuação diligente de pais e de responsáveis na medida em que devem ser exigidas respostas do poder público forjadas a partir da educação digital e, daí, concretizadas mediante políticas que alinhavem a inclusão e a regulamentação, inclusive a partir da conjugação de esforços com parceiros internacionais.

Nessa conjuntura impende mencionar que a Lei de Proteção de Dados Pessoais (LGPD), Lei 13.709/2018, considera em seu art. 2º, VII, como fundamento *os direitos humanos, o livre desenvolvimento da personalidade, a dignidade e o exercício da cidadania pelas pessoas naturais*. Esse fundamento, particularmente, está associado diretamente ao consentimento das pessoas naturais expresso como elemento transversal na Lei ao longo de seus 65 artigos, tanto no que concerne a sua exigência como a sua dispensa.

É exigência da Lei 13.709/2018, à guisa de exemplificação, o consentimento informado para o tratamento de dados pessoais, normatizado no Capítulo II, arts.

7º, I, conjugado com o art. 8º e seus parágrafos, que estabelecem a forma (§ 1º), responsabilidades do controlador (§§ 2º e 6º), as vedações e os critérios de nulidade (§§ 3º, 4º e 5º). Por sua vez, o art. 9.º determina, com base no princípio do livre acesso, que os direitos do titular dos dados pessoais podem ser empregados para obter informações sobre a finalidade, a forma, a identificação e informações do controlador, o compartilhamento realizado pelo controlador e suas respectivas responsabilidades, entre outras características, previstas do inciso I ao inciso VII, além dos direitos estabelecidos no art. 18. Não custa sublinhar que a LGPD, ao contrário da legislação europeia que serviu de inspiração, acabou sendo promulgada com um texto em que não se depreende a mesma ênfase na importância do consentimento.

As exceções previstas ao consentimento informado elencadas nos § 4º do art. 7º da LGPD – isto é, a dispensa *do consentimento para os dados tornados manifestamente públicos pelo titular,* resguardados os direitos do titular e os princípios legais, em especial a *finalidade, a boa-fé e o interesse público*, previstos no § 3º – não esclarecem o que é tornar manifestamente públicos dados e informações. Cabe, a propósito, ainda uma atuação mais incisiva da ANPD (Autoridade Nacional de Proteção de Dados) nesse aspecto e em outros.

De mais a mais, o Capítulo III da Lei de Proteção de Dados deve ser sublinhado, pois nele são previstos os direitos dos titulares, estabelecidos nos arts. 17 a 22. O artigo introdutório do Capítulo, art. 17, determina as bases inerentes ao pleno desenvolvimento da personalidade – isto é, considerando *os direitos fundamentais de liberdade, de intimidade e de privacidade* –, direitos estes que serão desdobrados e especificados *intra legis* ao longo da Lei, especificamente nos artigos seguintes, arts. 18 a 22. Entretanto, esses direitos devem ser, também, sistematicamente interpretados *extra legis*, particularmente considerando a Constituição Federal e os Códigos Civil e do Consumidor bem como o ECA (Estatuto da criança e do adolescente).

Um aspecto notável foi o fortalecimento da proteção e a decorrente vedação de uso de dados sensíveis, particularmente os dados referentes à saúde, para fins discriminatórios independentemente do consentimento do usuário, sobretudo em face dos riscos de destruição, de divulgação e de acesso indevido em razão da estrutura aberta da internet, previstos na Seção II, arts. 11, 12 e 13 da Lei 13.709/2018.

De qualquer forma, extrai-se desse texto legislativo além de relevantes conceituações como as que diferenciam os dados pessoais dos chamados dados sensíveis, o âmbito de proteção do direito fundamental à proteção de dados pessoais, afiançado em sede de controle de constitucionalidade pelo Supremo Tribunal Federal (STF) mediante julgamento histórico em maio de 2020 em que suspendeu a eficácia da Medida Provisória (MP) 954/2020. Importa salientar que naquela sessão emblemática foi engendrada uma mutação constitucional baseada na lógica de que não há dados irrelevantes, neutros ou insignificantes e, assim, restou reafirmada a proteção constitucional ao dado pessoal e, nessa medida, à pessoa humana no ecossistema digital/virtual.

Interessa admitir que houve a afirmação de um direito fundamental autônomo e, na outra face, a afirmação de um duplo dever do Estado brasileiro, ou seja, de um lado a tarefa de se abster de interferir negativamente no âmbito de proteção desse direito e, de outra banda, de adotar as medidas apropriadas e que, ato contínuo, assegurem o seu devido cumprimento e a sua concretização.

Nesse ponto, se faz imprescindível apontar novamente para a atuação da Autoridade Nacional de Proteção de Dados Pessoais (ANPD) que deve, juntamente com a composição e atuação efetiva do conselho, de fato, atuar de forma a garantir a efetividade da LGPD, mas, em especial deve assegurar as molduras factíveis para a implantação de um sistema protetivo que tenha expressão condizente com a paleta de direitos e de garantias já inseridos no ordenamento jurídico brasileiro.

A esse respeito, deve-se voltar o enfoque para o teor da Lei 13.853 de 2019 que, alterando a LGPD, instituiu e criou a ANPD em bases muito mais voltadas para a segurança e para a ideia de defesa do que propriamente de cidadania ao vinculá-la ao poder executivo e, dessa maneira, alijá-la de seu perfil autônomo. Ocorre que o papel a ser desempenhado pela ANPD deve ser extremamente relevante para a sociedade civil, vez que consiste em uma área que avança de modo exponencial e, tal qual outrora salientado, ainda não se pode precisar os riscos para a população em geral, sendo mais gravoso o dano quando se trata de seres em formação e, por isso, indiscutivelmente vulneráveis. A ANPD, v.g., deve atuar voltando sua atenção ao contingente populacional mais desassistido de políticas de inclusão e de educação digital, principalmente no que afeta às crianças e aos adolescentes.

Assim, apesar das lacunas e dos vácuos que persistem e, por certo, serão alvo da conduta regulamentatória da ANPD, deve-se dar destaque ao preceito da prioridade absoluta e ainda aos princípios da proteção integral e do melhor interesse das crianças e dos adolescentes previstos na Seção III, art. 14, que exige em seu § 1º o consentimento de pelo menos um dos pais ou do representante legal e prevê limitações para a coleta, o armazenamento e o tratamento postos nos parágrafos seguintes.[12]

A problematização se amplia na medida em que ainda há muito a ser feito em termos de interpretação, de harmonização e de aplicação legal do que tange ao aspecto procedimental e, nesse sentido, interessa salientar que, o consentimento deve ser entendido como uma forma de anuência livre, informada e esclarecida em que o usuário ou os pais ou responsáveis, quando se trata de crianças e de adolescentes, possam ter todos os seus direitos resguardados e, no que se refere à liberdade, entende-se que mesmo pode ser retirado a qualquer momento. Essa aplicação legal vai muito além da visão técnica, vez que deve se notabilizar por uma abordagem profunda em

---

12. "Assent is respectful of minor patients and ensures their rights are protected. Policies and procedures can be developed to incorporate assent, researchers have a stronger conceptual base, and educators can train nurses to help pediatric patients develop medical decision making skills". In: SELF, J. C.; CODDINGTON, J. A.; FOLI, K. J.; BRASWELL, M. L. Assent in pediatric patients. *Nurs Forum*, v. 52, n. 4, p. 366-376, oct. 2017. Disponível em: https://pubmed.ncbi.nlm.nih.gov/28419461/. Acesso em: 20 jul. 2020.

face da condição peculiar dos sujeitos envolvidos e dos efeitos futuros em termos de perfilhamento e, consequentemente, de possibilidades de discriminação algorítmica.

Outros pontos nebulosos foram conflagrados no momento em que a sociedade brasileira e toda a população mundial foram tomadas de assalto pela eclosão dos tempos pandêmicos. Nesse ambiente ainda mais tensionado pela eclosão da situação pandêmica que gerou um aumento exponencial das TICs, agravado ainda em razão dos equívocos relacionados com a ausência de criação/implantação de uma Autoridade Nacional de Proteção de Dados (ANPD) livre de qualquer interferência do poder executivo e a tendência ávida do atual governo pela unificação das plataformas de dados públicos, evidencia-se como lapidar o papel da doutrina, da jurisprudência e, naturalmente, dos diálogos na seara da academia para a produção de novos parâmetros, limites e fronteiras. Entende-se igualmente relevantes os esforços na promoção de grandes consultas populares e de audiências públicas a respeito dessa temática.

O momento pandêmico acabou por ser extremamente importante para visibilizar as desigualdades sociais no Brasil, em especial quando se tem em mente às oportunidades e aos danos que são distribuídos e suportados pelas parcelas distintas da população. No que se refere às crianças e aos adolescentes, pode-se afirmar que a entrada no mundo digital e a utilização da tecnologia de modo geral revela o abismo indisfarçável entre miseráveis, pobres, ricos e extremamente ricos no Brasil.

Se se mencionar apenas a questão da educação e da reviravolta causada pelas medidas de isolamento social implantadas em 2020, torna-se muito claro o panorama de descaso e de abandono quanto às escolas públicas e, nessa maneira, à educação e ao futuro das crianças e dos adolescentes de modo mais abrangente. Nesse quesito, reconhece-se que houve perda total do ano escolar em algumas regiões, sendo parcial em outros a depender da atuação isolada de alguns grupos e de alguns governos estaduais.

Os empreendimentos públicos e privados para enfrentamento dessa realidade se mostraram atabalhoados, inconsistentes e insuficientes na medida em que não foram apropriados para o nível de exclusão social evidenciado no Brasil, tampouco se resguardavam ou se embasaram em politicas sérias previamente voltadas para a inovação, para a produção de um ambiente amigável à proteção de dados e para a educação digital.

Nesse ponto, por infelicidade e em virtude da inércia e da desídia quanto ao tema/problema, as esferas, pública e privada, quase empataram. Portanto, o que se viu foi uma adesão incondicionada e até irreflexiva aos contratos das *Big Tech*[13] para a disponibilização de serviços de plataformas em troca dos dados pessoais, tanto triviais quanto sensíveis, de crianças, de adolescentes, de pais, de responsáveis e igualmente de professores e do corpo técnico. Um saldo de adensamento na con-

---

13. Disponível em: https://www1.folha.uol.com.br/tec/2020/12/ue-adverte-que-pode-dividir-big-techs-por-maior-concorrencia.shtml Consulta em: 15 dez. 2020.

dição de celeiro digital e de flagrante desrespeito ao que foi assegurado no sistema normativo nacional.[14]

A fragilidade da condução do combate e do enfrentamento da pandemia evidencia gravíssimos efeitos a curto e a longo prazo não somente no que toca às áreas da saúde e da educação, ampliando-se para outras searas, sobretudo em razão da amplificação da coleta, do tratamento e da manipulação de dados pessoais de modo inapropriado em dissonância com o sistema protetivo brasileiro em vigor e que prossegue sendo efetuada por cada uma das unidades da federação.

Uma análise superficial das clausulas que figuram nos termos de uso de plataformas como Google meet e Zoom, v.g., serve para se mensurar o nível de insegurança e de falta de preparo com que as escolas públicas e particulares, bem como hospitais, centros de atendimento e de unidades de saúde trataram os dados de crianças e de adolescentes nesses tempos pandêmicos a revelia do que já se encontra em vigor em termos de principiologia e de dispositivos constitucionais e legais.

Recentemente, A ANPD propiciou uma ampla consulta sobre as possibilidades interpretativas dos dispositivos da LGPD que tratam sobre os dados das crianças e adolescentes. Dentre os diversos posicionamentos, verifica-se, em síntese, que: 1 –prevalência do consentimento como única base legal; 2 – equiparação dos dados de crianças e adolescentes aos dados sensíveis; e 3 – possibilidades de aplicação das demais bases legais tendo em vista o principio do melhor interesse. De fato, por ocasião do enunciado 1/2023, restou consolidada a terceira opção a despeito de criticas feitas pela doutrina e por ativistas em direitos digitais.[15]

Não é demasiado reforçar que o consentimento, regra de ouro no tocante à proteção de dados pessoais, assume uma posição emblemática quando se refere às crianças e aos adolescentes que, por força dos artigos 226 e 227 são considerados a partir da ótica da prioridade absoluta. E, em síntese, tem sido continuamente olvidado, negligenciado ou utilizado de modo fraudulento como uma espécie de presunção em face dos problemas e das situações referentes à situação posterior à pandemia. O consentimento, a despeito das demais bases legais que possibilitam a coleta, o armazenamento e, em determinados casos, o tratamento, assume especial

---

14. Disponível em: https://www.uol.com.br/ecoa/colunas/patricia-lobaccaro/2020/11/24/o-que-a-pandemia-nos-mostrou-sobre-a-educacao-no-brasil.htm Consulta em: 12 dez. 2020; https://www.jota.info/opiniao-e-analise/artigos/ead-e-a-protecao-de-dados-o-rio-grande-do-sul-e-o-google-for-education-09062020. Acesso em: 12 dez. 2020.
15. O Conselho Diretor da Autoridade Nacional de Proteção de Dados (ANPD), exercendo as competências normativas instituídas pelo art. 55-J, XX, da Lei 13.709, de 14 de agosto de 2018; pelo art. 2º, XX, do Decreto 10.474, de 26 de agosto de 2020; e pelos art. 5º, IX, e art. 51, parágrafo único, do Regimento Interno da Autoridade Nacional de Proteção de Dados, aprovado pela Portaria 1, de 8 de março de 2021, considerando o que consta nos autos do Processo 00261.001880/2022-84; e considerando a deliberação tomada no Circuito Deliberativo 11/2023; resolve: Editar o presente Enunciado: "O tratamento de dados pessoais de crianças e adolescentes poderá ser realizado com base nas hipóteses legais previstas no art. 7º ou no art. 11 da Lei Geral de Proteção de Dados Pessoais (LGPD), desde que observado e prevalecente o seu melhor interesse, a ser avaliado no caso concreto, nos termos do art. 14 da Lei".

relevância na construção de um contexto em que a proteção de dados pessoais vai se tornando essencial, principalmente quando se tem o enfoque voltado para crianças e adolescentes. Por outro lado, para situar melhor a questão, não se trata de ponto pacifico, vez que nem sempre pode ser colhido o consentimento, tampouco se trata de base solida e permanente, pois pode ser retirado a qualquer momento.

SÍNTESES CONCLUSIVAS

No Brasil, deve-se rememorar, em vista do cenário atual, uma coincidência histórica fez com que o momento político internacional de formulação da Convenção Internacional dos Direitos da Criança fosse paralelo à elaboração da primeira Constituição Federal posterior ao período de abertura política, permitindo que fossem incluídos, na Constituição de 1988, os artigos 227 e 228, que positivaram princípios básicos contidos na Convenção Internacional, mesmo antes que essa fosse aprovada em 1989.

A Constituição Brasileira, que, atualmente completa 35 anos de promulgação, estabelece, portanto, como sistema máximo de garantias, direitos individuais e sociais, dos quais são titulares todas as crianças e todos os adolescentes, independentemente de sua situação social, pessoal, ou mesmo de sua conduta. É dever da família, da comunidade, da sociedade em geral e do Estado a efetivação desses direitos, assegurando as condições para o desenvolvimento integral de quem se encontra nessa faixa etária (CF, artigo 227). Portanto, o estágio de desenvolvimento humano do público infantojuvenil, em razão de suas peculiaridades, justifica um tratamento especial dentro e fora do espaço virtual.

Trata-se, assim, do reconhecimento constitucional de um conjunto de direitos destinados a tal parcela da população brasileira, os quais correspondem aos valores estabelecidos a partir do modelo de Estado Democrático de Direito e, nesse sentido, estão pautados e voltados para uma ideia de protagonismo. São Direitos Fundamentais que podem ser observados/extraídos em vários momentos/dispositivos do texto constitucional, como, v.g., nos capítulos destinados à educação, à saúde, à assistência social, entre outros. De modo específico, os artigos 227 e 288 da CF tratam da proteção especial das crianças e adolescentes e, dessa maneira, forjaram e sustentam uma nova forma de cuidado e de responsabilização dos adultos.

Logo, além do reconhecimento da condição peculiar, como pessoas em desenvolvimento, ao positivar tais direitos, o texto constitucional busca a efetivação de outra realidade social para essa parcela da população. Trata-se de uma estratégia de efetivação também dos objetivos constitucionais, em especial no que se refere à redução das desigualdades, pois, à medida que a sociedade brasileira conseguir efetivar direitos desde a infância, a tendência social é de se atingir melhores condições de acesso de todos às oportunidades, o que deve contribuir para uma melhor condição de igualdade material. Oportuno lembrar que, dentre a paleta de oportunidades, há um amplo espectro que são negligenciadas em razão da divisão digital e da falta de políticas públicas específicas.

Por oportuno, torna-se indispensável frisar que a cada um desses níveis de garantias de direitos correspondem políticas públicas a serem ofertadas por parte do Estado, em caráter vertical. De outra parte, a responsabilidade de efetivação de tais direitos é também da família e da sociedade em caráter horizontal (Sarlet, 2007, p. 339). Ou seja, o efetivo significado da proteção integral de crianças e adolescentes, ou, em outras palavras, da proteção constitucional adiada pelo Brasil para suas crianças e adolescentes, é de que os adultos, por meio de suas várias instituições, e pessoalmente são responsáveis por garantir o pleno desenvolvimento de crianças e adolescentes, sejam estas seus filhos, ou os filhos da sociedade do seu tempo.

Nesse aspecto torna-se flagrante a necessidade de compatibilização do sistema normativo voltado para as crianças e para os adolescentes no sentido de propiciar um ecossistema favorável à condição de sujeitos de direitos compatíveis com os atuais dilemas advindos com o incremento das TICs.

O direito à proteção de dados pessoais e, deste modo, à proteção da pessoa humana dentro e fora do mundo virtual, na qualidade de direito autônomo, implica a urgência na tomada de decisões do Estado e da sociedade brasileira que propiciem formas efetivas de segurança do fluxo de dados, triviais e sensíveis desse contingente populacional. São deveres do Estado e, deste modo, urgem em serem empreendidos esforços para uma radiografia dos danos perpetrados em razão da ação e da omissão nesses tempos pós-pandêmicos, sobretudo quanto à questão dos dados na área da educação e da saúde.

A intersecção entre o conjunto normativo dos direitos das crianças e adolescentes e do sistema do qual a LGPD faz parte permite concluir-se que se está diante da necessidade de uma proteção especial dos dados de crianças e adolescentes, em razão de sua condição peculiar de desenvolvimento. Em se tratando de dados que dizem da identidade do sujeito, no caso de crianças e adolescentes, trata-se de uma identidade "em construção", em que, de acordo com a Doutrina da Proteção Integral, cabe à sociedade, ao Estado e família garantir a construção em ambiente de segurança. Isso se agudiza evidentemente quando se aborda os dados sensíveis, mas, não somente em relação a eles, vez que não há dado insignificante e tampouco neutralidade no ambiente tecnológico.

Quanto aos níveis de direitos aos quais correspondem políticas públicas que os garantam, vê-se que a proteção de dados se refere a direitos de todas as crianças e de todos os adolescentes, ao que corresponde a necessidade de políticas públicas universais, voltadas a todos os sujeitos até os 18 anos de idade, ainda que com gradativa intensidade. Tais políticas públicas precisam ser construídas em parceria com a sociedade, seja por meio de conselhos paritários, ou de instituições que se ocupam diretamente de crianças e adolescentes, como famílias e escolas. Quanto mais debatido o conteúdo e o método de proteção dos dados deste público, melhor pode-se chegar ao modelo a ser adotado. Aliando-se ao amplo debate, deve-se exigir a ação do governo federal para que não haja discrepância em relação a esse tema essencial na arena de poder pós-pandêmica.

Interessa pontuar que desde a perspectiva universalizante da Lei de Proteção de Dados voltada para proteger os direitos da população em geral, especialmente o direito à proteção dos dados pessoais, os direitos de crianças e adolescentes são de especial proteção. Assim, em outras palavras, exigem políticas públicas com especificidade de conteúdo e de método. Quais dados são de responsabilidade das famílias? Quais outros são em todas as hipóteses indisponíveis e quais não? Quais exigem que sua proteção conte com intervenção judicial e em quais circunstâncias? São questões que devem ser maturadas à luz do sistema protetivo pré-existente, à luz dos valores pós-88 e projetadas em razão do incontestável papel das TICs na atual conjuntura.

Com efeito, as respostas a essas perguntas ainda requerem elaboração, mas o fato é que enquanto o tempo passa, sem que tais políticas sejam implementadas, as crianças encontram-se expostas às redes sociais, crescem integrando gerações em que a comunicação virtual é a regra e a exposição de intimidade é um risco permanente que pode evoluir para distintos níveis de violência. Além disso, importa retirar as crianças e os adolescentes brasileiros do espaço e da posição inercial que caracteriza as legiões de escravos digitais.

O espaço virtual é, portanto, um campo onde estão expostos sujeitos em condição vulnerável peculiar. Neste campo, as violações de direitos fundamentais que ocorrem no contexto das contradições sociais são potencializadas, ainda carecendo de uma maior e melhor apreciação quanto aos efeitos e aos danos. A vulnerabilidade peculiar e a potencialidade da violação de direitos humanos e fundamentais, sobretudo no que se prospecta em termos de perfilhamento, de granulagem, de uso de Big Data, de IA e de internet preditiva, exigem urgência sob pena da perda das capacidades de decisão livre, articulada, independente e responsável das futuras gerações e, nesse sentido, de agravos irreversíveis ao regime democrático e à soberania nacional.

Espera-se muito da ANPD e do conselho de proteção de dados, mas, o papel decisivo deve ser da própria sociedade civil ao exigir que o direito à proteção de dados, bem como a moldura advinda a partir da principiologia, saia do papel e alcance real efetividade nos diversos ecossistemas forjados e conformados com os mundos real e virtual.

REFERÊNCIAS

BELLOFF, Mary. Modelo de la Proteción Integral de los derechos del niño y de la situación irregular: un modelo para armar y outro para desarmar. *Justicia y Derechos Del Niño*. Santiago de Chile: UNICEF, 1999, (9-21).

COLTRO, Antonio Carlos Mathias; OLIVEIRA e TELLE, Marília Campos. O Cuidado e a Assistência como Valores Jurídicos Imateriais. In: PEREIRA, Tânia da Silva; OLIVEIRA, Guilherme de (Org.). *O Cuidado como Valor Jurídico*. Rio de Janeiro: Forense, 2008.

MACHADO, Martha de Toledo. *A Proteção Constitucional de Crianças e Adolescentes e os Direitos Humanos*. São Paulo: Manole, 2003.

MENDEZ, Emílio Garcia. *Infância e Cidadania América Latina*. São Paulo: HUCITEC, 1996.

MÉNDEZ, Emílio Garcia. Adolescentes e Responsabilidade Penal: um debate latino-americano. *Por uma reflexão sobre o Arbítrio e o Garantismo na Jurisdição Socioeducativa.* Porto Alegre: AJURIS, Escola Superior do Ministério Público, FESDEP, 2000.

MÉNDEZ, Emílio Garcia. Infância, Lei e Democracia: Uma Questão de Justiça. In: MÉNDEZ, Emílio Garcia e BELOFF, Mary (Org.). *Infância, Lei e Democracia na América Latina.* Blumenau: Edifurb, 2001. v. 1.

MORALES, Julio Cortés. El Concepto de Protección y su Relación con los Derechos Humanos de la Infancia. In: GONZALÉZ, Helena Hidalgo (Org.). *Infancia y Derechos Humanos*: Discurso, Realidad y Perspectivas. Santiago do Chile: Corporacion Opcion, 2001.

PIOVESAN, Flávia. Igualdade, Diferença e Direitos Humanos: perspectivas regional e global. In: PIOVESAN, Flávia; SARMENTO, Daniel; IKAWA, Daniela (Org.). *Igualdade, Diferença e Direitos Humanos.* 2. tiragem. Rio de Janeiro: Lumen Juris, 2010.

SARAIVA, João Batista Costa, *Desconstruindo o Mito da Impunidade*: Um Ensaio de Direito Penal Juvenil. Brasília: Saraiva, 2002.

SARLET, Ingo Wolfgang. *A Eficácia dos Direitos Fundamentais.* 8. ed. Porto Alegre: Livraria do Advogado, 2007.

AS HIPÓTESES LEGAIS DE TRATAMENTO DE DADOS SENSÍVEIS PELO SEGURADOR NA FORMAÇÃO DO CONTRATO DE SEGURO

Guilherme Spillari Costa

Doutorando e Mestre em direito pela UFRGS. Especialista em direito civil. Membro da Comissão de Proteção de Dados e Privacidade da OAB/RS. Advogado e professor. E-mail: gscostaadv@gmail.com.

Sumário: 1. Introdução – 2. O direito dos seguros: sistema de contratos e sistema institucional – 3. Dados como matéria-prima do seguro – a necessária identificação do risco – 4. As hipóteses legais de tratamento de dados sensíveis pelo segurador – Conclusão – Referências.

1. INTRODUÇÃO

A Lei Geral de Proteção de Dados (Lei ou LGPD – Lei 13.709/2018) trouxe diversas obrigações aos agentes de tratamento de dados, que, de acordo com a nomenclatura da Lei, são o controlador e o operador de dados. Tendo em vista o contrato de seguro, o segurador exerce a função de controlador de dados, na medida em que é a parte que coleta os dados do contratante para seu tratamento – contratante este que é ao mesmo tempo titular de dados e consumidor.[1]

Dentre as obrigações que a LGPD impõe aos seguradores, estão, dentre muitas outras, o dever de respeitar os seus princípios (art. 6º) em todo e qualquer tratamento de dados, atender aos direitos do titular quanto aos seus dados pessoais (artigos 9º e 18), manter o registro das operações de tratamento de dados (art. 37), armazenar os dados em segurança (art. 46) e enquadrar o tratamento realizado em uma das hipóteses legais, de acordo com os artigos 7º e 11 da Lei – este último se referindo aos dados sensíveis.

Esta pesquisa busca identificar qual a melhor hipótese de tratamento de dados sensíveis na formação do contrato de seguro, considerando a tutela do consumidor e os seus interesses como titular de dados. Seguindo o modelo europeu de proteção de dados, a norma brasileira exige o enquadramento em uma das hipóteses dispostas nos artigos 7º e 11 para reconhecimento de licitude do tratamento.

Diferentemente do modelo americano, onde a regra é que o tratamento de dados poderá ser realizado, exceto se norma específica restringir ou proibir, o modelo

---

1. O Código de Defesa do Consumidor (CDC) incide sobre os contratos de seguro, por previsão expressa do seu artigo 3º, § 2º, que prevê a atividade securitária como objeto de seu alcance.

europeu, adotado pelo Brasil, somente permite o tratamento se houver o amparo em uma das bases legais.

Desta forma, o desafio se justifica em razão das peculiaridades do contrato de seguro, já que "o tratamento de dados é inerente à atividade securitária",[2] ou seja, quanto mais informações o segurador possuir do segurado, melhor será a aferição do risco, melhor será precificação e mesmo a tomada de decisão do segurador, se entabula ou não o contrato.

Nesse sentido, este artigo irá apontar os limites e exigências impostas pela LGPD ao segurador no tratamento de dados sensíveis do segurado quanto à escolha da hipótese legal.

Conforme será visto na primeira parte do trabalho, o contrato de seguro é regulado pelo direito material dos seguros, composto pelas regras contratuais incidentes, bem como o direito institucional dos seguros.

A segunda parte da pesquisa cuidará a respeito da relevância da identificação do risco para o contrato de seguro e a importância dos dados para a sua plena identificação pelo segurador.

Por fim, na terceira parte serão analisadas as possíveis bases legais de tratamento dos dados sensíveis pela companhia seguradora.

2. O DIREITO DOS SEGUROS: SISTEMA DE CONTRATOS E SISTEMA INSTITUCIONAL

Pontes de Miranda da seguinte forma conceituou o contrato de seguro:

> Contrato de seguro, segundo a definição corrente, é o contrato pelo qual o segurador se vincula, mediante pagamento de prêmio, a ressarcir ao segurado, dentro do limite que se convencionou, os danos produzidos por sinistro, ou a prestar capital ou renda quando ocorra determinado fato, concernente à vida humana, ou ao patrimônio.[3]

Previsto no artigo 1.432 do Código Civil de 1916 como o contrato "pelo qual uma das partes se obriga para com outra, mediante a paga de um prêmio, a indenizar-lhe o prejuízo resultante de riscos futuros, previstos no contrato", definição alvo de crítica por não referir os diferentes tipos de seguro de responsabilidade e de vida, na medida em que se referia apenas ao seguro indenizatório.[4] Esta imprecisão

---

2. MIRAGEM, Bruno. PETERSEN, Luiza. O contrato de seguro e a Lei Geral de Proteção de Dados. In: MIRAGEM, Bruno. MARQUES, Claudia Lima. MAGALHÃES, Lucia Ancona Lopez de. *Direito do consumidor. 30 anos do CDC*: da consolidação como direito fundamental aos atuais desafios da sociedade. Rio de Janeiro: Forense, 2021. p. 455.
3. PONTES DE MIRANDA, Francisco Cavalcanti. *Tratado de direito privado*. Atualizado por Bruno Miragem. São Paulo: Ed. RT, 2012. t. XLV, p. 414.
4. PONTES DE MIRANDA, Francisco Cavalcanti. *Tratado de direito privado*. Atualizado por Bruno Miragem. São Paulo: Ed. RT, 2012. t. XLV, p. 412. Comparato, ao tratar sobre as disposições sobre o contrato de seguro no Código de 1916, refere que "nesta matéria já nasceu ultrapassado". COMPARATO, Fabio Konder. *O seguro de crédito*. Estudo jurídico. São Paulo: Ed. RT, 1968. p. 24.

do Código de 1916 era ainda decorrente da compreensão originária, que perdurou por séculos, do seguro dos riscos do período das navegações, estando, nesta época, o contrato vinculado à proteção dos danos daquela atividade.[5]

O Código Civil de 2002, através do seu artigo 757, evoluiu e ampliou a definição do contrato de seguro, acompanhando as modificações ocorridas no tipo contratual em comento no intervalo de tempo que separa os dois códigos:[6] "pelo contrato de seguro, o segurador se obriga, mediante o pagamento do prêmio, a garantir interesse legítimo do segurado, relativo a pessoa ou a coisa, contra riscos predeterminados". Nesse sentido, de uns tempos para cá, é a ideia de garantia de interesses legítimos contra riscos predeterminados que caracteriza e define a espécie contrato de seguro.[7]

A análise da evolução histórica do seguro no direito brasileiro[8] reflete o dirigismo contratual ocorrido gradativamente a partir do início do século XX e acentuadamente desde a Segunda Guerra Mundial, através de uma progressiva intervenção do Estado que limita a autonomia da vontade em determinados tipos de relações jurídicas,[9] sendo que, ao menos no país, são poucos os setores em que a regulamentação estatal tenha sido tão intensa ou tão ampla como no Direito dos Seguros.[10]

A relevância do contrato de seguro para a sociedade demanda do Estado tal intensa intervenção, que, através do Direito, passa a impor certos padrões técnicos no intuito de assegurar o cumprimento de suas finalidades. A interação entre os vários sujeitos e finalidades específicas do contrato de seguro e do sistema econômico em que se desenvolve fomenta instituições que integram um conjunto coerente e sistemático, denominado direito dos seguros.[11] Miragem e Petersen explicam:

> O direito dos seguros, nesses termos, organiza-se a partir do contrato de seguro, mas nele não se esgota. É tipo contratual expressivo da operação econômica que caracteriza o seguro, razão pela qual deve ter em conta que a celebração e a execução do contrato dependerão de um ambiente institucional adequado, com a participação do Estado na regulação e supervisão dos vários sujeitos que nele atuam, em especial, em vista da organização empresarial dos seguradores e sua

---

5. PONTES DE MIRANDA, Francisco Cavalcanti. *Tratado de direito privado*. Atualizado por Bruno Miragem. São Paulo: Ed. RT, 2012. t. XLV, p. 413.
6. COUTO E SILVA, Clovis do. O regime do seguro no Brasil e a situação das companhias seguradoras. *Revista dos Tribunais*. Doutrinas Essenciais Obrigações e Contratos, v. 6, p. 653-669, jun. 2011.
7. MIRAGEM, Bruno. In: PONTES DE MIRANDA, Francisco Cavalcanti. *Tratado de direito privado*. Atualizado por Bruno Miragem. São Paulo: Ed. RT, 2012. t. XLV, p. 422.
8. Para análise da formação histórica do contrato de seguros: MENEZES CORDEIRO, António. *Direito dos Seguros*. 2. ed. Coimbra: Almedina, 2016. p. 49-136. Para análise da formação histórica do contrato de seguros, inclusive a sua evolução histórica no Brasil: MIRAGEM, Bruno. PETERSEN, Luiza. *Direito dos seguros*. Rio de Janeiro: Forense, 2022. p. 5-34.
9. AMARAL NETO, Francisco dos Santos. A autonomia privada como princípio fundamental da ordem jurídica. Perspectivas estrutural e funcional. *Revista de informações legislativas*, Brasília, a. 26, n. 102, p. 225, abr./jun. 1989.
10. COUTO E SILVA, Clovis do. O regime do seguro no Brasil e a situação das companhias seguradoras. *Revista dos Tribunais*. Doutrinas Essenciais Obrigações e Contratos, v. 6, p. 653-669, jun. 2011.
11. Tudo conf. MIRAGEM, Bruno. PETERSEN, Luiza. *Direito dos seguros*. Rio de Janeiro: Forense, 2022. p. 2.

fidelidade à técnica securitária para assegurar a própria solvência e capacidade de efetivamente garantir os interesses segurados.[12]

O direito dos seguros, assim, se estrutura a partir de um complexo normativo que, com caráter transversal, envolve diferentes áreas do direito, sendo conformado por diferentes normas de direito privado, de direito civil, empresarial e do consumidor, bem como por normas de direito público, de natureza administrativa e constitucional.[13]

São fontes do direito dos seguros a Constituição,[14] o Decreto-lei 73/1966, o Código Civil, o Código Comercial (quando se tratar de seguros marítimos), o Código de Defesa do Consumidor, nas relações de consumo, outras leis esparsas, a exemplo da Lei Complementar 126/2007 e a LGPD.[15]

Há ainda as normas administrativas regulatórias, nos termos do art. 7º do Decreto-lei 73/1966, que são as resoluções (editadas pelo Conselho Nacional de Seguros Privados – CNSP), e as circulares e instruções, que são expedidas pela Superintendência de Seguros Privados (SUSEP), conforme art. 36, b, do mesmo Decreto-lei. São ainda fontes do direito dos seguros os usos e costumes, a jurisprudência e a autorregulação setorial.

As diversas fontes do direito dos seguros articulam-se em torno de dois polos, o direito institucional dos seguros e o direito material dos seguros. O direito institucional dos seguros cuida da regulação e supervisão da operação de seguros, tendo como principal fonte o Decreto-lei 73/1966, que disciplina o Sistema Nacional de Seguros Privados e as operações de seguros, regulando e supervisionando tal atividade econômica, através do CNSP e da SUSEP.[16]

Já o direito material dos seguros é centralmente disciplinado pelo Código Civil, que dispõe sobre o contrato de seguro nos artigos 757 a 802. Poderá incidir conjuntamente o Código de Defesa do consumidor nas relações de consumo, bem como outras normas, na medida em que a divisão não é estanque, com as diferentes fontes se articulando no sistema jurídico.[17]

Diferentemente do Brasil, onde, segundo a doutrina, o sistema securitário se divide em dois polos (direito institucional dos seguros e direito material dos seguros, conforme acima referido), em Portugal, Menezes Cordeiro leciona que há três polos

---

12. MIRAGEM, Bruno. PETERSEN, Luiza. *Direito dos seguros*. Rio de Janeiro: Forense, 2022. p. 2.
13. PETERSEN, Luiza. Diálogo das fontes e interpretação sistemática no direito dos seguros. In: Marques, Claudia Lima. MIRAGEM, Bruno. *Diálogo das fontes*. Novos estudos sobre a coordenação e aplicação das normas no direito brasileiro. São Paulo: Thomson Reuters Brasil, 2020. p. 350. MIRAGEM, Bruno. PETERSEN, Luiza. *Direito dos seguros*. Rio de Janeiro: Forense, 2022. p. 63.
14. A atividade de seguros é espécie de atividade econômica desenvolvida sob o regime da livre iniciativa, conforme previsão do parágrafo único do artigo 170. No entanto, submete-se à autorização, nos termos do parágrafo único do artigo 757 do Código Civil. importante ainda referir os seguintes artigos da Constituição que têm relação com direito dos seguros: 192, 22, VII, e 21, VIII.
15. MIRAGEM, Bruno. PETERSEN, Luiza. *Direito dos seguros*. Rio de Janeiro: Forense, 2022. p. 63-79.
16. MIRAGEM, Bruno. PETERSEN, Luiza. *Direito dos seguros*. Rio de Janeiro: Forense, 2022. p. 63.
17. MIRAGEM, Bruno. PETERSEN, Luiza. *Direito dos seguros*. Rio de Janeiro: Forense, 2022. p. 64.

distintos: (a) o direito do contrato de seguro; (b) o direito das empresas seguradoras; e (c) o direito da supervisão pública.[18]

O direito do contrato de seguro regula as relações que se estabelecem entre o tomador do seguro, o segurado e a seguradora; já o direito das empresas seguradoras tem por objeto as sociedades que exerçam o comércio dos seguros, controlando a constituição e os requisitos mínimos dessas sociedades; o direito da supervisão pública, por sua vez, diz respeito à regulação do setor de seguros pelo Estado português.[19]

A divisão em polos, segundo o mesmo autor português, auxilia na organização de um sistema coerente e funcional,[20] o que justifica a adoção da metodologia também no Brasil, em razão da alta complexidade do sistema de fontes, com a "coexistência e aplicação simultânea de normas provenientes de diferentes ramos do direito e editadas em distintos momentos históricos".[21]

3. DADOS COMO MATÉRIA-PRIMA DO SEGURO – A NECESSÁRIA IDENTIFICAÇÃO DO RISCO

Todo negócio jurídico é definido pelo seu objeto e pela sua causa, sendo sempre objeto do negócio de seguro um interesse submetido a um risco, e a sua causa é a assunção desse risco pela empresa seguradora.[22-23]

É dizer, então, que o interesse deve estar necessariamente vinculado a certo risco no contrato de seguro, pois inexistindo risco, não haveria interesse segurável que, com o contrato, se transforma em interesse segurado.[24] Enquanto normativa portuguesa prevê expressamente que o contrato de seguro é nulo se houver a cessação do risco,[25] o atual Código Civil brasileiro[26] exige apenas que o segurador pague em dobro o prêmio

---

18. MENEZES CORDEIRO, A. *Direito dos seguros*. 2. ed. Coimbra: Almedina, 2016. p. 34.
19. MENEZES CORDEIRO, A. *Direito dos seguros*. 2. ed. Coimbra: Almedina, 2016. p. 34-35.
20. MENEZES CORDEIRO, A. *Direito dos seguros*. 2. ed. Coimbra: Almedina, 2016. p. 37.
21. MIRAGEM, Bruno. PETERSEN, Luiza. *Direito dos seguros*. Rio de Janeiro: Forense, 2022. p. 64.
22. Tudo conforme COMPARATO, Fabio Konder. *O seguro de crédito*. Estudo jurídico. São Paulo: Ed. RT, 1968. p. 23. Na mesma passagem, o autor leciona que o interesse segurável é o objeto material do negócio, e o risco segurável é o seu objeto formal.
23. Para uma análise aprofundada do contrato de seguro e as suas teorias de fundamentação: PONTES DE MIRANDA, Francisco Cavalcanti. *Tratado de direito privado*. Atualizado por Bruno Miragem. São Paulo: Ed. RT, 2012. t. XLV. PASQUALOTTO, Adalberto. *Contratos nominados III*. São Paulo: Ed. RT, 2008. MIRAGEM, Bruno. PETERSEN, Luiza. *Direito dos seguros*. Rio de Janeiro: Forense, 2022. MENEZES CORDEIRO, A. *Direito dos seguros*. 2. ed. Coimbra: Almedina, 2016.
24. MARTINS-COSTA, Judith. Contrato de seguro e contrato de resseguro. Sinistro complexo e cláusula de interdependência. Defeito no fornecimento. Interpretação contratual. A prática ("usos individuais") e as relações interempresariais. Comportamento posterior das partes. Comportamento deslealmente contraditório e proteção da confiança legítima. Prescrição e pretensão de direito material. *Revista dos Tribunais*. v. 948, p. 193-246. out. 2014.
25. DL 72/2008, de 16 de Abril, art. 44º 1 – Salvo nos casos legalmente previstos, o contrato de seguro é nulo se, aquando da celebração, o segurador, o tomador do seguro ou o segurado tiver conhecimento de que o risco cessou.
26. Código Civil, Art. 773. O segurador que, ao tempo do contrato, sabe estar passado o risco de que o segurado se pretende cobrir, e, não obstante, expede a apólice, pagará em dobro o prêmio estipulado.

estipulado se sabia que o risco já não mais existia. No entanto, deve ser tido como nulo o contrato se inexiste o risco na medida em que o objeto contratual é impossível.[27] Não havendo risco, seja em razão da sua cessação, seja em decorrência da anterior pré-existência do sinistro, não há incerteza, não havendo, então, motivo para cálculo de probabilidades,[28] não havendo, em última instância, interesse segurável.

Portanto, elemento nuclear do contrato de seguro é o risco.[29] Conforme apontam Miragem e Petersen, o contrato de seguro "caracteriza-se pelo risco, é sobre ele que se refere a garantia. No preciso dimensionamento do risco e sua precificação funda-se o próprio equilíbrio do contrato".[30]

O conceito técnico de risco, tanto em matéria de seguros quanto como conceito geral em Direito, se define como a possibilidade de um evento desvantajoso para o segurado ou seus beneficiários.[31]

Importa, neste ponto, diferenciar o risco da álea. Álea, no direito romano, referia-se à eventualidade de um evento incerto;[32] "*Álea* é sorte", nos dizeres de Judith Martins-Costa, complementando que "a palavra *aleae* referia-se aos jogos de dados e *aleatorius*, aos jogos de azar em geral. Na raiz romana, 'jogo' e 'incerteza' estavam associados. Hoje descreve algo cujo resultado é incerto".[33]

Nesta percepção atual, portanto, "a álea exprime uma situação em que a possibilidade de uma vantagem é concomitante à de uma perda, o risco corresponde à vertente negativa da álea, ao perigo de uma perda".[34] Se a álea é considerada uma margem de flutuação dos eventos futuros, implicando possibilidade de vantagens, com uma natural possibilidade de perda, o risco exprime a sua vertente negativa: a do perigo de um mal. Desta forma, risco pode ser definido como a probabilidade de diminuição, de perda, em uma situação previamente considerada.[35]

---

27. Tudo conf.: PASQUALOTO, Adalberto. Os papéis da álea e da garantia no contrato de seguro: uma visão das leis portuguesa e brasileira. *Revista dos Tribunais*. v. 885, p. 9-29. jul. 2009. O autor cogita até o efeito na inexistência em caso de inexistência de risco no contrato de seguro: "Ora, se a garantia - que é cobertura do risco - fosse prestação não se poderia cogitar de nulidade, pois prestação não é pressuposto de validade do contrato (nem requisito de existência), é efeito".
28. MENEZES CORDEIRO, A. *Direito dos seguros*. 2. ed. Coimbra: Almedina, 2016. p. 541-543.
29. PETERSEN, Luiza. *O risco no contrato de seguro*. São Paulo: Roncarati, 2018. p. 71. MIRAGEM, Bruno. PETERSEN, Luiza. *Direito dos seguros*. Rio de Janeiro: Forense, 2022. p. 131. MENEZES CORDEIRO, A. *Direito dos seguros*. 2. ed. Coimbra: Almedina, 2016. p. 538. POÇAS, Luís. O dever de descrição exata e completa do risco a segurar. *RJLB*, ano 2, n. 2, 2016.
30. MIRAGEM, Bruno. PETERSEN, Luiza. O contrato de seguro e a Lei Geral de Proteção de Dados. In: MIRAGEM, Bruno. MARQUES, Claudia Lima. MAGALHÃES, Lucia Ancona Lopez de. *Direito do consumidor*. 30 anos do CDC: da consolidação como direito fundamental aos atuais desafios da sociedade. p. 455-493. Rio de Janeiro: Forense, 2021. p. 455.
31. COMPARATO, Fabio Konder. *O seguro de crédito*. Estudo jurídico. São Paulo: Revista dos Tribunais, 1968. p. 40.
32. MENEZES CORDEIRO, A. *Direito dos seguros*. 2. ed. Coimbra: Almedina, 2016. p. 538.
33. MARTINS-COSTA, Judith. Prefácio. In: GOLDBERG, Ilan. JUNQUEIRA, Thiago. (coordenadores). Temas atuais de direito dos seguros. Tomo I. São Paulo: Thomson Reuters Brasil, 2020. p. 19.
34. MIRAGEM, Bruno. PETERSEN, Luiza. *Direito dos seguros*. Rio de Janeiro: Forense, 2022. p. 44.
35. MENEZES CORDEIRO, A. *Direito dos seguros*. 2. ed. Coimbra: Almedina, 2016. p. 539.

A plena análise do risco possui tamanha relevância para o contrato de seguro que Menezes Cordeiro leciona:

> Uma definição do contrato de seguro que dispensasse o risco seria, formalmente, inatacável: o segurador obrigar-se-ia, contra um prêmio, a realizar, a favor do beneficiário, uma prestação convencionada, no caso de ocorrer determinado evento aleatório. Mas tal contrato, a ser juridicamente viável, redundaria numa simples aposta.
>
> A justificação significativo-ideológica do seguro reside na cobertura do risco, consubstanciado em determinado interesse. Este elemento justifica a atenção e a tutela do Estado, através de toda uma máquina de supervisão. Além disso, ele está presente nos mais diversos meandros do Direito material de seguros, afeiçoando regras contratuais imperativas e supletivas, promovendo princípios e sindicando soluções.[36]

O risco de determinado evento ocorrer no futuro passa a ter previsibilidade através de um juízo de probabilidade.[37] O risco, então, como fenômeno econômico-social, conduz à tomada de decisão sobre como administrá-lo e que faz parte da técnica securitária.[38] À vista disso, um importante método de redução do risco consiste na sua previsão estatística realizada por meio da Lei dos Grandes Números: por meio da combinação de unidades expostas ao risco, em um número suficientemente elevado, esse método permite a previsão das perdas futuras, que, assim, deixam de ser incertas, tornando-se certas, reduzindo-se risco e, no limite, eliminando-o.[39]

Segundo a Lei dos Grandes Números, acontecimentos que são imprevisíveis para indivíduos se tornam previsíveis em uma análise de grandes grupos de indivíduos. Exemplificando, não há como sabermos se uma determinada casa irá pegar fogo no próximo ano. No entanto, a ocorrência de incêndios em uma cidade tem uma regularidade suficiente para que uma seguradora possa determinar com facilidade as probabilidades objetivas e, ao comercializar seguros para um grande número de pessoas, prever o total de pedidos de indenização que ocorrerão no ano que está por vir.[40]

É importante a transcrição de trecho de Miragem e Petersen sobre o tema da técnica utilizada pelas seguradoras:

> A operação de seguros, desse modo, envolve a transferência do risco, porém a isso não se restringe. Ao contrário, estrutura-se em um complexo sistema de gerenciamento do risco que combina a técnica da sua divisão e outros múltiplos métodos que visam sua redução. Considerada globalmente, em atenção aos múltiplos contratos que envolvem segurador e segurados, a operação de seguros assenta-se, fundamentalmente, no compartilhamento do risco entre o grupo de segurados (técnica da mutualidade) e na previsão dos sinistros do grupo pela probabilidade estatística e a Lei dos Grandes Números (técnica atuarial). (...)

---

36. MENEZES CORDEIRO, A. *Direito dos seguros*. 2. ed. Coimbra: Almedina, 2016. p. 541.
37. MARTINS-COSTA, Judith. Prefácio. In: GOLDBERG, Ilan. JUNQUEIRA, Thiago (Coord.). *Temas atuais de direito dos seguros*. São Paulo: Thomson Reuters Brasil, 2020. t. I, p. 19.
38. MIRAGEM, Bruno. PETERSEN, Luiza. *Direito dos seguros*. Rio de Janeiro: Forense, 2022. p. 48.
39. MIRAGEM, Bruno. PETERSEN, Luiza. *Direito dos seguros*. Rio de Janeiro: Forense, 2022. p. 49.
40. Tudo conforme COOTER, Robert. ULEN, Thomas. *Direito & economia*. 5. ed. Porto Alegre: Bookman, 2010. p. 69.

A combinação dessas múltiplas técnicas – de transferência, compartilhamento e redução do risco – conforma a técnica securitária, método de gestão do risco que caracteriza a operação de seguros e resulta do desenvolvimento da atividade empresarial do segurador.[41]

Desta forma, quanto mais informações, mais dados pessoais, o segurador possuir do segurado para analisar o risco, mais acurada será a precificação, cálculo do prêmio e melhor tomada a decisão, inclusive quanto à viabilidade ou não de tomada do risco, ou seja, concluir ou não o contrato.

Há, assim como em outros contratos, mas em especial no contrato de seguro, a existência de deveres recíprocos de informação ainda na fase pré-contratual, tanto para o segurado, quanto para o segurador. Estes deveres recíprocos de informação dizem respeito, em grande medida, ao risco objeto do contrato.[42]

Deve, então, o segurador prestar esclarecimentos ao segurado quanto ao conteúdo e condições do contrato, especialmente quanto ao âmbito de riscos cobertos (risco contratual).[43] Enquanto o segurado tem o dever de declaração inicial do risco, de descrever ao segurador as circunstâncias que caracterizam o risco a ser segurado (risco extracontratual), a fim de que a companhia seguradora possua condições de identificar o risco individual (risco em concreto) de cada segurado.[44]

É através do preenchimento da proposta e da declaração inicial de risco do tomador do seguro e do segurado que ocorre a individualização e segurabilidade do risco, com o respectivo enquadramento da modalidade de contratação. Com base nas informações recebidas pela companhia seguradora, o risco segurado será classificado a partir da equivalência entre a possibilidade e a intensidade do impacto de seu acontecimento, ou seja, da probabilidade da sua materialização e o seu potencial de dano, ambos estatisticamente examinados.[45]

A vinculação do tomador/segurado à declaração inicial do risco provém do reconhecimento de uma assimetria de informações em desfavor do segurador,[46] na medida em que algumas informações somente o titular de dados contratante do seguro possui, como exemplifica o conhecimento de uma doença preexistente.

Sobre a assimetria informacional ou informação assimétrica, conforme Trindade, trata-se de problema que ocorre em situações de interação nas quais uma das partes possui mais informações sobre bens ou interesses que pretendam transacionar ou a respeito de condutas (comportamentos) que cada um dos contratantes irá efeti-

---

41. MIRAGEM, Bruno. PETERSEN, Luiza. *Direito dos seguros*. Rio de Janeiro: Forense, 2022. p. 49.
42. PETERSEN, Luiza. *O risco no contrato de seguro*. São Paulo: Roncarati, 2018. p. 119-120.
43. Sobre a obrigação do segurador prestar informações ao segurado em todas as fases do contrato: KRETZMANN, Renata Pozzi. Boa-fé no contrato de seguro: o dever de informar do segurador. In: GOLDBERG, Ilan. JUNQUEIRA, Thiago (Coord.). *Temas atuais de direito dos seguros*. São Paulo: Thomson Reuters Brasil, 2020. t. I, p. 354 e ss.
44. PETERSEN, Luiza. *O risco no contrato de seguro*. São Paulo: Roncarati, 2018. p. 120.
45. JUNQUEIRA, Thiago. O risco no domínio dos seguros. In: GOLDBERG, Ilan. JUNQUEIRA, Thiago (Coord.). *Temas atuais de direito dos seguros*. São Paulo: Thomson Reuters Brasil, 2020. t. II, p. 46-47.
46. MIRAGEM, Bruno. PETERSEN, Luiza. *Direito dos seguros*. Rio de Janeiro: Forense, 2022. p. 205.

vamente apresentar, sendo impossível ou muito custoso verificar a real qualidade dos bens ou interesses pertencentes à outra parte, ou mesmo monitorar o seu desempenho, permitindo que uma das partes possa se valer desta circunstância para obter vantagens às custas da outra. Importante ressaltar que não é toda assimetria informacional passível de reprovação, na medida em que o desequilíbrio pode ser originado de investimentos de uma das partes e não haja um aproveitamento inadequado, contrário à boa-fé. Mas o aproveitamento da assimetria será inadequado quando uma das partes utilize a vantagem de forma indevida e inadvertidamente às custas da outra.[47]

Há duas espécies de informação assimétrica: a seleção adversa, que ocorre na fase pré-contratual, e o risco moral[48] (*moral hazard*), que ocorre na fase do cumprimento do contrato. Para o estudo em análise, importa a seleção adversa, na medida em que estamos analisando a formação do contrato de seguro.

Por seleção adversa entende-se o problema existente em razão de uma das partes possuir mais informações sobre determinadas características do bem ou do interesse objeto do contrato, sendo muito oneroso ou até mesmo impossível à contraparte verificar ou se certificar sobre tais informações. No mercado de seguros, a impossibilidade de as companhias seguradoras terem todas as informações do segurado para diferenciar os riscos que efetivamente possam existir faz com que os preços (prêmios) cobrados sejam iguais ou muito semelhantes, independentemente do risco efetivo apresentado por cada um dos segurados.[49] Trindade explica:

> Isso ocorre uma vez que, não sendo possível esta discriminação, as empresas seguradoras irão cobrar o prêmio correspondente ao perfil médio de risco apresentado pelos segurados (média ponderada de todos os segurados), transferindo, assim, aos contratantes que apresentam o menor risco a responsabilidade do pagamento de pelo menos parte do prêmio do risco dos segurados que apresentam o maior risco.[50]

Assim, a declaração inicial do risco é a forma de coleta de dados pessoais no seguro, cujo objetivo é, em última análise, reduzir a assimetria informacional existente entre as partes. É dever afirmado nos artigos 759 e 766 do Código Civil, reforçado pelo

---

47. Tudo conf. TRINDADE, Manoel Gustavo Neubarth. *Análise econômica do direito dos contratos*. Uma nova abordagem do direito contratual como redutor das falhas de mercado. Londrina: Thoth, 2021. p. 95-96.
48. Haverá risco moral quando uma das partes contratantes tiver dificuldade ou impossibilidade de verificar ou monitorar o comportamento da outra parte depois de realizada a contratação, ou seja, durante a fase de cumprimento contratual. Um exemplo no mercado de seguros ocorre quando, após a contratação de seguro de um veículo, o comportamento do contratante se altera de modo que a probabilidade do sinistro aumente, deixando o bem estacionado na rua, à noite e em local ermo. O Código Civil busca coibir esse tipo de comportamento pós conclusão do contrato através das disposições específicas dos artigos 765, 768 e 769, devendo ser levado em conta também a cláusula geral da boa-fé incidente sobre todas as relações negociais.
49. Tudo conf. TRINDADE, Manoel Gustavo Neubarth. *Análise econômica do direito dos contratos*. Uma nova abordagem do direito contratual como redutor das falhas de mercado. Londrina: Thoth, 2021. p. 97-98.
50. TRINDADE, Manoel Gustavo Neubarth. *Análise econômica do direito dos contratos*. Uma nova abordagem do direito contratual como redutor das falhas de mercado. Londrina: Thoth, 2021. p. 98.

artigo 765, que exige que ambas as partes guardem a mais estrita boa-fé e veracidade das circunstâncias e declarações realizadas.

> Art. 759. A emissão da apólice deverá ser precedida de proposta escrita com a declaração dos elementos essenciais do interesse a ser garantido e do risco.
>
> Art. 766. Se o segurado, por si ou por seu representante, fizer declarações inexatas ou omitir circunstâncias que possam influir na aceitação da proposta ou na taxa do prêmio, perderá o direito à garantia, além de ficar obrigado ao prêmio vencido.
>
> Parágrafo único. Se a inexatidão ou omissão nas declarações não resultar de má-fé do segurado, o segurador terá direito a resolver o contrato, ou a cobrar, mesmo após o sinistro, a diferença do prêmio.
>
> Art. 765. O segurado e o segurador são obrigados a guardar na conclusão e na execução do contrato, a mais estrita boa-fé e veracidade, tanto a respeito do objeto como das circunstâncias e declarações a ele concernentes.

Quanto à natureza jurídica da declaração inicial do risco, há divergência doutrinária. Menezes Cordeiro, por exemplo, entende ser um encargo ou um ônus, pois as consequências da inobservância seriam apenas internas, ao nível do funcionamento do seguro.[51]

Já outros entendem que a declaração inicial do risco é um dever, que implica "em conduta ativa do segurado de responder o que lhe for perguntado, exigindo-se que informe apenas as circunstâncias que influenciem a aceitação do seguro e o cálculo do prêmio devido (...)",[52] tendo o segurador "um verdadeiro direito, juridicamente tutelado, a que o preponente preste declarações exatas (...)".[53]

Independentemente da controvérsia, a declaração inicial do risco tem por finalidade colocar o segurador a par das informações necessárias para a plena dimensão do risco, sendo decisiva à boa execução do contrato, pois sobre ela se apoiam o cálculo do prêmio e o sistema contratual, bem como a vontade negocial do segurador.[54]

4. AS HIPÓTESES LEGAIS DE TRATAMENTO DE DADOS SENSÍVEIS PELO SEGURADOR

Conforme já antecipado em caráter introdutório, dentre as diversas obrigações que a LGPD prevê aos agentes de tratamento de dados, uma delas é o dever de o agente apontar qual base legal será utilizada em cada atividade de tratamento de dados de acordo com a respectiva finalidade.

Quando o tratamento envolver dados não sensíveis, aplica-se uma das hipóteses do artigo 7º da LGPD. Em se tratando de dados sensíveis, como é o recorte realizado

---

51. MENEZES CORDEIRO, A. *Direito dos seguros*. 2. ed. Coimbra: Almedina, 2016. p. 580.
52. MIRAGEM, Bruno. O direito dos seguros no sistema jurídico brasileiro: uma introdução. In: MIRAGEM, Bruno. CARLINI, Angélica. *Direito dos seguros*. Fundamentos de direito civil, direito empresarial e direito do consumidor. São Paulo: Ed. RT, 2014.
53. POÇAS, Luís. O dever de descrição exata e completa do risco a segurar. *RJLB*, ano 2, n. 2, 2016.
54. MIRAGEM, Bruno. PETERSEN, Luiza. *Direito dos seguros*. Rio de Janeiro: Forense, 2022. p. 209-210.

nesta pesquisa, deve ser utilizada uma das hipóteses dispostas no artigo 11 da LGPD, que serão aprofundadas a seguir.

Conforme exposto no item anterior, o tratamento de dados é inerente à atividade securitária. Sendo assim, deverá o segurador atribuir uma base legal ao tratamento referente à formação do contrato de seguro, ou seja, quando recebe as informações do titular de dados.

Segundo a LGPD, dado pessoal é a "informação relacionada a pessoa natural identificada ou identificável" (art. 5º, I). Já dado pessoal sensível, nos termos do art. 5º, II, da LGPD, refere-se a "origem racial ou étnica, convicção religiosa, opinião política, filiação a sindicato ou a organização de caráter religioso, filosófico ou político, dado referente à saúde ou à vida sexual, dado genético ou biométrico, quando vinculado a uma pessoa natural".[55]

Os dados pessoais sensíveis são aqueles capazes de gerar discriminação ao titular, portanto, merecem maior atenção por parte do agente de tratamento,[56] situação que pode ser agravada com o uso de técnicas de inteligência artificial.[57] Por esta razão, o rol de possibilidades de tratamento do artigo 11 é mais restritivo que o artigo 7º da Lei.

São as seguintes hipóteses de tratamento de dados pessoais dispostas na Lei:

> Art. 7º O tratamento de dados pessoais somente poderá ser realizado nas seguintes hipóteses:
>
> I – mediante o fornecimento de consentimento pelo titular;
>
> II – para o cumprimento de obrigação legal ou regulatória pelo controlador;
>
> III – pela administração pública, para o tratamento e uso compartilhado de dados necessários à execução de políticas públicas previstas em leis e regulamentos ou respaldadas em contratos, convênios ou instrumentos congêneres, observadas as disposições do Capítulo IV desta Lei;
>
> IV – para a realização de estudos por órgão de pesquisa, garantida, sempre que possível, a anonimização dos dados pessoais;
>
> V – quando necessário para a execução de contrato ou de procedimentos preliminares relacionados a contrato do qual seja parte o titular, a pedido do titular dos dados;
>
> VI – para o exercício regular de direitos em processo judicial, administrativo ou arbitral, esse último nos termos da Lei 9.307, de 23 de setembro de 1996 (Lei de Arbitragem);
>
> VII – para a proteção da vida ou da incolumidade física do titular ou de terceiro;
>
> VIII – para a tutela da saúde, exclusivamente, em procedimento realizado por profissionais de saúde, serviços de saúde ou autoridade sanitária;

---

55. Rol não é taxativo. Conf. KONDER, Carlos Nelson. O tratamento de dados sensíveis à luz da Lei 13.709/2018. In: KONDER, Carlos Nelson. O tratamento de dados sensíveis à luz da Lei 13.709/2018. In: TEPEDINO, Gustavo. FRAZÃO, Ana. OLIVA, Milena Donato. *Lei Geral de Proteção de Dados Pessoais e suas repercussões no direito brasileiro*. São Paulo: Thomson Reuters, 2019. p. 455.
56. RODOTÀ, Stefano. *A vida na sociedade da vigilância*. A privacidade hoje. Rio de Janeiro: Renovar, 2008. p. 96.
57. JUNQUEIRA, Thiago. *Tratamento de dados pessoais e discriminação algorítmica nos seguros*. São Paulo: Thomson Reuters Brasil, 2020.

IX – quando necessário para atender aos interesses legítimos do controlador ou de terceiro, exceto no caso de prevalecerem direitos e liberdades fundamentais do titular que exijam a proteção dos dados pessoais; ou

X – para a proteção do crédito, inclusive quanto ao disposto na legislação pertinente.

Já o artigo 11, que trata das hipóteses de tratamento de dados sensíveis, prevê:

Art. 11. O tratamento de dados pessoais sensíveis somente poderá ocorrer nas seguintes hipóteses:

I – quando o titular ou seu responsável legal consentir, de forma específica e destacada, para finalidades específicas;

II – sem fornecimento de consentimento do titular, nas hipóteses em que for indispensável para:

a) cumprimento de obrigação legal ou regulatória pelo controlador;

b) tratamento compartilhado de dados necessários à execução, pela administração pública, de políticas públicas previstas em leis ou regulamentos;

c) realização de estudos por órgão de pesquisa, garantida, sempre que possível, a anonimização dos dados pessoais sensíveis;

d) exercício regular de direitos, inclusive em contrato e em processo judicial, administrativo e arbitral, este último nos termos da Lei 9.307, de 23 de setembro de 1996 (Lei de Arbitragem);

e) proteção da vida ou da incolumidade física do titular ou de terceiro;

f) tutela da saúde, exclusivamente, em procedimento realizado por profissionais de saúde, serviços de saúde ou autoridade sanitária; ou

g) garantia da prevenção à fraude e à segurança do titular, nos processos de identificação e autenticação de cadastro em sistemas eletrônicos, resguardados os direitos mencionados no art. 9º desta Lei e exceto no caso de prevalecerem direitos e liberdades fundamentais do titular que exijam a proteção dos dados pessoais.

Pela simples leitura de ambos os dispositivos, é possível identificar que o regime geral do artigo 7º é menos rigoroso que a disciplina disposta no artigo 11, que permite o tratamento sem o consentimento (11, I) somente se indispensável (11, II). Além disso, não estão no rol do artigo 11 o legítimo interesse do controlador e o tratamento necessário à execução do contrato, presentes no artigo 7º.

Duas são as principais hipóteses que podem ser utilizadas pelo segurador para o tratamento de dados sensíveis: o consentimento (art. 11, I) e o cumprimento de obrigação legal ou regulatória pelo controlador (art. 11, II, a), que serão analisadas a seguir.[58]

Quanto ao consentimento, a sua base polariza a disciplina da proteção dos dados pessoais, em uma evidente evolução histórico-legislativa das normas protetivas que culminou com o titular sendo o protagonista da matéria em uma aposta no indivíduo

---

58. Uma terceira base legal poderia ser utilizada: o exercício regular de direitos, inclusive em contrato e em processo judicial, administrativo e arbitral (art. 11, II, d). No entanto, esta se refere, no aspecto contratual, ao cumprimento de prestação obrigacional, avançando do momento da formação do contrato, objeto deste estudo. Conf.: TEFFÉ, Chiara Spadaccini. Comentários ao artigo 11 da LGPD. In: MARTINS, Guilherme Magalhães. LONGHI, João Victor Rozatti. FALEIROS JÚNIOR, José Luiz de Moura. *Comentários à Lei Geral de Proteção de Dados Pessoais*. Indaiatuba, SP: Editora Foco, 2022. p. 143.

ser capaz, racional e hábil para controlar os seus dados pessoais,[59] o que, por si só, não se mostrou eficaz justamente em razão de sua (hiper)vulnerabilidade.[60]

Nos termos da LGPD, consentimento é uma "manifestação livre, informada e inequívoca pela qual o titular concorda com o tratamento de seus dados pessoais para uma finalidade determinada" (art. 5º, XII), é "um ato do titular cujo efeito será de autorizar um determinado tratamento para os dados pessoais".[61]

Para ser válido, o consentimento deve representar uma escolha livre do titular, sem vício ou influência sobre a sua vontade, além de ser previamente informado de forma detalhada e clara sobre a finalidade do tratamento. Deve ser comprovado pelos meios admitidos pelo direito, sendo ônus da prova do controlador a sua devida obtenção, podendo ser revogado a qualquer momento pelo titular.

O artigo 11, I, exige ainda que seja o consentimento emitido de forma específica e destacada, e para finalidades específicas. Quanto ao adjetivo específico, este deve ser entendido como uma manifestação em relação a propósitos concretos e claramente determinados pelo controlador e antes do início do tratamento de dados em questão.[62]

Já o adjetivo destacado deve ser compreendido no sentido de que o titular deve ter pleno acesso ao documento que informará todos os fatos relevantes sobre o tratamento de dados pessoais, cujas disposições devem vir em destaque para que a expressão do consentimento esteja conforme exigência da lei.[63]

Vem à tona, ainda, o princípio da finalidade, que impõe que somente será legítima a declaração de vontade que estiver ligada a um objetivo específico. Ou seja, declarações genéricas para tratamento de dados pessoais sensíveis não serão válidas, eis que devem necessariamente se referir a uma concreta finalidade.[64]

Lecionam Bruno Miragem e Juliano Madalena que, tradicionalmente no direito privado, o consentimento compreende manifestação de vontade geralmente associada à submissão da esfera jurídica daquele que declara ou exprime efeitos e repercussões de ação, estado ou atividade exterior. Assim, deve o seu exame ser concentrado na

---

59. BIONI, Bruno Ricardo. *Proteção de dados pessoais*: a função e os limites do consentimento. 2. ed. Rio de Janeiro: Forense, 2020. p. 129.
60. BIONI, Bruno Ricardo. *Proteção de dados pessoais*: a função e os limites do consentimento. 2. ed. Rio de Janeiro: Forense, 2020. Diversas passagens, mas destacamos os capítulos IV e V da parte II, bem como a conclusão.
61. DONEDA, Danilo. *Da privacidade à proteção dos dados pessoais*: elementos da formação da Lei Geral de Proteção de Dados. 2. ed. São Paulo: Thomson Reuters Brasil, 2019. p. 302.
62. TEFFÉ, Chiara Spadaccini. Comentários ao artigo 11 da LGPD. In: MARTINS, Guilherme Magalhães. LONGHI, João Victor Rozatti. FALEIROS JÚNIOR, José Luiz de Moura. *Comentários à Lei Geral de Proteção de Dados Pessoais*. Indaiatuba, SP: Editora Foco, 2022. p. 137.
63. TEFFÉ, Chiara Spadaccini. Comentários ao artigo 11 da LGPD. In: MARTINS, Guilherme Magalhães. LONGHI, João Victor Rozatti. FALEIROS JÚNIOR, José Luiz de Moura. *Comentários à Lei Geral de Proteção de Dados Pessoais*. Indaiatuba, SP: Editora Foco, 2022. p. 137.
64. MULHOLLAND, Caitlin. Os contratos de seguro e a proteção dos dados pessoais sensíveis. In: GOLDBERG, Ilan. JUNQUEIRA, Thiago (Coord.). *Temas atuais de direito dos seguros*. São Paulo: Thomson Reuters Brasil, 2020. t. I, p. 89.

manifestação de vontade do titular que celebra negócio jurídico quando autoriza o tratamento de dados pelo agente de tratamento, exigindo, então, os requisitos do artigo 104 do Código Civil.[65] Existem cenários em que há em uma mesma declaração de vontade mais de uma função distinta, como a vontade de contratar (celebrar negócio jurídico) implicar também o consentimento para tratamento de dados pessoais.[66]

Doneda ressalva que ao consentimento não deve ser atribuída uma caracterização puramente negocial, pois, "se assim fosse, seria legitimada a inserção desse consentimento em estruturas contratuais, dificultando a sua valoração em função dos atributos da personalidade que estão em jogo".[67]

A definição de consentimento disposta na LGPD (art. 5º, XII, acima colacionado) é bastante semelhante à previsão do artigo 4º, 11, do Regulamento Geral de Proteção de Dados (RGPD), que da seguinte forma o conceitua: "uma manifestação de vontade, livre, específica, informada e explícita, pela qual o titular dos dados aceita, mediante declaração ou ato positivo inequívoco, que os dados pessoais que lhe dizem respeito sejam objeto de tratamento".

Sobre o ponto, Luis Poças, em manifestação que pode ser aproveitada para a realidade brasileira, destaca que o requisito da liberdade do consentimento é problemático:

> Na verdade, sendo – como é – o tratamento de dados de saúde indispensável à celebração e execução dos contratos de seguro de pessoas, e requerendo esse tratamento uma fonte de licitude, se esta residisse no consentimento do titular tal implicaria que a celebração do contrato ficasse condicionada a obtenção desse prévio consentimento. Porém, um consentimento assim obtido – como condição de celebração de um contrato ou da prestação de um serviço – não seria já livre, o que o tornaria inválido, provocando a ilicitude do tratamento nele assente.[68]

Já o cumprimento de obrigação legal ou regulatória pelo controlador diz respeito àquelas informações necessárias ao cumprimento de obrigação normativa ou regulatória. Nessas situações, não há uma escolha do controlador, mas sim uma obrigação normativa, particularmente comum em setores regulados como o securitário, mas também o financeiro, de saúde, dentre outros. A finalidade do tratamento estará vinculada à previsão da norma, não podendo haver o aproveitamento do dado obtido para finalidade diversa.

Ou seja, os agentes estarão mais que autorizados a realizar o tratamento de dados quando estiverem cumprindo determinações legais ou regulatórias, que é o caso da

---

65. Art. 104. A validade do negócio jurídico requer: I – agente capaz; II – objeto lícito, possível, determinado ou determinável; III – forma prescrita ou não defesa em lei.
66. MIRAGEM, Bruno. MADALENA, Juliano. Comentários ao artigo 7º da LGPD. In: MARTINS, Guilherme Magalhães. LONGHI, João Victor Rozatti. FALEIROS JÚNIOR, José Luiz de Moura. *Comentários à Lei Geral de Proteção de Dados Pessoais*. Indaiatuba, SP: Editora Foco, 2022. p. 70.
67. DONEDA, Danilo. *Da privacidade à proteção dos dados pessoais*: elementos da formação da Lei Geral de Proteção de Dados. 2. ed. São Paulo: Thomson Reuters Brasil, 2019. p. 302.
68. POÇAS, Luis. Os seguros de pessoas e o tratamento de dados sensíveis. In: GOLDBERG, Ilan. JUNQUEIRA, Thiago (Coord.). *Temas atuais de direito dos seguros*. São Paulo: Thomson Reuters Brasil, 2020. t. I, p. 59.

declaração inicial do risco para o negócio de seguro.[69] O desafio é determinar quais seriam os dados sensíveis indispensáveis ao cumprimento das obrigações legais e regulatórias no contrato de seguro, conforme exigência normativa do inciso II do artigo 11 – tarefa dos órgãos reguladores.

Por que não o consentimento?

Algumas razões podem ser apontadas. Primeiramente, é questionável a "efetividade de um quadro normativo focado no poder de escolha dos indivíduos".[70] O amplo reconhecimento da vulnerabilidade dos titulares/consumidores deve ser levado em conta.[71] Ora, se a LGPD busca "proteger os direitos fundamentais de liberdade e de privacidade e o livre desenvolvimento" (art. 1º da Lei) do titular, este, diante de sua reconhecida vulnerabilidade frente ao agente de tratamento, encontra-se em situação de inferioridade, podendo consentir com algo que não tenha tido a devida compreensão.

Além disso, se reconhece uma redução da força da autonomia privada no curso da história.[72] Por qual razão agora dar-se-ia tamanho poder ao titular avaliar se permitirá o acesso ou fornecimento de seus dados sensíveis pelo segurador em situações que nem sempre lhe são claras? Dar esta responsabilidade às seguradoras, amplamente fiscalizadas e reguladas, parece ser mais condizente com o objetivo, fundamentos e princípios de proteção de dados.[73] É de se dizer que ao não ser aplicada a base do consentimento, mas sim a de cumprimento de obrigação legal ou regulatória, não estaria sendo limitada a autonomia do titular, que, vulnerável, consente sem entender, mas sim limitar-se-ia a autonomia da companhia seguradora, que atualmente trata dados sensíveis de acordo com o seu entendimento.

Outro argumento se refere à possibilidade da revogação do consentimento por parte do titular, conforme previsão do artigo 18, IX, da LGPD. A revogação do consentimento para que a seguradora realize o tratamento de dados pessoais sensíveis poderá gerar a resolução do contrato, o que acabaria por prejudicar os interesses do próprio titular.[74]

Sobre o ponto, o Considerando 42 do RGPD, parte final, prevê que não haverá consentimento livre se o titular não dispuser de uma escolha verdadeira ou livre ou não puder recusar nem retirar o consentimento sem ser prejudicado. No mes-

---

69. MIRAGEM, Bruno. PETERSEN, Luiza. *Direito dos seguros*. Rio de Janeiro: Forense, 2022. p. 308-309.
70. BIONI, Bruno Ricardo. *Proteção de dados pessoais*: a função e os limites do consentimento. 2. ed. Rio de Janeiro: Forense, 2020. p. 114.
71. MIRAGEM, Bruno. MADALENA, Juliano. Comentários ao artigo 7º da LGPD. In: MARTINS, Guilherme Magalhães. LONGHI, João Victor Rozatti. FALEIROS JÚNIOR, José Luiz de Moura. *Comentários à Lei Geral de Proteção de Dados Pessoais*. Indaiatuba, SP: Editora Foco, 2022. p. 73-74.
72. AMARAL NETO, Francisco dos Santos. A autonomia privada como princípio fundamental da ordem jurídica. Perspectivas estrutural e funcional. *Revista de informações legislativas*, Brasília, a. 26, n. 102, abr./jun. 1989.
73. Considerando que excessos por parte das companhias de seguro serão punidos.
74. POÇAS, Luís. Os seguros de pessoas e o tratamento de dados sensíveis. In: GOLDBERG, Ilan. JUNQUEIRA, Thiago (Coord.). *Temas atuais de direito dos seguros*. São Paulo: Thomson Reuters Brasil, 2020. t. I, p. 58.

mo sentido, o *Working Party 29*[75] já referiu que "regra geral, o RGPD prevê que se o titular dos dados não puder exercer uma verdadeira escolha, se sentir coagido a dar o consentimento ou sofrer consequências negativas caso não consinta, então o consentimento não é válido".[76]

Poderá ser alegado que haverá fiscalização da CNSP e da SUSEP, ou mesmo do Ministério Público, para evitar-se abusos e ilicitudes caso seja adotada como correta a base do consentimento pela seguradora. Isso, no entanto, oportuniza que se argumente que a melhor hipótese de tratamento de dados sensíveis pelo segurador é o cumprimento de obrigação legal ou regulatória pelo controlador pelas seguintes razões.

A declaração inicial de risco encaixa-se perfeitamente nesta base, já que o tratamento é necessário para que o segurador dimensione o risco, havendo disposições legais (Código Civil[77]) e regulamentares[78] que poderiam ali encontrar fundamento, ou ao menos início de fundamento que pode ser mais bem desenvolvido pelas entidades regulamentadoras. É de se referir ainda a possibilidade da autorregularão setorial, nos termos do art. 50, LGPD,[79] sendo a mesma fonte do direito dos seguros.

O desafio de determinar quais seriam os dados sensíveis indispensáveis ao cumprimento das obrigações legais seriam apontadas pelo agente regulador deste segmento já extremamente regulado, conforme apontado na pesquisa.

---

75. O WP.29 era um órgão consultivo europeu independente em matéria de proteção e privacidade de dados, tendo as suas funções descritas no artigo 30 da Diretiva 95/46/CE e no artigo 15º da Diretiva 2002/58/CE. O WP.29 foi substituído pela *European Data Protection Board* com a promulgação do RGPD, mas seus estudos continuam sendo utilizados como fonte segura de pesquisa.
76. ARTICLE 29 DATA PROTECTION WORKING PARTY. Opinion 15/2011 on the definition of consent. 13 July 2011. Disponível em: https://bit.ly/45yz9Qk. Acesso em: 15 out. 2023.
77. Neste ponto, Miragem e Petersen, discorrendo sobre a base legal cumprimento de obrigação legal ou regulatória no tratamento de dados sensíveis pelo segurador, já lecionaram: "À semelhança do regime geral, a hipótese abrange aquelas situações em que o tratamento é necessário para o cumprimento de obrigação legal ou regulatória pelo segurador. Como já afirmado, este poderá ser o caso daqueles dados relevantes para a análise do risco, que possam influir na aceitação da proposta ou no valor do prêmio, cujo tratamento se apoia na disciplina da declaração inicial do risco (art. 766 do CC); dos dados relevantes para a revisão do prêmio, cujo tratamento se apoia nas normas relativas ao agravamento e diminuição do risco (arts. 769 e 770); dos dados necessários a regulação e liquidação do sinistro, cujo tratamento se apoia na obrigação de regulação e liquidação do sinistro, prevista no contrato e em norma regulamentar, e de pagamento da indenização securitária (art. 776 do CC)." MIRAGEM, Bruno. PETERSEN, Luiza. *Direito dos seguros*. Rio de Janeiro: Forense, 2022. p. 308-309.
78. Apenas a título de exemplo, seguem que trazem disposições sobre diversos pontos dos respectivos tipos de contrato de seguros, inclusive sobre a declaração inicial a ser preenchida pelo segurado ou representante: Resolução CNSP 439/2022, que dispõe sobre as características gerais para operação das coberturas de risco de seguros de pessoas; Circular SUSEP 667/2022, que dispõe sobre as regras complementares de funcionamento e os critérios para operação das coberturas de risco de seguros de pessoas.
79. Art. 50. Os controladores e operadores, no âmbito de suas competências, pelo tratamento de dados pessoais, individualmente ou por meio de associações, poderão formular regras de boas práticas e de governança que estabeleçam as condições de organização, o regime de funcionamento, os procedimentos, incluindo reclamações e petições de titulares, as normas de segurança, os padrões técnicos, as obrigações específicas para os diversos envolvidos no tratamento, as ações educativas, os mecanismos internos de supervisão e de mitigação de riscos e outros aspectos relacionados ao tratamento de dados pessoais.

CONCLUSÃO

Conforme exposto na primeira parte desta pesquisa, o setor dos seguros, com o direito institucional dos seguros e o direito material dos seguros, é extremamente regulado.

Foi visto também que a declaração inicial de risco é elemento essencial do contrato de seguro. Através dela, são coletadas pelo segurador as informações necessárias para o dimensionamento do risco. O órgão regulador poderia, assim, previamente dispor quais dados sensíveis o agente de tratamento poderia solicitar para cumprir com a sua necessidade.

Desta forma, a base legal cumprimento de obrigação legal ou regulatória de forma mais eficiente protege os interesses do consumidor titular, os direitos fundamentais de liberdade e de privacidade e o livre desenvolvimento da personalidade da pessoa natural, nos termos do art. 1º da LGPD.

REFERÊNCIAS

AMARAL NETO, Francisco dos Santos. A autonomia privada como princípio fundamental da ordem jurídica. Perspectivas estrutural e funcional. *Revista de informações legislativas*, Brasília, a. 26, n. 102, abr./jun. 1989.

BIONI, Bruno Ricardo. *Proteção de dados pessoais*: a função e os limites do consentimento. 2. ed. Rio de Janeiro: Forense, 2020.

COMPARATO, Fabio Konder. *O seguro de crédito*. Estudo jurídico. São Paulo: Ed. RT, 1968.

COUTO E SILVA, Clovis do. O regime do seguro no brasil e a situação das companhias seguradoras. *Revista dos Tribunais*. Doutrinas Essenciais Obrigações e Contratos, v. 6, p. 653-669, jun. 2011.

DONEDA, Danilo. *Da privacidade à proteção dos dados pessoais*: elementos da formação da Lei Geral de Proteção de Dados. 2. ed. São Paulo: Thomson Reuters Brasil, 2019.

JUNQUEIRA, Thiago. O risco no domínio dos seguros. In: GOLDBERG, Ilan. JUNQUEIRA, Thiago (Coord.). *Temas atuais de direito dos seguros*. São Paulo: Thomson Reuters Brasil, 2020. t. II.

JUNQUEIRA, Thiago. *Tratamento de dados pessoais e discriminação algorítmica nos seguros*. São Paulo: Thomson Reuters Brasil, 2020.

KONDER, Carlos Nelson. O tratamento de dados sensíveis à luz da Lei 13.709/2018. In: TEPEDINO, Gustavo. FRAZÃO, Ana. OLIVA, Milena Donato. *Lei Geral de Proteção de Dados Pessoais e suas repercussões no direito brasileiro*. São Paulo: Thomson Reuters, 2019.

MARTINS-COSTA, Judith. Prefácio. In: GOLDBERG, Ilan. JUNQUEIRA, Thiago (Coord.). *Temas atuais de direito dos seguros*. São Paulo: Thomson Reuters Brasil, 2020. t. I.

MARTINS-COSTA, Judith. Contrato de seguro e contrato de resseguro. Sinistro complexo e cláusula de interdependência. Defeito no fornecimento. Interpretação contratual. A prática ("usos individuais") e as relações interempresariais. Comportamento posterior das partes. Comportamento deslealmente contraditório e proteção da confiança legítima. Prescrição e pretensão de direito material. *Revista dos Tribunais*. v. 948, p. 193-246, out. 2014.

MENEZES CORDEIRO, A. *Direito dos seguros*. 2. ed. Coimbra: Almedina, 2016.

MIRAGEM, Bruno. *Curso de direito do consumidor*. 8. ed. São Paulo: Thomson Reuters, 2019.

MIRAGEM, Bruno. MADALENA, Juliano. Comentários ao artigo 7º da LGPD. In: MARTINS, Guilherme Magalhães. LONGHI, João Victor Rozatti. FALEIROS JÚNIOR, José Luiz de Moura. *Comentários à Lei Geral de Proteção de Dados Pessoais*. Indaiatuba, SP: Editora Foco, 2022.

MIRAGEM, Bruno. O direito dos seguros no sistema jurídico brasileiro: uma introdução. In: MIRAGEM, Bruno. CARLINI, Angélica. *Direito dos seguros*. Fundamentos de direito civil, direito empresarial e direito do consumidor. São Paulo: Ed. RT, 2014.

MIRAGEM, Bruno. PETERSEN, Luiza. *Direito dos seguros*. Rio de Janeiro: Forense, 2022.

MIRAGEM, Bruno. PETERSEN, Luiza. O contrato de seguro e a Lei Geral de Proteção de Dados. In: MIRAGEM, Bruno. MARQUES, Claudia Lima. MAGALHÃES, Lucia Ancona Lopez de. *Direito do consumidor*. 30 anos do CDC: da consolidação como direito fundamental aos atuais desafios da sociedade. Rio de Janeiro: Forense, 2021.

MULHOLLAND, Caitlin. Os contratos de seguro e a proteção dos dados pessoais sensíveis. In: GOLDBERG, Ilan. JUNQUEIRA, Thiago (Coord.). *Temas atuais de direito dos seguros*. São Paulo: Thomson Reuters Brasil, 2020. t. I.

PASQUALOTTO, Adalberto. *Contratos nominados III*. São Paulo: Ed. RT, 2008.

PASQUALOTO, Adalberto. Os papéis da álea e da garantia no contrato de seguro: uma visão das leis portuguesa e brasileira. *Revista dos Tribunais*. v. 885, p. 9-29, jul. 2009.

PETERSEN, Luiza. Diálogo das fontes e interpretação sistemática no direito dos seguros. In: Marques, Claudia Lima. MIRAGEM, Bruno. *Diálogo das fontes*. Novos estudos sobre a coordenação e aplicação das normas no direito brasileiro. São Paulo: Thomson Reuters Brasil, 2020.

PETERSEN, Luiza. *O risco no contrato de seguro*. São Paulo: Roncarati, 2018.

POÇAS, Luís. O dever de descrição exata e completa do risco a segurar. *RJLB*, ano 2, n. 2, 2016.

POÇAS, Luís. Os seguros de pessoas e o tratamento de dados sensíveis. In: GOLDBERG, Ilan. JUNQUEIRA, Thiago. *Temas atuais de direito dos seguros*. São Paulo: Thomson Reuters Brasil, 2020. t. I e II.

PONTES DE MIRANDA, Francisco Cavalcanti. *Tratado de direito privado*. Atualizado por Bruno Miragem. São Paulo: Ed. RT, 2012. t. XLV.

RODOTÀ, Stefano. *A vida na sociedade da vigilância*. A privacidade hoje. Rio de Janeiro: Renovar, 2008.

TEFFÉ, Chiara Spadaccini. Comentários ao artigo 11 da LGPD. In: MARTINS, Guilherme Magalhães. LONGHI, João Victor Rozatti. FALEIROS JÚNIOR, José Luiz de Moura. *Comentários à Lei Geral de Proteção de Dados Pessoais*. Indaiatuba, SP: Editora Foco, 2022.

TRINDADE, Manoel Gustavo Neubarth. *Análise econômica do direito dos contratos*. Uma nova abordagem do direito contratual como redutor das falhas de mercado. Londrina: Thoth, 2021.

INTERNET DAS COISAS E GENERATIVIDADE: COMO TUTELAR OS INTERESSES COLETIVOS SEM LIMITAR A INOVAÇÃO?

Tales Calaza

Mestrando em Direito pela Universidade Federal de Minas Gerais – UFMG. Pós-graduado em Processo Civil e em Direito do Consumidor na Era Digital pela UniDomBosco. Possui Extensão em Direito Contratual pela Harvard Law School. Coordenador da Comunidade Internacional de Estudos em Direito Digital (CIED). Fundador das iniciativas Calaza Legal Studio e Café Jurídico. Head Member da comunidade Uberhub Legaltech. Advogado. E-mail para contato: talescalaza@gmail.com.

José Luiz de Moura Faleiros Júnior

Doutorando em Direito Civil pela Universidade de São Paulo – USP/Largo de São Francisco. Doutorando em Direito, na área de estudo 'Direito, Tecnologia e Inovação', pela Universidade Federal de Minas Gerais – UFMG. Mestre em Direito pela Universidade Federal de Uberlândia – UFU. Especialista em Direito Digital, com extensão universitária na Universidade de Chicago. Associado Fundador do Instituto Avançado de Proteção de Dados – IAPD. Membro do Instituto Brasileiro de Estudos de Responsabilidade Civil – IBERC. Advogado.

Sumário: 1. Introdução – 2. Panorama evolutivo das conexões – 3. A internet das coisas (IOT); 3.1 A internet das coisas inúteis; 3.2 Problemáticas normativas; 3.3 Regulação de IOT – 4. Novos desafios trazidos pelos *devices* na sociedade da informação – 5. IOT: uma proposta transdisciplinar de regulação – Conclusão – Referências.

1. INTRODUÇÃO

A Internet das Coisas (mais conhecida pela nomenclatura *Internet of Things* ou IoT, da língua inglesa) está mudando a forma como os seres humanos se relacionam com a tecnologia e como os dispositivos se comunicam entre si. Desde pequenos acessórios vestíveis a regiões metropolitanas em conexão completa, tudo o que se conectar será conectado.[1]

Esse cenário de "hiperconexão" traz novas possibilidades que facilitam de forma exponencial a vida em sociedade, a exemplo de automações de cadeia produtiva (ao passo em que um dispositivo de checagem de estoque já solicita automaticamente um produto ao fornecedor quando estiver em falta) até simples atos do cotidiano

---

1. "Anything that can be connected, will be connected". MORGAN, Jacob. A simple explanation of 'The Internet of Things'. *Forbes*, 2014. Disponível em: https://www.forbes.com/sites/jacobmorgan/2014/05/13/simple-explanation-internet-things-that-anyone-can-understand/?sh=3cf7acf01d09. Acesso em: 26 mar. 2023.

(ao passo em que o *smartwatch* do indivíduo envia relatórios de batimento cardíaco e nível de oxigênio no sangue ao seu médico durante suas atividades físicas).

Apesar de trazer inúmeras oportunidades que facilitam a vida, a IoT também apresenta desafios em relação à segurança e à privacidade dos dados. Com a interconexão em grande escala de dispositivos, as vulnerabilidades aumentam e é necessário garantir proteção contra ameaças cibernéticas e vazamento de informações sigilosas.

Além disso, a questão da regulamentação também é um desafio, já que a inovação e a exploração de novas tecnologias podem ser limitadas por regulamentações excessivas e inapropriadas. Entretanto, com essas novas possibilidades, também surgem novos desafios. Estudiosos se deparam com questionamentos como: qual é o limite da colheita e compartilhamento de dados pelos dispositivos conectados em IoT? Quais modalidades regulatórias devem ser aplicadas a estes dispositivos, de modo que proteja os indivíduos, mas não impeça a inovação?

Com estes questionamentos em mente, o presente trabalho visa investigar os desafios trazidos pelos dispositivos mais inovadores e disruptivos conectados à internet das coisas, assim como, ao final, trazer uma proposta de solução regulatória para este cenário, de modo que tutele os interesses da coletividade sem se mostrar como um empecilho para a inovação.

2. PANORAMA EVOLUTIVO DAS CONEXÕES

Nos anos 90, a sociedade foi introduzida ao conceito da "Web 1.0". Nesta chamada "primeira geração da Web",[2] o usuário se deparava com um contexto de utilização *read-only*, ou seja, um ambiente exclusivamente de leitura, onde não havia a possibilidade de interagir diretamente com websites ou outros usuários.

Neste momento, já é possível identificar a formação do que é conhecido hoje como sociedade da informação, tendo em vista que essa rede de conexão possibilitou um verdadeiro "caldo de informação",[3] onde essa pode ser consultada a qualquer momento, de qualquer localidade.

Em meados dos anos 2000, a interação que até então não ocorria entre usuário e máquina foi possibilitada. Neste momento, começam a surgir websites como o YouTube e o Facebook,[4] que possibilitam que o usuário saia da posição de mero espectador (uma posição passiva) e passe a ser um produtor de conteúdo – neste momento, surge a figura do *prosumer*[5] (produtor e consumidor).

---

2. GIL, Henrique. A passagem da Web 1.0 para a Web 2.0 e Web 3.0: potenciais consequências para uma «humanização» em contexto educativo. *Educatic*, [S.l], n. 5. p. 1-2, 2014.
3. Ibidem.
4. CORMODE, Graham; KRISHNAMURTHY, Balachander. Key differences between Web 1.0 and Web 2.0. *First Monday*, [S.l], 2008. Disponível em: https://doi.org/10.5210/fm.v13i6.2125. Acesso em: 26 mar. 2023.
5. GIURGIU, Luminita; BÂRSAN, Ghita. The prosumer – core and consequence of the web 2.0 era. *Revista de Informática Social*, [S.l], n. 9, 2008.

Nesta fase chamada de "Web colaborativa",[6] já é possível verificar uma situação relevantíssima: antes deste momento, somente os provedores de aplicação poderiam filtrar e compartilhar conteúdos na rede, de modo que poderiam ser facilmente responsabilizados por eventuais condutas danosas. Entretanto, com o advento da Web 2.0 e a possibilidade de usuários criarem e compartilharem conteúdos a partir de plataformas de provedores de aplicação, a dificuldade de filtrar tais conteúdos cresceu exponencialmente, o que foi inclusive uma das justificativas da criação do controverso artigo 19 do Marco Civil da Internet (Lei 12.965/2014).

Não muito tempo depois, ainda na primeira década dos anos 2000, os primeiros dispositivos começam a apresentar a capacidade de interagir entre si de forma autônoma. Além disso, os conteúdos passam a ser organizados de forma semântica, mais personalizados para cada usuário. Surge então a Web 3.0, que traz como princípio a democratização da informação para os usuários.[7]

A Internet das Coisas (IoT) está cada vez mais presente em nossas vidas, desde pequenos dispositivos vestíveis até grandes cidades conectadas. Essa hiperconexão tem trazido muitas possibilidades para facilitar a vida em sociedade, como automação da cadeia produtiva e acompanhamento da saúde pessoal, mas também apresenta desafios em relação à segurança e à privacidade dos dados.

Regulamentar a IoT também é um desafio, já que a inovação e a exploração de novas tecnologias podem ser limitadas por regulamentações excessivas e inapropriadas. É importante encontrar um equilíbrio entre garantir a proteção dos indivíduos e não impedir a inovação e o desenvolvimento tecnológico.

Com a crescente utilização da IoT, novos desafios surgem em relação à segurança e privacidade dos dados. Com a interconexão em grande escala de dispositivos, as vulnerabilidades aumentam e é necessário garantir proteção contra ameaças cibernéticas e vazamento de informações sigilosas. Outro desafio importante é a questão da interoperabilidade, ou seja, a capacidade dos dispositivos se comunicarem entre si de forma harmoniosa e eficiente, independentemente da marca ou do modelo.

Além disso, a questão da regulamentação também é um desafio na IoT. É difícil estabelecer um conjunto uniforme de regras para um cenário tão diverso, o que pode levar a problemas como a falta de padronização e contradições entre as leis de diferentes países.

Porém, um dos maiores desafios da IoT é a questão da coleta e compartilhamento de dados. Com tantos dispositivos conectados, é possível coletar uma quantidade

---

6. ARAYA, Elizabeth; VIDOTTI, Silvana. Web colaborativa: inovação na criação, proteção e uso legal de informação. *DataGramaZero*, [S.l], v. 12, n. 4, 2011. Disponível em: http://hdl.handle.net/20.500.11959/brapci/7412. Acesso em: 26 mar. 2023.
7. OLIVEIRA, Felipe Rodrigues; MAZIERO, Ronaldo Colucci; ARAÚJO, Liriane Soares de. Um estudo sobre a web 3.0: evolução, conceitos, princípios, benefícios e impactos. *Revista Interface Tecnológica*, [S.l], v. 15, n. 2, p. 60-71, 2018. Disponível em: https://revista.fatectq.edu.br/index.php/interfacetecnologica/article/view/492. Acesso em: 26 mar. 2023.

imensa de informações pessoais, desde hábitos de consumo até informações biométricas. É necessário, portanto, delimitar até que ponto é ético e legal a colheita e uso desses dados, sempre levando em consideração os direitos dos usuários.

Para enfrentar os desafios trazidos pela IoT, se faz necessária uma abordagem regulatória adequada e eficiente. A regulamentação deve estabelecer regras claras e objetivas para a proteção dos dados pessoais, além de promover a interoperabilidade entre os dispositivos e garantir a segurança cibernética.

Neste panorama evolutivo de conectividade e interoperabilidade de dispositivos, a sociedade da informação passa a ser apresentada a novos conceitos ou conceitos já existentes, mas que precisam ser revisitados diante da disrupção tecnológica da contemporaneidade, tais como: *Big Data* (termo que representa o grande volume de dados produzidos de maneira exponencial na atualidade),[8] algoritmos (sequência detalhada de ações a serem executadas para realizar alguma tarefa),[9] *cloud computing* (ambiente de computação baseado em uma imensa rede de servidores, virtuais ou físicos),[10] inteligência artificial (capacidade dotada a uma entidade não natural para tomada de decisões com base em um processo decisório previamente adotado), entre muitos outros.

Em que pese cada um dos termos acima merecer um estudo detalhado por si só, na linha de pesquisas que já estamos a realizar,[11] o presente trabalho visa propiciar aprofundamento em relação aos desafios trazidos pela conexão realizada entre dispositivos físicos conectados à rede, que recebem e transmitem dados e possuem um número de identificação e protocolo (IP), o que apresenta o cidadão da sociedade da informação a mais um novo conceito: a internet das coisas (IoT).

3. A INTERNET DAS COISAS (IOT)

A internet das coisas pode ser definida como uma "extensão da internet atual", que proporciona que os objetos utilizados por uma pessoa no seu cotidiano, e que tenham capacidade computacional e de comunicação, se conectem à internet.[12]

O leitor provavelmente já se deparou com este tipo de dispositivo no seu dia a dia, seja com o seu *smartphone*, seu *smartwatch* ou mesmo sua *smartv*.

---

8. PIMENTA, Ricardo. *Big Data* e controle da informação na era digital: tecnogênese de uma memória a serviço do mercado e do estado. *Revistas ANCIB*, [S.l], v. 6. n. 2. 2013.
9. Cf. MEDINA, Marco. *Algoritmos e programação*: teoria e prática. São Paulo: Novatec Editora, 2006.
10. Cf. TAURION, Cezar. *Cloud computing*: computação em nuvem: transformando o mundo da tecnologia da informação. Rio de Janeiro: Brasport, 2009.
11. FALEIROS JR., José Luiz de Moura; CALAZA, Tales. Proteção de dados e Internet das Coisas: Breves reflexões sobre generatividade e a (in)utilidade dos dispositivos conectados. *Migalhas de Proteção de Dados*, 1º abr. 2022. Disponível em: https://s.migalhas.com.br/S/D1E66B Acesso em: 26 mar. 2023.
12. SANTOS, Bruno et al. Internet das coisas: da teoria à prática. *Link School of Business*. Disponível em: http://35.238.111.86:8080/jspui/bitstream/123456789/329/1/Santos_Bruno_Internet%20das%20coisas.pdf. Acesso em: 26 mar. 2023.

Apesar de os dispositivos acima estarem intrinsecamente ligados ao entretenimento, veja que essa tecnologia também traz grande impacto na comodidade e conveniência não somente na vida pessoal, mas também na profissional. Imagine, por exemplo, uma geladeira que detecta quando o leite acaba (seja em uma loja ou em uma residência) e já faz automaticamente um pedido de entrega para o fornecedor cadastrado pelo usuário. Tal situação traz benesses para o comprador (que evita faltar algum produto indispensável para sua operação ou para seu dia a dia) e para o vendedor (agiliza a cadeia produtiva e logística).

Em que pese a "geladeira inteligente" acima descrita ser um bom exemplo para fins didáticos no que tange algumas particularidades da IoT, Eduardo Magrani e Maximiliano Martinhão convidam o leitor a esquecê-lo e enxergar a internet das coisas como "a progressiva automatização de setores inteiros da economia e da vida social com base na comunicação máquina-máquina: logística, agricultura, transporte de pessoas, saúde, produção industrial e muitos outros".[13]

Neste momento, é importante ficar claro que o conceito de IoT aqui apresentado não se confunde com os demais conceitos trazidos no capítulo anterior deste trabalho. "Web 3.0" está relacionada a estruturas da internet, "*Big Data*" ao processamento de dados, "inteligência artificial" aos processos de tomada de decisão com base em aprendizado de máquina e a internet das coisas à conectividade de dispositivos em rede.

Veja, portanto, que tais conceitos não são sinônimos e nem se excluem, pois é perfeitamente possível que um dispositivo que opere com inteligência artificial seja conectado à IoT e compartilhe e processe numerosas quantias de dado (*Big Data*), integrando a era da Web 3.0.

Um exemplo clássico da situação acima seria um *smartwatch*, tendo em vista que, a depender do modelo, ele "entende" o padrão do dia a dia de seu usuário para lhe sugerir os apps e ações mais convenientes para cada momento (inteligência artificial e *machine learning*), coleta uma massiva quantidade de dados durante o seu uso (*Big Data*), compartilha esses dados com seus outros *devices*, como seu *smartphone* ou outros dispositivos (IoT) e, portanto, é parte integrante da Web 3.0, no que tange ao quesito conectividade e compartilhamento de informações.

A constatação inexorável que se colhe desses questionamentos é a de que o desenvolvimento tecnológico do século XXI sinalizou a necessidade de uma nova teleologia da internet. Novos fins, novos propósitos e novos contextos para uma tecnologia em constante transformação. Desde 2014, convencionou-se utilizar o termo "Web3", cunhado por Gavin Wood,[14] para designar uma internet essencialmente descentralizada, baseada em tokens e na tecnologia blockchain, mas que dependerá,

---

13. MARTINHÃO, Maximiliano S. Apresentação: a Internet das Coisas a serviço das pessoas. In: MAGRANI, Eduardo. *A internet das coisas*. Rio de Janeiro: FGV Editora, 2018, p. 15-16.
14. EDELMAN, Gilad. What is Web3, anyway? *Wired*, 29 nov. 2021. Disponível em: https://www.wired.com/story/web3-gavin-wood-interview/. Acesso em: 26 mar. 2023.

essencialmente, da hiperconectividade. É nesse cenário que se se concebe a expressão "internet das coisas" como um conceito.

Diante desta multiplicidade de conexões e dispositivos, Zittrain propõe o conceito de "generatividade", abrindo a discussão para a classificação da IoT em "internet das coisas úteis" e "internet das coisas inúteis".[15]

Quando a internet foi inaugurada, sobretudo nos anos 90, os dispositivos e as criações foram feitos de uma forma "aberta", sendo que a sua arquitetura possibilitava inovações e que estas fossem acopladas à sua infraestrutura básica. Esse modelo "aberto" foi de extrema importância para possibilitar a forma como os dispositivos são operados hoje. A conectividade e interoperabilidade entre dispositivos da IoT trazem desafios em relação à ética e legalidade da coleta e uso de dados pessoais. Para enfrentar esses desafios, é necessária uma abordagem regulatória eficiente que proteja os dados pessoais, promova interoperabilidade, e garanta a segurança cibernética. A IoT é uma extensão da internet atual que permite que objetos com capacidade computacional e de comunicação se conectem à internet. Esses dispositivos trazem praticidade e conveniência, além de automatizar setores inteiros da economia e sociedade. A IoT deve ser classificada em "útil" e "inútil", de acordo com o conceito de "generatividade" proposto por Zittrain. A conectividade e interoperabilidade dos dispositivos da IoT trazem desafios éticos e legais em relação à coleta e uso de dados pessoais, mas, ainda assim, essa tecnologia é altamente impactante e vem transformando a vida pessoal e profissional dos usuários. A regulamentação eficiente é necessária para proteger os dados pessoais, garantir a interoperabilidade e a segurança cibernética, bem como para promover o uso responsável da IoT.

Muitas vezes os dispositivos conectados à rede são criados com uma finalidade específica a ser atingida. Entretanto, empresas e a própria sociedade podem, posteriormente, descobrir novas utilidades para estes mesmos dispositivos. Esse é o conceito de "generatividade", possibilitado pela forma como a Web fora estruturada.

O conceito de generatividade proposto por Jonathan Zittrain é importante nesse contexto porque permite uma discussão sobre a classificação da IoT em "útil" e "inútil". Quando a internet foi inaugurada, os dispositivos foram criados de forma "aberta", permitindo a inovação e o acoplamento de novas funcionalidades à infraestrutura existente. Isso possibilitou a forma como os dispositivos são operados atualmente, mas também abriu espaço para uma discussão ética e legal em relação à coleta e uso de dados pessoais.

---

15. ZITTRAIN, Jonathan. The Generative Internet. Harvard Law Review, Cambridge, v. 119, p. 1974-2040, maio 2006, p. 1987-1988. Anota: "The Internet today is exceptionally generative. It can be leveraged: its protocols solve difficult problems of data distribution, making it much cheaper to implement network-aware services. It is adaptable in the sense that its basic framework for the interconnection of nodes is amenable to a large number of applications, from e-mail and instant messaging to telephony and streaming video. (...) Thus, programmers independent of the Internet's architects and service providers can offer, and consumers can accept, new software or services".

Para enfrentar esses desafios, é necessária uma abordagem regulatória eficiente que proteja os dados pessoais, promova interoperabilidade e garanta a segurança cibernética. É importante que haja uma regulamentação clara e específica para a IoT, a fim de proteger os usuários finais e evitar abusos de dados. Essa regulamentação também deve incluir mecanismos de responsabilização e penalização em casos de violação de privacidade e segurança. Além disso, a regulamentação deve ser flexível o suficiente para permitir a inovação tecnológica e o desenvolvimento de novas soluções da IoT.

Diante desta perspectiva, a literatura abre discussões sobre a utilidade e a real necessidade de um dispositivo estar conectado à rede. Conforme exposto anteriormente, há alguns *gadgets* e *devices* que realmente aumentam a qualidade de vida de seu usuário ao se conectar na IoT, mas seria essa regra aplicável a todos os dispositivos em rede?

3.1 A internet das coisas inúteis

Sensores em geladeiras e armazéns da indústria alimentícia; rastreadores de localização em tempo real no setor da logística;[16] pulseiras que medem a pressão de pacientes com quadro instável de saúde ao longo do dia. Todos os exemplos anteriores poderiam ser entendidos como integrantes de uma "internet das coisas úteis", tendo em vista que cada dispositivo citado traz uma real vantagem para o usuário do setor indicado.

Com o avanço da IoT, surgiram novos desafios em relação à ética, legalidade e regulamentação da coleta e uso de dados pessoais. A conectividade e interoperabilidade entre dispositivos trouxeram inúmeras facilidades para a vida pessoal e profissional dos usuários, no entanto, a regulamentação eficiente é necessária para proteger os dados pessoais, garantir a interoperabilidade e a segurança cibernética.

O conceito de generatividade proposto por Jonathan Zittrain é importante para classificar a IoT em "útil" e "inútil". A forma como a Web foi estruturada permite que dispositivos inicialmente criados para uma finalidade específica possam ser adaptados para novas utilidades. Entretanto, essa flexibilidade também traz desafios éticos e legais em relação à coleta e uso de dados pessoais. Por isso, é necessária uma regulamentação eficiente que promova a proteção de dados, interoperabilidade e segurança cibernética. Essa regulamentação deve ser flexível para permitir a inovação, mas também responsabilizar casos de violação de privacidade e segurança.

A classificação da IoT em "útil" e "inútil" é um tema bastante discutido na literatura. A IoT inútil seria composta por dispositivos que, mesmo conectados à rede, não apresentam nenhuma real vantagem para os usuários. Dentre os exemplos

---

16. GILCHRIST, Alasdair. *Industry 4.0*: The Industrial Internet of Things. Nova York: Apress, 2016, p. 29-31.

citados podemos destacar a internet das coisas inúteis que são dispositivos criados sem uma finalidade específica.

Essa categoria pode ser composta por dispositivos de baixa qualidade, com poucas funcionalidades e sem nenhuma real utilidade para os usuários. Dessa maneira, a conectividade e interoperabilidade desses dispositivos não trazem nenhum benefício para a sociedade. Além disso, a internet das coisas inúteis pode trazer riscos à privacidade dos usuários, uma vez que, mesmo sem apresentar uma real utilidade para o usuário, esses dispositivos podem coletar dados pessoais. Por isso, é fundamental que haja uma regulamentação clara e específica para a IoT, a fim de proteger os usuários finais e evitar abusos de dados.

Com esses exemplos em mente, o autor Eduardo Magrani convida o leitor para refletir se exemplos como "garrafas térmicas com sensores, geladeiras com Twitter e persianas conectadas" integrariam este rol de utilidade.[17]

Para distinguir os dispositivos conectados entre úteis e inúteis, a *newsletter* TrendWatching delimitou a IoT em áreas como saúde (física e mental), bem-estar, segurança pessoal e privacidade de dados.[18] Outra classificação foi realizada pela empresa Libelium, ao distinguir a IoT nas classes de cidades, meio ambiente, água, medição, segurança e emergências, comércio, logística, controle industrial, agricultura, pecuária, automação residencial e saúde.[19]

Em que pese as classificações acima serem pertinentes para a organização e subdivisão de produtos conectados em IoT, este autor acredita que elas não sejam suficientes para distinguir ultimamente se o dispositivo integraria o conceito de útil ou inútil.

Para investigar o enquadramento do dispositivo em alguma destas duas classificações, o autor propõe a seguinte reflexão: a) se a coleta de dados pelo dispositivo e o esforço praticado pelo usuário resultam em efetiva benesse ao indivíduo (portanto, seria útil); ou b) se a coleta de dados pelo dispositivo e o esforço praticado pelo usuário não resultam em benesse ou comodidade que os justifiquem (portanto, inútil). Considere o exemplo trabalhado por Magrani, no que tange a uma geladeira com Twitter. É extremamente provável que se enquadre no rol de dispositivos da internet das coisas inúteis, tendo em vista que, ao se direcionar para a geladeira, o indivíduo está buscando alimentos e não informações em redes sociais. Além disso, provavelmente essa pessoa estará com seu celular em mãos ou próximo a si, de modo que, caso queira consultar a rede social, dificilmente fará em pé de frente a uma geladeira, mas sim sentada, em seu celular, enquanto aprecia sua refeição.

Veja que, ao somar o esforço praticado pela indústria (programação, mão de obra e elevação de custos para fornecer essa função), o esforço praticado pelo usuário

---

17. MAGRANI, Eduardo. Tecnologia, inovação e internet das coisas (IoT). In: MAGRANI, Eduardo. *A internet das coisas*. Rio de Janeiro: FGV Editora, 2018, p. 47.
18. Internet of caring things. *TrendWatching*. 2014.
19. 50 Sensor applications for a smarter world. Get inspired! Libelium, 2012.

(se desviar de seu objetivo principal de se alimentar e utilizar a rede social em uma posição desconfortável) e a coleta de dados (de redes sociais, por uma geladeira) o resultado não se mostra razoável para gerar uma facilidade ou comodidade que façam sentido. Portanto, tal dispositivo integraria a internet das coisas inúteis.

Apesar da hipótese descrita acima, um contraponto importante de ser levantado é que o mesmo dispositivo poderia ser classificado como útil, a depender de seu usuário. Imagine o seguinte produto: uma geladeira que informa ao seu proprietário que o leite está acabando. Agora veja os dois seguintes cenários. Cenário 1: o proprietário da geladeira é uma pessoa física, em sua residência com seu cônjuge e dois filhos. Cenário 2: o proprietário é uma grande companhia de alimentos, cujo leite é um ingrediente essencial para seu produto final.

No primeiro cenário, o dispositivo provavelmente seria classificado como inútil, vez que o usuário poderia facilmente procurar o leite na geladeira e, em caso de falta, anotar o produto na lista de compras ou em um checklist em seu *smartphone*.

Já no segundo cenário, a empresa utiliza milhares de litros de leite por dia, de modo que não é fácil acompanhar o estoque. Sendo ainda o leite um item indispensável na sua cadeia de produção, tal dispositivo poderia impactar significativamente no negócio ao passo em que controlaria a quantidade de leite que ainda há disponível e, caso esteja acabando, já direcione automaticamente um pedido de reposição para o fornecedor cadastrado. Neste caso, evidentemente, o dispositivo pode ser classificado como útil.

Este fato de um mesmo dispositivo poder apresentar mais de uma forma de uso e, consequentemente, poder ser classificado como útil ou inútil confirma o conceito de "generatividade" anteriormente apresentado neste trabalho. Entretanto, com isso em mente, surgem novos questionamentos, como: qual seria o limite de coleta e uso de dados por um dispositivo "inútil"? Haveria diferenças entre eles e o tratamento por dispositivos classificados como "úteis"?

A resposta do questionamento acima não é algo simples. Para respondê-la, é necessário realizar um estudo sobre o que a legislação traz sobre o tema, quais regulações existem até hoje e se estas são suficientes para tutelar os interesses individuais e coletivos levando em consideração o comportamento do ser humano na sociedade da informação.[20]

3.2 Problemáticas normativas

Antes de iniciar eventuais discussões sobre propostas de regulação da internet das coisas e os seus impactos na sociedade da informação, é importante realizar um levantamento das normas nacionais que já tratam sobre o tema.[21]

---

20. McEWEN, Adrian; CASSIMALLY, Hakim. *Designing the Internet of Things*. West Sussex: Wiley, 2014, p. 294.
21. WEBER, Rolf H.; WEBER, Romana. *Internet of Things*: legal perspectives. Basileia: Schulthess/Springer, 2010, p. 58.

No ano de 2019, foi publicada a primeira norma brasileira que trata expressamente sobre o assunto: o Decreto 9.854/2019 (Plano Nacional de Internet das Coisas).

Conforme observa Eduardo Magrani em seus estudos, o desenvolvimento do Plano Nacional de IoT foi oportuno, vez que ocorreu num momento em que são amplamente discutidos conceitos como "hiperconectividade", *e-citizens, e-GOV, e-commerce*, indústria 4.0, computação ubíqua/persuasiva, entre outros.

O Decreto mencionado trouxe medidas basilares para o auxílio e instigação de soluções de IoT no país, sendo pautado em quatro verticais (áreas centrais de desenvolvimento e foco do governo brasileiro): saúde, indústria, meio rural e cidades.

Quanto à saúde, é necessário pensar em soluções para diagnóstico, tratamento e prevenção de doenças com o auxílio de dispositivos conectados em rede, tendo em vista que o país vai passar por um processo de inversão da pirâmide etária, com o envelhecimento da população.

Já a indústria passa por um processo de revolução e a produção de bens precisa cada vez mais estar conectada às evoluções da internet e dos dispositivos. Com a evolução da sociedade, a indústria precisa ser automatizada e mais bem gerida com o uso dos dispositivos conectados à IoT.

Quanto ao meio rural, o Brasil é um dos principais produtores do mundo na área agrícola e é preciso pensar em mecanismos para o auxílio de maquinário, gestão da produção, higienização, entre outros detalhes que facilitem a vida no campo e na produção.

Por fim, quanto ao quesito "cidades" (e do corolário direito[22]), são englobadas várias áreas como segurança, transportes, infraestrutura e matriz energética que, em conjunto, proporcionam a experiência de uma *smart city* ou cidade inteligente, conceito muito bem trabalhado por Charles Montgomery em sua obra Happy City.[23]

Quanto ao conceito de "cidades inteligentes", cumpre abrir um importante parêntesis, mesmo que breve, já que não é o foco principal de objeto deste estudo. Em pesquisas, é comum se deparar com diversos conceitos e requisitos para se caracterizar uma cidade como "inteligente". Alguns autores focam em qualidade de vida, competitividade econômica e sustentabilidade, enquanto outros dão prioridade a tecnologias digitais e de telecomunicações, eficiência energética e foco no atendimento às necessidades dos cidadãos. Em que pese os variados conceitos localizados, todos encontram um ponto em comum: a tecnologia como um meio pelo qual a

---

22. Sobre as cidades inteligentes (*smart cities*) e o clássico "direito à cidade", consultar FALEIROS JR., José Luiz de Moura; SIQUEIRA, Renato de Andrade. O direito à cidade e os espaços urbanos vigiados: a tutela dos controles de acesso em cidades inteligentes. In: CRAVO, Daniela Copetti; JOBIM, Eduardo; FALEIROS JR., José Luiz de Moura (Coord.). *Direito público e tecnologia*. Indaiatuba: Foco, 2022, p. 245-270.
23. Cf. MONTGOMERY, Charles. *Happy City*: Transforming Our Lives Through Urban Design. Nova York: Farrar, Straus and Giroux, 2013.

felicidade do cidadão pode ser incrementada. Esta é exatamente a exposição trazida pelo autor citado.[24]

Retornando à análise do Decreto, logo em seu artigo 1º, é informado que o seu objetivo é desenvolver e implementar a internet das coisas no país, devendo observar os princípios da livre concorrência e da livre circulação dos dados.

A livre concorrência é um dos princípios basilares da ordem econômica brasileira, fixados na Constituição Federal. Na atualidade, grandes empresas de tecnologia da informação dominam o mercado, muitas delas norte-americanas. Ao passo em que são pensadas soluções para o Brasil, é necessário articular formas de inclusão de empresas nacionais e soluções para o contexto brasileiro em especial. Neste sentido, a livre concorrência é essencial para evitar predatismos e capturas de mercado por alguns entes específicos.

Quanto à livre circulação dos dados, os dados conectados por vários dispositivos que, por sua vez, estão conectados à internet, precisam ter a possibilidade de circulação, ou seja, é necessário planejar a interoperabilidade e capacidade de gestão integrada destes dados, para que não fiquem retidos à somente alguns entes privados ou governamentais.[25]

Ao avançar na leitura do Decreto, em seu artigo 7º é possível verificar a criação da "Câmara IoT", um órgão de assessoramento não deliberativo, pensado para uma composição governamental para medidas de auxílio à internet das coisas, mas não tem uma composição de deliberações, ou seja, não é necessário atingir um quórum mínimo para estas. O órgão é presidido pelo Ministério da Ciência, Tecnologia, Inovações e Comunicações e conta com a participação de representantes de órgãos governamentais como Ministério da Economia, da Saúde, entre outros.

A Câmara IoT também apresenta outra característica relevante: a possibilidade de participação de associações e entidades públicas e privadas para participar de suas reuniões. Veja que tais entes, na origem do Decreto, não estariam autorizados a participar das reuniões da Câmara, mas também não ficaram totalmente excluídos: podem participar das reuniões a convite do representante do órgão que preside a Câmara. Esta questão pode se tornar um problema, pois as soluções de IoT precisam incorporar a sociedade, a indústria e trazer opiniões e visões diversas de mundo para que sejam pensadas soluções para o país. Ao passo em que o órgão é composto apenas por representantes governamentais, essa pluralidade de discussões de medidas se torna mais fraca.

Nesta análise inicial do Decreto, são encontradas três problemáticas relevantes: a atual ausência de articulação de formas de inclusão para empresas nacionais e soluções

---

24. Cf. MONTGOMERY, Charles. *Happy City*: Transforming Our Lives Through Urban Design. Nova York: Farrar, Straus and Giroux, 2013.
25. WEBER, Rolf H.; WEBER, Romana. *Internet of Things*: legal perspectives. Basileia: Schulthess/Springer, 2010, p. 59-61.

para o contexto brasileiro em IoT; a atual ausência de planejamento de interoperabilidade e capacidade de gestão integrada dos dados no país; e a falta de pluralidade de discussões no órgão criado para acompanhar a implementação do Plano Nacional de IoT, tendo em vista a sua composição ser restrita por entes governamentais.

Essas questões, somadas ao profundo desconhecimento tecnológico por parte dos cidadãos e mesmo das autoridades públicas, adquirem um relevante contexto, ainda mais quando somados aos abusos contumazes das empresas que realizam coleta e tratamento de grandes volumes de dados e aos algoritmos cada vez mais complexos e menos compreensíveis.

O cidadão da sociedade da informação desconhece o valor de seus dados, em que pese ser um dos maiores – se não o maior – ativo da atualidade. Os dispositivos conectados em IoT podem trazer uma série de problemas de segurança da informação e riscos para seus respectivos proprietários e/ou usuários. Tais riscos podem ir de um pequeno vazamento de dados até danos efetivamente físicos causados por invasões de sistemas e acesso não autorizado. Diante deste panorama de novidades, inovações, riscos e problemáticas, antes de revisitar os questionamentos realizados no final do capítulo 3.1 deste trabalho, é necessário responder a uma nova pergunta: como é possível regular esse cenário?

3.3 Regulação de IoT

Quando o assunto "regulação" é trazido para a área jurídica, o primeiro modelo que vem à mente é o *retrofit* regulatório. Isto porque, no âmbito da legalidade, primeiro a sociedade se desenvolve e/ou o fato ocorre e, posteriormente, o direito o regula com uma norma.

Em que pese ser uma forma tradicional e válida de regulação, é importante ter a clareza de que não é a única. Além disso, levando em consideração a velocidade da disrupção[26] tecnológica na sociedade atual e os graves riscos à intimidade e à privacidade que ela pode trazer, é provável que o modelo de *retrofit* regulatório não seja o mais oportuno para acompanhar os dispositivos conectados à internet das coisas.

Considerando a rapidez das mudanças e as possíveis ameaças à privacidade e à segurança das pessoas, o modelo de *retrofit* regulatório pode não ser suficiente para acompanhar a evolução da tecnologia IoT.[27] Vários modelos regulatórios estão sur-

---

26. PEPPET, Scott R. Regulating the Internet of Things: first steps toward managing discrimination, privacy, security, and consent. *Texas Law Review*, Austin, v. 93, p. 84-176, 2014, p. 117.
27. WEBER, Rolf H. Internet of Things: new security and privacy challenges. *Computer Law & Security Review*, Londres, v. 26, p. 23-30, 2010, p. 30. Anota: "With the emergence of an Internet of Things, new regulatory approaches to ensure its privacy and security become necessary. In particular, attacks have to be intercepted, data authenticated, access controlled and the privacy of customers (natural and legal persons) guaranteed. The nature of the IoT asks for a heterogeneous and differentiated legal framework that adequately takes into account the globality, verticality, ubiquity and technicity of the IoT. Geographically limited national legislation does not seem appropriate in this context. However, self-regulation as it has been applied up to now may not be sufficient to ensure effective privacy and security, either. Therefore, a framework of substantive

gindo para tentar acompanhar essa nova realidade, sendo alguns deles os seguintes: (i) autorregularão: esse modelo é baseado na autorregulação das empresas que desenvolvem e comercializam dispositivos IoT e as próprias empresas estabeleceriam normas e regras para a utilização desses dispositivos e se comprometeriam a segui-las, no entanto, esse modelo é bastante criticado por não haver uma fiscalização externa das empresas e por não garantir a proteção dos consumidores em relação aos seus dados pessoais; (ii) regulação estatal: esse modelo prevê a criação de uma legislação específica para IoT, estabelecendo normas de proteção ao consumidor, privacidade, segurança e interoperabilidade dos dispositivos, com essa regulamentação sendo fiscalizada por órgãos governamentais responsáveis, garantindo a proteção dos direitos dos cidadãos; (iii) regulação colaborativa: essa modalidade de regulação é uma parceria entre setores públicos, privados e sociedade civil, com o objetivo de criar um ambiente regulatório de IoT mais participativo e colaborativo, de modo que a ideia é que os diferentes atores possam contribuir para o desenvolvimento de normas e padrões de interoperabilidade, privacidade e segurança dos dispositivos IoT.[28]

Não é possível negar que a regulação de IoT é um grande desafio. Isso se deve em grande parte às suas características, que tornam difícil a criação de um ambiente regulatório efetivo e justo.[29] Entre os principais desafios estão: (i) velocidade das mudanças: a rapidez com que novas tecnologias são desenvolvidas torna difícil a criação de leis que acompanhem o cenário em tempo hábil; (ii) padronização: a falta de padronização dos dispositivos pode dificultar a criação de normas que se apliquem a todos os produtos IoT; (iii) privacidade e segurança: a coleta e o tratamento massivo de dados pelas empresas do setor pode expor informações sensíveis dos usuários, exigindo uma regulamentação que os proteja efetivamente; (iv) colaboração: a criação de um ambiente colaborativo entre os diferentes atores envolvidos na produção e regulamentação dos dispositivos IoT pode ser um desafio, já que existem diferentes interesses e visões de mundo a serem harmonizadas, inclusive a partir de certificações especificamente voltadas à IoT.[30]

---

    key principles set by a legislator at the international level, complemented by the private sector with more detailed regulation seems to be the best solution. Through such a framework, general pillars of regulation could be set for everyone, which are then suitable to be supplemented by the individuals concerned in a way that suits their current needs. Furthermore, the inclusion of an international legislator in the process also ensures the continued involvement of the public sector, contributing at least by monitoring the process".

28. WEBER, Rolf H. Internet of Things: new security and privacy challenges. *Computer Law & Security Review*, Londres, v. 26, p. 23-30, 2010, p. 24-26.
29. PEPPET, Scott R. Regulating the Internet of Things: first steps toward managing discrimination, privacy, security, and consent. *Texas Law Review*, Austin, v. 93, p. 84-176, 2014, p. 164. Comenta: "Not only are consumers currently vulnerable to the discrimination, privacy, security, and consent problems outlined here, but it may become harder over time to address such issues. In technological and political circles it may be convenient to prescribe a "wait and see – let the market evolve" stance, but the reality is that as time passes it will likely become more difficult, not easier, for consumer advocates, regulators, and legislators to act. The Internet of Things is here. It would be wise to respond as quickly as possible to its inherent challenges".
30. SCUDIERO, Lucio; ZIEGLER, Sébastien. Towards Trustable Internet of Things Certification. In: ZIEGLER, Sébastien (Ed.). *Internet of Things security and data protection*. Cham: Springer, 2019, p. 140-141.

Traçando um paralelo entre os modelos regulatórios em maior evidência e os modelos de *smart cities*, é possível localizar três formas de planejamento de eventual regulação da tecnologia em questão. O primeiro modelo regulatório seria correspondente ao modelo asiático de cidade inteligente. Nesta hipótese, há abundância de recursos e viabilidade de construções *"from the ground up"*, ou seja, é possível implementar uma *smart city* planejada desde a sua concepção. Em comparação, tal modelo regulatório ocorreria se os princípios, regras e boas práticas envolvendo os dispositivos conectados em IoT fossem traçados antes de sua concepção e/ou disponibilização no mercado.

O segundo modelo regulatório seria correspondente à concepção europeia de *smart city*. Neste cenário, a estrutura urbana já é bem consolidada e as cidades já são tidas como modelos por muitos países. Há condições, portanto, para que seja realizado um *retrofit* regulatório, ou seja, a nova tecnologia que será colocada à disposição dos cidadãos deve ser pensada na estrutura que já existe, de modo a não destruir uma cidade que já é considerada boa, mas sim agregar novas comodidades e serviços urbanos. Em paralelo, este seria o clássico modelo de regulação jurídica, na qual o fato ocorre, se consolida e, posteriormente, o direito o regulamenta.

O terceiro e último modelo corresponde ao padrão latino-americano de cidade inteligente: poucos recursos e pouca estrutura legada, com a necessidade de discussões alternativas e criativas. Ao se traduzir em um modelo regulatório, seria possível vislumbrar uma modalidade mista, na qual a regulação ocorre de forma prévia e concomitante ao desenvolvimento das novas tecnologias.

Em que pese os modelos regulatórios asiático e europeu aparentarem maior organização, nenhum deles é, por si só, ideal. Tendo em vista a velocidade da criação e disponibilização de novos dispositivos em IoT, o primeiro modelo (asiático) poderia se mostrar como um entrave à inovação. Já o segundo modelo (europeu), ao passo em que aguardaria a estabilidade da tecnologia para regulamentá-la, tornar-se-ia obsoleto.

Por mais contraditório que pareça, talvez o modelo menos estruturado e previsível de regulação seja o que mais se adeque à realidade tecnológica e atenda aos interesses do cidadão da sociedade da informação, justamente por essa modalidade regulatória ser altamente adaptável e exigir formas criativas de implementação.

Em verdade, esse cenário não se encontra somente no plano das discussões abstratas. Ao consultar as normas mais atuais sobre a internet das coisas no cenário nacional, é perfeitamente possível verificar que o modelo "latino-americano" é o adotado para a regulação da tecnologia em questão, uma vez que a IoT não está de todo consolidada, mas mesmo assim há normas que visam sua regulação de forma anterior ou concomitante ao seu desenvolvimento, à exemplo do Estatuto da Cidade (Lei 10.257/2001), da Política Nacional de Mobilidade Urbana (Lei 12.587/2012), do Plano Nacional de Internet das Coisas (Decreto 9.854/2019) e da Carta Brasileira para Cidades Inteligentes.[31]

Em que pese nem todas as normas acima tratarem especificamente da internet das coisas, é possível verificar que muitas delas "abrem as portas" para que, posteriormente, outra norma a complemente ou se desenvolva a partir dela, a exemplo das regulações das *smart cities* brasileiras que poderão se basear no Estatuto da Cidade e se desenvolver a partir da Política Nacional de Mobilidade Urbana.

Uma vez constatado que o formato regulatório que melhor se enquadra à realidade da sociedade da informação no que tange à regulação dos dispositivos conectados em IoT seria a modalidade correspondente ao modelo latino-americano de *smart city*, é possível retornar à discussão de cerne deste trabalho, no que tange aos limites e responsabilidades envolvendo a coleta e o tratamento de dados pelos dispositivos conectados.

4. NOVOS DESAFIOS TRAZIDOS PELOS *DEVICES* NA SOCIEDADE DA INFORMAÇÃO

A inovação é instigante. De fato, é extremamente animador se deparar com notícias que podem parecer futuristas como óculos que tiram fotos e tocam músicas,[32] mini drones que cuidam da segurança interna da residência,[33] geladeiras inteligentes que identificam alimentos em falta[34] ou mesmo câmeras que identificam e avisam se o trabalhador de uma rede de *fast-food* acertou o pedido do consumidor.[35]

Se os seres humanos fossem personagens previsíveis, com rotinas padronizadas e sequências lógicas de passos, a discussão proposta por este trabalho seria inútil, pois todos os indivíduos realizariam a leitura da integralidade dos termos de uso e política de privacidade dos dispositivos, *softwares* e aplicativos que adquirissem, assim como tomariam decisões conscientes e todos os cuidados necessários para evitar danos à sua privacidade e intimidade.

Ocorre que os humanos não funcionam dessa forma. Além de serem seres racionais, também são seres extremamente emocionais, cuja característica marcante

---

31. Carta Brasileira para Cidades Inteligentes. Governo Federal, 2021. Disponível em: https://www.gov.br/mdr/pt-br/assuntos/desenvolvimento-regional/projeto-andus/carta-brasileira-para-cidades-inteligentes. Acesso em: 26 mar. 2023.
32. Ray-Ban Stories. Ray-Ban, 2021. Disponível em: https://www.ray-ban.com/brazil/ray-ban-stories. Acesso em: 26 mar. 2023.
33. Amazon is now accepting your applications for its home surveillance drone. *The Verge*, 2021. Disponível em: https://www.theverge.com/2021/9/28/22692048/ring-always-home-cam-drone-amazon-price-release-date-specs. Acesso em: 26 mar. 2023.
34. Amazon pode lançar geladeira inteligente que identifica alimentos em falta. *Canaltech*, 2021. Disponível em: https://canaltech.com.br/casa-conectada/amazon-geladeira-inteligente-que-identifica-alimentos-em-falta-197924/. Acesso em: 26 mar. 2023.
35. A new tech company says monitoring fast-food workers with AI will make orders more accurate. *Business Insider*, 2021. Disponível em: https://www.businessinsider.com/fast-food-surveillance-company-agot-ai-uses-computer-vision-2021-10. Acesso em: 26 mar. 2023.

é, muitas das vezes, agir por impulso, orientado ao imediatismo, sem refletir devidamente sobre as consequências de seus atos.

Diante da multiplicidade de possibilidades de resultados advindos das condutas humanas imprevisíveis, Lessig propôs quatro modalidades de regulação do comportamento humano: o direito, as normas sociais, o mercado e a arquitetura.[36]

É evidente que, em uma sociedade, não é somente o direito e a legislação que deverá regular a forma como as pessoas interagem entre si. O estudo proposto por Lessig, conforme apontado no parágrafo anterior, assimila também normas sociais, hábitos, usos comuns da sociedade, mercados, empresas, formas de instigar a economia e a arquitetura, levando em consideração também as formas de organização da tecnologia e o modo como ela é apresentada aos seres humanos, interferindo diretamente em seu comportamento.

É extremamente atual e necessária a discussão sobre como os dispositivos conectados à internet das coisas serão inseridos no cotidiano da sociedade. Leis e Decretos como o Plano Nacional de IoT são importantes, mas, se não estiverem ancoradas aos usos da sociedade, às tentativas do mercado para estimular o consumo e à forma de organização da tecnologia, essas medidas legislativas podem cair em insucesso.

O usuário contemporâneo da sociedade da informação ainda é pouco acostumado a utilizar dispositivos de uma forma segura. Em regra, a pessoa compartilha muitos dados além do necessário e esquece que, por trás deste dispositivo, há empresas e possibilidades de usos e compartilhamentos dos dados que não estão em sua ciência inicial.

Da situação acima narrada, podem ser desencadeadas problemáticas graves, as quais ainda rogam a devida tutela pela legislação, como o *geoblocking* (bloqueio de determinadas ofertas e/ou informações com base na localização geográfica do usuário), o *geopricing* (precificação variada de ofertas a depender da localização geográfica do usuário),[37] o *profiling* (em tradução livre seria o "perfilamento", ato pelo qual, com determinadas características e dados coletados da pessoa, é possível "encaixá-la" em diferentes classes – o que pode gerar profundas discriminações) e o filtro bolha (direcionamento e restrição de conteúdos com base no perfilamento da pessoa).

Diante deste cenário de novidades tecnológicas e raso conhecimento do cidadão sobre seus direitos, deveres e cuidados que deve tomar quando interage com novos dispositivos e softwares conectados em IoT, teorias tradicionais como a do "risco do desenvolvimento" e do "risco da atividade" não se mostram suficientes para tutelar os interesses da coletividade. Para a correta regulação destas novas tecnologias em respeito à privacidade e à intimidade do cidadão da sociedade da informação, talvez a resposta esteja fora do Direito, em perspectivas não somente interdisciplinares, mas transdisciplinares.

---

36. LESSIG, Lawrence. *Code, and other laws of cyberspace*, 2.0. 2. ed. Nova York: Basic Books, 2006, p. 123.
37. Conferir, sobre o tema, FALEIROS JR., José Luiz de Moura; BASAN, Arthur Pinheiro. Discriminação algorítmica, *profiling* e geolocalização: uma análise dos impactos jurídicos do *geo-pricing* e *geo-blocking*. *Revista Meritum*, Belo Horizonte, v. 16, n. 3, p. 302-320, set./dez. 2021.

5. IoT: UMA PROPOSTA TRANSDISCIPLINAR DE REGULAÇÃO

Conforme apontado por Lessig,[38] o direito seria somente uma das modalidades de regulação do comportamento humano. Além dela, é necessário levar em consideração as normas sociais, o mercado e a arquitetura.

Em uma vertente de pensamento similar, ao adentrar nos estudos da economia comportamental, Cass Sunstein e Richard Thaler investigaram o motivo pelo qual faz parte da condição humana ser suscetível à indução que leva ao erro e, ao adentrar no universo da arquitetura da escolha, propõe um novo termo: *nudge*.[39]

O objetivo de um nudge não se trata efetivamente de proibir uma conduta ou direcionar diretamente uma ação com ordens impositivas como "não faça isso" ou "clique aqui". A proposta é muito mais sutil, direcionando o comportamento do usuário com intervenções que visam induzir a liberdade de escolha. Assim, o usuário continuará livre para escolher, mas será induzido por esses "empurrõezinhos" a prestar maior atenção em algum detalhe ou então a tomar mais cuidado com alguma ação.

Essa estratégia pode ser aplicada em diversas áreas, inclusive na regulação da internet das coisas (IoT). Com a chegada de novos dispositivos conectados em rede, surgem novos desafios à proteção de dados e à privacidade. A regulamentação tradicional não é suficiente para tutelar os interesses da coletividade nesse contexto. É necessário adotar uma abordagem transdisciplinar, que vá além do direito e leve em conta também as normas sociais, o mercado e a arquitetura.

O conceito acima pode ser livremente traduzido como uma "cutucada" ou um "empurrãozinho". Contextualizando, é o estudo por trás do qual a pessoa será mais suscetível a parar de fumar após a divulgação obrigatória de imagens de advertência em maços de cigarro ou de evitar desperdício de água ao passo em que gotas de euro são desenhadas na pia.[40]

Perceba que o objetivo de um *nudge* não se trata efetivamente de proibir uma conduta ou direcionar diretamente uma ação com ordens impositivas como "não faça isso" ou "clique aqui". A proposta é muito mais sutil, direcionando o comportamento do usuário com intervenções que visam induzir a liberdade de escolha. O usuário continuará livre para escolher, mas será induzido por esses "empurrõezinhos" a prestar maior atenção em algum detalhe ou então a tomar mais cuidado com alguma ação.[41]

Neste momento, é importante destacar que, assim como quase qualquer outra técnica desenvolvida na história, os *nudges* podem ser utilizados para o bem ou para

---

38. LESSIG, Lawrence. *Code, and other laws of cyberspace, 2.0.* 2. ed. Nova York: Basic Books, 2006, p. 123.
39. THALER, Richard; SUNSTEIN, Cass. *Nudge*: o empurrão para a escolha certa. Trad. Marcello Lino. Rio de Janeiro: Elsevier, 2008, passim.
40. Veja esse e outros exemplos em: Quais são alguns exemplos interessantes da Teoria de Nudge? *Colégio Cognos*, 2020. Disponível em: https://www.colegiocognos.com.br/quais-sao-alguns-exemplos-interessantes-da-teoria-de-nudge/. Acesso em: 26 mar. 2023.
41. Nudge: intervenções que preservam a liberdade de escolha? *Penso, Logo Invisto?* 2015. Disponível em: https://pensologoinvisto.cvm.gov.br/nudge/. Acesso em: 26 mar. 2023.

o mal do usuário. Ao passo em que podem ser utilizados em benefício de sua saúde, conforme pontuado no exemplo dos avisos de saúde nos maços de cigarro, também pode ser utilizado contra o seu interesse, como no exemplo de lojas que utilizam de determinados cheiros, cores e até iluminação para induzir pessoas a comprarem coisas que não precisam.[42]

Ao trazer essa realidade para o direito, é visível a utilização destes *nudges* em prol dos interesses da empresa em detrimento dos interesses do cidadão. Um clássico exemplo são os termos de uso e as políticas de privacidade, confeccionados muitas vezes para que o usuário o aceite sem realizar sua leitura.[43]

Numa realidade em que a atenção é um ativo cada vez mais disputado,[44] que a tecnologia cresce em ritmo exponencial e que os algoritmos são cada vez mais complexos, não há espaço para que as empresas se utilizem de práticas como as descritas no parágrafo anterior. Tal conduta seria, inclusive, ilegal, ao passo em que diplomas como o Código de Defesa do Consumidor[45] e a Lei Geral de Proteção de Dados[46] exigem dos fornecedores e dos controladores o dever de transparência, assim como o dever de prestar uma informação clara para que o titular/consumidor possa tomar uma decisão livre e informada.[47]

Para que a empresa não se enquadre numa ilegalidade e acabe sofrendo represálias pecuniárias ou administrativas, é possível se utilizar dos *nudges* em prol do interesse do usuário, ao se utilizar técnicas como o Legal Design,[48] como algumas empresas já vem fazendo.[49]

Com isso, há um empoderamento do consumidor/titular de dados, ao passo em que a arquitetura da escolha é pensada em prol de seu melhor interesse, principalmente quando esse usuário vai interagir com novos dispositivos conectados na internet das

---

42. Empurrõezinhos e nossos processos cerebrais. *Economia Comportamental*, 2015. Disponível em: http://www.economiacomportamental.org/nacionais/empurroezinhos-e-nossos-processos-cerebrais/. Acesso em: 26 mar. 2023.
43. Não li e concordo. *Super Interessante*, 2017. Disponível em: https://super.abril.com.br/tecnologia/nao-li-e-concordo/. Acesso em: 26 mar. 2023.
44. WU, Tim. *The Attention Merchants*: the epic scramble to get inside our heads. Nova York: Viking, 2016.
45. Artigo 46 do Código de Defesa do Consumidor. Lei 8.078, de 11 de setembro de 1990. Governo Federal, 1990. Disponível em: http://www.planalto.gov.br/ccivil_03/leis/l8078compilado.htm. Acesso em: 26 mar. 2023.
46. A transparência é um dos princípios da Lei Geral de Proteção de Dados, trazida pelo seu artigo 6º, inciso VI. Lei 13.709, de 14 de agosto de 2018. Governo Federal, 2018. Disponível em: http://www.planalto.gov.br/ccivil_03/_ato2015-2018/2018/lei/l13709.htm. Acesso em: 26 mar. 2023.
47. A liberdade de informação é um dos fundamentos da Lei Geral de Proteção de Dados (Lei 13.709/2018), trazida pelo seu artigo 2º, inciso III. Da mesma forma, a autodeterminação informativa é o fundamento trazido pelo inciso II do mesmo artigo. Lei 13.709, de 14 de agosto de 2018. Governo Federal, 2018. Disponível em: http://www.planalto.gov.br/ccivil_03/_ato2015-2018/2018/lei/l13709.htm. Acesso em: 26 mar. 2023.
48. NYBØ, Erik Fontenele. Legal Design: a aplicação de recursos de design na elaboração de documentos jurídicos. In: FALEIROS JR., José Luiz de Moura; CALAZA, Tales (Coord.). *Legal Design*: teoria e prática. 2. ed. Indaiatuba: Foco, 2023, p. 8. Descreve: "o legal design é uma área que combina os princípios e práticas de design, bem como de experiência do usuário para a criação de produtos ou serviços jurídicos. Em algumas das conceituações é possível verificar também ser mencionado o uso de tecnologia. No entanto, o legal design não depende de base tecnológica para ser executado".
49. Termos e condições. *Koin*, 2020. Disponível em: https://termos.koin.com.br/. Acesso em: 26 mar. 2023.

coisas, vez que realizam coleta, tratamento e compartilhamento massivo de dados e, portanto, estão suscetíveis a gerar graves danos à privacidade e a intimidades do cidadão da sociedade da informação que adere aos seus termos.

CONCLUSÃO

O cidadão da sociedade da informação é constantemente apresentado à novos variados dispositivos tecnológicos com funções convidativas e futuristas.

Com a chegada destes novos dispositivos conectados em rede, também surgem novos desafios à privacidade e à proteção de dados do consumidor e do titular de dados, de modo que as formas tradicionais de regulação não se mostram suficientes para tutelar os interesses da coletividade.

Em um universo de *Big Data*, desinformação, disputa pela atenção e algoritmos complexos, surgem discussões e problemáticas sobre os limites da coleta, tratamento e compartilhamento de dados por estes dispositivos, assim como um questionamento sobre como as empresas poderiam ser transparentes com os usuários no que tange ao uso de seus dados.

Para adequar a problemática aos anseios da sociedade, o trabalho propõe um formato de regulação transdisciplinar, que vá além das barreiras do direito e faça o uso de conceitos como o *nudge* e Legal Design para que sejam tutelados os princípios e fundamentos da transparência, da liberdade de informação e da autodeterminação informativa do cidadão da sociedade da informação.

REFERÊNCIAS

ARAYA, Elizabeth; VIDOTTI, Silvana. Web colaborativa: inovação na criação, proteção e uso legal de informação. *DataGramaZero*, [S.l], v. 12, n. 4, 2011. Disponível em: http://hdl.handle.net/20.500.11959/brapci/7412. Acesso em: 26 mar. 2023.

CORMODE, Graham; KRISHNAMURTHY, Balachander. Key differences between Web 1.0 and Web 2.0. *First Monday*, [S.l], 2008. Disponível em: https://doi.org/10.5210/fm.v13i6.2125. Acesso em: 26 mar. 2023.

EDELMAN, Gilad. What is Web3, anyway? *Wired*, 29 nov. 2021. Disponível em: https://www.wired.com/story/web3-gavin-wood-interview/. Acesso em: 26 mar. 2023.

FALEIROS JR., José Luiz de Moura; BASAN, Arthur Pinheiro. Discriminação algorítmica, *profiling* e geolocalização: uma análise dos impactos jurídicos do *geo-pricing* e *geo-blocking*. *Revista Meritum*, Belo Horizonte, v. 16, n. 3, p. 302-320, set./dez. 2021.

FALEIROS JR., José Luiz de Moura; CALAZA, Tales. Proteção de dados e Internet das Coisas: Breves reflexões sobre generatividade e a (in)utilidade dos dispositivos conectados. *Migalhas de Proteção de Dados*, 1º abr. 2022. Disponível em: https://s.migalhas.com.br/S/D1E66B Acesso em: 26 mar. 2023.

FALEIROS JR., José Luiz de Moura; SIQUEIRA, Renato de Andrade. O direito à cidade e os espaços urbanos vigiados: a tutela dos controles de acesso em cidades inteligentes. In: CRAVO, Daniela Copetti; JOBIM, Eduardo; FALEIROS JR., José Luiz de Moura (Coord.). *Direito público e tecnologia*. Indaiatuba: Foco, 2022.

GIL, Henrique. A passagem da Web 1.0 para a Web 2.0 e Web 3.0: potenciais consequências para uma «humanização» em contexto educativo. *Educatic*, [S.l], n. 5. p. 1-2, 2014.

GILCHRIST, Alasdair. *Industry 4.0*: The Industrial Internet of Things. Nova York: Apress, 2016.

GIURGIU, Luminita; BÂRSAN, Ghita. The prosumer – core and consequence of the web 2.0 era. *Revista de Informática Social*, [S.l], n. 9, 2008.

LESSIG, Lawrence. *Code, and other laws of cyberspace, 2.0*. 2. ed. Nova York: Basic Books, 2006.

MAGRANI, Eduardo. Tecnologia, inovação e internet das coisas (IoT). In: MAGRANI, Eduardo. *A internet das coisas*. Rio de Janeiro: FGV Editora, 2018.

MARTINHÃO, Maximiliano S. Apresentação: a Internet das Coisas a serviço das pessoas. In: MAGRANI, Eduardo. *A internet das coisas*. Rio de Janeiro: FGV Editora, 2018.

McEWEN, Adrian; CASSIMALLY, Hakim. *Designing the Internet of Things*. West Sussex: Wiley, 2014.

MEDINA, Marco. *Algoritmos e programação*: teoria e prática. São Paulo: Novatec Editora, 2006.

MONTGOMERY, Charles. *Happy City*: Transforming Our Lives Through Urban Design. Nova York: Farrar, Straus and Giroux, 2013.

MORGAN, Jacob. A simple explanation of 'The Internet of Things'. *Forbes*, 2014. Disponível em: https://www.forbes.com/sites/jacobmorgan/2014/05/13/simple-explanation-internet-things-that-anyone-can-understand/?sh=3cf7acf01d09. Acesso em: 26 mar. 2023.

NYBØ, Erik Fontenele. Legal Design: a aplicação de recursos de design na elaboração de documentos jurídicos. In: FALEIROS JR., José Luiz de Moura; CALAZA, Tales (Coord.). *Legal Design*: teoria e prática. 2. ed. Indaiatuba: Foco, 2023.

OLIVEIRA, Felipe Rodrigues; MAZIERO, Ronaldo Colucci; ARAÚJO, Liriane Soares de. Um estudo sobre a web 3.0: evolução, conceitos, princípios, benefícios e impactos. *Revista Interface Tecnológica*, [S.l], v. 15, n. 2, p. 60-71, 2018. Disponível em: https://revista.fatectq.edu.br/index.php/interfacetecnologica/article/view/492. Acesso em: 26 mar. 2023.

PEPPET, Scott R. Regulating the Internet of Things: first steps toward managing discrimination, privacy, security, and consent. *Texas Law Review*, Austin, v. 93, p. 84-176, 2014.

PIMENTA, Ricardo. *Big Data* e controle da informação na era digital: tecnogênese de uma memória a serviço do mercado e do estado. *Revistas ANCIB*, [S.l], v. 6. n. 2. 2013.

SANTOS, Bruno et al. Internet das coisas: da teoria à prática. *Link School of Business*. Disponível em: http://35.238.111.86:8080/jspui/bitstream/123456789/329/1/Santos_Bruno_Internet%20das%20coisas.pdf. Acesso em: 26 mar. 2023.

SCUDIERO, Lucio; ZIEGLER, Sébastien. Towards Trustable Internet of Things Certification. In: ZIEGLER, Sébastien (Ed.). *Internet of Things security and data protection*. Cham: Springer, 2019.

TAURION, Cezar. *Cloud computing*: computação em nuvem: transformando o mundo da tecnologia da informação. Rio de Janeiro: Brasport, 2009.

THALER, Richard; SUNSTEIN, Cass. *Nudge*: o empurrão para a escolha certa. Trad. Marcello Lino. Rio de Janeiro: Elsevier, 2008.

WEBER, Rolf H. Internet of Things: new security and privacy challenges. *Computer Law & Security Review*, Londres, v. 26, p. 23-30, 2010.

WEBER, Rolf H.; WEBER, Romana. *Internet of Things*: legal perspectives. Basileia: Schulthess/Springer, 2010.

WU, Tim. *The Attention Merchants*: the epic scramble to get inside our heads. Nova York: Viking, 2016.

ZITTRAIN, Jonathan. The Generative Internet. *Harvard Law Review*, Cambridge, v. 119, p. 1974-2040, maio 2006.

TELETRIAGEM E PROTEÇÃO DE DADOS PESSOAIS NA ÁREA DA SAÚDE: DEFINIÇÃO, VIABILIDADE E PRINCIPAIS DESAFIOS

José Luiz de Moura Faleiros Júnior

Doutorando em Direito Civil pela Universidade de São Paulo – USP/Largo de São Francisco. Doutorando em Direito, na área de estudo 'Direito, Tecnologia e Inovação', pela Universidade Federal de Minas Gerais – UFMG. Mestre e Bacharel em Direito pela Universidade Federal de Uberlândia – UFU. Especialista em Direito Digital. Especialista em Direito Civil e Empresarial. Associado do Instituto Avançado de Proteção de Dados – IAPD. Membro do Instituto Brasileiro de Estudos de Responsabilidade Civil – IBERC. Advogado e Professor. E-mail: jfaleiros@usp.br.

Vanessa Schmidt Bortolini

Procuradora do CREMERS – Conselho Regional de Medicina do Estado do Rio Grande do Sul. Mestranda em Direito pela UNISINOS. Especialista em Direito Médico e da Saúde pela PUCPR. Membro da Comissão Especial de Direito à Saúde da OAB/RS. Cursou a Escola Superior da Magistratura – AJURIS (2011-2012). Pós-graduada em Direito Público (2017). Graduada em Direito pela Universidade FEEVALE (2010). E-mail: vsbortolini@gmail.com

Sumário: 1. Introdução – 2. A transformação digital na saúde: algumas reflexões quanto à teletriagem – 3. Proteção de dados pessoais referentes à saúde na teletriagem – Conclusão – Referências.

1. INTRODUÇÃO

O desenvolvimento acelerado de algoritmos tem causado mudanças significativas na área da saúde. É inegável que a utilização de sistemas automatizados, que dispensam a revisão humana, se tornou uma tendência irrefreável. Isso tem levado à implementação de novas tecnologias para a telemedicina, que tem permitido a realização de atendimentos remotos, encurtando distâncias geográficas e melhorando a celeridade dos serviços prestados na área da saúde.

Embora a automatização de atendimentos tenha vantagens, como a realização de atendimentos remotos síncronos, via ferramentas de videoconferência e webconferência, substituir profissionais humanos por máquinas pode levar a situações que acirram riscos e elevam a possibilidade de danos aos pacientes. Portanto, a regulamentação da inteligência artificial tornou-se uma questão urgente, pois são sistemas algorítmicos os mais desejados para a otimização de rotinas dessa estirpe, especialmente nos atendimentos e consultas iniciais, que podem ser compreendidos pelo conceito de "teletriagem" definido pelo Conselho Federal de Medicina, em sua Resolução 2.314/2022, como "o ato realizado por um médico, com avaliação dos sintomas do paciente, a distância, para regulação ambulatorial ou hospitalar, com definição e direcionamento do paciente ao tipo adequado de assistência que necessita ou a um especialista" (art. 11).

Claramente, exige-se a participação humana para a realização do ato, o que evidencia a ilegalidade de tentativas de automatização da triagem inicial de pacientes por sistemas decisionais automatizados. A despeito disso, é de se considerar a relevância da proteção de dados pessoais para o atendimento por teletriagem, uma vez que, embora seja imprescindível a participação do médico, todo o procedimento será realizado à distância, com captura, envio e processamento de imagem e voz para aferição de sintomas com finalidade de regulação ambulatorial ou hospitalar.

Nesse contexto, o problema central desta pesquisa é conciliar a telemedicina, na modalidade de teletriagem, com o desenvolvimento e implementação de sistemas que viabilizam tal atendimento remoto em sintonia e conformidade com a Lei Geral de Proteção de Dados Pessoais (Lei 13.709/2018). Isso é um desafio multifacetado, mas com reflexos jurídicos significativos. A hipótese levantada é a de que é imperativo avaliar os desdobramentos jurídicos imediatos e mediatos da proteção de dados pessoais, na hipótese, para que se tenha total licitude nessa modalidade de atendimento.

Além disso, é importante considerar o que a tecnologia revela para o futuro da saúde, cada vez mais atrelado à veleidade de uma transposição das relações interpessoais para o meio virtual. Somente a partir de uma avaliação adequada e análise crítica cuidadosa é possível identificar zonas de risco que exijam compatibilização com institutos jurídicos já existentes ou intervenção regulatória pontual.

Assim, o objetivo principal desta pesquisa será avaliar o estado da técnica em relação à utilização da teletriagem para indicar seus principais contornos jurídicos e eventuais desafios regulatórios. A pesquisa será levada a efeito pelo método dedutivo, com suporte bibliográfico doutrinário e revisitações teórico-conceituais para, ao final, explorar-se uma possível conclusão ao tema-problema.

2. A TRANSFORMAÇÃO DIGITAL NA SAÚDE: ALGUMAS REFLEXÕES QUANTO À TELETRIAGEM

O desenvolvimento de sistemas de atendimento remoto na área da saúde tem o potencial de revolucionar os serviços médicos prestados. Embora a telemedicina e a telessaúde sejam iniciativas antigas, a Internet representa a tecnologia central para garantir a hiperconectividade do século XXI, possibilitando novas alternativas para os serviços de saúde.[1] Com a aceleração da tecnologia, a telemedicina tradicio-

---

1. Sobre o tema, conferir os estudos de: GOGIA, Shashi. Rationale, history, and basics of telehealth. In: GOGIA, Shashi (Ed.). *Fundamentals of telemedicine and telehealth*. Londres: Academic Press/Elsevier, 2020, p. 11-34; YENGAR, Sriram. Mobile health (mHealth). In: GOGIA, Shashi (Ed.). *Fundamentals of telemedicine and telehealth*. Londres: Academic Press/Elsevier, 2020, p. 277-294; JOHN, Oommen. Maintaining and sustaining a telehealth-based ecosystem. In: GOGIA, Shashi (Ed.). *Fundamentals of telemedicine and telehealth*. Londres: Academic Press/Elsevier, 2020, p. 127-144.

nal precisará de reestruturação para permitir maior aproximação entre médicos e pacientes, utilizando-se da *mobile health* (*mHealth*) e da conexão 5G, bem como da ampliação do acesso a *smartphones* e da Internet das Coisas.[2]

Embora as transformações culturais de cada coletividade possam influenciar essas iniciativas, é inegável que os sistemas de inteligência artificial afetam as populações inseridas nesse contexto. Há perspectivas inovadoras para a telemedicina, como teleassistência, televigilância, teleconsulta, interação entre médicos e teleintervenção, que já foram estruturadas em documentos internacionais como a Declaração de Tel Aviv.

No Brasil, a Resolução CFM 1.643/2002 definiu e disciplinou a telemedicina. Esta normativa, até mesmo pela época em que foi editada, quando a realidade tecnológica era diversa, era vaga e genérica. O CFM regulou a matéria novamente através da Resolução 2.227/2018, entretanto, esta foi revogada poucos dias após a sua publicação. Finalmente, em 05.05.2022, o CFM publicou a Resolução 2.314/2022, e reacendeu o debate sobre os desafios do atendimento remoto e da falta de contato direto entre médico e paciente.

Recentemente, foi publicada a Lei 14.510, de 27 de dezembro de 2022, que alterou a Lei 8.080/90, autorizando e disciplinando a prática da telessaúde em todo o território nacional, atribuindo aos Conselhos de Fiscalização Profissional a normatização ética relativa aos serviços prestados através de modalidade remota (art. 26-D).

Com a pandemia de Covid-19, novos desafios surgiram, e o distanciamento social fez com que aumentassem os atendimentos remotos, ainda que de forma relutante e contrariando as expectativas dos profissionais de saúde.[3] A utilização de smartphones para teleconsultas permite ao paciente "ver" o profissional que o atende, ainda que por vídeo, aproximando mais médicos e pacientes.[4]

No entanto, é importante ressaltar que as máquinas ainda não são capazes de tomar decisões racionais como os humanos, e a utilização de inteligência artificial na área da saúde requer cuidados. É essencial garantir a privacidade dos dados dos pacientes e a segurança dos sistemas utilizados, além de considerar as implicações éticas da utilização de IA na área médica.

Deve-se levar em conta as diferenças culturais em cada coletividade e considerar as particularidades de cada paciente para garantir que a IA seja utilizada de maneira ética e responsável na prestação de serviços de saúde. A inteligência artificial não deve substituir a atenção médica humana, mas sim complementá-la, possibilitando

---

2. FONG, Bernard; FONG, A. C. M.; LI, C. K. *Telemedicine technologies*: Information technologies in Medicine and Telehealth. Nova Jersey: John Wiley & Sons, 2011, p. 171-195.
3. SCHAEFER, Fernanda. *Proteção de dados de saúde na sociedade de informação*: a busca pelo equilíbrio entre privacidade e interesse social. Curitiba: Juruá, 2010, p. 17.
4. TOPOL, Eric. *The patient will see you now*: The future of Medicine is in your hands. Nova York: Basic Books, 2015, p. 3-14.

o acesso aos serviços de saúde em locais remotos e a otimização de recursos para atendimento mais ágil e eficiente.

A definição de teletriagem, conforme estabelecida no artigo 11 da Resolução 2.314/2022 do Conselho Federal de Medicina, caracteriza-se como um ato médico que envolve a avaliação remota dos sintomas apresentados pelo paciente. Nesse contexto, a avaliação é conduzida por um médico, permitindo que a análise dos sintomas seja realizada à distância. O principal objetivo desse procedimento é direcionar o paciente para o tipo de assistência adequada, seja ela ambulatorial ou hospitalar, e identificar a necessidade de encaminhamento a um especialista.

É essencial destacar que a teletriagem médica não deve ser confundida com uma consulta médica tradicional. Através desse processo, o médico realiza uma avaliação preliminar dos sintomas e da gravidade do caso, fornecendo uma impressão diagnóstica inicial. É imperativo que o profissional médico ressalte que a avaliação realizada é uma orientação sobre o diagnóstico e a gravidade da situação. A autonomia do médico é um aspecto central nesse processo, permitindo-lhe tomar a decisão quanto aos recursos médicos a serem empregados em prol do paciente.

Ademais, no contexto da teletriagem médica, é fundamental que o estabelecimento de saúde ou sistema de saúde responsável pelo procedimento ofereça um sistema de regulação adequado para o encaminhamento dos pacientes que estão sob sua responsabilidade. Isso significa que, além da avaliação remota dos sintomas, o sistema deve garantir a efetivação das etapas subsequentes, como o encaminhamento para a assistência adequada e o direcionamento ao especialista quando necessário. O processo de regulação desempenha um papel crítico na garantia de que os pacientes recebam o cuidado adequado e no tempo correto.

Em síntese, a definição de teletriagem conforme descrita no artigo 11 da Resolução 2.314/2022 do Conselho Federal de Medicina representa um avanço no âmbito da prestação de serviços de saúde à distância. Ao permitir que médicos avaliem sintomas remotamente, direcionem pacientes à assistência apropriada e decidam sobre a utilização de recursos médicos, o procedimento busca otimizar o acesso aos cuidados médicos. No entanto, é crucial que essa prática seja conduzida com responsabilidade, transparência e respeito à autonomia médica, garantindo que os pacientes recebam a atenção necessária e o devido encaminhamento para tratamento ou especialistas, conforme cada caso.

3. PROTEÇÃO DE DADOS PESSOAIS REFERENTES À SAÚDE NA TELETRIAGEM

A LGPD define, em seu art. 5º, duas espécies conceituais de dados pessoais: (i) dado pessoal, que é toda informação relacionada a pessoa natural identificada ou identificável (inc. I); (ii) dado pessoal sensível, que diz respeito à origem racial ou étnica, à convicção religiosa, à opinião política, à filiação a sindicato ou a organização de caráter religioso, filosófico ou político, ao dado referente à saúde ou à vida sexual, ao dado genético ou biométrico, quando vinculado a uma pessoa natural (inc. II).

Dito isso, mister anotar que a tutela da saúde apresenta contornos próprios e inegavelmente desafiadores no contexto da proteção de dados pessoais.[5] Isso porque os dados relativos à saúde são considerados sensíveis (art. 5º, inc. II), mas, embora haja base legal que lhes é especialmente direcionada (art. 11, II, "f", da LGPD), por vezes, será o consentimento a melhor opção para o seu tratamento.[6]

Para que não haja dúvidas, é importante lembrar que o legislador distinguiu as bases legais – consideradas tecnicamente "requisitos" para o tratamento de dados – em hipóteses específicas para os dados pessoais conceituados no artigo 5º, inc. I, e para os dados pessoais sensíveis, que o artigo 5º, inc. II, descreve. As primeiras estão listadas no artigo 7º da lei e as segundas no artigo 11.

O avanço tecnológico do século XX trouxe ganhos de eficiência e mudança de paradigma, mas a hiperconectividade gerou preocupações sobre riscos de segurança cibernética e a vulnerabilidade da IoT. Klaus Schwab[7] listou diversas inovações tecnológicas com potencial disruptivo, como a inteligência artificial, a impressão 3D e a telemedicina. A adoção desmedida e desregrada dessas novas tecnologias também apresenta riscos, e a tutela dos algoritmos e dos sistemas de inteligência artificial é fundamental para minimizar esses riscos.

A telemedicina é uma tendência de virtualização dos atendimentos à saúde que pode ser robustecida pela automatização de atendimentos, como a utilização de *chatbots*, que é inviável na teletriagem devido à exigência do Conselho Federal de Medicina de que a participação do médico, enquanto profissional humano, seja um componente fundamental nesse processo.

---

5. Tome-se como exemplo os dados genéticos, que, nos dizeres de Cíntia Rosa Pereira de Lima e Ana Carolina Aboin, "devem ser tratados como interesses transindividuais, de natureza difusa, por pertencerem a toda humanidade, ainda que mantenham uma perspectiva individualizada, devendo essas duas perspectivas serem levadas em conta quando do seu tratamento". LIMA, Cíntia Rosa Pereira de; ABOIN, Ana Carolina. Proteção de dados clínicos e genéticos na era tecnológica: uma análise com base nos avanços da reprodução humana. In: SCALQUETTE, Ana Cláudia; SCALQUETTE, Rodrigo Arnoni (Coord.). SILVA, Anna Paula Soares da; BERGSTEIN, Gilberto (Org.). *Biotecnologia, biodireitos e liberdades individuais*: novas fronteiras da ciência jurídica. Indaiatuba: Foco, 2019, v. 1, p. 192.
6. FRAJHOF, Isabella Z; MANGETH, Ana Lara. As bases legais para o tratamento de dados pessoais. In: MULHOLLAND, Caitlin (Org.). *A LGPD e o novo marco normativo no Brasil*. Porto Alegre: Arquipélago Editorial, 2020, p. 85 et seq.
7. SCHWAB, Klaus. *A quarta revolução industrial*. Trad. Daniel Moreira Miranda. São Paulo: Edipro, 2016, p. 115. Anota: "Na quarta revolução industrial, a conectividade digital possibilitada por tecnologias de *software* está mudando profundamente a sociedade. A escala do impacto e a velocidade das mudanças fazem que a transformação seja diferente de qualquer outra revolução industrial da história da humanidade. O Conselho da Agenda Global do Fórum Econômico Mundial sobre o futuro do *Software* e da Sociedade realizou uma pesquisa com 800 executivos para avaliar quando os líderes empresariais acreditariam que essas tecnologias revolucionárias poderiam chegar ao domínio público em grau significativo e para compreender plenamente as implicações dessas mudanças para indivíduos, organizações, governo e sociedade. O relatório de pesquisa *Mudança Profunda – Pontos de Inflexão Tecnológicos e Impactos Sociais* foi publicado em setembro de 2015".

As razões para isso decorrem da descrição conceitual do artigo 11 da Resolução 2.314/2022 do CFM e da imprescindibilidade da avaliação clínica criteriosa dos sintomas do paciente, a qual requer o julgamento clínico e a *expertise* que apenas um médico pode proporcionar.

Por mais louváveis que possam parecer tais iniciativas, a exemplo de sistemas de IA que respondam a perguntas enviadas por pacientes sobre saúde,[8] auxiliem em terapias de saúde mental[9] ou ajudem a prever doenças a partir de uma lista de sintomas,[10] oferecendo uma lista de tratamentos disponíveis, os *chatbots*, por mais avançados que possam ser em termos de tecnologia, carecem da capacidade de compreender nuances complexas, considerar contextos individuais e tomar decisões baseadas em julgamentos médicos embasados em conhecimento empírico e ético.

Logo, existem barreiras que devem ser consideradas, como a delimitação de deveres específicos e a responsabilização dos profissionais envolvidos, destacando a importância da confiança nas relações. A pertinência dos princípios da prevenção e precaução é importante para minimizar os riscos inerentes ou potenciais da telemedicina, pois todo "novo dano" acarreta suposições de aceitação social de novas tecnologias não testadas.[11] A aplicação de novas tecnologias tendentes à automatização de processos que dependem do processamento de grandes acervos de dados deve ser realizada com cuidado, considerando riscos de segurança cibernética e vulnerabilidade decorrente do implemento dessas novas tecnologias disruptivas.[12]

A telemedicina é uma tendência de virtualização dos atendimentos à saúde que pode ser robustecida pela automatização de atendimentos, mas existem barreiras que devem ser consideradas, como a delimitação de deveres específicos e a responsabilização dos profissionais envolvidos. Algoritmos complexos aplicados à telemedicina devem ser concebidos a partir de estruturas colaborativas, com profissionais competentes envolvidos em todas as etapas de desenvolvimento de software.[13]

A confiança nas relações é fundamental e deve ser considerada no desenvolvimento de novas tecnologias. O processamento de linguagem natural é uma habilidade cada vez mais requisitada para sistemas de atendimento automatizado, especialmente em telemedicina.

---

8. KUMAR, V. M., et al. *Snative Chatbot For Health Seekers*. International Journal Of Engineering And Computer Science, 2016, p. 16022-16025.
9. MIGUEL, Mario Crespo; CABRERA, Berenice Dominguez. *Perspectivas de las tecnologías de Chatbot y su aplicación a las entrevistas de evaluación del lenguaje*. Pragmalingüística. Monográfico 2, 2020, p. 100-113.
10. MADHU, D. et al. *A novel approach for medical assistance using trained chatbot*, Inventive Communication and Computational Technologies, India: IEEE, 2017, p. 243-246.
11. LATIFI, Rifat; DOARN, Charles. Incorporation of telemedicine in disaster management: Beyond the Era of the Covid-19 Pandemic. In: LATIFI, Rifat; DOARN, Charles; MERRELL, Ronald. *Telemedicine, telehealth and telepresence*. Cham: Springer, 2021, p. 53.
12. CAVET, Caroline Amadori; SCHULMAN, Gabriel. As violações de dados pessoais na telemedicina: tecnologia, proteção e reparação ao paciente 4.0. In: KFOURI NETO, Miguel; NOGAROLI, Rafaella (Coord.). *Debates contemporâneos em direito médico e da saúde*. São Paulo: Thomson Reuters Brasil, 2020, p. 145-174.
13. Cf. CALO, Ryan. Robotics and the lessons of cyberlaw. *California Law Review*, Berkeley, v. 103, p. 513-563, 2015.

No entanto, a compreensão do contexto de uma frase é um desafio para as máquinas, mesmo para aquelas que utilizam o método "WinogradSchema", desenvolvido na década de 1970. Assistentes pessoais como Siri, Cortana e Alexa operam com "*tags*", que são palavras-chave selecionadas pelo algoritmo para simplificar o processamento. No entanto, esse sistema não funciona para o "WinogradSchema", que depende de elementos como artigos e pronomes para deduzir o contexto.[14] Além disso, a riqueza semântica da língua portuguesa e a dicotomia entre gêneros podem tornar a tarefa mais viável em comparação com outros idiomas, como o inglês.[15]

A participação humana do médico é indispensável para interpretar os dados fornecidos pelo paciente, compreender as informações entrelinhas e realizar avaliações mais aprofundadas quando necessário, pois a Medicina não se limita apenas à identificação de sintomas, mas também envolve a consideração de fatores psicossociais, históricos de saúde e outros elementos que podem não ser capturados adequadamente por sistemas automatizados.

Além disso, a relação médico-paciente é essencial para estabelecer a confiança, fornecer orientações personalizadas e criar um ambiente de cuidado holístico, aspectos que não podem ser substituídos por *chatbots*. Somente o médico, com experiência clínica e percepções sensoriais do contato com o paciente, poderá colher e analisar determinados detalhes. Isso representa uma barreira à delegação de certos atendimentos. Ainda assim, muitas empresas estão buscando desenvolver códigos capazes de entender solicitações humanas e até assimilar emoções, reações e sentimentos em geral. Em síntese, o atendimento automatizado por meio de *chatbots* requer um algoritmo adaptado ao processamento de linguagem natural, mas ainda é um desafio para as máquinas compreenderem o contexto de uma frase. Embora a inteligência artificial explicável esteja em constante evolução, o médico ainda é indispensável para colher e analisar determinados detalhes da situação de saúde do paciente.[16]

A doutrina estrangeira usa o termo "*foreseeability*" para descrever o elemento de previsibilidade em casos em que a teoria da culpa é aplicada, como na análise do comportamento negligente de um desenvolvedor de um sistema algorítmico. No entanto, é reconhecido que é necessário ir além para atender à função precaucional da responsabilidade civil. Quando se trata de algoritmos usados em atividades econômi-

---

14. Cf. WINOGRAD, Terry. Understanding natural language. *Cognitive Psychology*, Londres, v. 3, n. 1, p. 1-191, 1972.
15. FALEIROS JÚNIOR, José Luiz de Moura. Telemedicina e inteligência artificial: breve panorama de seus principais desafios jurídicos. In: SCHAEFER, Fernanda; GLITZ, Frederico (Coord.). *Telemedicina*: desafios éticos e regulatórios. Indaiatuba: Foco, 2022, p. 145-146.
16. NOGAROLI, Rafaella; NALIN, Paulo. Responsabilidade civil do médico na telemedicina durante a pandemia da Covid-19 no Brasil: a necessidade de um novo olhar para a aferição da culpa médica e da violação do dever de informação. In: PINHO, Anna (Coord.). *Discussões sobre direito na era digital*. Rio de Janeiro: GZ Editora, 2021, p. 682. Comentam: "(...) dada a complexidade do diagnóstico em consultas realizadas à distância, caso um litígio envolvendo discussão sobre erro médico em telemedicina venha a ser judicializado no Brasil, uma das maiores dificuldades para o magistrado será a análise do padrão diligente de conduta médica exigível no caso concreto".

cas, a regulação é necessária, não apenas para proteger dados pessoais, mas também para despertar a *accountability*. Algoritmos não inteligentes ainda são incapazes de perceber e assimilar o mundo em toda a sua complexidade, tornando-se propensos a erros (repete abaixo). A parametrização de modelos-padrão pode ajudar a conciliar a responsabilidade civil com a nova realidade. Esses modelos-padrão são particularmente importantes devido ao potencial de que dados imprecisos e inadequados contaminem o aprendizado de máquina.

A curadoria de dados no antecedente deve ser observada no curso de todo o processo algorítmico, sob pena de os substratos finais obtidos no consequente não serem confiáveis. Essa preocupação é especialmente percebida na cirurgia robótica e na telecirurgia, mas algumas de suas nuances não podem ser desconsideradas para outros contextos, como o das teleconsultas. No entanto, a regulação ainda é necessária para proteger dados pessoais e despertar a *accountability*. Algoritmos não inteligentes ainda são incapazes de perceber e assimilar o mundo em toda a sua complexidade, tornando-se propensos a erros de representação e assimilação.[17]

Na área da saúde, a despeito de eventual controvérsia sobre a natureza do regime de responsabilização previsto no artigo 42 da LGPD,[18] importa salientar que há

---

17. A despeito dessa inegável limitação, não se pode deixar de considerar as empolgantes perspectivas em torno da utilização desses sistemas em ambientes como os hospitais virtuais, que cada vez mais se tornam plausíveis. Sobre isso, confira: KFOURI NETO, Miguel; NOGAROLI, Rafaella. Inteligência artificial nas decisões clínicas e a responsabilidade civil médica por eventos adversos no contexto dos hospitais virtuais. In: BARBOSA, Mafalda Miranda et al (Coord.). *Direito digital e inteligência artificial*: diálogos entre Brasil e Europa. Indaiatuba: Foco, 2021, p. 1103. Destacam: "A revolução digital, alavancada pela disseminação dos algoritmos de inteligência artificial e pelo fenômeno do *Big Data*, tem provocado inúmeras transformações das mais diversas ordens no campo da saúde. Novas tecnologias mudarão definitivamente a experiência hospitalar, tendo em vista a tendência de disseminação dos *virtual hospitals* (hospitais virtuais) ao redor do mundo. O quarto normal de hospital é altamente suscetível à substituição em algumas situações, pelo conforto e praticidade do local de residência do paciente, especialmente idosos e pessoas com doenças crônicas, que necessitam de constante monitoramento médico. Profissionais da saúde, em centros de atendimento virtual, verificam a evolução dos pacientes e sinais vitais, interagindo com eles e realizando avaliações regulares da sua condição clínica de forma remota".
18. Defendendo posição objetivista, tem-se MULHOLLAND, Caitlin. Responsabilidade civil por danos causados pela violação de dados sensíveis e a Lei Geral de Proteção de Dados Pessoais (Lei 13.709/2018). In: MARTINS, Guilherme Magalhães; ROSENVALD, Nelson (Coord.). *Responsabilidade civil e novas tecnologias*. Indaiatuba: Foco, 2020, p. 122; MIRAGEM, Bruno. A Lei Geral de Proteção de Dados (Lei 13.709/2018) e o direito do consumidor. *Revista dos Tribunais*, São Paulo, v. 1009, nov. 2019, p. 27 et seq; DRESCH, Rafael de Freitas Valle; FALEIROS JÚNIOR, José Luiz de Moura. Reflexões sobre a responsabilidade civil na Lei Geral de Proteção de Dados (Lei 13.709/2018). In: ROSENVALD, Nelson; DRESCH, Rafael de Freitas Valle; WESENDONCK, Tula (Coord.). *Responsabilidade civil*: novos riscos. Indaiatuba: Foco, 2019, p. 74; ROSENVALD, Nelson. O compliance e a redução equitativa da indenização na LGPD. *Migalhas de Proteção de Dados*, 19 mar. 2021. Disponível em: https://www.migalhas.com.br/coluna/migalhas-de-protecao-de-dados/342032/o-compliance-e-a-reducao-equitativa-da-indenizacao-na-lgpd. Acesso em: 27 maio 2021. Em sentido diverso, analisando o referido dispositivo e defendendo a natureza subjetiva do regime de responsabilidade civil em questão, tem-se, por todos, GUEDES, Gisela Sampaio da Cruz; MEIRELES, Rose Melo Venceslau. Término do tratamento de dados. In: TEPEDINO, Gustavo; FRAZÃO, Ana; OLIVA, Milena Donato (Coord.). *Lei Geral de Proteção de Dados Pessoais e suas repercussões no direito brasileiro*. São Paulo: Ed. RT, 2019, p. 231-232; DANTAS BISNETO, Cícero. Dano moral pela violação à legislação de proteção de dados: um estudo de direito comparado entre a LGPD e o RGPD. In: FALEIROS JÚNIOR, José Luiz de

nuances da prática sanitária usualmente complexas e que devem ser conjecturadas[19] a partir dos limites de previsibilidade de riscos e resultados (elementos expressamente descritos no art. 44, II, da lei, ao tratar do conceito de tratamento irregular de dados[20]), pois:

> Ocorre que na área estudada, a Lei Geral de Proteção de Dados pouco trouxe no que diz respeito à proteção dos dados de saúde, focando principalmente na continuidade da exploração econômica pelo setor. Anonimização e consentimento são conceitos-chave na norma, porém, no que diz respeito à área de saúde são vistos como meras causalidades no fluxo de dados no setor.[21]

Uma definição clara sobre os limites conceituais dos agentes de tratamento é essencial para que a responsabilidade civil seja melhor trabalhada e analisada na LGPD.

Basicamente, a parametrização de modelos-padrão pode ajudar a conciliar a responsabilidade civil com a nova realidade dos algoritmos. Isso oferece maior liberdade para o desenvolvimento de métricas autorreguladas para cada tipo de atividade, que podem ser comparadas para determinar a atuação em conformidade, com o risco equivalente aferido para o tipo de atividade algorítmica em questão. A regulação ainda é necessária para proteger dados pessoais e despertar a *accountability*, uma vez que algoritmos não inteligentes ainda são propensos a erros. A curadoria de dados no antecedente deve ser observada em todo o processo algorítmico, que também deve ser auditável.

O desenvolvimento rápido de sistemas de inteligência artificial já está afetando a área de saúde e, embora seja inevitável, é necessário avaliar cautelosamente suas implicações legais. A pandemia de Covid-19 acelerou a transformação digital na

---

Moura; LONGHI, João Victor Rozatti; GUGLIARA, Rodrigo (Coord.). *Proteção de dados pessoais na sociedade da informação*: entre dados e danos. Indaiatuba: Foco, 2021, p. 228.

19. TOMASEVICIUS FILHO, Eduardo. Responsabilidade civil na LGPD na área da saúde. In: DALLARI, Analluza Bolivar; MONACO, Gustavo Ferraz de Campos (Coord.). *LGPD na saúde*. São Paulo: Thomson Reuters Brasil, 2021, p. 221.

20. No contexto das relações de consume, mas com grande eloquência, mister a menção ao entendimento de Juliano Madalena quanto à natureza *in reipsa* do dever de indenizar por violação à esperada segurança que descreve o art. 44 da lei: "Em assim sendo, a responsabilidade pelo descumprimento do dever de segurança possui previsão expressa no art. 44 da mesma norma, que refere a responsabilidade do controlador ou operador pela violação da segurança dos dados (...). Portanto, a LGPD ao escolher o sistema de responsabilidade civil subjetiva funda o dever de indenizar na culpa e mitiga os efeitos adversos da sua escolha com a possibilidade de inversão do ônus da prova, também prevista no CDC. Entretanto, ao nosso ver, o dano causado pela exposição dos direitos da personalidade é *in reipsa*: o fato de descumprir com culpa o dever de segurança e gerar dano faz com que se origine o dever de indenizar". MADALENA, Juliano. A responsabilidade civil decorrente do vazamento de dados pessoais. In: MENKE, Fabiano; DRESCH, Rafael de Freitas Valle (Coord.). *Lei Geral de Proteção de Dados*: aspectos relevantes. Indaiatuba: Foco, 2021, p. 258. Esse tema, aliás, já foi objeto de enfrentamento em decisões judiciais brasileiras. Para um resumo panorâmico de seus principais pontos, conferir CARDOSO, João Victor Gontijo. O dano moral 'in re ipsa' e o tratamento indevido de dados sob o prisma dos julgados: REsp 1.758.799/MG e ADI 6387 MC-REF. *Revista IBERC*, Belo Horizonte, v. 4, n. 1, p. 133-153, jan./abr. 2021.

21. CHAVES, João Guilherme Pereira. Responsabilidade civil por danos à personalidade no tratamento de dados pelo setor da saúde. In: TOMASEVICIUS FILHO, Eduardo (Coord.). *A Lei Geral de Proteção de Dados brasileira*: análise setorial. São Paulo: Almedina, 2021, v. 1, p. 324.

telemedicina,[22] levando à publicação de uma resolução e uma lei que regulam o atendimento remoto de saúde. Os *chatbots* são sistemas automatizados amplamente utilizados, mas seu processamento de linguagem natural ainda não foi totalmente superado e pode levar a consequências jurídicas em caso de viés decisório na interação com o paciente, especialmente para fins de triagem preliminar.[23]

Embora os *chatbots* sejam úteis para coleta de dados cadastrais e estruturação de respostas-padrão, não devem ser utilizados para atendimento médico, mesmo de anamnese. A utilização desses sistemas para finalidades que pressupõem aferição de circunstâncias casuísticas é inviável,[24] pois eles ainda não têm instrumental técnico suficiente para tomar decisões automatizadas complexas. Isso revela a necessidade de parametrização de deveres informados relativos ao desenvolvimento de software, com o objetivo de sistematizar expectativas e consequências para o adequado desenvolvimento de sistemas na ausência de marcos regulatórios específicos.[25]

Em relação ao futuro da telemedicina, um debate fundamental emerge em relação à integração de tecnologias avançadas, como realidade virtual e aumentada, no âmbito dos cuidados de saúde. Embora o potencial dessas tecnologias seja praticamente ilimitado, é inegável que a sua aplicação ainda se encontra em estágios iniciais e não alcançou a confiabilidade necessária para sustentar um atendimento completo com base nesses recursos. Enquanto atividades como o acompanhamento de educadores físicos e nutricionistas podem ser consideradas viáveis, a substituição das consultas médicas tradicionais por meio dessas tecnologias demanda cautela devido à complexidade das avaliações clínicas.

Um ponto de discussão relevante também diz respeito à responsabilidade civil no contexto da telemedicina e das tecnologias algorítmicas. A aplicação da casuística tradicional utilizada para os profissionais da saúde pode até suprir certos problemas concretos que possam surgir. No entanto, um debate contínuo se estabelece em torno da estruturação das responsabilidades civis em um regime de responsabilização objetivo para lidar com eventos adversos decorrentes de possíveis falhas algorítmicas. Mesmo sem uma legislação específica, a avaliação dos aspectos jurídicos da telemedicina é essencial, com o intuito de estabelecer limites e deveres específicos para os operadores algorítmicos que façam uso dessas ferramentas inovadoras.

---

22. FALEIROS JÚNIOR, José Luiz de Moura; NOGAROLI, Rafaella; CAVET, Caroline Amadori. Telemedicina e proteção de dados: reflexões sobre a pandemia da Covid-19 e os impactos jurídicos da tecnologia aplicada à saúde. *Revista dos Tribunais*, São Paulo, ano 109, v. 1016, p. 327-362, jun. 2020.
23. GERKE, Sara. Health AI for good rather than evil? The need for a new regulatory framework for AI-based medical devices. *Yale Journal of Health Policy, Law, and Ethics*, New Haven, v. 20, n. 2, p. 433-513, 2021.
24. PAGALLO, Ugo. *The laws of robots*: Crimes, contracts, and torts. Law, governance and technology series. Cham/Heidelberg: Springer, 2013, v. 10, p. 84.
25. FALEIROS JÚNIOR, José Luiz de Moura. Telemedicina e inteligência artificial: breve panorama de seus principais desafios jurídicos. In: SCHAEFER, Fernanda; GLITZ, Frederico (Coord.). *Telemedicina*: desafios éticos e regulatórios. Indaiatuba: Foco, 2022, p. 146.

Portanto, a inviabilidade da utilização de *chatbots* na teletriagem reside na necessidade incontestável da expertise humana para garantir a qualidade, a segurança e a empatia no atendimento médico à distância. E, diante desse cenário, a evolução da telemedicina e das tecnologias associadas requer um equilíbrio entre a busca por inovação e os princípios fundamentais da prática médica. É necessário avançar considerando a expertise e o julgamento clínico humanos indispensáveis na tomada de decisões, ao mesmo tempo em que se promove uma regulamentação clara para enfrentar questões éticas e legais. À medida que a tecnologia avança, a interseção entre medicina, tecnologia e responsabilidade civil exige uma abordagem cuidadosa para garantir a segurança dos pacientes e a integridade do processo de cuidados de saúde.

CONCLUSÃO

Em conclusão, a definição de teletriagem estabelecida pelo artigo 11 da Resolução 2.314/2022 do Conselho Federal de Medicina representa um marco significativo na evolução dos cuidados médicos, ao introduzir a possibilidade de avaliação remota de sintomas para o direcionamento adequado dos pacientes. No entanto, a exigência de participação direta do médico humano na teletriagem é uma salvaguarda essencial para garantir a qualidade, a segurança e a ética no processo de triagem à distância. A expertise e o discernimento clínico do médico desempenham um papel crucial na interpretação dos sintomas, considerando fatores que vão além das informações fornecidas pelo paciente.

Além disso, a distinção entre a teletriagem e a consulta médica tradicional é fundamental para evitar confusões e garantir que os pacientes compreendam a natureza preliminar da avaliação remota. A autonomia médica na decisão dos recursos a serem empregados em benefício do paciente é um aspecto que reflete a importância da individualização do atendimento, considerando as peculiaridades de cada caso.

Apesar dos avanços tecnológicos na área de *chatbots* e inteligência artificial, a inviabilidade da utilização exclusiva dessas ferramentas na teletriagem reside na incapacidade de compreender plenamente as nuances das condições médicas, o contexto individual e os aspectos psicossociais. A medicina é uma ciência complexa que exige um julgamento clínico embasado em conhecimento e experiência acumulados ao longo dos anos de formação e prática médica.

Portanto, a definição de teletriagem do CFM ressalta a importância de equilibrar a inovação tecnológica com os princípios fundamentais da medicina, assegurando que os pacientes recebam a devida atenção e cuidados, independentemente da modalidade de atendimento. A combinação da expertise médica humana com o potencial da tecnologia pode potencializar a eficácia da teletriagem, oferecendo uma abordagem abrangente e centrada no paciente para a tomada de decisões clínicas à distância.

REFERÊNCIAS

BRASIL. Lei 14.510, de 27 de dezembro de 2022. *Altera a Lei 8.080, de 19 de setembro de 1990, para autorizar e disciplinar a prática da telessaúde em todo o território nacional, e a Lei 13.146, de 6 de julho de 2015; e revoga a Lei 13.989, de 15 de abril de 2020*. Disponível em: https://www.planalto.gov.br/ccivil_03/_ato2019-2022/2022/Lei/L14510.htm Acesso em: 20 ago. 2023.

BRASIL. Lei 8.080, de 19 de setembro de 1990. *Dispõe sobre as condições para a promoção, proteção e recuperação da saúde, a organização e o funcionamento dos serviços correspondentes e dá outras providências*. Disponível em: https://www.planalto.gov.br/ccivil_03/LEIS/L8080.htm. Acesso em: 20 ago. 2023.

CALO, Ryan. Robotics and the lessons of cyberlaw. *California Law Review*, Berkeley, v. 103, p. 513-563, 2015.

CARDOSO, João Victor Gontijo. O dano moral 'in re ipsa' e o tratamento indevido de dados sob o prisma dos julgados: REsp 1.758.799/MG e ADI 6387 MC-REF. *Revista IBERC*, Belo Horizonte, v. 4, n. 1, p. 133-153, jan./abr. 2021.

CAVET, Caroline Amadori; SCHULMAN, Gabriel. As violações de dados pessoais na telemedicina: tecnologia, proteção e reparação ao paciente 4.0. In: KFOURI NETO, Miguel; NOGAROLI, Rafaella (Coord.). *Debates contemporâneos em direito médico e da saúde*. São Paulo: Thomson Reuters Brasil, 2020.

CHAVES, João Guilherme Pereira. Responsabilidade civil por danos à personalidade no tratamento de dados pelo setor da saúde. In: TOMASEVICIUS FILHO, Eduardo (Coord.). *A Lei Geral de Proteção de Dados brasileira*: análise setorial. São Paulo: Almedina, 2021. v. 1.

CONSELHO FEDERAL DE MEDICINA. Resolução CFM 1.643, de 07 de agosto de 2002. *Define e disciplina a prestação de serviços através da Telemedicina*. Disponível em: https://abmes.org.br/arquivos/legislacoes/Resolucao-CFM-1643-2002-08-07.pdf Acesso em: 20 ago. 2023.

CONSELHO FEDERAL DE MEDICINA. Resolução CFM 2.227, de 06 de fevereiro de 2019. *Define e disciplina a telemedicina como forma de prestação de serviços médicos mediados por tecnologias*. Disponível em: https://portal.cfm.org.br/images/PDF/resolucao222718.pdf. Acesso em: 20 ago. 2023.

CONSELHO FEDERAL DE MEDICINA. Resolução CFM 2.228, de 06 de março de 2019. *Revoga a Resolução CFM 2.227, publicada no D.O.U. de 6 de fevereiro de 2019, Seção I, p. 58, a qual define e disciplina a telemedicina como forma de prestação de serviços médicos mediados por tecnologias, e restabelece expressamente a vigência da Resolução CFM 1.643/2002, publicada no D.O.U. de 26 de agosto de 2002, Seção I*. Disponível em: https://sistemas.cfm.org.br/normas/visualizar/resolucoes/BR/2019/2228. Acesso em: 20 ago. 2023.

CONSELHO FEDERAL DE MEDICINA. Resolução CFM 2.314, de 05 de maio de 2022. *Define e regulamenta a telemedicina, como forma de serviços médicos mediados por tecnologias de comunicação*. Disponível em: https://sistemas.cfm.org.br/normas/arquivos/resolucoes/BR/2022/2314_2022.pdf. Acesso em: 20 ago. 2023.

DANTAS BISNETO, Cícero. Dano moral pela violação à legislação de proteção de dados: um estudo de direito comparado entre a LGPD e o RGPD. In: FALEIROS JÚNIOR, José Luiz de Moura; LONGHI, João Victor Rozatti; GUGLIARA, Rodrigo (Coord.). *Proteção de dados pessoais na sociedade da informação*: entre dados e danos. Indaiatuba: Foco, 2021.

DRESCH, Rafael de Freitas Valle; FALEIROS JÚNIOR, José Luiz de Moura. Reflexões sobre a responsabilidade civil na Lei Geral de Proteção de Dados (Lei 13.709/2018). In: ROSENVALD, Nelson; DRESCH, Rafael de Freitas Valle; WESENDONCK, Tula (Coord.). *Responsabilidade civil*: novos riscos. Indaiatuba: Foco, 2019.

FALEIROS JÚNIOR, José Luiz de Moura. Telemedicina e inteligência artificial: breve panorama de seus principais desafios jurídicos. In: SCHAEFER, Fernanda; GLITZ, Frederico (Coord.). *Telemedicina*: desafios éticos e regulatórios. Indaiatuba: Foco, 2022.

FALEIROS JÚNIOR, José Luiz de Moura; NOGAROLI, Rafaella; CAVET, Caroline Amadori. Telemedicina e proteção de dados: reflexões sobre a pandemia da Covid-19 e os impactos jurídicos da tecnologia aplicada à saúde. *Revista dos Tribunais*, São Paulo, ano 109, v. 1016, p. 327-362, jun. 2020.

FONG, Bernard; FONG, A. C. M.; LI, C. K. *Telemedicine technologies*: Information technologies in Medicine and Telehealth. Nova Jersey: John Wiley & Sons, 2011.

FRAJHOF, Isabella Z; MANGETH, Ana Lara. As bases legais para o tratamento de dados pessoais. In: MULHOLLAND, Caitlin (Org.). *A LGPD e o novo marco normativo no Brasil*. Porto Alegre: Arquipélago Editorial, 2020.

GERKE, Sara. Health AI for good rather than evil? The need for a new regulatory framework for AI-based medical devices. *Yale Journal of Health Policy, Law, and Ethics*, New Haven, v. 20, n. 2, p. 433-513, 2021.

GOGIA, Shashi. Rationale, history, and basics of telehealth. In: GOGIA, Shashi (Ed.). *Fundamentals of telemedicine and telehealth*. Londres: Academic Press/Elsevier, 2020.

GUEDES, Gisela Sampaio da Cruz; MEIRELES, Rose Melo Venceslau. Término do tratamento de dados. In: TEPEDINO, Gustavo; FRAZÃO, Ana; OLIVA, Milena Donato (Coord.). *Lei Geral de Proteção de Dados Pessoais e suas repercussões no direito brasileiro*. São Paulo: Ed. RT, 2019.

JOHN, Oommen. Maintaining and sustaining a telehealth-based ecosystem. In: GOGIA, Shashi (Ed.). *Fundamentals of telemedicine and telehealth*. Londres: Academic Press/Elsevier, 2020.

KFOURI NETO, Miguel; NOGAROLI, Rafaella. Inteligência artificial nas decisões clínicas e a responsabilidade civil médica por eventos adversos no contexto dos hospitais virtuais. In: BARBOSA, Mafalda Miranda et al (Coord.). *Direito digital e inteligência artificial*: diálogos entre Brasil e Europa. Indaiatuba: Foco, 2021.

KUMAR, V. M., et al. *Snative Chatbot For Health Seekers*. International Journal Of Engineering And Computer Science, 2016.

LATIFI, Rifat; DOARN, Charles. Incorporation of telemedicine in disaster management: Beyond the Era of the Covid-19 Pandemic. In: LATIFI, Rifat; DOARN, Charles; MERRELL, Ronald (Ed.). *Telemedicine, telehealth and telepresence*. Cham: Springer, 2021.

LIMA, Cíntia Rosa Pereira de; ABOIN, Ana Carolina. Proteção de dados clínicos e genéticos na era tecnológica: uma análise com base nos avanços da reprodução humana. In: SCALQUETTE, Ana Cláudia; SCALQUETTE, Rodrigo Arnoni (Coord.). SILVA, Anna Paula Soares da; BERGSTEIN, Gilberto (Org.). *Biotecnologia, biodireitos e liberdades individuais*: novas fronteiras da ciência jurídica. Indaiatuba: Foco, 2019. v. 1.

MADALENA, Juliano. A responsabilidade civil decorrente do vazamento de dados pessoais. In: MENKE, Fabiano; DRESCH, Rafael de Freitas Valle (Coord.). *Lei Geral de Proteção de Dados*: aspectos relevantes. Indaiatuba: Foco, 2021.

MADHU, D. et al. *A novel approach for medical assistance using trained chatbot*, Inventive Communication and Computational Technologies, India: IEEE, 2017.

MIGUEL, Mario Crespo; CABRERA, Berenice Dominguez. *Perspectivas de las tecnologías de Chatbot y sua plicación a las entrevistas de evaluación del lenguaje*. Pragmalingüística. Monográfico 2, 2020.

MIRAGEM, Bruno. A Lei Geral de Proteção de Dados (Lei 13.709/2018) e o direito do consumidor. *Revista dos Tribunais*, São Paulo, v. 1009, nov. 2019.

MULHOLLAND, Caitlin. Responsabilidade civil por danos causados pela violação de dados sensíveis e a Lei Geral de Proteção de Dados Pessoais (Lei 13.709/2018). In: MARTINS, Guilherme Magalhães; ROSENVALD, Nelson (Coord.). *Responsabilidade civil e novas tecnologias*. Indaiatuba: Foco, 2020.

NOGAROLI, Rafaella; NALIN, Paulo. Responsabilidade civil do médico na telemedicina durante a pandemia da Covid-19 no Brasil: a necessidade de um novo olhar para a aferição da culpa médica e da violação do dever de informação. In: PINHO, Anna (Coord.). *Discussões sobre direito na era digital*. Rio de Janeiro: GZ Editora, 2021.

PAGALLO, Ugo. *The laws of robots*: Crimes, contracts, and torts. Law, governance and technology series. Cham/Heidelberg: Springer, 2013. v. 10.

ROSENVALD, Nelson. O compliance e a redução equitativa da indenização na LGPD. *Migalhas de Proteção de Dados*, 19 mar. 2021. Disponível em: https://www.migalhas.com.br/coluna/migalhas-de-protecao-de-dados/342032/o-compliance-e-a-reducao-equitativa-da-indenizacao-na-lgpd. Acesso em: 20 ago. 2023.

SCHAEFER, Fernanda. *Proteção de dados de saúde na sociedade de informação*: a busca pelo equilíbrio entre privacidade e interesse social. Curitiba: Juruá, 2010.

SCHWAB, Klaus. *A quarta revolução industrial*. Trad. Daniel Moreira Miranda. São Paulo: Edipro, 2016.

TOMASEVICIUS FILHO, Eduardo. Responsabilidade civil na LGPD na área da saúde. In: DALLARI, Analluza Bolivar; MONACO, Gustavo Ferraz de Campos (Coord.). *LGPD na saúde*. São Paulo: Thomson Reuters Brasil, 2021.

TOPOL, Eric. *The patient will see you now*: The future of Medicine is in your hands. Nova York: Basic Books, 2015.

WINOGRAD, Terry. Understanding natural language. *Cognitive Psychology*, Londres, v. 3, n. 1, p. 1-191, 1972.

YENGAR, Sriram. Mobile health (mHealth). In: GOGIA, Shashi (Ed.). *Fundamentals of telemedicine and telehealth*. Londres: Academic Press/Elsevier, 2020.

A PROTEÇÃO DE DADOS PESSOAIS COMO SALVAGUARDA À ASSIMETRIA INFORMACIONAL NA ERA DA ECONOMIA DE PLATAFORMA

Martha Leal

Mestre em Direito e Negócios Internacionais pela Universidad Internacional Iberoamericana Europea del Atlântico e pela Universidad UNINI México. Pós-graduada em Direito Digital pela Universidade de Brasília – IDP. Pós-graduada em Direito Digital pela Fundação Superior do Ministério Público do Rio Grande do Sul. *Data Protection Officer* ECPB pela Maastricht University. Certificada como *Data Protection Officer* pela EXIN. Certificada como *Data Protection Officer* pela Fundação Getúlio Vargas do Rio de Janeiro – FGV. Mestranda na Unisinos – Mestrado Profissional em Direito. Presidente da Comissão de Comunicação Institucional do Instituto Nacional de Proteção de Dados – INPD. Advogada especialista em proteção de dados. E-mail: marta@jpleal.com.br.

Manoel Gustavo Neubarth Trindade

Pós-Doutor em Direito pela Faculdade de Direito da Universidade de Lisboa. Doutor, Mestre e Especialista em Direito pela UFRGS. Professor Permanente do Mestrado Profissional em Direito da Empresa e dos Negócios da UNISINOS. Coordenador e Professor do LLM em Direito dos Negócios e da Especialização em Direito Digital da UNISINOS. Foi Presidente da Associação Brasileira de Direito e Economia – ABDE e do Instituto de Direito e Economia do Rio Grande do Sul – IDERS. Árbitro, Parecerista e Administrador Judicial. Advogado. Economista. E-mail: manoelnt@unisinos.br.

Sumário: 1. Introdução – 2. Economia de plataforma: definição e efeitos na redução dos custos de transação – 3. Interdependência da economia de plataforma e do tratamento de dados pessoais – 4. Riscos da assimetria informacional na economia de plataforma – 5. A proteção de dados como possível salvaguarda à assimetria informacional – Conclusões – Referências.

1. INTRODUÇÃO

O advento da internet produziu mudanças profundas em todos os setores de nossas vidas, alterando substancialmente a forma de comunicação por meio da possibilidade de maior e mais fácil acesso à informação.

Apesar da internet ter chegado ao Brasil em meados de 1981, foi a partir de 1990, que os seus efeitos começaram a se tornar mais relevantes, com o surgimento da *Word Wide Web* (WWW), responsável pelo protocolo *Hypertext Text Transfer Protocol* (HTTP) e que possibilitou a transferência de páginas entre os navegadores.

Em 1995, foi lançada, pela Empresa Brasileira de Telecomunicações (Embratel),[1] o serviço de internet comercial em caráter experimental, o qual veio a se tornar defi-

---

1. PEDROSA, Leyberson; FERREIRA, Luiz Cláudio. De 1500 a 2021: veja como a comunicação evoluiu no Brasil. *Agência Brasil*, 03 maio 2021. Disponível em: https://agenciabrasil.ebc.com.br/geral/noticia/2021-05/linha-do-tempo-telecomunicacoes. Acesso em: 17 jul. 2023.

nitivo. O crescimento foi efetivamente exponencial no Brasil, já que em 2007, ou seja, apenas dez após a popularização da internet, movimentava cerca de 114 bilhões de dólares em comércio eletrônico, contando com base de 40 milhões de computadores.

O desenvolvimento e a transformação provocada pelo uso da internet, especialmente a aplicação desta por meio de interconexão com os objetos de uso cotidiano, a denominada "internet das coisas", significou uma verdadeira quebra de paradigma na forma em que a sociedade se organiza, seja no âmbito pessoal, seja no cenário econômico.[2]

As relações travadas no ambiente virtual passaram a ter uma dimensão sequer antes imaginada, sendo natural a evolução também nos negócios, de modo a se observar a necessidade de se adequar e remodelar a regulação dessas relações pelo Direito às novas demandas e desafios.[3]

As interações passaram a ser travadas de forma menos burocrática, bastando ao usuário, quando na posição de consumidor, acessar diretamente os serviços e produtos de seu interesse, pesquisando preços e fazendo comparações, sem qualquer barreira geográfica, em verdadeiro movimento de desterritorialização.

Esta dinâmica é tão intensamente absorvida, que a Organização das Nações Unidas (ONU) acredita que, seja qual for o crime cometido pela pessoa – mesmo que de violação de direitos autorais ou intelectuais – todo ser humano tem o direito de continuar com acesso à informação e, consequentemente, à internet.

Segundo a ONU, violar este direito fere o Artigo 19, parágrafo 3, do Pacto Internacional de Direitos Civis e Políticos (goo.gl/F61aV), de 1966[4] e que dispõe que todo cidadão possui direito à liberdade de expressão e de acesso à informação por qualquer tipo de veículo. O parágrafo 3 leva em consideração que pessoas que tiverem transgredido algum tipo de lei envolvendo meios de comunicação, podem sofrer restrições específicas e não totais, e apenas se as transgressões puserem em risco os direitos e reputações de outros ou à segurança nacional.

No ambiente nacional, a PEC 47/2021[5] foi apresentada ao Senado, incluindo dispositivo no art. 5º. da Constituição Federal, para fins de se assegurar a todos o

---

2. Ibidem.
3. TRINDADE, Manoel Gustavo Neubarth Trindade. Economia de Plataforma (ou tendência à bursatilização dos mercados): Ponderações Conceituais Distintivas em relação à Economia Compartilhada e à Economia Colaborativa e uma Abordagem de Análise Econômica do Direito dos Ganhos de Eficiência Econômica por meio da Redução Severa dos Custos de Transação. Revista Jurídica Luso-Brasileira, Ano 6 (2020), n. 4. Disponível em: https://www.cidp.pt/publicacao/revista-juridica-lusobrasileira-ano-6-2020-n-4/209. Acesso em: 23 set. 2023.
4. COMISSÃO DE DIREITOS HUMANOS DE SÃO PAULO. Resolução 2.200 A (XXI) da Assembleia Geral das Nações Unidas, em 16 de dezembro de 1966 e ratificado pelo Brasil em 24 de janeiro de 1992. São Paulo: USP, 1992. Disponível em: https://www.oas.org/dil/port/1966%20Pacto%20Internacional%20sobre%20 Direitos%20Civis%20e%20Pol%C3%ADticos.pdf. Acesso em: 17 jul. 2023.
5. BRASIL. Proposta de Emenda à Constituição 47, de 2021. Acrescenta o inciso LXXIX ao art. 5º da Constituição Federal, para introduzir a inclusão digital no rol de direitos fundamentais. Brasília: Senado Federal, 2021. Disponível em: https://www25.senado.leg.br/web/atividade/materias/-/materia/151308. Acesso em: 18 jul. 2023.

direito à inclusão digital, determinando que o poder público promova políticas que visem a ampliar o acesso à internet em todo território nacional.

Em caráter introdutório, entende-se relevante trazer essa breve retrospectiva, tornando mais fácil a compreensão acerca do quanto o cotidiano tem sido impactado pelo uso da internet, pelas novas tecnologias, pela internet das coisas, fazendo com que, atualmente, as relações ocorram majoritariamente de forma virtual, pela internet, realidade esta que propiciou, sem sombra de dúvidas, o surgimento da chamada Economia de Plataforma, a qual demanda, por sua vez, como principal insumo, os chamados dados pessoais.

Portanto, a partir da contextualização do cenário em que se encontra inserida, o presente artigo pretende trazer considerações acerca da interrelação da Economia de Plataforma e o uso dos dados pessoais, a partir do advento da internet, o qual ensejou o estabelecimento das relações pessoais e de mercado na rede, de forma independente e sem necessidade de aproximação prévia.

Ressalte-se, aliás, que o informalismo nessas relações, onde uma parte pode livremente acessar a outra, inaugurou um novo estilo de se relacionar e, consequentemente, de se estabelecer relações comerciais.

Nesse contexto, a Economia de Plataforma é resposta natural deste movimento, surgindo igualmente novos desafios, acarretados sobretudo pela possibilidade de concentração do poder informacional, que passa a ser detido por alguns poucos e gigantes atores. As chamadas "*bigtechs*", em comparação com grande parte dos demais agentes de mercado e com os indivíduos que ocupam a posição de usuários finais, ilustram esta nova realidade.

Justamente nesse sentido é que o agravamento do problema da assimetria informacional se torna consequência inevitável, na qual as relações de modo geral e não diferentemente as relações negociais se abastecem e se potencializam a partir dos dados pessoais, mas não de forma isonômica ou mesmo claramente perceptível, com o potencial, portanto, de causar desequilíbrios nos mais diversos mercados e, dessa forma, causar distorções no poder de mercado e mesmo ensejar a sua utilização disfuncional.

Em outras palavras, no novo paradigma da Economia de Plataforma, o poder de mercado deixa de ser fundamentalmente exercido por aquele ou aqueles que possuem os meio de produção ou o capital, mas sim passa a ser detido (o poder de mercado) por quem controla os dados. Aliás, possível constatar que o poder de mercado aí deriva de outra falha de mercado, isto é, da assimetria informacional, a qual se agrava no contexto da Economia de Plataforma.

E é exatamente nesse ponto que a Lei Geral de Proteção de Dados[6] (e as demais normas que visam a proteger os dados e assegurar a autodeterminação informativa) se apresenta como uma salvaguarda a tais problemas e aos seus potenciais nocivos efeitos.

---

6. BRASIL. Lei 13.709 de 14 de agosto de 2018. Lei Geral de Proteção de Dados Pessoais (LGPD). Redação dada pela Lei 13.853, de 2019. Disponível em: http://www.planalto.gov.br/ccivil_03/_ato2015-2018/2018/Lei/L13709.htm. Acesso em: 07 jul. 2023.

2. ECONOMIA DE PLATAFORMA: DEFINIÇÃO E EFEITOS NA REDUÇÃO DOS CUSTOS DE TRANSAÇÃO

Imperioso compreendermos a correta conceituação da expressão Economia de Plataforma e a sua diferenciação da Economia Compartilhada, mesmo que de forma abreviada, tendo em vista a limitação imposta pelo próprio ensaio.

A chamada Economia de Plataforma,[7] que inegavelmente teve o seu crescimento com o desenvolvimento tecnológico, consiste em uma alteração na conformação das estruturas das relações do mercado e não se confundem com a tecnologia em si, esta por sua vez, responsável pelo fomento desta nova organização dos mercados, alterando profundamente a sua dinâmica.

Nesta nova formatação das relações de mercado, impulsionada, cada vez mais, pela sofisticação tecnológica, as transações ocorrem em ambientes virtuais, como se está a observar, por exemplo, com a substituição progressiva das lojas físicas por lojas *on-line*, as quais, na maioria das vezes, encontram-se inseridas dentro de grandes *market-places*.

Inconteste que, com o advento da internet, a propagação da viabilidade de comunicação direta entre os usuários, a inovação tecnológica e o processamento em larga escala de dados criaram ambientes propícios para a estruturação da Economia de Plataforma, senão vejamos.

O surgimento da internet das coisas (IoT), que consiste na conexão em rede de objetos físicos, além de ter proporcionado mudanças estruturais na sociedade, na economia e na vida pessoal, alterou substancialmente o sistema de mercado em decorrência da remodelagem dos hábitos de consumo e dos meios de realização de negócios.

A IoT é considerada como um dos maiores avanços tecnológicos do setor de Tecnologias da Informação e Comunicação (TIC), pois conjuga fatores como dispositivos eletrônicos mais rápidos e eficientes, menores e baratos, redes de comunicação e sistemas avançados de coleta de dados.

Portanto, dispositivos móveis conectados à internet e que armazenam enorme volume de dados representaram uma transformação disruptiva na configuração das relações de mercado, favorecendo, porque não dizer, pelo menos inicialmente, a livre iniciativa dos usuários em estabelecer contatos e entabular negociações diretamente, por meio da navegação pela internet, facilitada, ainda mais, pela possibilidade de poder assim agir de qualquer lugar e em qualquer momento, in-

---

7. TRINDADE, Manoel Gustavo Neubarth Trindade. Economia de Plataforma (ou tendência à bursatilização dos mercados): Ponderações Conceituais Distintivas em relação à Economia Compartilhada e à Economia Colaborativa e uma Abordagem de Análise Econômica do Direito dos Ganhos de Eficiência Econômica por meio da Redução Severa dos Custos de Transação. *Revista Jurídica Luso-Brasileira*, ano 6, n. 4, 2020. Disponível em: https://www.cidp.pt/publicacao/revista-juridica-lusobrasileira-ano-6-2020-n-4/209. Acesso em: 23 set. 2023.

clusive entre e durante outras atividades, com a utilização de aparelhos móveis e ininterruptamente conectados.

Esperado que, nesse contexto e com tal redução de custos de transação, o número de transações aumentasse no âmbito da Economia de Plataforma, impactando na estruturação dos agentes econômicos de modo geral e nas relações que entre eles se estabelecem, de modo a exigir, igualmente, que o Direito se adapte a essas novas realidades.

Ademais, a virtualização dos mercados vem igualmente permitindo a eliminação da figura dos intermediários, concedendo maior protagonismo aos usuários, que podem contratar, por exemplo, independentemente de barreiras geográficas, diante do já mencionado fenômeno da desterritorialização. Inúmeros foram as mudanças que surgiram dentro do novo paradigma da Economia de Plataforma, tais como a desbancarização, que permitiu que os indivíduos passassem a não depender mais da figura dos grandes bancos tradicionais para investirem as suas poupanças, com potenciais taxas mais atrativas e maiores opções de escolha (em outros termos, com maior concorrência).

Pertinente colacionar a diferenciação com fenômenos que lhe são semelhantes, mas que não se confundem:

> Portanto, a Economia Compartilhada não pode ser confundida com a Economia de Plataforma, haja vista que diz respeito ao compartilhamento e à otimização da utilização de bens, v.g, locação, mútuo etc., entre outras categorias afins ou atípicas (vide caso de aplicativos como Airbnb). Não é algo própria ou intrinsicamente novo, mas que se potencializa exponencialmente, é verdade, por meio das Economias de Plataformas, talvez por isso, a frequente confusão entre tais figuras.[8]

Nesse sentido, corolário lógico é a conclusão de que, inobstante a Economia de Plataforma e a Economia Compartilhada digam respeito à fenômenos distintos, também é verdade que a forma compartilhada de se estabelecer negócios passou a ter maior significância a partir do estabelecimento da virtualização dos mercados, tornando possível que agentes econômicos, independentemente da presencialidade, pudessem fazer trocas e mesmo compartilhar recursos, tais como, aluguéis de roupas, de imóveis, uso de carros por aplicativos e inúmeros outros exemplos.

Nesse ponto, o destaque diz respeito aos efeitos da Economia de Plataforma sobre os custos de transação, uma vez que se evidencia a redução dos mesmos, inclusive com a possibilidade de maior oferta de fornecedores de serviços e produtos, bastando aos interessados navegarem nas redes e fazerem as suas escolhas. Embora

---

8. TRINDADE, Manoel Gustavo Neubarth Trindade. Economia de Plataforma (ou tendência à bursatilização dos mercados): Ponderações Conceituais Distintivas em relação à Economia Compartilhada e à Economia Colaborativa e uma Abordagem de Análise Econômica do Direito dos Ganhos de Eficiência Econômica por meio da Redução Severa dos Custos de Transação. *Revista Jurídica Luso-Brasileira*, ano 6, n. 4, 2020. Disponível em: https://www.cidp.pt/publicacao/revista-juridica-lusobrasileira-ano-6-2020-n-4/209. Acesso em: 23 set. 2023.

não haja como se olvidar também os riscos de concentração, derivados sobretudo dos Efeitos de Rede.[9]

O conceito da expressão "custos de transação" surgiu inicialmente com o economista britânico Ronald H. Cose em seu artigo *"The Nature of the Firm"*,[10] ganhando maior notoriedade a partir da década de 1970, com Oliver Williamsom. Segundo Cose,[11] os custos de transação são os que impedem que duas ou mais pessoas cheguem a um acordo que lhes pareça proveitoso, casos tais custos não sejam suplantados.

A importância dos custos de transação se dá pelo fato de que estes têm grande influência nas transações econômicas, reduzindo a utilidade das trocas na proporção em que aumentam e, na margem, possuem o potencial de mesmo inviabilizar a realização das trocas (contratos, do ponto de vista jurídico).

Apenas a título ilustrativo acerca do impacto trazido pela Economia de Plataforma, cumpre observar o mercado de músicas *online* (ou *streaming*) e que foi completamente transformado por essa nova formulação de mercado. Atualmente, o próprio artista tem a opção de produzir e gravar a música de sua autoria, sem o intermédio de uma editora ou gravadora, disponibilizando a sua mídia em *sites* próprios ou distribuí-las diretamente por meio de lojas virtuais. As plataformas alteraram a forma de consumo da música, colocando o usuário/consumidor em contato direto com o produto a ser adquirido, no caso a música, ou por meio da figura da agregadora, responsável pela formatação e distribuição das músicas aos canais de venda, plataformas de *download* ou de *streaming*.

Há uma inevitável quebra de padrões nesta nova estruturação dos mercados, onde é facilitado o acesso direto entre pessoas e grupos de pessoas, empresas e organizações.

3. INTERDEPENDÊNCIA DA ECONOMIA DE PLATAFORMA E DO TRATAMENTO DE DADOS PESSOAIS

A Economia de Plataforma compreendida como uma nova formatação das estruturas de mercado se desenvolve dentro das plataformas *on-line*, as quais oferecem uma gama de serviços disponíveis na internet, incluindo *e-commerce*, mídias sociais, mecanismos de busca, aplicativos, sistemas de pagamento, entre outros. Esta dinâmica facilita as interações entre dois ou mais usuários, que podem ser empresas ou indivíduos.

---

9. Para aprofundamento quanto ao risco de concentração, derivado dos efeitos de rede, das *switching barries* e *swhitchig costs*, ver TRINDADE, Manoel Gustavo Neubarth. *Open Banking*: Trinômio Portabilidade-Interoperabilidade-Proteção de Dados Pessoais no Âmbito do Sistema Financeiro. *Revista Jurídica Luso-Brasileira*, ano 7, n. 4, 2021. Disponível em: https://www.cidp.pt/revistas/rjlb/2021/4/2021_04_1159_1189.pdf. Acesso em: 23 set. 2023.
10. COSE, Ronald H. The nature of the firm. *Economica*, v. 4, n. 16, p. 386-405, 1937. Disponível em: https://onlinelibrary.wiley.com/doi/10.1111/j.1468-0335.1937.tb00002.x. Acesso em: 17 jul. 2023.
11. Idem. The problem of social cost. *The Journal of Law Economics*, v. III, 1960. Disponível em: https://www.law.uchicago.edu/sites/default/files/file/coase-problem.pdf. Acesso em: 17 jul. 2023.

As plataformas digitais se caracterizam por efeitos de rede e pela variedade de dados que abastecem o ecossistema digital, sendo prova disso que nem todas as plataformas exigem contrapartida financeira direta, a exemplo das redes sociais, que visam a agregar usuários e atenção para que sejam direcionados ao mercado monetizado, por meio de publicidade digital dirigida.

Conforme estudo realizado pelo Conselho Administrativo de Defesa Econômica (CADE),[12] apesar das plataformas digitais não serem as únicas espécies de empresas que coletam e geram dados, são as empresas que melhor fazem uso deles para refinar e atrair usuários. Os dados representam um insumo essencial que cria um tipo de "economia de escala dinâmica", na medida em que empresas com maior volume de dados pessoais performam de forma mais eficiente, apresentando produtos direcionados a um público mais receptível e interessado.

As informações sobre os comportamentos e as preferências dos indivíduos independem de pesquisas de opinião, pois os dispositivos digitais (IoT) produzem uma quantidade tão grande de dados que se torna possível antecipar escolhas das pessoas e exercer influência sobre elas.

Essas informações se consubstanciam, na maioria das vezes, em dados pessoais, os quais são coletados de diversas formas, desde informações de cadastro e registro fornecidos diretamente pelo indivíduo/titular, como nome, cadastro de pessoas físicas (CPFs), endereços, estado civil, faixa etária, sexo, dados financeiros, endereço, geolocalização, comportamentos nas redes sociais, entre inúmeros outros.

Importante registrar que grande parte destes dados pessoais são coletados de forma indireta, sem que sejam fornecidos diretamente pelo titular do dado pessoal, fazendo com que as plataformas digitais sejam abastecidas de forma inesgotável por inúmeras informações dos indivíduos, através da vigilância na sociedade em rede. E, sem dúvida, o alcance desta vigilância em massa da sociedade por meio da coleta indiscriminada de dados pessoais, produz sérios riscos, pois podem agravar uma falha no mercado, qual seja, a assimetria informacional (a qual mais adiante será abordada), inclusive de modo a fazer surgir ou agravar outras falhas, como o poder de mercado, no caso, derivado da assimetria informacional.

Os dados pessoais se transformaram no principal insumo da economia digital, uma vez que a disputa se dá pela atenção. Atrair a atenção das pessoas é condição decisiva para que façam as escolhas que as empresas detentoras destes dados querem que sejam feitas. Essa atração, segundo Adam Alter,[13] apoia-se não só no esforço de conhecer o potencial comprador para oferecer-lhe o que virtualmente lhe interessa, mas também no empenho de prender sua atenção ao máximo e orquestrar seus impulsos.

---

12. SAKOWSKI, Patrícia Alessandra Morita; LANCIERI, Filippo Maria. *Documento de Trabalho 005/2020*: concorrência em mercados digitais: uma revisão dos relatórios especializados. Brasília: CADE, 2020. Disponível em: https://biblioteca.cade.gov.br/cgi-bin/koha/opac-retrieve-file.pl?id=60f156184292107891bd23e36e1197a8. Acesso em: 18 jul. 2020.
13. ALTER, Adam. *Irresistible*. The rise of adictive technology and the business of kepping us hooked. New York: Penguin, 2018.

Desta feita, fica evidente que a eficiência da Economia de Plataforma, compreendendo-se esta como novas formas de se estruturarem relações de mercado, marcadas pela eliminação dos custos de transação, é impulsionada pelos dados pessoais, que abastecem e potencializam esse modelo.

4. RISCOS DA ASSIMETRIA INFORMACIONAL NA ECONOMIA DE PLATAFORMA

A assimetria informacional pode ser definida como uma falha de mercado que ocorre quando uma das partes detêm maior quantidade de informações sobre um produto ou um serviço ou até mesmo sobre as características e propriedades da outra parte em uma determinada relação negocial, colocando-as em posição desigualdade e, assim, podendo ocasionar desequilíbrios entre os agentes econômicos e em suas competências negociais. Embora não se confunda, para fins de facilitar a compreensão, poder-se-ia cogitar que, na existência de assimetria informacional, não há propriamente isonomia.

A assimetria informacional se manifesta em diversos setores, a exemplo da contabilidade gerencial, que consoante Sílvio Aparecido Crepaldi,[14] "é o ramo da contabilidade que tem por objetivo fornecer instrumentos aos administradores de empresas que auxiliem em suas funções gerenciais".

Nesta linha, a qualidade da informação é um dos alicerces para a sobrevivência e maior competitividade das organizações e, considerando que o mercado está em constante evolução, a informação representa um ativo de grande valia, sendo que, em eventual constatação de disparidades neste panorama, estar-se-á diante do chamado fenômeno denominado de assimetria informacional.

Entretanto, importante reconhecer que os dados pessoais abastecem as plataformas digitais, sem os quais a Economia de Plataforma não possui substrato para o seu funcionamento e para que as interações entre as pessoas e as organizações ocorram, sendo que, também, o sucesso ou insucesso de uma negociação está substancialmente atrelado ao nível de informações havido por meio da obtenção dos dados pessoais, torna-se possível concluir, por conseguinte, que qualquer desigualdade ao acesso a esse ativo – dados pessoais – influenciará no nível de assimetria informacional.

Para fins exemplificativos e para melhor visualização prática da aplicação deste fenômeno de desigualdade de condições informacionais envolvendo o manejo de dados pessoais, cabe trazer o emblemático caso que envolveu o Facebook e a empresa americana Cambridge Analytica.[15]

---

14. CREPALDI, Sílvio Aparecido. *Contabilidade gerencial*: teoria e prática. 4. ed. São Paulo: Atlas, 2008. p. 5.
15. ENTENDA o escândalo de uso político de dados que derrubou valor do Facebook e o colocou na mira de autoridades. *BBC News*, 20 mar. 2018. Disponível em: https://www.bbc.com/portuguese/internacional-43461751. Acesso em: 18 jul. 2023.

De forma resumida, a empresa contratada para a campanha política de Donald Trump, nas eleições de 2016, e pelo grupo que promovia o Brexit, a saída do Reino Unido da União Europeia, teve acesso a informações pessoais de mais de 50 milhões de usuários do Facebook. A empresa teria obtido os dados pessoais dos usuários participantes e de seus amigos do perfil, através de um aplicativo de teste psicológico disponibilizado na rede social do Facebook. Na prática, o usuário e titular de dados pessoais que ingressou no aplicativo participando do teste psicológico teve os seus dados e de seus seguidores manipulados pela empresa Cambridge Analytica sem que tivessem conhecimento desta ocorrência.[16]

Mesmo antes de adentrarmos nos sérios riscos de violação a direitos de privacidade e proteção de dados, é fácil constatarmos que, na situação em questão, há uma evidente assimetria informacional decorrente do acervo de dados pessoais. As redes sociais mostram o comportamento social, os compartilhamentos, curtidas e históricos de busca do indivíduo para que o algoritmo possa recomendar conteúdos personalizados.

Portanto, a partir deste amplo conhecimento sobre os usuários, sobre os temas que captam a atenção e geram o engajamento almejado, enseja-se terreno fértil para que seja exercida manipulação, através de direcionamento de conteúdo ao perfil adequado, chamado "*online profiling*".

E, nesse contexto, estaríamos também diante do problema da assimetria informacional, em razão da desigualdade de condições de acesso a e mesmo produção de informações.

5. A PROTEÇÃO DE DADOS COMO POSSÍVEL SALVAGUARDA À ASSIMETRIA INFORMACIONAL

A relação entre o indivíduo, na qualidade de titular dos dados pessoais, e o Estado e empresas, no que tange ao fluxo informacional, perpassa por uma análise de vulnerabilidade do titular, seja na condição de cidadão ou de consumidor.

No contexto do tratamento de dados pessoais pelo setor público e ante a evidência de assimetria de poderes, requer-se regras protetivas que limitem a atuação estatal.

Em âmbito internacional, antes mesmo da vigência da Diretiva 95[17] e do Regulamento Geral de Proteção de Dados da União Europeia – RGPD[18] – convêm lembrar do notório Julgamento da Lei do Censo, em 1983, pelo Tribunal Constitucional

---

16. Ibidem.
17. DIRECTIVA 95/46/CE do Parlamento Europeu e do Conselho de 24 de outubro de 1995 relativa à protecção das pessoas singulares no que diz respeito ao tratamento de dados pessoais e à livre circulação desses dados. *Jornal Oficial das Comunidades Europeias*, 23 nov. 1995. Disponível em: https://eur-lex.europa.eu/legal-content/PT/TXT/PDF/?uri=CELEX:31995L0046. Acesso em: 17 jul. 2023.
18. REGULAMENTO GERAL SOBRE A PROTEÇÃO DE DADOS – RGPD. Regulamento (UE) 2016/679 do Parlamento Europeu e do Conselho de 27 de abril de 2016. Disponível em: https://eur-lex.europa.eu/legal-content/PT/TXT/PDF/?uri=CELEX:32016R0679. Acesso em: 18 jul. 2023.

Alemão,[19] em que se considerou inconstitucional dispositivo que previa que as informações coletadas pelo Censo poderiam ser compartilhadas com outros registros e repartições públicas.

No panorama nacional, contamos com um relevante precedente no julgamento do Supremo Tribunal Federal – ADI 6.387 – Caso IBGE[20] – o qual decidiu pela inconstitucionalidade da Medida Provisória 954 de 2020 e que previa o compartilhamento desproporcional de informações de empresas operadoras de telefonia com o Instituto Brasileiro de Geografia e Estatística – IBGE.

Desta feita, a Lei Geral de Proteção de Dados,[21] em nosso ambiente nacional, impõe limites ao uso indiscriminado dos dados pessoais pelos agentes de tratamento, sejam por pessoas de direito público ou de direito privado, alçando o indivíduo a protagonista do tratamento dos dados pessoais que lhe dizem respeito, isto é, garantindo autodeterminação informativa.

Sem pretender adentrar na análise do instrumento legal ora mencionado, importante mencionar que a lei condiciona a observância a princípios, tais como transparência, finalidade, adequação dos dados, segurança, entre outros, bem como a alocação de uma hipótese legal autorizadora para o processamento dos dados pessoais, sob pena de se configurar ilicitude.

A título de exercício prático, como meio de visualização da incidência dos instrumentos legais de proteção de dados como limitadores da assimetria informacional, como quando elegem a transparência e a finalidade como princípios obrigatórios ao agente de tratamento, reporta-se ao incidente envolvendo a empresa Cambridge Analytica,[22] em que milhões de usuários sequer tiveram conhecimento (falta de transparência) de que os seus dados, coletados para fins de jogo psicológico, foram compartilhados com terceiro para direcionamento de conteúdo – *profiling* eleitoral (alteração de finalidade), sendo possível compreender que, por meio da aplicação dos instrumentos regulatórios em questão, os agentes de tratamento que as infringirem tais normas, estão sujeitos a penalidades diversas, seja pelo dano reputacional, seja pelas próprias sanções pecuniárias.

No caso em tela, trazido como ilustração, importante ressaltar que serviu como elemento impulsionador a aprovação do Regulamento Geral de Proteção de Dados

---

19. HORNUNG, Gerrit; SCHNABEL, Christoph. Data Protection in Germany I: the population census decision and the right to informational self-determination. *Computer Law and Security Review*, Kassel, n. 25, p. 84-88, 2009.
20. SUPREMO TRIBUNAL FEDERAL. Ação Direta de Inconstitucionalidade - ADI 6387. Relatora: Ministra Rosa Weber, Brasília: STF, 2020. Disponível em: https://www.jusbrasil.com.br/jurisprudencia/stf/842280827. Acesso em: 18 jul. 2023.
21. BRASIL. Lei 13.709 de 14 de agosto de 2018. Lei Geral de Proteção de Dados Pessoais (LGPD). Redação dada pela Lei 13.853, de 2019. Disponível em: http://www.planalto.gov.br/ccivil_03/_ato2015-2018/2018/Lei/L13709.htm. Acesso em: 17 jul. 2023.
22. ENTENDA o escândalo de uso político de dados que derrubou valor do Facebook e o colocou na mira de autoridades. *BBC News*, 20 mar. 2018. Disponível em: https://www.bbc.com/portuguese/internacional-43461751. Acesso em: 18 jul. 2023.

na União Europeia,[23] tendo tido diversos desdobramentos, com aplicações de multas milionárias pelo Federal Trade Commission (FTC), no Reino Unido e no Brasil, além da perda financeira de quase 40 bilhões de dólares, à época, decorrente da queda em suas ações.

Portanto, como se buscou evidenciar, as normas de proteção de dados pessoais buscam, em realidade e essência, combater o problema da assimetria informacional, impedindo a utilização disfuncional dos dados pessoais, bem como garantindo a autodeterminação informativa, objetivando, assim, ensejar o adequado funcionamento do mecanismo de mercado e impedir a apropriação/captura indevida de excedentes provenientes das transações econômicas de uma das partes em detrimento da outra e, mesmo, redução de excedentes e, consequentemente, bem-estar.

CONCLUSÕES

Ao longo do presente ensaio, buscou-se estabelecer conexões entre a insurgência da Economia de Plataforma, o surgimento da internet e o desenvolvimento da internet das coisas (IoT), ensejando novos modelos de relações de mercado que se estruturam no âmbito de plataformas digitais e, portanto, possuem como insumos os dados pessoais, potencializando eficiência econômica ao mesmo tempo que enseja riscos, como o agravamento de situações de assimetria informacional e mesmo de utilização disfuncional de poder de mercado.

Justamente, no âmbito da Economia de Plataforma, o acesso aos dados pessoais por parte das plataformas, que, portanto, exercem o papel de controlador, implica em grande risco de agravamento da assimetria informacional e, a partir daí, de captura dos excedentes provenientes das trocas de uma parte em detrimento da outra e, inclusive, comprometimento de bem-estar. Mais, nesse contexto, o agravamento da Assimetria Informacional pode também ensejar Poder de Mercado e igualmente a sua utilização disfuncional, com captura de excedentes e comprometimento de bem-estar.

Dessa forma, a Lei Geral de Proteção de Dados se apresenta como instrumento de controle e coibição da desigualdade informacional. Reitera-se, como se buscou evidenciar, as normas de proteção de dados pessoais, entre elas a Lei Geral de Proteção de Dados Pessoais (LGPD), buscam, em realidade e essência, combater o problema da assimetria informacional, impedindo a utilização disfuncional dos dados pessoais, assim como garantir a autodeterminação informativa, objetivando ensejar o adequado funcionamento do mecanismo de mercado e impedir a apropriação/captura indevida de excedentes provenientes das transações econômicas de uma das partes em detrimento da outra e, mesmo, redução de excedentes de modo geral e, consequentemente, de bem-estar.

---

23. REGULAMENTO GERAL SOBRE A PROTEÇÃO DE DADOS – RGPD. Regulamento (UE) 2016/679 do Parlamento Europeu e do Conselho de 27 de abril de 2016. Disponível em: https://eur-lex.europa.eu/legal-content/PT/TXT/PDF/?uri=CELEX:32016R0679. Acesso em: 18 jul. 2023.

REFERÊNCIAS

ALTER, Adam. *Irresistible*. The rise of adictive technology and the business of kepping us hooked. New York: Penguin, 2018.

BRASIL. Lei 13.709 de 14 de agosto de 2018. Lei Geral de Proteção de Dados Pessoais (LGPD). Redação dada pela Lei 13.853, de 2019. Disponível em: http://www.planalto.gov.br/ccivil_03/_ato2015-2018/2018/Lei/L13709.htm. Acesso em: 17 jul. 2023.

BRASIL. Proposta de Emenda à Constituição 47, de 2021. Acrescenta o inciso LXXIX ao art. 5º da Constituição Federal, para introduzir a inclusão digital no rol de direitos fundamentais. Brasília: Senado Federal, 2021. Disponível em: https://www25.senado.leg.br/web/atividade/materias/-/materia/151308. Acesso em: 18 jul. 2023.

COMISSÃO DE DIREITOS HUMANOS DE SÃO PAULO. Resolução 2.200 A (XXI) da Assembleia Geral das Nações Unidas, em 16 de dezembro de 1966 e ratificado pelo Brasil em 24 de janeiro de 1992. São Paulo: USP, 1992. Disponível em: https://www.oas.org/dil/port/1966%20Pacto%20Internacional%20sobre%20Direitos%20Civis%20e%20Pol%C3%ADticos.pdf. Acesso em: 17 jul. 2023.

COSE, Ronald H. The nature of the firm. *Economica*, v. 4, n. 16, p. 386-405, 1937. Disponível em: https://onlinelibrary.wiley.com/doi/10.1111/j.1468-0335.1937.tb00002.x. Acesso em: 17 jul. 2023.

COSE, Ronald H. The problem of social cost. *The Journal of Law Economics*, v. III, 1960. Disponível em: https://www.law.uchicago.edu/sites/default/files/file/coase-problem.pdf. Acesso em: 17 jul. 2023.

CREPALDI, Sílvio Aparecido. *Contabilidade gerencial*: teoria e prática. 4. ed. São Paulo: Atlas, 2008.

DIRECTIVA 95/46/CE do Parlamento Europeu e do Conselho de 24 de outubro de 1995 relativa à protecção das pessoas singulares no que diz respeito ao tratamento de dados pessoais e à livre circulação desses dados. *Jornal Oficial das Comunidades Europeias*, 23 nov. 1995. Disponível em: https://eur-lex.europa.eu/legal-content/PT/TXT/PDF/?uri=CELEX:31995L0046. Acesso em: 17 jul. 2023.

ENTENDA o escândalo de uso político de dados que derrubou valor do Facebook e o colocou na mira de autoridades. *BBC News*, 20 mar. 2018. Disponível em: https://www.bbc.com/portuguese/internacional-43461751. Acesso em: 18 jul. 2023.

HORNUNG, Gerrit; SCHNABEL, Christoph. Data Protection in Germany I: the population census decision and the right to informational self-determination. *Computer Law and Security Review*, Kassel, n. 25, p. 84-88, 2009.

PEDROSA, Leyberson; FERREIRA, Luiz Cláudio. De 1500 a 2021: veja como a comunicação evoluiu no Brasil. *Agência Brasil*, 03 maio 2021. Disponível em: https://agenciabrasil.ebc.com.br/geral/noticia/2021-05/linha-do-tempo-telecomunicacoes. Acesso em: 17 jul. 2023.

REGULAMENTO GERAL SOBRE A PROTEÇÃO DE DADOS – RGPD. Regulamento (UE) 2016/679 do Parlamento Europeu e do Conselho de 27 de abril de 2016. Disponível em: https://eur-lex.europa.eu/legal-content/PT/TXT/PDF/?uri=CELEX:32016R0679. Acesso em: 18 jul. 2023.

SAKOWSKI, Patrícia Alessandra Morita; LANCIERI, Filippo Maria. *Documento de Trabalho 005/2020*: concorrência em mercados digitais: uma revisão dos relatórios especializados. Brasília: CADE, 2020. Disponível em: https://biblioteca.cade.gov.br/cgi-bin/koha/opac-retrieve-file.pl?id=60f156184292107891bd23e36e1197a8. Acesso em: 18 jul. 2020.

SUPREMO TRIBUNAL FEDERAL. Ação Direta de Inconstitucionalidade – ADI 6387. Relatora: Ministra Rosa Weber, Brasília: STF, 2020. Disponível em: https://www.jusbrasil.com.br/jurisprudencia/stf/842280827. Acesso em: 18 jul. 2023.

TRINDADE, Manoel Gustavo Neubarth Trindade. Economia de Plataforma (ou tendência à bursatilização dos mercados): Ponderações Conceituais Distintivas em relação à Economia Compartilhada e à

Economia Colaborativa e uma Abordagem de Análise Econômica do Direito dos Ganhos de Eficiência Econômica por meio da Redução Severa dos Custos de Transação. *Revista Jurídica Luso-Brasileira*, ano 6, n. 4, 2020. Disponível em: https://www.cidp.pt/publicacao/revista-juridica-lusobrasileira-ano-6-2020-n-4/209. Acesso em: 23 set. 2023.

TRINDADE, Manoel Gustavo Neubarth. *Open Banking*: Trinômio Portabilidade-Interoperabilidade-Proteção de Dados Pessoais no Âmbito do Sistema Financeiro. *Revista Jurídica Luso-Brasileira*, ano 7, n. 4, 2021. Disponível em: https://www.cidp.pt/revistas/rjlb/2021/4/2021_04_1159_1189.pdf. Acesso em: 23 set. 2023.

O REGIME DE RESPONSABILIDADE CIVIL EM MATÉRIA DE PROTEÇÃO DE DADOS PESSOAIS

Martha Leal

Mestre em Direito e Negócios Internacionais pela Universidad Internacional Iberoamericana Europea del Atlântico e pela Universidad UNINI México. Pós-graduada em Direito Digital pela Universidade de Brasília – IDP. Pós-graduada em Direito Digital pela Fundação Superior do Ministério Público do Rio Grande do Sul. *Data Protection Officer* ECPB pela Maastricht University. Certificada como *Data Protection Officer* pela EXIN. Certificada como *Data Protection Officer* pela Fundação Getúlio Vargas do Rio de Janeiro – FGV. Mestranda na Unisinos – Mestrado Profissional em Direito. Presidente da Comissão de Comunicação Institucional do Instituto Nacional de Proteção de Dados – INPD. Advogada especialista em proteção de dados. E-mail: marta@jpleal.com.br.

Sumário: 1. Breves considerações sobre a privacidade e a proteção de dados pessoais – 2. A proteção de dados como direito fundamental – 3. Conceitos de agentes de tratamento pela LGPD – 4. A lei geral de proteção de dados e os tipos de responsabilidades civis existentes no ordenamento jurídico – Conclusões – Referências.

1. BREVES CONSIDERAÇÕES SOBRE A PRIVACIDADE E A PROTEÇÃO DE DADOS PESSOAIS

Inicialmente, oportuno trazer a luz o conceito de *"privacy"* e o seu reconhecimento na comunidade jurídica como um direito, através do artigo de autoria de Samuel D. Warren e Louis D. Brandeis,[1] o qual relacionou o *"right to be let alone"* ao *"The right to Privacy"*, veiculado em periódico da Universidade de Harvard (Harvard Law Review).

Conforme os autores "o que é sussurrado nos armários será proclamado nos telhados, e "em todos os casos, o indivíduo tem o direito de decidir se o que é seu deve ser dado ao público".[2]

No referido artigo, os autores trouxeram as transformações sociais ocorridas por força do surgimento de novas tecnologias e que clamaram proteção contra as violações da vida privada das pessoas e o fundamentaram no direito à privacidade, no direito à vida, expressamente garantido na declaração dos Estados Unidos da América e formalmente reconhecido na quinta emenda da Constituição.[3]

Com o passar do tempo, o artigo de Warren e Brandeis causou impacto considerável no universo jurídico norte americano, sendo de suma importância ao desen-

---

1. WARREN, Samuel D., BRANDEIS, Louis D. The right to privacy. *Harvard Law Review*, Boston, v. 4, n. 5, 15 dez. 1980.
2. Ibidem.
3. WARREN, Samuel D., BRANDEIS, Louis D. The right to privacy. *Harvard Law Review*, Boston, v. 4, n. 5, 15 dez. 1980.

volvimento do direito à privacidade uma vez que relacionou o direito de se estar só *"Right to bel et alone"* ao direito à privacidade *"Right to Privacy"*. A possibilidade de se saber sobre tudo e sobre todos, torna cada vez mais difícil, o direito de se estar só, e por via de consequência, de proteger a privacidade do indivíduo.[4]

Os autores ressaltam que a ocorrência de transformações sociais, políticas e econômicas, bem como, o surgimento de novas tecnologias, como a fotografia, impulsionaram situações com potencial impacto na violação da privacidade dos indivíduos.[5]

Segundo o artigo, a expressão *"right to bel et alone"* propõe um novo direito, e a invasão ao *"privacy"*, constituiria uma profunda ofensa, a qual lesionaria o senso da própria pessoa sobre sua independência, individualidade, dignidade e honra.[6]

Desta feita, o direito em questão garantiria ao indivíduo uma ampla liberdade contra intromissões não desejadas em sua vida, tutelando seus pensamentos, sentimentos, emoções, dados pessoais e até mesmo o nome.[7]

Os avanços tecnológicos à época, em especial a fotografia que tornou possível a captação dos traços pessoais foi devidamente incluída no âmbito de proteção do *"privacy"*. O artigo apresentou limitações ao direito em questão, tais como em casos de permissão de publicação de material de interesse público e mediante o consentimento do indivíduo em casos de publicação de fatos danosos.

A jurisprudência nos EUA relutou em recepcionar o direito à privacidade, tendo o primeiro julgado neste sentido ocorrido na Suprema Corte de Geórgia, conhecido como o caso Pavesich v. New England Life Ins, Co,[8] o qual foi debatido a reprodução não autorizada de uma fotografia do senhor Pavesich, em um jornal ao lado de um mendigo, tendo sido atribuída a prosperidade do indivíduo fotografado a contratação de uma apólice de seguro, sem que houvesse autorização para a publicação.

A decisão fundamentou-se nos argumentos de Warren e Brandeis[9] e foram sendo seguidas pelos demais estados dos EUA.

Portanto, não é possível dissociar o conceito do direito à privacidade ao artigo de autoria de Warren e Brandeis,[10] tendo em vista a sua relação com as primeiras decisões favoráveis a uma imposição de limites às intrusões advindas das novas tecnologias.

---

4. Ibidem.
5. Ibidem.
6. SOMA, John T. *Privacy law*. St. Paul: Thomson/West, 2008. p. 11.
7. PLACZEK, Thomas. *Allgemeines persönlichkeitsrecht und privatrechtlicher informations* – und datenschutz. Hamburg: LIT, 2006. p. 46.
8. PAVESICH v. NEW ENGLAND LIFE INSURANCE CO. Georgia: Supreme Court, 03 mar. 1905. Disponível em: https://casetext.com/case/pavesich-v-new-england-life-ins-co. Acesso em: 22 jul. 2023.
9. WARREN, Samuel D., BRANDEIS, Louis D. The right to privacy. *Harvard Law Review*, Boston, v. 4, n. 5, 15 dez. 1980.
10. Ibidem.

Decorrido considerável lapso temporal do reconhecimento do direito à privacidade e face aos desafios que a sociedade vivencia em virtude do fluxo de informações que transitam por meio de inúmeros avanços tecnológicos, convém relembrar os ensinamentos de Zygmunt Baumann, na Era da Vigilância Líquida,[11] e que mostra que a propriedade privada, já não é mais eficiente em função da exposição da tecnologia por meio de acesso a dados pessoais.

2. A PROTEÇÃO DE DADOS COMO DIREITO FUNDAMENTAL

Feitas as devidas considerações acerca da interdependência da proteção de dados pessoais com o direito à privacidade, na medida em que, a compreensão de que atualmente os dados pessoais quando tratados indevidamente tem o potencial de violar o direito à privacidade, cumpre trazer a evolução do direito a proteção de dados no cenário internacional e nacional até os dias atuais.

A nível internacional, antes mesmo da vigência da Diretiva 95[12] e do Regulamento Geral de Proteção de Dados da União Europeia – RGPD –[13] convêm lembrar do notório Julgamento da Lei do Censo, em 1983, pelo Tribunal Constitucional Alemão,[14] em que se considerou inconstitucional um dispositivo que previa que as informações coletadas pelo Censo poderiam ser compartilhadas com outros registros e repartições públicas.

No panorama nacional, contamos com um relevante precedente no julgamento do Supremo Tribunal Federal – ADI 6.387 – Caso IBGE –[15] o qual decidiu pela inconstitucionalidade da Medida Provisória 954 de 2020[16] e que previa o compartilhamento desproporcional de informações de empresas operadoras de telefonia com o Instituto Brasileiro de Geografia e Estatística – IBGE.

---

11. BAUMAN, Zygmunt. KYON, David. *Vigilância líquida*. Rio de Janeiro: Zahar, 2014.
12. DIRECTIVA 95/46/CE do Parlamento Europeu e do Conselho de 24 de outubro de 1995 relativa à protecção das pessoas singulares no que diz respeito ao tratamento de dados pessoais e à livre circulação desses dados. *Jornal Oficial das Comunidades Europeias*, 23 nov. 1995. Disponível em: https://eur-lex.europa.eu/legal-content/PT/TXT/PDF/?uri=CELEX:31995L0046. Acesso em: 17 jul. 2023.
13. REGULAMENTO GERAL SOBRE A PROTEÇÃO DE DADOS – RGPD. Regulamento (UE) 2016/679 do Parlamento Europeu e do Conselho de 27 de abril de 2016. Disponível em: https://eur-lex.europa.eu/legal-content/PT/TXT/PDF/?uri=CELEX:32016R0679. Acesso em: 18 jul. 2023.
14. HORNUNG, Gerrit; SCHNABEL, Christoph. Data Protection in Germany I: the population census decision and the right to informational self-determination. *Computer Law and Security Review*, Kassel, n. 25, p. 84-88, 2009.
15. SUPREMO TRIBUNAL FEDERAL. Ação Direta de Inconstitucionalidade – ADI 6387. Relatora: Ministra Rosa Weber, Brasília: STF, 2020. Disponível em: https://www.jusbrasil.com.br/jurisprudencia/stf/842280827. Acesso em: 18 jul. 2023.
16. BRASIL. Medida Provisória 954, de 17 de abril de 2020. Dispõe sobre o compartilhamento de dados por empresas de telecomunicações prestadoras de Serviço Telefônico Fixo Comutado e de Serviço Móvel Pessoal com a Fundação Instituto Brasileiro de Geografia e Estatística, para fins de suporte à produção estatística oficial durante a situação de emergência de saúde pública de importância internacional decorrente do coronavírus (Covid-19), de que trata a Lei 13.979, de 6 de fevereiro de 2020. Brasília: Supremo Tribunal Federal, 2020. Disponível em: https://www.in.gov.br/web/dou/-/medida-provisoria-n-954-de-17-de-abril-de-2020-253004955. Acesso em: 21 jul. 2023.

A Ministra Rosa Weber, relatora da Ação Direta de Inconstitucionalidade, entendeu que a permissão de eventual liberação de dados de pessoas naturais e jurídicas por empresas de telefonia ao IBGE poderia causar "danos irreparáveis à intimidade e ao sigilo da vida privada de mais de uma centena de milhares de usuários".[17]

O caso IBGE, portanto, ao apontar um desprendimento da proteção de dados ao direito à privacidade apresenta pela primeira vez a proteção de dados como um direito autônomo, razão pela qual, a referida decisão detém especial relevância assemelhando-se ao caso do julgamento da Corte Constitucional alemã de 1983 – Lei do Censo.[18]

Desta feita, a Lei Geral de Proteção de Dados,[19] em nosso ambiente nacional, impõe limites ao uso indiscriminado dos dados pessoais pelos agentes de tratamento, sejam eles, pessoas de direito público ou de direito privado, alcançando ao indivíduo o protagonista no tratamento dos dados pessoais que lhe dizem respeito.

Sem pretender adentrar na análise do instrumento legal ora mencionado, mas assinalando que a lei condiciona a observância a princípios, tais como, transparência, finalidade, adequação dos dados, segurança entre outros, bem como a alocação de uma hipótese legal autorizadora para o processamento do dado pessoal sob pena de estarmos diante de uma ilicitude.

Em janeiro de 2022, através da recepção da Emenda Complementar 115/22,[20] o direito à proteção de dados foi inserido como direito fundamental, em seu artigo 5, LXXIX, passando a ter a seguinte redação:" é assegurado nos termos da lei, o direito à proteção de dados pessoais, inclusive nos meios digitais."

3. CONCEITOS DE AGENTES DE TRATAMENTO PELA LGPD

A Lei Geral de Proteção de Dados em seu artigo 5º, IX e X[21] define a figura do controlador e operador dos dados pessoais.

Em suma, os seus papéis se configuram mediante o grau de envolvimento que possuem no tratamento de dados pessoais aos quais estão envolvidos.

---

17. Supremo Tribunal Federal, loc. cit.
18. HORNUNG, Gerrit; SCHNABEL, Christoph. Data Protection in Germany I: the population census decision and the right to informational self-determination. *Computer Law and Security Review*, Kassel, n. 25, p. 84-88, 2009.
19. BRASIL. Lei 13.709 de 14 de agosto de 2018. Lei Geral de Proteção de Dados Pessoais (LGPD). Redação dada pela Lei 13.853, de 2019. Disponível em: http://www.planalto.gov.br/ccivil_03/_ato2015-2018/2018/Lei/L13709.htm. Acesso em: 20 jul. 2023.
20. BRASIL. Emenda Constitucional 115, de 10 de fevereiro de 2022. Altera a Constituição Federal para incluir a proteção de dados pessoais entre os direitos e garantias fundamentais e para fixar a competência privativa da União para legislar sobre proteção e tratamento de dados pessoais. Brasília: Casa Civil, 2022. Disponível em: https://www.planalto.gov.br/ccivil_03/constituicao/Emendas/Emc/emc115.htm. Acesso em: 07 jul. 2023.
21. BRASIL (2018), op. cit.

O controlador, segundo o dispositivo legal mencionado é a pessoa natural ou jurídica, de direito público ou privado, a quem competem as decisões referentes ao tratamento de dados pessoais, sendo o operador, a pessoa natural ou jurídica de direito público ou privado, que realiza o tratamento de dados pessoais em nome do controlador.

Já, o encarregado pela proteção de dados pessoais é a pessoa indicada pelo controlador e/ou operador para atuar como canal de comunicação entre o agente de tratamento e os titulares e a Autoridade Nacional de Proteção de Dados – ANPD.[22]

A Lei atribui obrigações diferenciadas aos agentes de tratamento, bem como, níveis de responsabilização também distintos.

O artigo 42 da LGPD dispõe sobre a responsabilidade solidária entre controlador e operador por eventuais danos aos titulares e o dever em indenizá-los, estabelecendo em seu parágrafo 1º que:

> o operador responde de forma solidária pelos danos causados pelo tratamento quando descumprir as obrigações da legislação de proteção de dados ou quando descumprir as obrigações da legislação de proteção de dados ou quando não tiver seguido as instruções lícitas do controlador, hipótese em que o operador equipara-se ao controlador, salvo nos casos de exclusão previstos no art. 43 desta Lei.[23]

Sendo assim, relevante é o grau de participação da figura do operador e a sua capacidade em demonstrá-la para fins de apuração da sua responsabilização.

Quanto ao papel do encarregado de proteção de dados pessoais, não há referência expressa sobre a sua responsabilidade em eventual dano decorrente da sua atividade na participação no tratamento dos dados pessoais. Por óbvio, que eventual dano aos titulares decorrentes de conduta culposa ou dolosa por parte do encarregado será discutida entre o controlador e operador que o tiver contratado, mas sendo este último, quem se responsabilizará diretamente ao titular de dados pessoais.

4. A LEI GERAL DE PROTEÇÃO DE DADOS E OS TIPOS DE RESPONSABILIDADES CIVIS EXISTENTES NO ORDENAMENTO JURÍDICO

O presente ensaio se propõe a analisar o regime de responsabilidade civil que parece ser mais adequado às relações que envolvem tratamento de dados pessoais no âmbito da Lei Geral de Proteção de Dados à luz da interpretação do próprio espírito do legislador e mediante algumas reflexões acerca do conteúdo da norma legal.

Inicialmente, impõe-se registrar que regime jurídico brasileiro, na teoria clássica, prevê dois tipos de responsabilidade civil pela perspectiva do dolo ou culpa e são eles: i) responsabilidade civil subjetiva; ii) responsabilidade civil objetiva.

---

22. AUTORIDADE NACIONAL DE PROTEÇÃO DE DADOS – ANPD. [Site institucional]. Disponível em: https://www.gov.br/anpd/pt-br. Acesso em: 20 jul. 2023.
23. BRASIL. Lei 13.709 de 14 de agosto de 2018. Lei Geral de Proteção de Dados Pessoais (LGPD). Redação dada pela Lei 13.853, de 2019. Disponível em: http://www.planalto.gov.br/ccivil_03/_ato2015-2018/2018/Lei/L13709.htm. Acesso em: 20 jul. 2023.

A hipótese de responsabilidade civil subjetiva requer a apuração da culpa ou dolo do agente da ação, enquanto na responsabilidade objetiva não há a necessidade comprobatória da culpa de quem provocou o dano.

O artigo 927 do Código Civil – CC, em seu parágrafo único, assim dispõe:

> haverá obrigação de reparar o dano, independente de culpa, nos casos especificados em lei, ou quando a atividade normalmente desenvolvida pelo autor do dano implicar, por sua natureza, risco para os direitos de outrem.[24]

C a definição de tratamento irregular, o artigo 44 assim dispõe:

> O tratamento de dados será irregular quando deixar de observar a lei ou quando não fornecer a segurança que o titular dele pode esperar.
>
> Parágrafo Único: Responde por danos decorrentes de violação de segurança dos dados, o controlador ou o operador que, ao deixar de adotar as medidas de segurança previstas no art. 46, der causa ao dano.

Portanto, da singela análise dos dispositivos acima mencionados, é possível concluir que apesar do legislador em seu art. 42[25] estabelecer ao controlador e operador a obrigação de reparar os danos ocorridos em exercício de suas atividades de tratamento de dados pessoais, há também a referência expressa "ao tratamento em violação à lei de proteção de dados pessoais", o que nos conduz a necessária avaliação, ou até mesmo melhor dizendo, a um *check-list* para fins de apuração se os agentes de tratamento se incumbiram de demonstrar se estão aderentes à lei, ou seja, se efetivamente observaram e atenderam as obrigações impostas pela lei.

O comando legal em seu artigo 50,[26] estimula os agentes de tratamento na adoção e formulação de boas práticas de governança e que demonstram o seu comprometimento na aderência as obrigações legais e que compreendem o respeito aos princípios norteadores insculpidos no art. 6º, I à X, a adoção de uma das bases legais do art. 7º ou 11º, bem como, no cumprimento das medidas de segurança aplicáveis ao caso em concreto.

O denominado Princípio da *Accountability* é incorporado pela Lei Geral de Proteção de Dados em seu art. 6º, X, intitulado como o Princípio da responsabilização e prestação de contas e definido como a "demonstração, pelo agente, da adoção de medidas eficazes e capazes de comprovar a observância e o cumprimento das normas de proteção de dados pessoais e, inclusive, da eficácia dessas medidas".[27]

---

24. BRASIL. Lei 10.406 de 10 de janeiro de 2002. Instituiu o código civil. Brasília: Casa Civil, 2002. Disponível em: http://www.planalto.gov.br/ccivil_03/leis/2002/L10406compilada.htm. Acesso em: 02 out. 2022.
25. Ibidem.
26. Ibidem.
27. BRASIL. Lei 13.709 de 14 de agosto de 2018. Lei Geral de Proteção de Dados Pessoais (LGPD). Redação dada pela Lei 13.853, de 2019. Disponível em: http://www.planalto.gov.br/ccivil_03/_ato2015-2018/2018/Lei/L13709.htm. Acesso em: 20 jul. 2023.

Por todos os elementos acima elencados e face a minuciosa análise dos CCCCCC analisadas de forma objetiva se o agente de tratamento tomou todas as medidas que lhe são exigíveis, desde o atendimento às medidas tecnológicas e organizacionais, como as de natureza principiológica para que se possa concluir se a conduta está em *compliance* ou não, com a lei.

Parece ser esta a melhor interpretação do espírito do legislador, levando em conta que a lei, em diversos dispositivos, em especial o art. 50,[28] estimula a adoção por parte dos agentes de tratamento de boas práticas e exige (Princípio da Prestação de Contas) que sejam capazes de comprovar o seu nível de aderência.

Ademais, considerando que o fluxo de dados pessoais se dá em grande volume através do meio digital, sendo o avanço tecnológico um potencial difusor do compartilhamento de dados pessoais e responsável por apresentar inúmeros desafios na área de privacidade e proteção de dados, natural e extremamente relevante que a lei estimule aos atores envolvidos com o processamento de dados pessoais no acatamento das melhores práticas.

Especificamente, com relação a obrigação da garantia de segurança dos dados pessoais e considerando a constante evolução e sofisticação da tecnologia interpretada em conjunto com o teor da lei é forçoso concluir que apesar desta obrigação ser de natureza objetiva, ela não pode ser interpretada de forma absoluta.

E é a partir deste olha que se está a sugerir a adoção da responsabilidade objetiva especial.

CONCLUSÕES

Feitas as considerações pertinentes ao tema eleito e que encaminha para a adoção do regime de responsabilidade civil, na perspectiva da culpa, como sendo a objetiva especial, a que melhor reflete o espírito da lei e que se justifica nas seguintes premissas: i) o incentivo da lei às boas práticas a serem adotadas pelos agentes de tratamento; ii) a contatação de uma crescente evolução tecnológica que impossibilita que se prevejam e consequentemente se previnam todas as falhas de segurança existentes; iii) a comprovação da falha e defeito de serviço apontada no art. 14 do Código de Defesa do Consumidor – CDC – como elemento chave para a aplicação da responsabilidade objetiva; e iv) o visível intuito de fortalecer o direito à proteção de dados através do incentivo às boas práticas.

REFERÊNCIAS

BAUMAN, Zygmunt. KYON, David. *Vigilância líquida*. Rio de Janeiro: Zahar, 2014.

BRASIL. [Código de Proteção e Defesa do Consumidor (1990)]. Código de Defesa do Consumidor. Nova ed. rev., atual. e ampl. com os Decretos 2.181, de 20 de março de 1997 e 7936, de 15 de março

---

28. Ibidem.

de 2013. Brasília: Ministério da Justiça, 2013 156 p. Disponível em: https://www.gov.br/mj/pt-br/assuntos/seus-direitos/consumidor/Anexos/cdc-portugues-2013.pdf. Acesso em: 20 jul. 2023.

BRASIL. Lei 13.709 de 14 de agosto de 2018. Lei Geral de Proteção de Dados Pessoais (LGPD). Redação dada pela Lei 13.853, de 2019. Disponível em: http://www.planalto.gov.br/ccivil_03/_ato2015-2018/2018/Lei/L13709.htm. Acesso em: 20 jul. 2023.

BRASIL. Medida Provisória 954, de 17 de abril de 2020. Dispõe sobre o compartilhamento de dados por empresas de telecomunicações prestadoras de Serviço Telefônico Fixo Comutado e de Serviço Móvel Pessoal com a Fundação Instituto Brasileiro de Geografia e Estatística, para fins de suporte à produção estatística oficial durante a situação de emergência de saúde pública de importância internacional decorrente do coronavírus (Covid-19), de que trata a Lei 13.979, de 6 de fevereiro de 2020. Brasília: Supremo Tribunal Federal, 2020. Disponível em: https://www.in.gov.br/web/dou/-/medida-provisoria-n-954-de-17-de-abril-de-2020-253004955. Acesso em: 21 jul. 2023.

DRESCH, Rafael de Freitas Valle. A especial responsabilidade civil na Lei Geral de Proteção de Dados. *Migalhas*, Ribeirão Preto, 02 jul. 2020.

HORNUNG, Gerrit; SCHNABEL, Christoph. Data Protection in Germany I: the population census decision and the right to informational self-determination. *Computer Law and Security Review*, Kassel, n. 25, p. 84-88, 2009.

LEAL, Martha. O regime de responsabilidade civil do controlador. *Estadão*, 24 ago. 2021. Disponível em: https://marthaleal.com.br/estadao-o-regime-de-responsabilidade-civil-do-controlador/. Acesso em: 20 jul. 2023.

PAVESICH v. NEW ENGLAND LIFE INSURANCE CO. Georgia: Supreme Court, 03 mar. 1905. Disponível em: https://casetext.com/case/pavesich-v-new-england-life-ins-co. Acesso em: 22 jul. 2023.

PLACZEK, Thomas. *Allgemeines persönlichkeitsrecht und privatrechtlicher informations* – und datenschutz. Hamburg: LIT, 2006.

SOMA, John T. *Privacy law*. St. Paul: Thomson/West, 2008.

SUPREMO TRIBUNAL FEDERAL. Ação Direta de Inconstitucionalidade - ADI 6387. Relatora: Ministra Rosa Weber, Brasília: STF, 2020. Disponível em: https://www.jusbrasil.com.br/jurisprudencia/stf/842280827. Acesso em: 18 jul. 2023.

WARREN, Samuel D., BRANDEIS, Louis D. The right to privacy. *Harvard Law Review*, Boston, v. 4, n. 5, 15 dez. 1980.

TRATAMENTO DE DADOS, DADOS SENSÍVEIS E CONSENTIMENTO: QUAL DOUTRINA?

Marília Ferrão da Silveira
Advogada.

Plínio Melgaré
Mestre em Direito (Universidade de Coimbra) Professor da Escola de Direito da PUCRS e da FMP-RS. Palestrante na Escola da Magistratura Federal do Rio Grande do Sul – ESMAFE-RS. Palestrante da Escola Superior da Magistratura, da Associação dos Juízes do Rio Grande do Sul. Advogado.

Sumário: 1. Introdução – 2. A figura do consentimento aplicada aos dados sensíveis na Lei Geral de Proteção de Dados; 2.1 Notas introdutórias acerca da Lei Geral de Proteção de Dados; 2.2 Dados sensíveis aplicados na LGPD; 2.3 Consentimento aplicado na LGPD – 3. aplicação do consentimento como base legal para o tratamento de dados pessoais sensíveis; 3.1 A linha doutrinária de primazia do consentimento; 3.2 A linha doutrinária de equivalência das bases legais; 3.3 Cotejo das linhas doutrinárias – Considerações finais – Referências.

1. INTRODUÇÃO

A sociedade experiencia diversas alterações em razão do desenvolvimento tecnológico. Após a Segunda Guerra Mundial.[1] A economia e as próprias relações sociais passaram a basear-se nas tecnologias desenvolvidas, sobressaindo os bancos de dados, em que as informações pessoais dos cidadãos passaram a ser coletadas e manejadas por estruturas estatais e privadas.

Por conseguinte, a normatividade jurídica desperta para a necessidade de tutelar o que vem a se reconhecer como dados, a fim de salvaguardar a própria condição humana. A tecnologia, no entanto, continua sua progressão e culmina na economia informacional, caracterizada pela coleta e manejo de uma imensa quantidade de dados, em uma velocidade muita rápida e de diversas fontes.[2]

Diante desse cenário, analisa-se as diferentes correntes acerca do papel do consentimento na proteção dos dados pessoais, especialmente os dados sensíveis,

---

1. Por exemplo, os estudos de Claude Shannon e o alvorecer do desenvolvimento da inteligência artificial e seus modelos de linguagem a partir dos anos 1950. Ver, entre outros, *Da comunicação à informação*: quando a prática se sobrepõe à teoria, de Bianco Pena, Aurélio e Silva, Cibele Celestino. História da Física e Ciências Afins • Rev. Bras. Ensino Fís. 44 • 2022. Disponível em: https://doi.org/10.1590/1806-9126-RBEF-2021-0286. Acesso em: 24 set. 2023.
2. Nesse sentido, entre outros, ver Castells, M. (2007). A economia informacional, a nova divisão internacional do trabalho e o projeto socialista. *Caderno CRH*, 5(17). https://doi.org/10.9771/ccrh.v5i17.18807. Disponível em: https://periodicos.ufba.br/index.php/crh/article/view/18807/12177. Acesso em: set. 2023.

comparando à Lei Geral de Proteção de Dados e o Regulamento Geral de Dados da União Europeia (GDPR) e sob a perspectiva histórica do consentimento nas legislações mundiais.

Na primeira seção é apresentado a figura do consentimento aplicada aos dados sensíveis na Lei Geral de Proteção de Dados. Para tanto, é feita uma construção histórica do surgimento da Lei Geral de Proteção de Dados no Brasil, com seus principais fundamentos e princípios. Em sequência, os dados pessoais e dados pessoais sensíveis são conceituados e é delineado o consentimento na LGPD, como o instrumento para legitimar o tratamento de dados pessoais.

Na segunda seção, para fins de delimitação de estudo, serão retratadas as correntes da doutrina divergentes acerca do papel do consentimento no ordenamento jurídico pátrio. São destacadas a linha doutrinária de primazia do consentimento e a linha doutrinária de equivalência das bases legais, a função da autodeterminação informativa em cada uma delas e, também, quais as dificuldades enfrentadas pela manifestação de vontade ciente no cenário do fluxo informacional líquido.

O objetivo é fazer uma análise sobre qual seria a doutrina do consentimento condizente com a efetiva proteção de dados pessoais dos titulares e o respeito aos direitos de personalidade dos indivíduos.

2. A FIGURA DO CONSENTIMENTO APLICADA AOS DADOS SENSÍVEIS NA LEI GERAL DE PROTEÇÃO DE DADOS

2.1 Notas introdutórias acerca da Lei Geral de Proteção de Dados

A tutela jurídica da proteção de dados se relaciona com os regulamentos europeus e norte-americano.[3] A formação do seu corpo doutrinário, a dogmática da proteção de dados, é resultado de uma execução de influências concomitantes entre diversos sistemas jurídicos. Esse influxo provém de diversos motivos, tais como o expressivo desenvolvimento econômico e tecnológico em determinadas regiões, como a Europa e os EUA, que estimulou adversidades ligadas à privacidade e a dados pessoais, de forma que houve a necessidade de dispositivos legais de tutela às liberdades individuais afetadas, incluindo o direito à privacidade.[4]

Após a Segunda Guerra Mundial, a sociedade "pós-industrial" impulsionou o crescimento do setor de serviços, relegando a produção, principal formação de riquezas na sociedade industrial, ao segundo plano. A prestação de serviços sobres-

---

3. Embora nos Estados Unidos não haja uma lei geral de proteção de dados, tal qual há na Europa e no Brasil, pois lá a proteção dos dados ocorre por diversas leis setoriais, como, por exemplo, Health Insurance Portability and Accountability Act (HIPAA), que define que informações médicas de pacientes sejam protegidas, garantindo a privacidade e a segurança de dados pessoais.
4. BIONI, Bruno Ricardo. *Proteção de dados pessoais*: a função e os limites do consentimento. 3. ed. Rio de Janeiro: Forense, 2021. p. 24.

sai como atividade econômica, com a ascensão dos setores "bancário, securitário, educacional, assistência médica e de consultoria jurídica/legal". (Bioni, 2021, p. 03)[5]

Atualmente, a sociedade se organiza sobre a informação. De acordo com Castells (2000, p. 53):[6] "no novo modo informacional de desenvolvimento, a fonte de produtividade acha-se na tecnologia de geração de conhecimentos, de processamento da informação e de comunicação de símbolos". Nessa nova forma de organização social, a informação e o conhecimento são os principais atores da produção econômica.[7] A revolução tecnológica proporcionou instrumentos que processam e transmitem abundantes informações de forma acelerada. A "sociedade da informação" se tornou o conceito adequado para transmitir o conteúdo específico e complexo do vigente paradigma técnico-econômico.[8]

Os relacionamentos sociais passaram a ser moldados pelo fluxo informacional que não mais é limitado por fronteiras territoriais. A expansão exponencial da tecnologia e a internet acarretaram o acesso gradativamente mais generalizado às informações, devido a facilidade de acesso e a sua alta circulação. A tecnologia se tornou um fator direto de condicionamento da sociedade,[9] dado que o corpo social e as relações intersubjetivas apenas podem ser compreendidos com as ferramentas tecnológicas.[10] O fenômeno tecnológico passaria a apresentar uma nova relação entre tempo-espaço, assim como nas relações sociais, políticas, jurídicas e econômicas.[11]

O desenvolvimento da tecnologia digital possibilitou um grande desenvolvimento na área da comunicação, assim como viabilizou a reprodução e disponibilização de informações num volume exacerbado que, no entanto, expôs os indivíduos a práticas potencialmente lesivas a aspectos existenciais de sua vida.[12] A ciência jurídica, com sua inerente axiologia, deve se adequar e formular regulamentos adequados às exigências da realidade social, de modo a enfrentar os obstáculos emergentes deste novo quadro,[13] que reclamam a tutela de dados pessoais, que configuram e modulam

---
5. BIONI, Bruno Ricardo. *Proteção de dados pessoais*: a função e os limites do consentimento. 3. ed. Rio de Janeiro: Forense, 2021. p. 3.
6. CASTELLS, Manuel. *A sociedade em rede*. 3. ed. São Paulo: Paz e Terra, 2000. v. I, p. 53.
7. SIQUEIRA JR., Paulo Hamilton. *Teoria do direito*. São Paulo: Saraiva, 2009. p. 218.
8. WERTHEIN, Jorge. A sociedade da informação e seus desafios. *Ci. Inf.*, Brasília, v. 29, n. 2, p. 71-77, maio/ago. 2000. Disponível em: http://www.scielo.br/pdf/ci/v29n2/a09v29n2.pdf. Acesso em: 22 maio 2022.
9. SARLET, Ingo W.; DONEDA, Danilo; MENDES, Laura S. *Estudos sobre proteção de dados pessoais*. São Paulo: Saraiva, 2022 (Coleção Direito, tecnologia, inovação e proteção de dados num mundo em transformação). Disponível em: https://integrada.minhabiblioteca.com.br/#/books/9786553620810/. Acesso em: 22 maio 2022. p. 28.
10. CASTELLS, Manuel. *A sociedade em rede*. 3. ed. São Paulo: Paz e Terra, 2000. v. I, p. 43.
11. BIONI, Bruno Ricardo. *Proteção de dados pessoais*: a função e os limites do consentimento. 3. ed. Rio de Janeiro: Forense, 2021. p. 3.
12. SARLET, Ingo W.; DONEDA, Danilo; MENDES, Laura S. *Estudos sobre proteção de dados pessoais*. São Paulo: Saraiva, 2022 (Coleção Direito, tecnologia, inovação e proteção de dados num mundo em transformação). Disponível em: https://integrada.minhabiblioteca.com.br/#/books/9786553620810/. Acesso em: 22 maio 2022. p. 28.
13. BIONI, Bruno Ricardo. *Proteção de dados pessoais* – a função e os limites do consentimento. 3. ed. Rio de Janeiro: Forense, 2021. p. 5.

a expressão da personalidade de cada sujeito, tais como a imagem e a honra cada vez mais expostos através dos canais de comunicação social.[14]

É imprescindível salientar que não é apenas no ambiente digital em que tais obstáculos são defrontados, em que pese ele tenha sido o principal provocador das denominadas[15] "inovações jurídicas".[16] A proteção aos direitos da personalidade, por exemplo, deve evoluir a fim de se adequar às novas transformações sociais, ocasionadas com a coleta e o processamento dos dados pessoais.

Antes de haver implemento de norma legal autônoma acerca da proteção de dados pessoais, o ordenamento jurídico brasileiro já possuía bases normativas que preconizavam a privacidade, intimidade, a autodeterminação informacional e o livre desenvolvimento da personalidade desde a Constituição da República Federativa do Brasil de 1988. Todavia, apesar de a privacidade constar como um direito fundamental previsto no artigo 5º, da Constituição Federal,[17] houve uma construção histórica para que houvesse tutela à esfera privada da vida privada dos cidadãos.[18]

Diante da invasão progressiva à esfera privada dos indivíduos, em razão da inserção de novas tecnologias, o direito à privacidade veio a ser percebido com uma abrangência maior, de forma a não acastelar somente os meios físicos, passando de um direito de dimensão negativa e de conotação individualista, para estendê-lo a direitos gerais do indivíduo. Nesse contexto, foi publicado em 1890 o artigo *"The Right to Privacy"*,[19] na Harvard Law Review, escrito por Samuel Warren e Louis Brandeis, que defendia o *"right to be let alone"*.[20] O artigo buscava fortalecer a jurisprudência da época acerca do direito de ser deixado só. Em suma, Warren e Brandeis asseveraram a existência de um vínculo entre a tutela da privacidade e o progresso tecnológico.

---

14. SOLER, Fernanda G. *Proteção de dados* – reflexões práticas e rápidas sobre a LGPD. São Paulo: Saraiva, 2022. Disponível em: https://integrada.minhabiblioteca.com.br/#/books/9786553622500/. Acesso em: 22 maio 2022. p. 9.
15. Ibidem, p., 9.
16. ROCHA, Roberto Silva da. Natureza jurídica dos contratos celebrados com sites de intermediação no comércio eletrônico. *Revista Jurídica Empresarial*. Porto Alegre: ano 01, n. 02, p. 28, maio/jun. 2008.
17. "Art. 5º da CF: Todos são iguais perante a lei, sem distinção de qualquer natureza, garantindo-se aos brasileiros e aos estrangeiros residentes no País a inviolabilidade do direito à vida, à liberdade, à igualdade, à segurança e à propriedade, nos termos seguintes: (...) X – são invioláveis a intimidade, a vida privada, a honra e a imagem das pessoas, assegurado o direito a indenização pelo dano material ou moral decorrente de sua violação;" (BRASIL. Constituição (1988). Constituição da República Federativa do Brasil. Brasília, DF: Senado Federal: Centro Gráfico, 1988).
18. Nesse contexto, ver o julgamento das Ações Diretas de Inconstitucionalidade 6388, 6389, 6390, 6393, no qual o Supremo Tribunal Federal reconheceu a autonomia do direito fundamental à proteção de dados, posteriormente instituído na Constituição Federal pela Emenda Constitucional 115/2022.
19. WARREN, Samuel D; BRANDEIS, Louis D. *Harvard Law Review*, v. 4, n. 5, p. 193-220, Dec. 15, 1890. Stable. Disponível em: http://links.jstor.org/sici?sici=0017811X%2818901215%294%3A5%3C193%3ATRTP%3E2.0.CO%3B2-C. Acesso em: 22 maio 2022.
20. COOLEY, Thomas M. *A Treatise on the Law of Torts or the Wrongs Which Arise Independent of Contract*. Chicago: Callaghan and Company, 1879. Disponível em: https://repository.law.umich.edu/cgi/viewcontent.cgi?article=1010&context=books. Acesso em: 29 maio 2022. p. 29.

Laura Schertel Ferreira Mendes esclarece as quatro gerações de direito do indivíduo concernentes às leis que estabeleceram a estrutura normativa que pretende salvaguardar os dados pessoais.[21]

A primeira geração voltou-se para as leis concernentes à criação dos bancos de dados, na tentativa de regulação da utilização e controle das informações centralizadas pelo Estado na década de 70. Foi nessa época, em 1970, que surgiu a "Hessisches Datenschutzgesetz' (The Hesse Data Protection Act) no Estado de Hesse na Alemanha, a primeira legislação autônoma acerca da proteção de dados pessoais.

A segunda geração, do final dos anos 70, preocupou-se com a privacidade do indivíduo, diante da descentralização do processamento de dados. Com esse escopo, ofertou novos modos de controle, para que a pessoa tivesse maneiras de tutelar seus dados pessoais.

A terceira geração, surgida nas décadas de 80 e 90, destacou, com suas normas próprias, o princípio de liberdade, de maneira que o titular determinava a maneira que seus dados seriam coletados e tratados. O questionamento a respeito da autodeterminação informativa é potencializado. Abre-se espaço para se discutir quem, de fato, detinha o controle sobre os dados pessoais.

A quarta geração se estabelece com o sentido de equilibrar o poder entre o sujeito titular dos dados pessoais e a entidade que coleta e processa os dados, estendendo o direito à proteção de dados para uma dimensão coletiva.[22]

No Brasil, o direito à proteção dos dados pessoais foi reconhecido de maneira progressiva. O marco legal determinante para o surgimento da LGPD, que trouxe conceitos e princípios a respeito da privacidade e da proteção de dados pessoais, foi a Lei 12.965 de 2014, o denominado Marco Civil da Internet (MCI).

Seguindo esse caminho, a Lei Geral de Proteção de Dado, Lei 13.709/18, foi aprovada. A Lei Geral de Proteção de Dados (LGPD), desenvolvida desde 2010, recebeu a influência de diversos fatores no contexto internacional.[23] A LGPD surge para

---

21. SOLER, Fernanda G. *Proteção de dados*: reflexões práticas e rápidas sobre a LGPD. São Paulo: Saraiva, 2022. Disponível em: https://integrada.minhabiblioteca.com.br/#/books/9786553622500/. Acesso em: 29 maio 2022. p. 9.
22. No Brasil, os primeiros instrumentos normativos a tratar da proteção de dados pessoais foram instituídos a partir dos anos 90, como foi o caso do Código de Defesa do Consumidor (Lei 8.078/1990). O regulamento consumerista prevê no seu artigo 43, que o consumidor tivesse direito de acessar informações existentes em cadastros, registros, fichas de dados pessoais e de consumo arquivados sobre o indivíduo e que fosse alertado no caso de abertura de cadastro, contendo essas informações e permitindo, ainda, a correção ou a alteração desses dados, igualmente exigia que os cadastros e dados fossem claros, objetivos e verdadeiros, com linguagem facilmente compreendida. Seguindo uma ordem cronológica, menciona-se a Lei de Interceptação Telefônica e Telemática (Lei 9.296/1996), que limitou a interceptação telefônica apenas a casos excepcionais e com autorização judicial e a Lei do Habeas Data (Lei 9.507/1997), um ato constitucional que regulamentou o acesso e a retificação de informações pessoais contidas em registros ou banco de dados públicos.
23. O Brasil, com o objetivo de desenvolver uma cooperação internacional para incrementar os investimentos nacionais, pretendia, desde 2017, ser membro, junto a outros 36 países, da Organização para a Cooperação e Desenvolvimento Econômico (OCDE). Um dos requisitos para os membros da OCDE é possuir uma lei específica de proteção de dados pessoais. Outro fator de pertinência internacional foi a enorme preocupação

preencher as lacunas deixadas pelos instrumentos normativos até então existentes, de forma a resguardar os direitos individuais e coletivos desprotegidos e expostos a constantes ofensas na contemporânea sociedade da informação.

A LGPD trouxe previsões sobre o modo como ocorre o tratamento dos dados pessoais,[24] de pessoas físicas ou jurídicas, nacionais ou estrangeiras, no âmbito digital ou físico, aplicável tanto às pessoas jurídicas de direito público quanto privado.[25] Em seu primeiro artigo, expressa seu *telos*: proteger os direitos fundamentais à liberdade, à privacidade e ao livre desenvolvimento da personalidade.

Com a entrada em vigor da LGPD, embora o direito fundamental à proteção de dados fora reconhecido anteriormente à própria norma pelo STF,[26] consolidou-se, no quadro normativo brasileiro, a relevância jurídica dos dados pessoais. A definição normativa dispensada ao tratamento legal dos dados pessoais, afivelando-os a um coletivo uníssono de princípios, preservando os direitos do cidadão ao processamento isonômico dos seus dados,[27] materializa um potente instrumental de proteção à pessoa humana.

O *ethos*[28] da LGPD está presente no seu segundo artigo, que estatui seus sete fundamentos. Nesse artigo, que acolhe direitos presentes no texto constitucional, além de proteger o indivíduo, reconhece também que a sociedade se desenvolve pela economia.[29]

Em seu artigo 6º, a LGPD dispõe os princípios norteadores no tratamento de dados pessoais. Esses princípios evidenciam a preocupação legislativa com as ga-

---

ocasionada pela Cambridge Analytica, uma empresa britânica que realizava testes psicológicos desenvolvido por Aleksandr Kogan, que na ocasião era professor de Cambridge. O teste produzido em parceria com a Global Science Reserch tinha como finalidade coletar e comercializar dados pessoais de milhões de usuários da rede social Facebook para campanhas políticas globais, o que gerou uma grande comoção na conjuntura internacional, especialmente no Brasil, onde a empresa pretendia ampliar seus serviços, em razão de essa empresa ser acusada de interferir em processos eleitorais.

24. SOLER, Fernanda G. *Proteção de dados* – reflexões práticas e rápidas sobre a LGPD. São Paulo: Saraiva, 2022. Disponível em: https://integrada.minhabiblioteca.com.br/#/books/9786553622500/. Acesso em: 30 maio 2022. p. 10.
25. Art. 3º Esta Lei aplica-se a qualquer operação de tratamento realizada por pessoa natural ou por pessoa jurídica de direito público ou privado, independentemente do meio, do país de sua sede ou do país onde estejam localizados os dados, desde que: (...). (BRASIL. Lei 13.709, de 14 de agosto de 2018. Lei Geral de Proteção de Dados Pessoais (LGPD). Brasília, DF: Presidência da República, [2018]. Disponível em: http://www.planalto.gov.br/ccivil_03/_ato2015-2018/2018/lei/l13709.htm. Acesso em: 20 abr. 2021).
26. Nesse sentido, ver ADIn 6393 MC-Ref, Relator(a): Rosa Weber, Tribunal Pleno, julgado em 07.05.2020, Processo Eletrônico DJe-270 Divulg 11.11.2020 Public 12.11.2020.
27. SARLET, Ingo W.; DONEDA, Danilo; MENDES, Laura S. *Estudos sobre proteção de dados pessoais*. São Paulo: Saraiva, 2022 (Coleção Direito, tecnologia, inovação e proteção de dados num mundo em transformação). Disponível em: https://integrada.minhabiblioteca.com.br/#/books/9786553620810/. Acesso em: 30 maio 2022. p. 27.
28. GARCIA, Lara R. *Lei Geral de Proteção de Dados (LGPD)*: Guia de implantação. São Paulo: Blucher, 2020. Disponível em: https://integrada.minhabiblioteca.com.br/#/books/9786555060164/. Acesso em: 30 maio 2022. p. 17.
29. SARLET, Ingo W.; DONEDA, Danilo; MENDES, Laura S. *Estudos sobre proteção de dados pessoais*. São Paulo: Saraiva, 2022. (Coleção Direito, tecnologia, inovação e proteção de dados num mundo em transformação). Disponível em: https://integrada.minhabiblioteca.com.br/#/books/9786553620810/. Acesso em: 30 maio 2022. p. 31.

rantias que preservam os cidadãos e seus dados, e, simultaneamente, promovem a dignidade humana no contexto da vida digital, com os desafios inerentes à circulação de informações no mundo globalizado e conectado.

2.2 Dados sensíveis aplicados na LGPD

Dados sensíveis são tratados com excepcionalidade em comparação com os dados pessoais comuns. Portanto, é fundamental apresentar a aplicação da LGPD nos dados pessoais antes de adentrar na diferença entre os dados pessoais "comuns" e os dados pessoais sensíveis.

Assim, importa discorrer acerca das ações compreendidas como tratamento de dados, sob as quais as atividades são passíveis de aplicação da LGPD, tais como: coleta, produção, recepção, classificação, utilização, acesso, reprodução, transmissão, distribuição, processamento, armazenamento, eliminação, dentre outros atos.[30]

É de fácil constatação que a lei zelou pelo tratamento de dados pessoais ao adotar definição ampla, que abrange integralmente o fluxo dos dados, desde a sua coleta, passando pelas diversas possibilidades de manipulação e culminando na sua eliminação.

A LGPD, no seu artigo 5°, define as terminologias e conceitos singulares relevantes para a interpretação da lei e que são abordados fartamente no corpo legal. Os dados forma classificados em três categorias: dado pessoal, dado pessoal sensível e dado anonimizado.

É comum que dado e informação sejam confundidos e compreendidos com sinonímia. Todavia, Bruno Bioni explica suas diferenças, apresentando o dado como o estado primitivo da informação, tendo em vista que se trata de fato bruto que apenas após o devido processamento e organização, se torna compreensível, sobre o qual é possível se extrair uma informação.

Wolfgang Hoffmann – Riem (2020, p. 438) propôs que os dados fossem definidos da seguinte maneira:

> Os dados na literatura teórica da informação são entendidos como sinais ou símbolos para mensagens que podem ser formalizadas e (aleatoriamente) reproduzidas e facilmente transportadas por meio de meios técnicos adequados. Os dados, enquanto tais, não têm significado. No entanto, podem ser portadores de informação, nomeadamente "informação codificada". O significado é-lhes atribuído quando estão envolvidos num processo de comunicação de informação por um remetente e de geração de informação pelo destinatário, ou seja, quando se tornam objeto de

---

30. Artigo 5° da LGPD: "Para os fins desta Lei, considera-se: X – tratamento: toda operação realizada com dados pessoais, como as que se referem a coleta, produção, recepção, classificação, utilização, acesso, reprodução, transmissão, distribuição, processamento, arquivamento, armazenamento, eliminação, avaliação ou controle da informação, modificação, comunicação, transferência, difusão ou extração". (BRASIL. Lei 13.709 de 14 de abril de 2018. Brasília, DF, 14 abr. 2018. Disponível em: http://www.planalto.gov.br/ccivil_03/_ato2015-2018/2018/lei/l13709.htm. Acesso em: 11 jun. 2022).

comunicação. Esta comunicação pode ocorrer entre humanos, mas também entre humanos e máquinas ou entre máquinas.[31]

A proteção de dados constitui um fator essencial à liberdade das pessoas, quando há a formulação de que "nós somos os nossos dados"[32] (Rodotá, 2004, p. 151). A legislação prestigiou os dados ao declará-los como um dos aspectos elementares para a constituição da personalidade humana, considerando que eles são de posse privada dos titulares, de modo que a expropriação deles seria caracterizada como uma violação de seus direitos fundamentais, tais como a personalidade e privacidade.[33]

Isto posto, dados pessoais são conceituados como informações relativas à pessoa natural passível de ser identificada ou identificável, tanto de forma direta, quanto indiretamente.[34] Dados como o nome e sobrenome, data e local de nascimento, documentos como CPF e o RG, endereço da residência ou eletrônico, endereço de IP (*Internet Protocol*), dados acadêmicos e perfis de compra, são capazes de identificar uma pessoa natural viva, de forma que recaem sobre a tutela da LGPD.[35]

Os dados pessoais sensíveis, por sua vez, são dados que exprimem de forma mais detalhada aspectos referentes à vida privada e à intimidade do indivíduo. Dados sensíveis são aqueles relativos à: "origem racial ou étnica, convicção religiosa, opinião política, filiação a sindicato ou a organização de caráter religioso, filosófico ou político, dado referente à saúde ou à vida sexual, dado genético ou biométrico"[36] sempre que vinculados a uma pessoa natural e identificável.

São dados sensíveis em razão de a composição dessas informações gerarem a concepção pretérita da personalidade dos sujeitos. Potencialmente, apresentam expressivas possibilidades de discriminação, promovendo vulnerabilidades aos titulares, extremamente graves às suas liberdades e direitos fundamentais.[37]

---

31. HOFFMANN-RIEM, Wolfgang. Big Data e Inteligência Artificial: Desafios para o Direito. *REI – Revista Estudos Institucionais*, [S.l.], v. 6, n. 2, p. 431-506, set. 2020. Disponível em: https://www.estudosinstitucionais.com/REI/article/view/484/507. Acesso em: 20 maio 2022. p. 438.
32. RODOTÀ, Stefano. *El derecho a tener derechos*. Madrid: Editorial Trotta, 2014. p. 151.
33. "Art. 5.º Para os fins desta Lei, considera-se: V – titular: pessoa natural a quem se referem os dados pessoais que são objeto de tratamento" (BRASIL. Lei 13.709, de 14 de agosto de 2018. Lei Geral de Proteção de Dados Pessoais (LGPD). Brasília, DF: Presidência da República, [2018]. Disponível em: http://www.planalto.gov.br/ccivil_03/_ato2015-2018/2018/lei/l13709.htm. Acesso em: 20 maio 2022).
34. "Art. 5º Para os fins desta Lei, considera-se: I – dado pessoal: informação relacionada a pessoa natural identificada ou identificável;" (BRASIL. Lei 13.709, de 14 de agosto de 2018. Lei Geral de Proteção de Dados Pessoais (LGPD). Brasília, DF: Presidência da República, [2018]. Disponível em: http://www.planalto.gov.br/ccivil_03/_ato2015-2018/2018/lei/l13709.htm. Acesso em: 20 maio 2022).
35. BRASIL. O que são dados pessoais, segundo a LGPD. Brasília, 10 de maio 2020. Disponível em: https://www.serpro.gov.br/lgpd/menu/protecao-de-dados/dados-pessoais-lgpd. Acesso em: 22 maio 2022.
36. "Art. 5.º Para os fins desta Lei, considera-se: II – dado pessoal sensível: dado pessoal sobre origem racial ou étnica, convicção religiosa, opinião política, filiação a sindicato ou a organização de caráter religioso, filosófico ou político, dado referente à saúde ou à vida sexual, dado genético ou biométrico, quando vinculado a uma pessoa natural;" (BRASIL. Lei 13.709, de 14 de agosto de 2018. Lei Geral de Proteção de Dados Pessoais (LGPD). Brasília, DF: Presidência da República, [2018]. Disponível em: http://www.planalto.gov.br/ccivil_03/_ato2015-2018/2018/lei/l13709.htm. Acesso em: 20 maio 2022).
37. VAINZOF, Rony. Disposições Preliminares. In: MALDONADO, Viviane Nóbrega; BLUM, Renato Opice. *LGPD*: Lei Geral de Proteção de Dados Pessoais comentada. 3. ed. rev., atual. e ampl. São Paulo: Thomson Reuters Brasil, 2021. p. 97.

Em virtude de possíveis prejudicialidades, ocasionadas por preconceitos, a LGPD tutelou de forma específica os dados sensíveis.[38] Ademais, Bruno Bioni (2020, p. 194), quanto aos dados sensíveis, ensina que:

> O conjunto dessas informações compõe os perfis ou as identidades digitais, possuindo valor político e, sobretudo, econômico, uma vez que podem ser a matéria-prima para as novas formas de controle e, assim, de poder social, especialmente mediante o uso de algoritmos, de inteligência artificial e de Big Data. Os perfis são composições, ou melhor dizendo, são mosaicos compostos pelas informações fornecidas pelos usuários em uma formatação igualmente constituída e circunstanciada pelo que é consciente e livremente disponibilizado e pelo que advém das pegadas digitais, dos cruzamentos e dos vazamentos de dados.[39]

Conforme o tratamento a que foi submetido, um dado não qualificado no rol dos dados sensíveis pode se transmudar em um dado sensível, podendo provocar práticas discriminatórias contra o seu titular. Segundo o magistério de Danilo Doneda, "um dado, em si, não é perigoso ou discriminatório – mas o uso que dele se faz, pode sê-lo", (Doneda, 2006, 162).[40]

Nesse sentido, Caitlin Mulholland (2019, p. 49) defende que:

> Não só a natureza de um dado, estruturalmente considerado, deve ser avaliada para a sua determinação como sensível, mas deve-se admitir que certos dados, ainda que não tenham, a princípio, essa natureza especial, venham a ser considerados como tal, a depender do uso que deles é feito no tratamento de dados.[41]

Dados não sensíveis, tais como as informações cadastrais do cidadão, "se cruzados com outros de outro sistema, podem detalhar quase todos os passos da vida de uma pessoa" (Melo, 2012, p. 88) deixando de serem considerados não sensíveis para se tornarem dados sensíveis.[42] Nessa orientação, os dados pessoais podem vir a tornar-se em dados sensíveis, além de serem a entrada para os dados pessoais sensíveis. Por conseguinte, é perceptível que os dados sensíveis são dados pessoais, no entanto, nem todo dado pessoal pode vir a ser classificado como um dado sensível.[43]

---

38. Embora a LGPD tenha conceituado de forma ampla os dados sensíveis, a Lei de Cadastro Positivo (Lei 12.414/2011), no seu artigo 3º, § 3º, inciso II, já regulava que as "informações sensíveis", eram aquelas pertinentes à "origem social e étnica, à saúde, à informação genética, à orientação sexual e às convicções políticas, religiosas e filosóficas", estabelecendo limitações específicas para o tratamento de dados sensíveis, de forma similar à como ocorre na LGPD.
39. BIONI, Bruno. *Tratado de Proteção de Dados Pessoais*. São Paulo: Grupo GEN, 2020. Disponível em: https://integrada.minhabiblioteca.com.br/#/books/9788530992200/. Acesso em: 05 jun. 2022. p. 194.
40. DONEDA, Danilo. *Da privacidade à proteção de dados pessoais*. Rio de Janeiro: Renovar, 2006. p. 162.
41. MULHOLLAND, Caitlin Sampaio. Dados pessoais sensíveis e consentimento na Lei Geral de Proteção de Dados Pessoais. *Revista do Advogado*, São Paulo, v. 39, n. 144, p. 47-53, nov. 2019.
42. MELO, Augusto Carlos Cavalcante. A nova interpretação constitucional e o direito fundamental ao sigilo de dados: considerações face ao avanço da tecnologia da informação. In: COELHO NETO, Ubirajara. *Temas de Direito Constitucional*: estudos em homenagem ao Prof. Osório de Araújo Ramos Filho. Aracaju: Ubirajara Coelho Neto Editor, 2012. p. 88.
43. KONDER, Carlos Nelson. O tratamento de dados sensíveis à luz da Lei 13.709/2018. In: TARDINO, Gustavo; FRAZÃO, Ana; OLIVIA, Milena Donato. *Lei Geral de Proteção de Dados Pessoais e suas repercussões no direito brasileiro*. São Paulo: Thomson Reuters Brasil, 2019. p. 452.

Cumpre referir, de maneira breve, que os dados anonimizados se referem a indivíduos que não podem ser identificados, tendo em vista que foram utilizadas técnicas razoáveis e disponíveis no momento do seu tratamento.[44] Assim, os dados anonimizados não podem ser considerados como dados pessoais, de forma que não recaem na aplicação da LGPD, salvo na hipótese do processo de anonimização ser revertido, em consonância com artigo 12º da legislação supracitada.[45]

Após apresentar os conceitos distintos de dados pessoais e dados sensíveis, é crucial evidenciar que a LGPD estabeleceu abordagens distintas para ambos os dados. O legislador importou-se em estabelecer bases legais específicas para o tratamento de dados pessoais, no artigo 7º da LGPD, e dos dados sensíveis, como disposto no artigo 11º da referida legislação. O artigo 7º estabelece dez bases legais taxativas que fornecem legitimidade ao tratamento dos dados pessoais, sendo elas: o consentimento do titular; legítimo interesse; cumprimento de obrigação legal ou regulatória; tratamento pela administração pública; realização de estudos e de pesquisa; execução ou preparação contratual; exercício regular de direitos; proteção da vida e da incolumidade física; tutela de saúde do titular e, por fim, mas não menos importante, a proteção de crédito. A este propósito, vale evidenciar que para se legitimar o tratamento de dados pessoais é necessário somente uma das dez hipóteses previstas, cabendo a cumulação de bases legais.

Como referido, o artigo 11º, da LGPD, determina as bases legais do tratamento de dados pessoais sensíveis. Sendo assim, há oito hipóteses, explicitadas na subseção posterior, em que o tratamento de dados sensíveis poderá ser realizado. De modo geral, os dados pessoais e dados sensíveis possuem seus respectivos tratamentos legitimados por bases legais análogas. Especificamente nesse ponto, importante destacar que há vedação ao tratamento de dados sensíveis para a execução de contrato, com base em interesses legítimos e para a proteção ao crédito, permanecendo as demais possibilidades, ainda que com algumas restrições, como será observado adiante. O tratamento de dados sensíveis, no entanto, deve ser precedido de bases legais ainda mais restritivas já que os referentes dados acarretam consequências mais graves aos direitos e liberdades dos titulares em um possível incidente na segurança deles.[46]

---

44. "Art. 5º Para os fins desta Lei, considera-se: III – dado anonimizado: dado relativo a titular que não possa ser identificado, considerando a utilização de meios técnicos razoáveis e disponíveis na ocasião de seu tratamento;" (BRASIL. Lei 13.709, de 14 de agosto de 2018. Lei Geral de Proteção de Dados Pessoais (LGPD). Brasília, DF: Presidência da República, [2018]. Disponível em: http://www.planalto.gov.br/ccivil_03/_ato2015-2018/2018/lei/l13709.htm. Acesso em: 20 maio 2022).
45. "Art. 12. Os dados anonimizados não serão considerados dados pessoais para os fins desta Lei, salvo quando o processo de anonimização ao qual foram submetidos for revertido, utilizando exclusivamente meios próprios, ou quando, com esforços razoáveis, puder ser revertido" (BRASIL. Lei 13.709, de 14 de agosto de 2018. Lei Geral de Proteção de Dados Pessoais (LGPD). Brasília, DF: Presidência da República, [2018]. Disponível em: http://www.planalto.gov.br/ccivil_03/_ato2015-2018/2018/lei/l13709.htm. Acesso em: 20 maio 2022).
46. LIMA, Caio César Carvalho. Do Tratamento de Dados Pessoais. In: MALDONADO, Viviane Nóbrega; BLUM, Renato Opice. *LGPD*: Lei Geral de Proteção de Dados Pessoais comentada. 3. ed. rev., atual. e ampl. São Paulo: Thomson Reuters Brasil, 2021. p. 19.

O consentimento nos dados sensíveis possui um papel protagônico, ao ser a base autorizadora que somente permite o seu tratamento com o consentimento do titular ou responsável legal. Não obstante, há exceções verificadas no rol taxativo do art. 11, inciso II da LGPD, tais quais nos casos em que for indispensável para: cumprimento de obrigação legal ou regulatória pelo controlador; tratamento compartilhado de dados necessários à execução, pela administração pública, de políticas públicas previstas em leis ou regulamentos; realização de estudos por órgão de pesquisa, garantida, sempre que possível, a anonimização dos dados pessoais sensíveis; exercício regular de direitos; proteção da vida ou da incolumidade física do titular ou de terceiros; tutela da saúde e garantia da prevenção à fraude e à segurança do titular.

O consentimento, porém, em razão da sua alta complexidade e importância para a tutela de dados pessoais, será objeto da próxima subseção.

2.3 Consentimento aplicado na LGPD

Para compreender a importância do consentimento na proteção de dados, cabe uma análise pretérita acerca de seu conceito e de que forma ele se insere na LGPD.

A LGPD concedeu uma guarida significativa ao consentimento.[47] Os princípios, destacados no artigo 6º da Lei Geral de Proteção de Dados, cujo núcleo é a proteção do ser humano, evidenciam a preocupação do legislador em criar uma diretriz normativa a partir da qual o titular atue na movimentação de seus dados pessoais.[48] O consentimento é reconhecido por diversas disposições que buscam não apenas dar condições para o seu exercício, mas também guiar e robustecer o controle dos dados.[49]

Nos termos legais, o consentimento é definido como uma manifestação de vontade livre, informada, inequívoca, direcionada para uma finalidade específica, no qual há a concordância do titular com o manuseio de seus dados pessoais. Na hipótese de utilização de dados pessoais sensíveis, de menores e no caso de transferência internacional de dados, o consentimento deve, inclusive, ser operado de forma destacada e específica.[50]

O primeiro requisito do consentimento é a necessidade de ser "livre", conferindo-se ao titular a possibilidade de apresentar a sua concordância ou discordância com o manejo de seus dados, de sorte que não são permitidas intervenções ou situações em que a vontade do indivíduo seja viciada. A própria LGPD preceitua a interdição ao tratamento de dados pessoais quando constatado consentimento com vício.

---

47. BIONI, Bruno. *Tratado de Proteção de Dados Pessoais*. São Paulo: Grupo GEN, 2020. Disponível em: https://app.minhabiblioteca.com.br/#/books/9788530992200/. Acesso em: 08 jun. 2022. p. 134.
48. BIONI, Bruno. *Tratado de Proteção de Dados Pessoais*. São Paulo: Grupo GEN, 2020. Disponível em: https://app.minhabiblioteca.com.br/#/books/9788530992200/. Acesso em: 08 jun. 2022. p. 134.
49. TEPEDINO, Gustavo; TEFFÉ, Chiara Spadaccini de. Consentimento e proteção de dados pessoais na LGPD. In: TEPEDINO, Gustavo; FRAZÃO, Ana; OLIVA, Milena Donato (Coord.). *Lei Geral de Proteção de Dados Pessoais e suas repercussões no Direito Brasileiro*. São Paulo: Ed. RT, 2019. p. 287-322.
50. MALDONADO, Viviane Nóbrega e Blum, Opice. *Lei Geral de Proteção de Dados Comentada*. São Paulo: Ed. RT, 2019. p. 84.

Devido a uma possível vulnerabilidade do titular dos dados em relação ao controlador, A LGPD estabelece que, no caso de o tratamento de dados ser estabelecido como uma condição para o fornecimento de produto, serviço ou para o exercício de direito, deverá o titular não apenas ser informado com destaque sobre tal fato, como também sobre os meios pelos quais poderá exercer seus direitos.[51] Neste ponto, deve-se considerar se efetivamente foi manifestado de forma livre e sem vícios o consentimento pelo titular, tendo em vista que no sentido contrário, haveria violação à liberdade de consentir.[52]

Portanto, a existência de assimetria de poder é capaz de descaracterizar o consentimento livre.[53] A assimetria é percebida na lógica binária[54] do *take it or leave it*,[55] políticas de privacidade do tudo ou nada, em que ou o indivíduo aceita todos os termos do serviço e condições nos sites de redes sociais e serviços de e-mail ou não pode utilizar os serviços referidos.[56]

A assimetria na relação apenas é equalizada quando o titular obtiver poder de escolha sobre a maneira que seus dados são tratados. Exige-se a existência de opções para que o usuário tenha condições para realizar uma escolha acerca da forma que seus dados serão utilizados e quais dados serão coletados. Em suma: a variedade de opções é que qualifica quão livre é o consentimento.[57]

O segundo requisito, vinculado aos princípios da transparência, adequação e finalidade, é que o consentimento seja "informado".[58] O titular de dados possui ao seu dispor as informações cruciais que lhe permitem ter a capacidade de tomar decisões conscientes e competência para avaliar de que forma e em qual contexto seus dados serão processados.[59]

---

51. BIONI, Bruno. *Tratado de Proteção de Dados Pessoais*. São Paulo: Grupo GEN, 2020. Disponível em: https://app.minhabiblioteca.com.br/#/books/9788530992200/. Acesso em: 09 jun. 2022. p. 136.
52. MALDONADO, Viviane Nóbrega; BLUM, Renato Opice. *LGPD: Lei Geral de Proteção de Dados Pessoais comentada*. 3. ed. rev., atual. e ampl. São Paulo: Thomson Reuters Brasil, 2021. p. 84.
53. BIONI, Bruno R. *Proteção de Dados Pessoais – A Função e os Limites do Consentimento*. São Paulo: Grupo GEN, 2021. p. 189.
54. "That binary choice is not what the privacy architects envisioned four decades ago when they imagined empowered individuals making informed decisions about the processing of their personal data". (CATE, Fred H; MAYER-SCHÖNBERGER, Viktor. Notice and consent in a world of Big Data. International Data Privacy Law, v. 3, n. 2, p. 67, 2013).
55. BIONI, Bruno R. *Proteção de Dados Pessoais – A Função e os Limites do Consentimento*. São Paulo: Grupo GEN, 2021. p. 189.
56. BORGESIUS, Frederik J. Zuiderveen; KRUIKEMEIER, Sanne; BOERMAN, Sophie C.; HELBERGER, Natali. Tracking Walls, Take-It-OrLeave-It Choices, the GDPR, and the Privacy Regulation. *European Data Protection Law Review*. 2017. Disponível em: www.ivir.nl/publicaties/download/EDPL_2017_03.pdf. Acesso em: 06 jun. 2022.
57. BIONI, Bruno R. *Proteção de Dados Pessoais – A Função e os Limites do Consentimento*. São Paulo: Grupo GEN, 2021. p. 189.
58. MALDONADO, Viviane Nóbrega; BLUM, Renato Opice. *LGPD: Lei Geral de Proteção de Dados Pessoais comentada*. 3. ed. rev., atual. e ampl. São Paulo: Thomson Reuters Brasil, 2021. p. 84.
59. TEPEDINO, Gustavo; FRAZÃO, Ana; OLIVA, Milena Donato (Coord.). *Lei Geral de Proteção de Dados Pessoais e suas repercussões no Direito Brasileiro*. São Paulo: Ed. RT, 2019. p. 167.

O Comitê Europeu para a Proteção de Dados – European Data Protection Board (EDPB) – órgão europeu independente cujo objetivo é garantir a aplicação consistente do Regulamento Geral de Proteção de Dados e promover a cooperação entre as autoridades de proteção de dados da eu,[60] promoveu a seguinte orientação:

> When seeking consent, controllers should ensure that they use clear and plain language in all cases. This means a message should be easily understandable for the average person and not only for lawyers. Controllers cannot use long privacy policies that are difficult to understand or statements full of legal jargon. Consent must be clear and distinguishable from other matters and provided in an intelligible and easily accessible form. This requirement essentially means that information relevant for making informed decisions on whether or not to consent may not be hidden in general terms and conditions.[61]

A fim de minimizar o desequilíbrio informacional e técnico do tratamento de dados, é importante que as informações sobre o tratamento de dados sejam disponibilizadas pelo controlador de forma clara, transparente, adequada e satisfatória para o titular dos dados sobre os seus possíveis riscos e consequências.[62]

O Artigo 9º da Lei Geral de Proteção de Dados dispõe que tem o titular direito ao acesso facilitado às informações sobre o tratamento de seus dados, que deverão ser disponibilizadas de forma clara, adequada e ostensiva acerca de, entre outras características previstas em regulamentação para o atendimento do princípio do livre acesso.

Quando o consentimento é fornecido por escrito, deverá constar de cláusula destacada das demais cláusulas contratuais. Mas, nos casos de alteração da finalidade específica, forma e duração do tratamento, ou da identificação e informações de contato do controlador, deverá o controlador informar ao titular, com destaque do teor das alterações, podendo o titular, nos casos em que o seu consentimento é exigido, revogá-lo caso discorde da alteração. Além da hipótese em que o consentimento é requerido, este será considerado nulo caso as informações fornecidas ao titular tenham conteúdo enganoso ou abusivo ou não tenham sido apresentadas previamente com transparência, de forma clara e inequívoca.

O terceiro requisito é que a manifestação de vontade deve ser "inequívoca", tal adjetivação do consentimento está relacionada ao princípio da finalidade. Portanto, deve o titular, de modo inequívoco, evidente e claro, concordar com o que lhe foi disposto.

---

60. Dispõe o site oficial European Data Protection Board (EDPB). Disponível em: https://edpb.europa.eu/about-edpb/about-edpb/who-we-are_en. Acesso em: 09 jun. 2022.
61. EDPB, European Data Protection Board. Guidelines 05/2020 on consent under Regulation 2016/679. Disponível em: https://edpb.europa.eu/sites/default/files/files/file1/edpb_guidelines_202005_consent_en.pdf. Acesso em: 09 jun. 2022. p. 16.
62. BIONI, Bruno. *Tratado de Proteção de Dados Pessoais*. São Paulo: Grupo GEN, 2020. Disponível em: https://app.minhabiblioteca.com.br/#/books/9788530992200/. Acesso em: 09 jun. 2022. p. 136.

Não é exigido que o consentimento seja escrito. Mas ele deve constar em cláusula destacada das outras cláusulas expostas no contrato, assim que coletado. Apesar de não ser obrigatória a declaração escrita, não é válida a omissão e opções pré-validadas como formas consentimento,[63] já que a manifestação de vontade deve provir de uma ação, um ato positivo, no qual a sua vontade real é evidentemente revelada, caso contrário haveria apenas a inatividade do titular.[64]

O último requisito do consentimento é que ele deve ter uma "finalidade específica". Tal requisito vincula-se ao princípio da finalidade, porquanto o tratamento de dados tem de ser empreendido para fins informados, específicos, legítimos e explícitos ao titular que deve conhecer a finalidade da coleta de seus dados de forma prévia.[65]

Autorizações genéricas nulificam o tratamento de dados pessoais, pois o consentimento não se refere à finalidade determinada, afastando-se do que foi preconizado pelo ordenamento jurídico.[66] É aspecto decisivo a informação para a demonstração do consentimento consciente e livre. Os dados não devem ter sua operação generalizada, servindo para múltiplos fins e abrangendo diversas atividades. Há a necessidade de o consentimento ser registrado para cada uma das finalidades, agentes e condições específicas.[67]

Sob a perspectiva da eficácia objetiva, o consentimento atua sobre o controlador ao qual foi facultado.[68] Caso o controlador necessite comunicar ou compartilhar dados pessoais consentidos com outros controladores, deverá obter consentimento específico do titular para esse fim, ressalvadas as hipóteses de dispensa do consentimento previstas na própria legislação.[69]

É criado um dever, no qual há a responsabilidade daquele que efetuou a coleta e tratamento dos dados originalmente, o controlador originário, e os demais indivíduos que possuem acesso aos dados, de verificar o compartilha-

---

63. NÓBREGA, Viviane; BLUM, Renato Opice. *LGPD*: Lei Geral de Proteção de Dados Pessoais comentada. 3. ed. rev., atual. e ampl. São Paulo: Thomson Reuters Brasil, 2021. p. 85.
64. BIONI, Bruno. *Tratado de Proteção de Dados Pessoais*. São Paulo: Grupo GEN, 2020. Disponível em: https://app.minhabiblioteca.com.br/#/books/9788530992200/. Acesso em: 09 jun. 2022. p. 138.
65. TEPEDINO, Gustavo; FRAZÃO, Ana; OLIVA, Milena Donato (Coord.). *Lei Geral de Proteção de Dados Pessoais e suas repercussões no Direito Brasileiro*. São Paulo: Ed. RT, 2019. p. 168.
66. Art. 8º, § 4º da LGPD. (BRASIL. Lei 13.709, de 14 de agosto de 2018. Lei Geral de Proteção de Dados Pessoais (LGPD). Brasília, DF: Presidência da República, [2018]. Disponível em: http://www.planalto.gov.br/ccivil_03/_ato2015-2018/2018/lei/l13709.htm. Acesso em: 20 maio 2022).
67. TEPEDINO, Gustavo; FRAZÃO, Ana; OLIVA, Milena Donato (Coord.). *Lei Geral de Proteção de Dados Pessoais e suas repercussões no Direito Brasileiro*. São Paulo: Ed. RT, 2019. p. 168.
68. FRAZÃO, Ana. Nova LGPD: a importância do consentimento para o tratamento dos dados pessoais. *Jota*, 12 de setembro de 2018. Disponível em: https://www.jota.info/opiniao-e-analise/colunas/constituicao-empresa-e-mercado/nova-lgpd-a-importancia-do-consentimento-para-o-tratamento-dos-dados-pessoais-12092018. Acesso em: 22 maio 2022.
69. Art. 7, § 5º da LGPD. (BRASIL. Lei 13.709, de 14 de agosto de 2018. Lei Geral de Proteção de Dados Pessoais (LGPD). Brasília, DF: Presidência da República, [2018]. Disponível em: http://www.planalto.gov.br/ccivil_03/_ato2015-2018/2018/lei/l13709.htm. Acesso em: 20 maio 2022).

mento, licitude do procedimento de acesso, até mesmo quanto ao consentimento designado do titular.[70]

Gustavo Tepedino e Chiara Spadaccini de Teffé (2020, p. 99), defendem, *in verbis*: "a possibilidade de revogação incondicional desse tipo de consentimento com base na autodeterminação em relação à construção da esfera privada e na proteção da personalidade, entre cujos atributos se encontra a indisponibilidade".[71]

Além disso, pode o titular solicitar cópia eletrônica integral de seus dados pessoais, observados os segredos comercial e industrial, nos termos da regulamentação da autoridade nacional, em formato que permita a sua utilização subsequente, inclusive em outras operações de tratamento. Ainda, o legislador dispensa o consentimento quando os dados se tornarem manifestamente públicos pelo titular, resguardados os direitos do titular e os princípios previstos na norma.

No tratamento de dados sensíveis, a LGPD é clara ao determinar que somente poderá ocorrer em situações específicas, dispostas no seu Artigo 11.[72]

Através de tais considerações, cumpre apreciar o Artigo 11º da LGPD, de acordo com sua disposição no ordenamento jurídico, que designa hipóteses restritivas ao tratamento dos dados sensíveis. O consentimento nos dados sensíveis, não apenas a manifestação, impreterivelmente, tem que ser livre, informada e inequívoca, do mesmo modo, é necessário que ela seja específica e destacada.[73]

A ideia de consentimento "específico" e "destacado", conforme o magistério de Teffé e Viola (2020, p. 34), pode ser assim entendida:

> Específico deve ser compreendido como um consentimento manifestado em relação a propósitos concretos e claramente determinados pelo controlador e antes do tratamento dos dados, havendo também aqui, e com mais ênfase, as obrigações de granularidade. Destacado pode ser interpretado no sentido de que é importante que o titular tenha pleno acesso ao documento que informará todos os fatos relevantes sobre o tratamento, devendo tais disposições virem destacadas para que a expressão do consentimento também o seja. Além de se referir a dados determinados e haver declaração de vontade que esteja ligada a objetivo específico, a manifestação de vontade deverá vir em destaque no instrumento de declaração que autoriza o tratamento.[74]

---

70. BIONI, Bruno. *Tratado de Proteção de Dados Pessoais*. São Paulo: Grupo GEN, 2020. Disponível em: https://app.minhabiblioteca.com.br/#/books/9788530992200/. Acesso em: 09 jun. 2022. p. 140.
71. TEPEDINO, Gustavo e TEFFÉ, Chira Spadaccini de. O Consentimento na Circulação de Dados Pessoais. *Revista Brasileira de Direito Civil* – RBDCivil, Belo Horizonte, v. 25, p. 83-116, jul./set. 2020. Disponível em: https://rbdcivil.ibdcivil.org.br/rbdc/article/download/521/389. Acesso em: 22 maio 2022. p. 99.
72. Art. 11 da LGPD. (BRASIL. Lei 13.709, de 14 de agosto de 2018. Lei Geral de Proteção de Dados Pessoais (LGPD). Brasília, DF: Presidência da República, [2018]. Disponível em: http://www.planalto.gov.br/ccivil_03/_ato2015-2018/2018/lei/l13709.htm. Acesso em: 20 maio 2022).
73. SOLER, Fernanda G. *Proteção de dados*: reflexões práticas e rápidas sobre a LGPD. São Paulo: Saraiva, 2022. Disponível em: https://app.minhabiblioteca.com.br/#/books/9786553622500/. Acesso em: 10 jun. 2022. p. 23.
74. TEFFÉ, Chiara Spadaccini de; VIOLA, Mario. *Tratamento de dados pessoais na LGPD*: estudo sobre as bases legais. Civilistica.com, Rio de Janeiro, ano 9, n. 1, 2020. Disponível em: http://civilistica.com/tratamento-de-dados-pessoais-na-lgpd/. Acesso em: 13 maio 2022.

Em seguida, depreende-se do artigo 11º da LGPD, que a base legal do consentimento deve ser a regra e as bases legais seguintes são exceções, somente para os casos em que forem indispensáveis. A comunicação ou o uso compartilhado de dados sensíveis referentes à saúde entre controladores de dados pessoais, com objetivo de obter vantagem econômica, será vedado, exceto nas hipóteses relativas a prestação de serviços de saúde, de assistência farmacêutica e de assistência à saúde, desde que observado o § 5.º deste artigo, incluídos os serviços auxiliares de diagnose e terapia, em benefício dos interesses dos titulares de dados, e para permitir.[75]

Nesse ínterim, a doutrina entendeu que a simples oposição ao manuseio de dados sensíveis é infactível em determinadas situações, no qual ele é vital para a sua organização. Por isto, ao não ser passível de discriminação, é permissível a utilização de dados sensíveis coletados em regime de exceção, devido aos valores em questão.[76]

3. APLICAÇÃO DO CONSENTIMENTO COMO BASE LEGAL PARA O TRATAMENTO DE DADOS PESSOAIS SENSÍVEIS

3.1 A linha doutrinária de primazia do consentimento

A fim de obter uma visão mais extensiva da linha doutrinária que entende o consentimento como base legal predominante dentre as demais nos dados sensíveis, há de se esmiuçar a autodeterminação informativa e a história da legislação de proteção de dados.

Com o progresso geracional da tutela dos dados pessoais, o consentimento encontrou seu espaço com relevo, sendo inclusive adjetivado. Esse destaque à manifestação de vontade permitiu que o consentimento se transformasse em praticamente um sinônimo da autodeterminação informativa[77] e, igualmente, a construção autônoma da privacidade.

Nesse sentido, cabe realizar uma avaliação acerca da autodeterminação informativa que segundo o Artigo 2º, inciso II da LGPD é um dos fundamentos da proteção de dados pessoais. Como já disse, o vocábulo "autodeterminação informativa" foi apresentado em 1983 pela Corte Constitucional alemã como um direito fundamental de origem constitucional no Artigo 2º, § 1º da Lei Fundamental Federal alemã que prevê: "Todos têm o direito ao livre desenvolvimento da sua personalidade, desde que não violem os direitos de outros e não atentem contra a ordem constitucional ou a lei moral".[78]

---

75. Art. 11º, § 4º da LGPD. (BRASIL. Lei 13.709, de 14 de agosto de 2018. Lei Geral de Proteção de Dados Pessoais (LGPD). Brasília, DF: Presidência da República, [2018]. Disponível em: http://www.planalto.gov.br/ccivil_03/_ato2015-2018/2018/lei/l13709.htm. Acesso em: 20 maio 2022).
76. BIONI, Bruno. *Tratado de Proteção de Dados Pessoais*. São Paulo: Grupo GEN, 2020. Disponível em: https://app.minhabiblioteca.com.br/#/books/9788530992200/. Acesso em: 10 jun. 2022. p. 158.
77. BIONI, Bruno R. *Proteção de Dados Pessoais* – A Função e os Limites do Consentimento. São Paulo: Grupo GEN, 2021. p. 116.
78. NAVARRO, Ana Maria Neves de Paiva. *O direito fundamental à autodeterminação informativa*. Departamento de Pós-Graduação UFRJ, LETACI. Rio de Janeiro, 2011, p. 10.

Nestas condições, assentou-se o entendimento de que os indivíduos devem possuir o domínio de manejar a legitimidade da coleta, divulgação e da utilização dos seus dados pessoais, inclusive em face do Estado. Da mesma forma, foi considerado por Konrad Hesse (2009, p. 34) que:

> Os direitos fundamentais e sua especial garantia se propõem, a partir da tradição e do desenvolvimento histórico alemão, a prevenir ataques do Estado à esfera de existência individual. Esse é também o ponto de partida mantido até o momento pela jurisprudência do Tribunal Constitucional.[79]

Apesar de não haver conceituação no sistema normativo brasileiro sobre a autodeterminação informativa,[80] as doutrinas portuguesa, espanhola e alemã, no período de redemocratização pós-Segunda Guerra Mundial, construíram o conceito. Assim, autodeterminação informativa pode ser precipuamente descrita como a faculdade de determinação e controle da utilização do indivíduo sobre os seus dados pessoais.[81]

Com surgimento da Lei Geral de Proteção de Dados, a doutrina brasileira chancela a autodeterminação informativa como integrante dos direitos da personalidade, como segue demonstrado por Silva e Melo (2019, p. 21):

> [...] privacidade, diante das inovações tecnológicas, é compreendida como direito fundamental à autodeterminação informativa, sendo imperioso compreender que a finalidade da proteção deste direito consiste na proteção da esfera privada, na busca da consagração da dignidade da pessoa humana. Dessa forma, por meio da promulgação da Lei 13.709/2018 o Brasil passou a conferir primazia à autonomia privada no que tange à circulação de seus dados pessoais dos indivíduos. Por meio da recente legislação de proteção de informações pessoais, condicionou-se seu uso e armazenamento à autorização do interessado, de modo a se afirmar que o Brasil pôde, enfim, concretizar a privacidade como um direito à autodeterminação informativa. Assim, o titular do direito à privacidade, observando a autonomia privada que lhe é inerente, pode autorizar e determinar limitações ao próprio direito que lhe assiste. Em um mundo cada vez mais tecnológico, em que todos estão sujeitos a vigilância constante, a privacidade passa a ser reconhecida em seu aspecto positivo de autodeterminação informativa. É o triunfo da autonomia privada que passa a ter aplicação no âmbito das informações pessoais.[82]

Como visto acima, a estratégia regulatória foi de conceder ao titular dos dados o controle e incumbência quanto ao controle e tutela de seus dados pessoais, mediante o consentimento do indivíduo sobre todas as etapas do processamento de suas informações privadas.

---

79. HESSE, Konrad. *Temas Fundamentais do Direito Constitucional*. São Paulo: Saraiva, 2009, p. 34.
80. VILLAS BÔAS CUEVA, Ricardo, DONEDA, Danilo, MENDES, Laura Schertel (Org.). *Lei Geral de Proteção de Dados (Lei 13.709/2018) – A caminho da efetividade: contribuições para a implementação da LGPD*. São Paulo: Thomson Reuters, 2020, p. 177-192.
81. CANOTILHO, J.J. Gomes. *Direito Constitucional e Teoria da Constituição*. 7. ed. Coimbra: Ed. Almedina, 2003. p. 515.
82. SILVA, Lucas Gonçalves; MELO, Bricio Luis da Anunciação; KFOURI, Gustavo. A Lei Geral de Proteção de Dados como Instrumento de Concretização da Autonomia Privada em um Mundo Cada Vez Mais Tecnológico. *Revista Jurídica*, [S.l.], v. 3, n. 56, p. 354-377, jul. 2019. Disponível em: http://revista.unicuritiba.edu.br/index.php/RevJur/article/view/3581/371371972. Acesso em: 11 jun. 2022. p. 21-22.

O consentimento, de acordo com Bruno Bioni (2021), continuou como o vetor principal das normas de privacidade informacional, desde as leis setoriais, como o Código de Defesa do Consumidor, a Lei do Cadastro Positivo e o Marco Civil da Internet, até chegar, finalmente, na Lei Geral de Proteção de Dados Pessoais.[83]

O consentimento foi redigido como o núcleo legítimo do regime protetivo dos dados pessoais,[84] a base legal principal de legitimação do manuseio dos dados sensíveis, devido à capacidade de tais informações desencadearem discriminação contra seus titulares.

Nobrega e Blum (2021, p. 152) compartilham esse entendimento de que o tratamento de dados sensíveis "deve ser precedido de cautelas ainda maiores (com especial atenção aos princípios e direitos dos titulares), uma vez que eventual incidente de segurança com os dados em referência pode trazer consequências mais gravosas aos direitos e liberdades dos titulares".[85]

Portanto, dispõe a LGPD que o tratamento de dados pessoais sensíveis somente poderá ocorrer nas seguintes hipóteses:

I – quando o titular ou seu responsável legal consentir, de forma específica e destacada, para finalidades específicas; ou

II – quando sem fornecimento de consentimento do titular, nas hipóteses em que for indispensável para: a) cumprimento de obrigação legal ou regulatória pelo controlador; b) tratamento compartilhado de dados necessários à execução, pela administração pública, de políticas públicas previstas em leis ou regulamentos; c) realização de estudos por órgão de pesquisa, garantida, sempre que possível, a anonimização dos dados pessoais sensíveis; d) exercício regular de direitos, inclusive em contrato e em processo judicial, administrativo e arbitral, este último nos termos da Lei de Arbitragem; e) proteção da vida ou da incolumidade física do titular ou de terceiro; f) tutela da saúde, em procedimento realizado por profissionais da área da saúde ou por entidades sanitárias; ou g) garantia da prevenção à fraude e à segurança do titular, nos processos de identificação e autenticação de cadastro em sistemas eletrônicos, resguardados os direitos mencionados no art. 9º desta Lei e exceto no caso de prevalecerem direitos e liberdades fundamentais do titular que exijam a proteção dos dados pessoais.

A base legal do consentimento tornou-se o vetor determinante, na perspectiva de Lara Garcia (2022),[86] na viabilização do tratamento de dados, principalmente no campo da internet. E foi o instrumento fulcral preponderante por um período extenso, entendimento compartilhado por Cíntia Rosa Pereira Lima (2020).[87] Quanto

---

83. BIONI, Bruno R. *Proteção de Dados Pessoais* – A Função e os Limites do Consentimento. São Paulo: Grupo GEN, 2021. p. 124-130.
84. BIONI, Bruno. *Tratado de Proteção de Dados Pessoais*. São Paulo: Grupo GEN, 2020. Disponível em: https://app.minhabiblioteca.com.br/#/books/9788530992200/. Acesso em: 12 jun. 2022. p. 90.
85. MALDONADO, Viviane Nóbrega; BLUM, Renato Opice. *LGPD*: Lei Geral de Proteção de Dados Pessoais comentada. 3. ed. rev., atual. e ampl. São Paulo: Thomson Reuters Brasil, 2021. p. 152.
86. GARCIA, Lara R. *Lei Geral de Proteção de Dados (LGPD)*: Guia de implantação. São Paulo: Blucher, 2020. em: https://app.minhabiblioteca.com.br/#/books/9786555060164/. Acesso em: 12 jun. 2022. p. 21.
87. LIMA, Cíntia Rosa Pereira D. *Comentários à Lei Geral de Proteção de Dados*. Coimbra: Grupo Almedina (Portugal), 2020. Disponível em: https://app.minhabiblioteca.com.br/#/books/9788584935796/. Acesso

aos dados sensíveis, foi aceito o seu tratamento sem o consentimento do titular de dados somente em situações excepcionais, tal como no caso de empresa que solicita exame admissional do colaborador para a formalização de sua contratação.

A LGPD posiciona o consentimento em papel de destaque, ao afirmá-lo, como sendo, em regra, a principal base legal, enquanto as demais foram assentadas como subsidiárias, legítimas para o processamento de dados somente quando forem indispensáveis.[88]

3.2 A linha doutrinária de equivalência das bases legais

Neste ponto, em consonância com o feito na subseção pregresso (subseção 3.1), será demonstrado, a partir de uma perspectiva histórica, como o consentimento teve seu papel modificado no contexto de aplicação dos dados pessoais e nos dados pessoais sensíveis.

A segunda geração das leis de proteção de dados pessoais suscitou indagações acerca da eficiência da legislação que possuía como vetor principal o consentimento e a efetiva liberdade de escolha do indivíduo que não disponibilizando seus dados é suscetível de ser excluído da vida em sociedade.

O professor da Universidade de Oxford, Viktor Mayer-Schönberger (2001, 228), elabora um parecer acerca do ônus que o cidadão é submetido para desempenhar a tutela de seus dados pessoais:

> A proteção de dados pessoais como liberdade individual pode proteger a liberdade do indivíduo. Ela pode oferecer ao indivíduo a possibilidade de não conceder informações a seu respeito que lhe são solicitadas. Mas qual será o custo que se tem de pagar por isso? É aceitável que a proteção de dados pessoais possa ser exercida apenas por eremitas? Será que nós alcançamos o estágio ótimo da proteção de dados se garantirmos os direitos à privacidade que, quando exercidos, acarretarão a exclusão do indivíduo da sociedade?[89]

A "modernidade líquida" de Zygmunt Bauman (2001, p. 07), faz uma analogia entre a fluidez dos líquidos com a sociedade atual, já que os fluídos:

> não fixam o espaço nem prendem o tempo. Enquanto os sólidos têm dimensões espaciais claras, mas neutralizam o impacto e, portanto, diminuem a significação do tempo (resistem efetivamente a seu fluxo ou o tornam irrelevante), os fluidos não se atêm muito a qualquer forma e estão constantemente prontos (e propensos) a mudá-la; assim, para eles, o que conta é o tempo, mais do que o espaço que lhes toca ocupar; espaço que, afinal, preenchem apenas "por um momento.[90]

---

em: 12 jun. 2022. p. 34.
88. BIONI, Bruno. *Tratado de Proteção de Dados Pessoais*. São Paulo: Grupo GEN, 2020. Disponível em: https://app.minhabiblioteca.com.br/#/books/9788530992200/. Acesso em: 12 jun. 2022. p. 91.
89. MAYER-SCHÖNBERGER, Viktor. "Generational Development of Data Protection in Europe". *Technology and Privacy*: The New Landscape, Eds. Agre, Phillip E. and Marc Rotenberg. Cambridge, MA: The MIT Press. – p. 228.
90. BAUMAN, Zygmunt. *Modernidade líquida*. Trad. Plínio Dentzien. Rio de Janeiro: Zahar, 2001. p. 07.

A sociedade que presenciou a segunda geração de leis de proteção de dados pessoais era caracterizada por ser "sólida" e, portanto, rígida, demarcada pela crescente descentralização dos bancos de dados.

Na visão de Juliano Napoleão de Barros, os dados eram valorados pelo seu recolhimento e sua aplicação para um fim determinado. Com o *Big Data*, os dados têm seu valor definido após o seu recolhimento de diversas fontes e variegadas destinações.[91] Os *Big Data* são enormes repositórios de informação que tratam de forma acelerada uma quantidade espantosa de dados (estruturados, semiestruturados, não estruturados e díspares).[92] A expressão *Big Data* pode esconder uma certa armadilha de percepção. Pois nos faz pensar em arquivos digitalizados e consultas fitas pela internet e as informações acumuladas pelas *big techs*. Mas nada escapa do *Big Data*: aplicativos de mensageria, ligações telefônicas, uso de cartão de crédito, imagens de câmeras de segurança, satélites .... As fontes de onde emanam os dados são muitas.[93]

Na vigilância líquida, típica da sociedade contemporânea, há uma constante observação no fluxo informacional. Tal vigilância corresponde aos *data brokers*, empresas de vigilância corporativa que lucram com dados pessoais coletados e extraídos do contato de máquinas que mediam a atividade humana. Esses agentes operam no processamento dos dados pessoais com o objetivo definido de obter a categorias capazes de prognosticar o futuro.[94] (Sampaio, 2017, p. 31).

É possível constatar que as normas decorrentes dos anos 80, do séc. XX, não mais correspondem ao modelo de influxo informacional construído na sociedade da informação, com a fluidez contínua dos dados pessoais de tratamento ímprobo e controle custoso.[95]

É fundamental que o viés liberal seja compreendido. Pois sobressai sua dimensão meramente formal. Aplicar a lógica do consentimento negocial para o tema do consentimento para o tratamento de dados implica reviver o mito oitocentista do ser humano como sujeito racional, desconectado de sua realidade histórica, econômica e social. Afinal, a autodeterminação informacional manifestaria delineamentos transacionais quando focada apenas no consentimento e, portanto, apartaria do âmago dos direitos da personalidade.[96] No tema do tratamento de dados, o consentimento

---

91. JULIANO, Napoleão Barros de. Big Data, Proteção De Dados E Transparência: Desafios para a Consolidação da Confiança e Garantia dos Direitos do Cidadão. *Revista Culturas Jurídicas*, v. 7, n. 17, maio/ago. 2020 –http://www.culturasjuridicas.uff.br – p. 241.
92. ZOLYNSKI, C. Os Big Data e os Dados Pessoais entre os Princípios da Proteção e da Inovação. *Revista de Direito, Estado e Telecomunicações, Brasília*, v. 12, n. 1, p. 225-245, maio 2020. Disponível em: https://doi.org/10.26512/lstr.v12i1.30007. Acesso em: 22 jun. 2022. p. 227.
93. Nesse sentido, ver Xavier Duran. *El imperio de los datos: El Big Data, la privacidad y la sociedad del futuro* (Spanish Edition). U. Valencia. Edição do Kindle.
94. SAMPAIO, Alice Castaldi. *Data brokers*: um novo modelo de negócios baseado em vigilância de dados. Campinas, SP: [s.n.], 2017. Dissertação (mestrado) – Universidade Estadual de Campinas, Instituto de Estudos da Linguagem. p. 31.
95. BIONI, Bruno R. *Proteção de Dados Pessoais – A Função e os Limites do Consentimento*. São Paulo: Grupo GEN, 2021. p. 141.
96. DONEDA, Danilo. *Da privacidade à proteção de dados pessoais*. Rio de Janeiro: Renovar, 2006. p. 198.

é o instrumento legitimador para que os dados sejam utilizados, explorados, por um terceiro. O consentimento se justifica e cumpre sua função na proporção de afirmação e proteção da pessoa humana e da circulação de informações.[97] A autodeterminação informacional não se limita ao consentimento, mas, em realidade, possui natureza dúplice: incorpora tanto o livre desenvolvimento da personalidade, quanto a proteção de dados pessoais, todos submetidos ao princípio da dignidade humana.[98]

A trajetória do consentimento na LGPD aconteceu inclusive antes de sua promulgação, quando o primeiro anteprojeto da legislação foi submetido a duas consultas públicas em 2010 e 2015. Em ambas as averiguações, a única base legitimadora para o tratamento de dados pessoais era o consentimento, contudo foram estipuladas bases legais no caso de exceções ao consentimento na segunda consulta. O Congresso Nacional aprovou o Projeto de Lei 5.276/2016, no qual o consentimento foi estabelecido com uma das bases legais para o tratamento de dados pessoais e dados pessoais sensíveis. No Artigo 7º da LGPD ela encontra-se elencada horizontalmente com as outras hipóteses legais em igual hierarquia.[99]

Nos termos do Artigo 11º, inciso II da LGPD, são dispostas bases legais em que não há a necessidade da obtenção do consentimento, quando "indispensáveis". São elas: o cumprimento de obrigação legal ou regulatória pelo controlador; o tratamento compartilhado de dados necessários à execução pela administração pública, de políticas públicas previstas em leis ou regulamentos; a realização de estudos por órgão de pesquisa, garantida, sempre que possível, a anonimização dos dados pessoais sensíveis; o exercício regular de direitos, inclusive em contrato e em processo judicial, administrativo e arbitral, este último nos termos da Lei de Arbitragem; a proteção da vida ou da incolumidade física do titular ou de terceiros; a tutela da saúde em procedimento realizado por profissionais da área da saúde ou por entidades sanitárias; ou a garantia da prevenção à fraude e à segurança do titular, nos processos de identificação e autenticação de cadastro em sistemas eletrônicos.

Resta manifesto que, apesar de o consentimento ser uma base legal significativa no tratamento de dados pessoais sensíveis, ela é passível de relativização como supracitado, conforme o discernimento de Patrícia Peck Pinheiro.[100]

Nessa linha doutrinária, acompanha Fernanda Soler que exprime que as bases legais presentes nos Artigos 7º e 11º da LGPD não são topograficamente hierárquicas

---

97. Aliás, é a lição de Danilo Doneda. *Da privacidade à proteção de dados pessoais: elementos da formação da Lei Geral de Proteção de Dados*. Edição do Kindle.
98. BIONI, Bruno. *Tratado de Proteção de Dados Pessoais*. São Paulo: Grupo GEN, 2020. Disponível em: https://app.minhabiblioteca.com.br/#/books/9788530992200/. Acesso em: 11 jun. 2022. p. 50.
99. BIONI, Bruno R. *Proteção de Dados Pessoais* – A Função e os Limites do Consentimento. São Paulo: Grupo GEN, 2021. p. 131.
100. PINHEIRO, Patrícia P. *Proteção de Dados Pessoais*: Comentários à Lei 13.709/2018 (LGPD). São Paulo: Saraiva, 2021. Disponível em: https://app.minhabiblioteca.com.br/#/books/9786555595123/. Acesso em: 12 jun. 2022. p. 34.

entre si, já que todas são igualmente pertinentes e utilizadas para a legalidade do tratamento de dados pessoais.[101]

Cíntia Lima (2020, p. 34), ainda, faz a seguinte declaração:

> Outro aspecto notável foi o fortalecimento da proteção e a decorrente vedação de uso de dados sensíveis para fins discriminatórios independentemente do consentimento do usuário, especialmente face aos riscos de destruição, de divulgação e de acesso indevido em razão da estrutura aberta da internet.[102]

Percebe-se, por conseguinte, que é um equívoco pressupor que a autodeterminação informativa provém somente da primazia do consentimento sobre as demais bases legais na tutela de dados pessoais.[103]

Em complemento ao argumento acima, cabe ressaltar que diversas legislações de proteção de dados pessoais no globo se preocuparam em reconhecer diversas bases legais como legitimadoras do manuseio de dados além do consentimento. A GDPR, por exemplo postula outras bases legais além do consentimento, presentes nos artigos 6 e 9 do seu corpo normativo. Nessa conjuntura, é notável que não apenas a LGPD, mas outras legislações internacionais restringiram a predominância da autodeterminação informativa ao não colocarem o consentimento como o único elemento legítimo do tratamento de dados pessoais e dados pessoais sensíveis.[104]

Em vista dos fatos acima expostos, é cristalino que o consentimento não é a única e principal base legal para o tratamento de dados sensíveis. No ponto seguinte, serão analisadas as duas correntes doutrinárias e os motivos pelos quais a autodeterminação informacional não se restringe ao consentimento do titular de dados.

3.3   Cotejo das linhas doutrinárias

As duas linhas doutrinárias acerca da base legal do consentimento no tratamento dos dados sensíveis foram apresentadas em comparação com as demais bases legais. No presente ponto, pretende-se expor a corrente que melhor corresponda à proteção dos dados pessoais sensíveis e, igualmente, os direitos de personalidade do titular de dados.

Na primeira corrente, o consentimento é exposto como a base legal protagonista em comparação com as demais bases legais, devido ao entendimento de que essa hipótese legal para o tratamento de dados era equivalente ao direito de autodeterminação

---

101. SOLER, Fernanda G. *Proteção de dados*: reflexões práticas e rápidas sobre a LGPD. São Paulo: Saraiva, 2022. Disponível em: https://app.minhabiblioteca.com.br/#/books/9786553622500/. Acesso em: 12 jun. 2022. p. 16.
102. LIMA, Cíntia Rosa Pereira D. *Comentários à Lei Geral de Proteção de Dados*. Coimbra: Grupo Almedina (Portugal), 2020. Disponível em: https://app.minhabiblioteca.com.br/#/books/9788584935796/. Acesso em: 12 jun. 2022. p. 34.
103. BIONI, Bruno R. *Proteção de Dados Pessoais* – A Função e os Limites do Consentimento. São Paulo: Grupo GEN, 2021. p. 101.
104. Ibidem, p. 229.

informativa, devido às influências das quatro gerações de legislação da proteção de dados, conforme exaustivamente delineado na Subseção 3.1.

No entanto, a segunda corrente doutrinária entende o consentimento não como superior às demais bases legais de tratamento de dados pessoais sensíveis, mas como equivalente a elas. Nessa linha a doutrina compreendeu que o desenvolvimento da tecnologia alterou drasticamente o cenário e o modo que os dados passaram a ser coletados e manuseados, deixando uma espécie de lacuna na defesa dos dados pessoais, consoante ao demonstrado na Subseção 3.2.

A sociedade da informação ou sociedade em rede, assentada na rede digital de comunicação e informação de computadores que gera, processa e distribui informações coletadas dos indivíduos que a utilizam cotidianamente, é demarcada pelo Big Data, definido por Doug Laney (2001) como uma grande variedade de dados transmitidos em tempo real de diversas fontes numa grande quantidade de sistemas e em diferentes formatos e tipos.[105] Sumariamente, o Big Data tem competência para "procurar, analisar, agregar e cruzar todos esses dados com o intuito de extrair resultados e benefícios". (Malheiro, 2017, p. 53)[106]

Nesse cenário, entende a doutrina que a coleta de informações pessoais (tanto por instituições privadas, quanto públicas) abastece os bancos de dados com duas finalidades: a gestão de programas de intervenção social e conformidade dos cidadãos à gestão política dominante e para o desenvolvimento de estratégias empresariais.[107]

Diante da complexa fluência de informações, consequência da "contínua fluidez dos dados pessoais",[108] houve uma descrença maior acerca do papel e capacidade real da base legal do consentimento de tutelar os dados pessoais.[109] Esse fluxo informacional líquido caracteriza-se pela dificuldade de sua manipulação e, por consequência, do seu controle.[110]

---

105. LANEY, Doug. *3D Data Management*: Controlling Data Volume, Velocity, and Variety. Meta Group Research Note, 6. 2001. Disponível em: https://studylib.net/doc/8647594/3d-data-management--controlling-data-volume--velocity--an. Acesso em: 22 jun. 2022.
106. MALHEIRO. Luíza Fernandes. *O consentimento na proteção de dados pessoais na Internet*: uma análise comparada do Regulamento Geral de Proteção de Dados europeu e do Projeto de Lei 5.276/2016. Trabalho de Conclusão de Curso (Bacharelado em Direito) – Universidade de Brasília, Brasília, 2017. p. 15.
107. RODOTÀ, Stefano. *A vida na sociedade de vigilância*: a privacidade hoje. Rio de Janeiro: Renovar, 2008. p. 28.
108. BIONI, Bruno R. *Proteção de Dados Pessoais* – A Função e os Limites do Consentimento. São Paulo: Grupo GEN, 2021. p. 141.
109. MALHEIRO. Luíza Fernandes. *O consentimento na proteção de dados pessoais na Internet*: uma análise comparada do Regulamento Geral de Proteção de Dados europeu e do Projeto de Lei 5.276/2016. Trabalho de Conclusão de Curso (Bacharelado em Direito) – Universidade de Brasília, Brasília, 2017. p. 53.
110. JACOB NETO, Elias; BOLZAN DE MORAIS, Jose Luis. Surveillance, *Democracia e Direitos Humanos*: Os Limites do Estado na Era do Big Data. Trabalho de Conclusão de Curso (Pós-Graduação) – UNISINOS, São Leopoldo, 2016. Disponível em: http://www.repositorio.jesuita.org.br/handle/UNISINOS/5530. Acesso em: 22 jun. 2022. p. 102.

Nessa senda, a supra referida fluidez de dados além de ser "indeterminada, interminável e imprevisível",[111] também é caracterizada por volatilidade, devido à sua rede cooperativa de numerosos atores.[112]

De acordo com o instrumento legal da autodeterminação informacional, o titular de dados deveria conhecer todo o processo do tratamento de dados, desde a sua coleta até o manuseio, além dos atores comprometidos no tratamento de seus dados pessoais para que tenha efetividade na coordenação de suas informações por intermédio do consentimento.[113]

Nesse sentido, apresentam-se diversas dificuldades acerca do consentimento amparado na autodeterminação informacional, como os problemas cognitivos que, segundo Solove (2013, p. 1888), são:

> (1) as pessoas que não leem as políticas de privacidade; (2) se as pessoas leem, não as entendem; (3) se leem e compreendem, muitas vezes elas não têm conhecimento o suficiente para fazer uma escolha informada; e (4) se leem, entendem e possuem capacidade de fazer uma escolha informada, sua escolha pode ser distorcida por várias dificuldades de tomada de decisão.[114]

Quanto às Políticas de Privacidade, a Universidade de Stanford efetuou uma pesquisa em que foi constatado que 97% (noventa e sete por cento) dos entrevistados apenas clicavam diretamente no "Eu aceito" sem realizar a leitura necessária da declaração de consentimento.[115]

Nessa linha, de acordo com Aleecia McDonald e Lorrie Faith Cranor (2019), a Política de Privacidade de um website popular possui um tamanho médio de 2514 palavras e, ainda calculou que levaria cerca de 201 horas para realizar a análise completa dos termos de uso dos sítios eletrônicos comumente acessados por um americano.[116]

Verifica-se, a partir desses trabalhos que as informações tendem a ser, além de extensas, complicadas, com bastante conceitos legais e técnicos no seu texto,[117] o

---

111. BAROCAS, Solon; NISSENBAUM, Helen. Big Data's End Run Around Consent and Anonymity. In: LANE, J.; STODDEN, V.; BENDER, S.; NISSENBAUM, H. (Ed.). *Privacy, Big Data and the Public Good*. Cambridge: Cambridge University Press, 2014. p. 59.
112. BIONI, Bruno R. *Proteção de Dados Pessoais* – A Função e os Limites do Consentimento. São Paulo: Grupo GEN, 2021. p. 142.
113. MALHEIRO. Luíza Fernandes. *O consentimento na proteção de dados pessoais na Internet*: uma análise comparada do Regulamento Geral de Proteção de Dados europeu e do Projeto de Lei 5.276/2016. Trabalho de Conclusão de Curso (Bacharelado em Direito) – Universidade de Brasília, Brasília, 2017. p. 47.
114. SOLOVE, DJ. Privacy self-management and the consent dilemma. *Harvard Law Review 126*. 2013. Disponível em: https://harvardlawreview.org/2013/05/introduction-privacy-self-management-and-theconsent-dilemma/ Acesso em: junho de 2022. p. 1888.
115. ROMERO, Luiz. *Não li e concordo*. 2017. Disponível em: https://super.abril.com.br/tecnologia/nao-li-e-concordo/. Acesso em: 22 jun. 2022.
116. MCDONALD, Aleecia M.; CRANOR, Lorrie Faith. The cost of Reading Privacy Policies. *Jornal of Law and Policy for Information Society*, v. 4, p. 564, 2008. Disponível em: https://lorrie.cranor.org/pubs/readingPolicyCost-authorDraft.pdf. Acesso em: 11 jun. 2022.
117. CUSTERS B.H.M., HOF S. van der; SCHERMER B. (2014). *Privacy Expectations of Social Media Users*: The Role of Informed Consent in Privacy Policies, Policy and Internet, 2014. p. 03. Disponível em: https://papers.ssrn.com/sol3/papers.cfm?abstract_id=3047163 Acesso em: jun. 2022.

que exigiria um tempo demasiado para que os usuários pudessem ler, entender e analisar. A racionalidade inata do homem limita a capacidade de adquirir, memorizar e processar todas as informações relevantes e nos faz confiar em modelos mentais simplificados, estratégias aproximadas e heurísticas.[118]

Destarte, o titular de dados tende a sopesar mais a perda dos seus dados pessoais do que o ganho do seu controle sobre eles, quando possui a disponibilização de um serviço ou produto, pois foca nos benefícios imediatos do arranjo, como preconizam as teorias prospectiva e da utilidade subjetiva.[119]

Ainda, há o paradoxo da privacidade, conforme Bruno Bioni (2021) destaca: os indivíduos, apesar de valorizarem a tutela de seus dados pessoais, agem em dissonância ao seu entendimento, de forma que há uma evidente contradição entre a perspectiva das pessoas e suas ações. A analogia entre a concepção e as condutas quanto ao fluxo informacional de seus dados foi melhor analisado no estudo empírico cognominado de Mental Models elaborado pela Universidade de Stanford e Carmegie Mellon, em que se concluiu que os indivíduos não são preparados para decidirem sobre o manejo de seus dados pessoais pelas seguintes razões: a ausência de compreensão do ser humano sobre o fluxo informacional dos dados e seu contexto, a predisposição do sujeito ao benefício imediato da economia informacional e a resistência dos titulares de lograr com uma quantia para assegurar o seu direito à privacidade.[120]

Em consonância com o ponto de vista detalhado acima, é caracterizada a assimetria informacional, técnica e econômica do titular de dados que possui um traço vulnerável peculiar, em que a anuência com o processamento de dados pessoais se torna uma exigência para o cidadão ser capaz de exercer a vida em sociedade. Em conformidade com o relatado, explica Bioni (2020, 157):

> Cada vez mais, a participação social é dependente desse trânsito informacional. Na verdade, a lógica do mercado e da sociedade da informação arquitetam essa (falsa) escolha, já que, para fazer parte do jogo, deve-se aceitar o convite mediante o "concordo" em compartilhar os "meus" dados pessoais. Daí por que a proteção dos dados pessoais geraria um custo social, qual seja, a não fruição dessas oportunidades que resultaria em uma eremitania na sociedade da informação.

Porquanto, o consentimento entendido como ferramenta de concepção livre da esfera privada é uma mera ficção. Conforme Rodotà (2008, p. 77):

> é evidente a enorme defasagem de poder existente entre o indivíduo isolado e as grandes organizações de coleta de dados: nessas condições, é inteiramente ilusório falar em controle". Aliás, a insistência em meios de controle exclusivamente individuais pode ser o álibi de um poder público

---

118. ACQUISTI, Alessandro; GROSSKLAGS, Jens. Privacy and rationality in individual decision making. *IEEE Security & Privacy Review*, p. 27, Jan./Feb. 2005. p. 27. Disponível em: https://www.heinz.cmu.edu/~acquisti/papers/acquisti.pdf. Acesso em: 11 jun. 2022.
119. BIONI, Bruno R. *Proteção de Dados Pessoais – A Função e os Limites do Consentimento*. São Paulo: Grupo GEN, 2021. p. 143-144.
120. Ibidem, p. 145-148.

desejo de esquivar-se dos novos problemas determinados pelas grandes coletas de informações, e que assim se refugia em uma exaltação ilusória dos poderes do indivíduo, o qual se encontrará, desta forma, encarregado da gestão de um jogo no qual somente poderá sair como perdedor.[121]

Na mesma compreensão de ficção do consentimento, Danilo Doneda (2006, p. 375) complementa:

> Sua utilização pode ser instrumentalizada pelos interesses que pretendem que a sua disciplina não seja mais que uma via para legitimar a inserção dos dados pessoais no mercado. Ou então um determinado perfil do consentimento pode ser incentivado pelo próprio Estado sob a (falsa) premissa de conceder aos cidadãos um forte instrumento para determinar livremente a utilização de seus próprios dados pessoais – conforme observou Stefano Rodotà, o Estado assim teria um falso álibi para não intervir em uma situação na qual sua obrigação seria de agir positivamente na defesa de direitos fundamentais – e, assim, "lavaria as mãos.[122]

O pressuposto de que a proteção da privacidade efetiva pode ser alcançada simplesmente confiando no processamento da decisão às pessoas interessadas, é uma mistificação do processo de consentimento que ignora a experiência de longa data da doutrina regulatória do consentimento informado que depende inteiramente do contexto social e econômico da atividade individual.[123] O consentimento se torna um modo conveniente de viabilizar a coleta e o uso de dados. Mas deve ser confrontado com os valores nucleares da disciplina da proteção de dados. É questionável a capacidade do consentimento para garantir os ideais de autonomia e de empoderamento do cidadão titular dos dados.[124]

CONSIDERAÇÕES FINAIS

Após estudo e análise das linhas doutrinárias apresentadas, à luz das diversas fontes pesquisadas, pode-se depreender que, devido à limitação cognitiva de considerável segmento da população, aliado ao fato de o cidadão correr o perigo de ser excluído da sociedade se não consentir com o uso de suas informações pessoais, é visível que a base legal do consentimento fica fragilizada no contexto do Big Data.

O consentimento, antes compreendido pela doutrina como a hipótese legal protagonista no tratamento de dados sensíveis – que precisam de uma cautela maior no seu manuseio por sua possibilidade de acarretar atos discriminatórios aos seus titulares – teve seus limites e dificuldades expostos no cenário da economia informacional, caracterizado pelo impedimento de conceder-se uma manifestação de vontade livre, informada, inequívoca, destacada e para uma finalidade específica.

---

121. RODOTÀ, Stefano. *A vida na sociedade da vigilância* – a privacidade hoje. Organização, seleção e apresentação de Maria Celina Bodin de Moraes. Trad. Danilo Doneda e Luciana Cabral Doneda. Rio de Janeiro: Renovar, 2008. p. 77.
122. DONEDA, Danilo. *Da privacidade à proteção de dados pessoais*. Rio de Janeiro: Renovar, 2006. p. 375.
123. SMITIS, Spiros. Reviewing Privacy in an Information Society. *University of Pensilvania Law Review*, v. 135, p. 736, 1987.
124. Nesse sentido, ver SOLOVE, Daniel J. Privacy Self-Management and the Consent Dilemma. *Harvard Law Review*, v. 126, p. 1880-1903, 2013.

Surgiu então a doutrina do consentimento equiparado às demais bases legais, de tendência mundial, como a tentativa de preservar a vida social dos titulares, concedendo ainda ao titular de dados um papel de relevância, mas ampliando as estratégias legislativas de tutelar o tratamento dos dados pessoais sensíveis.

Nesse sentido, ao alinhavar os limites e obstáculos do consentimento, resta cristalino que a corrente da equivalência do consentimento nos dados pessoais sensíveis se inseriu melhor na sociedade em rede e na economia informacional, já que ela entende a necessidade de utilizar as bases legais expostas no Artigo 11 em conjunto com os princípios da LGPD, tais como a autodeterminação informativa – que não se limita ao consentimento – finalidade, livre acesso e necessidade.

Portanto, conclui-se que o consentimento equiparado às demais bases legais, é capaz de proteger o tratamento de dados pessoais e, também, alinhados a outros institutos legais, de tutelar os direitos de personalidade dos indivíduos, assim como a liberdade, a livre desenvolvimento da personalidade e a privacidade.

REFERÊNCIAS

ACQUISTI, Alessandro; GROSSKLAGS, Jens. Privacy and rationality in individual decision making. *IEEE Security & Privacy Review*, p. 27, Jan./Feb. 2005. Disponível em: https://www.heinz.cmu.edu/~acquisti/papers/acquisti.pdf. Acesso em: 11 jun. 2022.

BAROCAS, Solon; NISSENBAUM, Helen. Big Data's End Run Around Consent and Anonymity. In: Lane, J.; STODDEN, V.; BENDER, S.; NISSENBAUM, H. (Ed.). *Privacy, Big Data and the Public Good*. Cambridge: Cambridge University Press, 2014.

BAUMAN, Zygmunt. *Modernidade líquida*. Trad. Plínio Dentzien. Rio de Janeiro: Zahar, 2001.

BIONI, Bruno Ricardo. *Proteção de dados pessoais*: a função e os limites do consentimento. 3. ed. Rio de Janeiro: Forense, 2021.

BIONI, Bruno. *Tratado de Proteção de Dados Pessoais*. São Paulo: Grupo GEN, 2020. Disponível em: https://app.minhabiblioteca.com.br/#/books/9788530992200/. Acesso em: 08 jun. 2022.

BORGESIUS, Frederik J. Zuiderveen; KRUIKEMEIER, Sanne; BOERMAN, Sophie C.; HELBERGER, Natali. Tracking Walls, Take-It-OrLeave-It Choices, the GDPR, and the Privacy Regulation. *European Data Protection Law Review*. 2017. Disponível em: www.ivir.nl/publicaties/download/EDPL_2017_03.pdf. Acesso em: 06 jun. 2022.

BRASIL. Constituição (1988). Constituição da República Federativa do Brasil. Brasília, DF: Senado Federal: Centro Gráfico, 1988.

BRASIL. Lei 13.709, de 14 de agosto de 2018. Lei Geral de Proteção de Dados Pessoais (LGPD). Brasília, DF: Presidência da República, [2018]. Disponível em: http://www.planalto.gov.br/ccivil_03/_ato2015-2018/2018/lei/l13709.htm. Acesso em: 20 abr. 2021.

CANOTILHO, J.J. Gomes. *Direito Constitucional e Teoria da Constituição*. 7. ed. Coimbra: Ed. Almedina, 2003.

CASTELLS, Manuel. *A sociedade em rede*. 3. ed. São Paulo: Paz e Terra, 2000. v. I.

CATE, Fred H; MAYER-SCHÖNBERGER, Viktor. Notice and consent in a world of Big Data. *International Data Privacy Law*, v. 3, n. 2, 2013. Disponível em: https://www.researchgate.net/publication/275199149_Notice_and_consent_in_a_world_of_Big_Data. Acesso em: 11 jun. 2022.

COOLEY, Thomas M. *A Treatise on the Law of Torts or the Wrongs Which Arise Independent of Contract.* Chicago: Callaghan and Company, 1879. Disponível em: https://repository.law.umich.edu/cgi/viewcontent.cgi?article=1010&context=books. Acesso em: 29 maio 2022.

CUSTERS B.H.M., HOF S. van der; SCHERMER B. (2014). *Privacy Expectations of Social Media Users*: The Role of Informed Consent in Privacy Policies, Policy and Internet, 2014. p. 03. Disponível em: https://papers.ssrn.com/sol3/papers.cfm?abstract_id=3047163 Acesso em: 11 jun. 2022.

DONEDA, Danilo. *Da privacidade à proteção de dados pessoais.* Rio de Janeiro: Renovar, 2006.

DURAN, Xavier. *El imperio de los datos: El Big Data, la privacidad y la sociedad del futuro.* U. Valencia. Edição do Kindle

FRAZÃO, Ana. *Nova LGPD*: a importância do consentimento para o tratamento dos dados pessoais. Jota, 12 de setembro de 2018. Disponível em: https://www.jota.info/opiniao-e-analise/colunas/constituicao-empresa-e-mercado/nova-lgpd-a-importancia-do-consentimento-para-o-tratamento-dos-dados-pessoais-12092018. Acesso em: 22 maio 2022.

GARCIA, Lara R. *Lei Geral de Proteção de Dados (LGPD)*: Guia de implantação. São Paulo: Blucher, 2020. Disponível em: https://integrada.minhabiblioteca.com.br/#/books/9786555060164/. Acesso em: 30 maio 2022.

HESSE, Konrad. *Temas Fundamentais do Direito Constitucional.* São Paulo: Saraiva, 2009.

HOFFMANN-RIEM, Wolfgang. Big Data e Inteligência Artificial: Desafios para o Direito. REI – *Revista Estudos Institucionais*, [S.l.], v. 6, n. 2, p. 431-506, set. 2020. Disponível em: https://www.estudosinstitucionais.com/REI/article/view/484/507. Acesso em: 20 maio 2022.

JACOB NETO, Elias; BOLZAN DE MORAIS, Jose Luis. *Surveillance, Democracia e Direitos Humanos*: Os Limites do Estado na Era do Big Data. Trabalho de Conclusão de Curso (Pós-Graduação) – UNISINOS, São Leopoldo, 2016. Disponível em: http://www.repositorio.jesuita.org.br/handle/UNISINOS/5530. Acesso em: 22 jun. 2022.

JULIANO, Napoleão Barros de. Big Data, Proteção De Dados E Transparência: Desafios para a Consolidação da Confiança e Garantia dos Direitos do Cidadão. *Revista Culturas Jurídicas*, v. 7, n. 17, maio/ago. 2020. Disponível em: http://www.culturasjuridicas.uff.br. Acesso em: 11 jun. 2022.

KONDER, Carlos Nelson. O tratamento de dados sensíveis à luz da Lei 13.709/2018. In: TARDINO, Gustavo; FRAZÃO, Ana; OLIVIA, Milena Donato. *Lei Geral de Proteção de Dados Pessoais e suas repercussões no direito brasileiro.* São Paulo: Thomson Reuters Brasil, 2019.

LANEY, Doug. 3D Data Management: Controlling Data Volume, Velocity, and Variety. *Meta Group Research Note, 6*, 2001. Disponível em: https://studylib.net/doc/8647594/3d-data-management--controlling-data-volume--velocity--an. Acesso em: 22 jun. 2022.

LIMA, Caio César Carvalho. Do Tratamento de Dados Pessoais. In: MALDONADO, Viviane Nóbrega; BLUM, Renato Opice. *LGPD*: Lei Geral de Proteção de Dados Pessoais comentada. 3. ed. rev., atual. e ampl. São Paulo: Thomson Reuters Brasil, 2021.

LIMA, Cíntia Rosa Pereira D. *Comentários à Lei Geral de Proteção de Dados.* Coimbra: Grupo Almedina (Portugal), 2020. Disponível em: https://app.minhabiblioteca.com.br/#/books/9788584935796/. Acesso em: 12 jun. 2022.

MALDONADO, Viviane Nóbrega e Blum, Opice. *Lei Geral de Proteção de Dados Comentada.* São Paulo: Ed. RT, 2019.

MALDONADO, Viviane Nóbrega; BLUM, Renato Opice. *LGPD*: Lei Geral de Proteção de Dados Pessoais comentada. 3. ed. rev., atual. e ampl. São Paulo: Thomson Reuters Brasil, 2021.

MALHEIRO. Luíza Fernandes. *O consentimento na proteção de dados pessoais na Internet*: uma análise comparada do Regulamento Geral de Proteção de Dados europeu e do Projeto de Lei 5.276/2016. Trabalho de Conclusão de Curso (Bacharelado em Direito) – Universidade de Brasília, Brasília, 2017.

MAYER-SCHÖNBERGER, Viktor. Generational Development of Data Protection in Europe. In: AGRE, Phillip E. and MARC, Rotenberg (Ed.). *Technology and Privacy*: The New Landscape, Cambridge, MA: The MIT Press.

MCDONALD, Aleecia M.; CRANOR, Lorrie Faith. The cost of Reading Privacy Policies. *Jornal of Law and Policy for Information Society*, v. 4, 2008. Disponível em: https://lorrie.cranor.org/pubs/readingPolicyCost-authorDraft.pdf. Acesso em: 11 jun. 2022.

MELO, Augusto Carlos Cavalcante. A nova interpretação constitucional e o direito fundamental ao sigilo de dados: considerações face o avanço da tecnologia da informação. In: COELHO NETO, Ubirajara. *Temas de Direito Constitucional*: estudos em homenagem ao Prof. Osório de Araújo Ramos Filho. Aracaju: Ubirajara Coelho Neto Editor, 2012.

MENDES, Laura Schertel. *Transparência e privacidade*: violação e proteção da informação pessoal na sociedade de consumo. 2008. 156 f. Dissertação (Mestrado em Direito)-Universidade de Brasília, Brasília, 2008.

MULHOLLAND, Caitlin Sampaio. Dados Pessoais Sensíveis e a Tutela de Direitos Fundamentais: Uma Análise À Luz Da Lei Geral De Proteção De Dados (Lei 13.709/18). *Revista de Direitos e Garantias Fundamentais*, Vitória, v. 19, n. 3, set.-dez. 2018.

MULHOLLAND, Caitlin Sampaio. Dados pessoais sensíveis e consentimento na Lei Geral de Proteção de Dados Pessoais. *Revista do Advogado*, São Paulo, v. 39, n. 144, p. 47-53, nov. 2019.

NAVARRO, Ana Maria Neves de Paiva. *O direito fundamental à autodeterminação informativa*. Departamento de Pós-Graduação UFRJ, LETACI. Rio de Janeiro, 2011.

PINHEIRO, Patrícia P. *Proteção de Dados Pessoais*: Comentários à Lei = 13.709/2018 (LGPD). São Paulo: Saraiva, 2021. Disponível em: https://integrada.minhabiblioteca.com.br/#/books/9786555595123/. Acesso em: 29 maio 2022.

ROCHA, Roberto Silva da. Natureza jurídica dos contratos celebrados com sites de intermediação no comércio eletrônico. *Revista Jurídica Empresarial*. Porto Alegre: ano 01, n. 02, maio/jun. 2008.

RODOTÁ, Stefano. *A vida na sociedade da vigilância:* a privacidade hoje. Rio de Janeiro: Renovar, 2008.

RODOTÀ, Stefano. *El derecho a tener derechos*. Madrid: Editorial Trotta, 2014.

ROMERO, Luiz. *Não li e concordo*. 2017. Disponível em: https://super.abril.com.br/tecnologia/nao-li-e-concordo/. Acesso em: 22 jun. 2022.

SAMPAIO, Alice Castaldi. *Data brokers*: um novo modelo de negócios baseado em vigilância de dados. Campinas, SP: [s.n.], 2017. Dissertação (mestrado) – Universidade Estadual de Campinas, Instituto de Estudos da Linguagem.

SARLET, Ingo W.; DONEDA, Danilo; MENDES, Laura S. *Estudos sobre proteção de dados pessoais*. São Paulo: Saraiva, 2022. (Coleção Direito, tecnologia, inovação e proteção de dados num mundo em transformação). Disponível em: https://integrada.minhabiblioteca.com.br/#/books/9786553620810/. Acesso em: 22 maio 2022.

SILVA, Lucas Gonçalves; MELO, Bricio Luis da Anunciação; KFOURI, Gustavo. A Lei Geral de Proteção de Dados como Instrumento de Concretização da Autonomia Privada em um Mundo Cada Vez Mais Tecnológico. *Revista Jurídica*, [S.l.], v. 3, n. 56, p. 354-377, jul. 2019. Disponível em: http://revista.unicuritiba.edu.br/index.php/RevJur/article/view/3581/371371972. Acesso em: 11 jun. 2022.

SIQUEIRA JR., Paulo Hamilton. *Teoria do direito*. São Paulo: Saraiva, 2009.

SMITIS, Spiros. Reviewing Privacy in an Information Society. *University of Pensilvania Law Review*, v. 135, p. 736, 1987. Disponível em: https://scholarship.law.upenn.edu/penn_law_review/vol135/iss3/3/. Acesso em: 11 jun. 2022.

SOLER, Fernanda G. *Proteção de dados* – reflexões práticas e rápidas sobre a LGPD. São Paulo: Saraiva, 2022. Disponível em: https://integrada.minhabiblioteca.com.br/#/books/9786553622500/. Acesso em: 22 maio 2022.

SOLOVE, DJ. Privacy self-management and the consent dilemma. *Harvard Law Review 126.* 2013. Disponível em: https://harvardlawreview.org/2013/05/introduction-privacy-self-management-and-theconsent-dilemma/ Acesso em: jun. 2022.

TEPEDINO, Gustavo E TEFFÉ, Chiara Spadaccini de. O Consentimento Na Circulação De Dados Pessoais na LGPD. In: TEPEDINO, Gustavo; FRAZÃO, Ana; OLIVA, Milena Donato (Coord.). *Lei Geral de Proteção de Dados Pessoais e suas repercussões no Direito Brasileiro.* São Paulo: Ed. RT, 2019.

TEPEDINO, Gustavo e TEFFÉ, Chira Spadaccini de. O Consentimento na Circulação de Dados Pessoais. Revista Brasileira de Direito Civil – *RBDCivil*, Belo Horizonte, v. 25, p. 83-116, jul./set. 2020. Disponível em: https://rbdcivil.ibdcivil.org.br/rbdc/article/download/521/389. Acesso em: 22 maio 2022.

THEODORO JUNIOR, Humberto. Dos Efeitos do Negócio Jurídico no Novo Código Civil. *Revista da EMERJ*, v. 5, n. 20, 2002. Disponível em: https://www.emerj.tjrj.jus.br/revistaemerj_online/edicoes/revista20/revista20_51.pdf. Acesso em: 22 maio 2022.

VAINZOF, Rony. Disposições Preliminares. In: MALDONADO, Viviane Nóbrega; BLUM, Renato Opice. *LGPD*: Lei Geral de Proteção de Dados Pessoais comentada. 3. ed. rev., atual. e ampl. São Paulo: Thomson Reuters Brasil, 2021.

VILLAS BÔAS CUEVA, Ricardo, DONEDA, Danilo, MENDES, Laura Schertel (Org.). *Lei Geral de Proteção de Dados (Lei 13.709/2018)* – A caminho da efetividade: contribuições para a implementação da LGPD. São Paulo: Thomson Reuters, 2020.

WARREN, Samuel D; BRANDEIS, Louis D. *Harvard Law Review*, v. 4, n. 5. p. 193-220, Dec. 15, 1890. Stable. Disponível em: http://links.jstor.org/sici?sici=0017811X%2818901215%294%3A5%3C193%3ATRTP%3E2.0.CO%3B2-C. Acesso em: 22 maio 2022.

WERTHEIN, Jorge. A sociedade da informação e seus desafios. *Ci. Inf.*, Brasília, v. 29, n. 2, p. 71-77, maio/ago. 2000. Disponível em: http://www.scielo.br/pdf/ci/v29n2/a09v29n2.pdf. Acesso em: 22 maio 2022.

WHO WE ARE, *European Data Protection Board (EDPB)*, 2022. Disponível em: https://edpb.europa.eu/about-edpb/about-edpb/who-we-are_en. Acesso em: 09 jun. 2022.

ZOLYNSKI, C. Os Big Data e os Dados Pessoais entre os Princípios da Proteção e da Inovação. *Revista de Direito, Estado e Telecomunicações*, Brasília, v. 12, n. 1, p. 225-245, maio 2020. Disponível em: https://doi.org/10.26512/lstr.v12i1.30007. Acesso em: 22 jun. 2022.

INCIDENTES DE SEGURANÇA ENVOLVENDO DADOS PESSOAIS: UMA BREVE ANÁLISE DA COMUNICAÇÃO DE INCIDENTES PARA A ANPD

Maria Cecília Oliveira Gomes

Doutoranda em Filosofia e Teoria Geral do Direito na Faculdade de Direito da USP. Foi Pesquisadora Visitante na *Data Protection Unit* do *Council of Europe* (CoE) na França. Foi Pesquisadora Visitante no *European Data Protection Supervisor* (EDPS) na Bélgica. Pós-graduada em Propriedade Intelectual e Novos Negócios pela Fundação Getúlio Vargas (FGV).

Thaianny Estefanato Gouvea

Advogada e consultora jurídica de Privacidade e Proteção de Dados. Mestranda em Direito na Universidade de Lisboa e bolsista do Programa *Erasmus na Leibniz Universität Hannover* na Alemanha. Pós-graduada em Direito Digital pela Universidade Estadual do Rio de Janeiro (ITS-RIO). Graduada em Artes pela Universidade Estadual de Campinas (UNICAMP) e em Direito pela Universidade São Judas Tadeu. Atua com proteção de dados desde 2019, tendo experiências *in house* em multinacionais e *startups*.

Sumário: Introdução – 1. Identificando um incidente – 2. Quando comunicar um incidente: compreendendo o que se configura como risco ou dano relevante; 2.1 Notificação à autoridade – 3. Comunicação aos titulares – Conclusão – Referências.

INTRODUÇÃO

Incidentes de segurança ocorrem frequentemente hoje no mundo, aliás, cumpre ressaltar que já faz algum tempo que isso vem acontecendo. Dados pessoais, como CPF, e-mail, telefone entre outros, têm sido alvo recorrente de incidentes de segurança que envolvem vazamento de dados pessoais. Ainda segundo o levantamento do CISO Advisor, mais de 2,29 bilhões de registros foram expostos, dos quais mais de 800 milhões de registros foram vazados por causa de bancos de dados desprotegidos, e só o Brasil responde por 43% dos dados vazados no mundo.[1]

Mas antes de avançar sobre o tema de incidentes de segurança é necessário ser feito um breve esclarecimento. Todo vazamento de dados pessoais é um incidente de segurança, mas nem todo incidente de segurança representa um vazamento de dados pessoais. Um incidente pode ocorrer por exemplo quando um link de um arquivo

---

1. O Brasil responde por 43% dos dados vazados no mundo. CISO ADVISOR., online, março de 2023. Disponível em: https://www.cisoadvisor.com.br/brasil-responde-por-43-do-volume-de-dados-vazados-no-mundo/. Acesso em: 16 mar. 2023.

confidencial de um Controlador[2] é acessado sem proteção por qualquer pessoa na internet. Ou quando, algum funcionário de uma empresa perde suas credenciais de acesso ou as compartilha com outras pessoas de forma indevida. Ou ainda, quando um funcionário envia um arquivo confidencial para um destinatário errado, ou seja, alguém que não deveria ter acesso a essa informação em específico.

A verdade é que situações como essas são recorrentes atualmente em qualquer lugar. Um incidente pode representar uma falha nos padrões de segurança, mas também pode ser causado devido uma ausência de conhecimento sobre boas práticas de segurança por parte dos colaboradores de uma empresa. Por essa razão, é necessário que o profissional que atua na área de proteção de dados, independente da sua área de formação, consiga ter visibilidade dos cenários que podem resultar em um incidente de segurança, e trabalhar para evitar que situações como essas se concretizem.

No debate atual sobre incidentes de segurança no Brasil, muito tem sido dito e publicado sobre vazamento de dados pessoais, e situações em que o Controlador de dados deve comunicar à Autoridade Nacional de Proteção de Dados (ANPD). No entanto, por mais que a ANPD já tenha pulicado dois tipos de formulário[3] de notificação de incidentes, a verdade é que alguns temas associados a esse objeto ainda permanecem obscuros. O artigo 48 da Lei 13.709, a Lei Geral de Proteção de Dados (LGPD), traz a seguinte redação: "O controlador deverá comunicar à autoridade nacional e ao titular a ocorrência de incidente de segurança que possa acarretar risco ou dano relevante aos titulares". Mas, o que se caracteriza como risco ou dano relevante aos titulares?

Essa é a principal pergunta relacionada à comunicação de incidentes e, ela tem sido objeto de diversos debates envolvendo essa matéria. Contudo, antes de adentrar no motivo central do debate sobre incidentes de segurança, se faz necessário compreender o que é um incidente, quando comunicá-lo e de que forma deve ser feita essa comunicação. É conhecido que esse é um tema em movimento, ou seja, muito provavelmente ele será revisto e aprimorado cada vez mais pela ANPD. No entanto, o objetivo deste breve artigo é contextualizar o que foi feito até aqui, propor reflexões críticas e apontar caminhos de aprimoramento em relação ao formulário de comunicação de incidentes, como meio de esclarecer e direcionar a discussão atual sobre esse tema.

1. IDENTIFICANDO UM INCIDENTE

Um incidente de segurança envolvendo dados pessoais é categorizado pela ANPD como qualquer evento adverso confirmado, que tenha relação com uma violação na segurança de dados pessoais, de forma acidental ou ilícita e que resulte em destruição, perda, vazamento, acesso indevido ou qualquer outra forma de tratamento de dados

---

2. Art. 5°, VI da LGPD. controlador: pessoa natural ou jurídica, de direito público ou privado, a quem competem as decisões referentes ao tratamento de dados pessoais.
3. ANPD. Comunicação de incidente de segurança. Disponível em: https://www.gov.br/anpd/pt-br/canais_atendimento/agente-de-tratamento/comunicado-de-incidente-de-seguranca-cis. Acesso em: 04 fev. 2023.

inadequado que possa acarretar risco aos direitos fundamentais e liberdades civis do titular dos dados pessoais.[4] Esta definição da Autoridade está alinhada com o art. 46 da LGPD,[5] e amplia o conceito de incidente, uma vez que considera o tratamento inadequado de dados como uma possibilidade de configuração de incidente.

Apesar de um incidente de dados pessoais poder estar relacionado a um incidente de segurança, nem sempre o incidente de segurança envolverá um incidente de dados pessoais, sendo esta a principal diferença entre o incidente de segurança e o incidente de dados pessoais. Para a ISO 27001,[6] principal padrão internacional de segurança da informação, o incidente de segurança é definido como "um único ou uma série de eventos indesejados ou inesperados de segurança da informação que têm uma probabilidade significativa de comprometer as operações de negócios e ameaçar a segurança da informação".

O incidente de dados pessoais pode ocorrer de diversas formas, seja através de um vazamento de dados, alteração indevida ou até pela perda da confidencialidade dessa informação. Essas diferenças foram categorizadas pelo Working Party 29 (WP29),[7] antigo grupo de trabalho que foi substituído pelo European Data Protection Board (EDPB),[8] em 3 (três) tipos de incidentes de acordo com os princípios básicos de segurança da informação, sendo: (i) incidente de confidencialidade; (ii) incidente de integridade; e (iii) incidente de disponibilidade.

O incidente de confidencialidade poderá ser configurado quando ocorrer uma divulgação ou exposição indevida de uma informação, por exemplo, em caso de vazamento de dados. Já o incidente de integridade ocorre quando algo compromete o conteúdo da informação, seja intencional ou não, por exemplo quando há alteração da informação em determinado banco de dados. Por sua vez, o incidente de disponibilidade ocorrerá quando as informações não estiverem mais disponíveis,

---

4. Definição de incidente de segurança de dados pessoais atribuída pela Autoridade Nacional de Proteção de Dados (ANPD) no Guia de resposta a incidentes de segurança. Versão 2.0. Brasília, dez. de 2021. Disponível em: https://www.gov.br/governodigital/pt-br/seguranca-e-protecao-de-dados/guias/guia_resposta_incidentes.pdf. Acesso em: 08 fev. 2023.
5. Art. 46. Os agentes de tratamento devem adotar medidas de segurança, técnicas e administrativas aptas a proteger os dados pessoais de acessos não autorizados e de situações acidentais ou ilícitas de destruição, perda, alteração, comunicação ou qualquer forma de tratamento inadequado ou ilícito. § 1º A autoridade nacional poderá dispor sobre padrões técnicos mínimos para tornar aplicável o disposto no caput deste artigo, considerados a natureza das informações tratadas, as características específicas do tratamento e o estado atual da tecnologia, especialmente no caso de dados pessoais sensíveis, assim como os princípios previstos no caput do art. 6º desta Lei. § 2º As medidas de que trata o *caput* deste artigo deverão ser observadas desde a fase de concepção do produto ou do serviço até a sua execução.
6. ISO/IEC 27001 é o principal padrão internacional que determina os requisitos para um sistema de gestão da segurança da informação, o material foi publicado pelo International Organization for Standardization e International Electrotechnical Commission.
7. O WP29, abreviação de Working Party 29, era um grupo de trabalho independente, criado pela Diretiva 95/46/CE do Parlamento Europeu e do Conselho, de 24 de outubro de 1995, que atuava como órgão consultivo europeu sobre os temas de privacidade e proteção de dados.
8. WP 29. Guia Orientações Sobre a Notificação de Uma Violação de Dados Pessoais ao Abrigo do GDPR (UE) 2016/67. Publicado em 3 de out. de 2017 e revisado pela última vez em 6 de fev. de 2018. Disponível em: https://ec.europa.eu/newsroom/article29/items/612052. Acesso em: 11 fev. 2023.

como em caso de sequestros de dados por *ransomware* ou destruição da informação. Ainda, cumpre ressaltar que a ampliação do conceito de incidente trazido pela ANPD, caracteriza também como incidente o tratamento inadequado de dados pessoais que acarretem risco aos direitos fundamentais dos titulares.

É uma obrigação dos agentes de tratamento, seja Controlador ou Operador,[9] a adoção de medidas e procedimentos capazes de proteger os dados pessoais, inclusive, mesmo após o término do tratamento. De forma geral, o Capítulo VII da LGPD menciona as medidas de segurança técnicas e administrativas necessárias para o tratamento e segurança dos dados pessoais. Nesse sentido, ao identificar um incidente, o registro sobre a identificação, avaliação e mitigação são primordiais para garantir a *accountability*[10] do agente de tratamento, independente do tamanho e dano do incidente.

A adoção de um Plano de Resposta a Incidentes é considerada uma boa prática sob a legislação brasileira de proteção de dados, considerando que este documento pode garantir agilidade na contenção de uma violação e do dano ocasionado por ela. O NIST[11] Special Publication 800-61 r2,[12] recomenda registrar o status do incidente, bem como todas as informações obtidas no processo de identificação, avaliação e contenção do episódio, a lista de evidências recomendadas são: (i) um sumário do incidente; (ii) indicadores relacionados ao incidente; (iii) outros incidentes relacionados a este; (iv) avaliação de impacto relacionada ao incidente; (v) informações sobre os agentes e partes envolvidos (por exemplo, sistemas infectados, proprietários dos dados e administradores); (vi) lista das evidências coletadas durante a investigação do incidente; (vii) comentários dos responsáveis pelo incidente; e (viii) próximos passos a serem executados, que podem incluir notificação às equipes responsáveis pelo reporte à autoridades competentes, ajustes no sistema impactado, treinamentos ou qualquer outra medida cabível diante do ocorrido.

2. QUANDO COMUNICAR UM INCIDENTE: COMPREENDENDO O QUE SE CONFIGURA COMO RISCO OU DANO RELEVANTE

De acordo com a LGPD, um incidente de segurança deve ser comunicado quando ele "possa acarretar risco ou dano relevante aos titulares", mas o ponto é o que se configura como risco ou dano relevante? A redação do caput do art. 48 foi generalista

---

9. Art. 5, inciso VII da LGPD – operador: pessoa natural ou jurídica, de direito público ou privado, que realiza o tratamento de dados pessoais em nome do controlador.
10. Art. 6º, inciso X da LGPD – responsabilização e prestação de contas: demonstração, pelo agente, da adoção de medidas eficazes e capazes de comprovar a observância e o cumprimento das normas de proteção de dados pessoais e, inclusive, da eficácia dessas medidas.
11. O National Institute of Standards and Technology (NIST) é uma agência governamental não reguladora da administração de tecnologia do Departamento de Comércio dos Estados Unidos.
12. NIST Special Publication 800-61 r2. *Computer Security Incident Handling Guide*. U.S. Department of Commerce. Agosto de 2012. Disponível em: https://nvlpubs.nist.gov/nistpubs/SpecialPublications/NIST.SP.800-61r2.pdf. Acesso em: 1º mar. 2023.

na atribuição de configuração de "risco" aos titulares, assim como, a LGPD indica 11 (onze) vezes o elemento do risco em seu texto. E isso pode acarretar em diversos tipos de dúvidas acerca desse elemento, uma vez que ele aparece em contextos diferentes em vários artigos da lei.

Diante disso é importante contextualizar de que tipo de risco a redação do art. 48 está abordando. Isso porque o elemento do risco é parte inerente das atividades de tratamento. Portanto, não faz tecnicamente sentido dizer "possa acarretar risco", uma vez que todas as operações de tratamento possuem algum tipo de risco configurado. Isso foi abordado de forma extensa em um artigo de uma das autoras intitulado "Entre o método e a complexidade: compreendendo a noção de risco na LGPD".[13]

O risco possui algumas características como: desconhecimento, complexidade, invisibilidade e incerteza. Não é o objetivo deste artigo analisar cada uma dessas características, contudo, é importante indicá-las para que fique claro que compreender o que se caracteriza como "risco" não é uma tarefa fácil. Uma vez que é como se fosse possível apenas ter um vislumbre parcial desse elemento, mas nele existe uma série de características que indicam que compreendê-lo e classificá-lo é um exercício complexo. Dito isso, é possível afirmar sem receios que a ciência jurídica tem uma visão parcial acerca do risco, isto porque para compreendê-lo de maneira mais aprofundada se faz necessário uma análise transdisciplinar. No entanto, considerando o recorte deste artigo, será analisado o risco dentro do cenário que envolve comunicação de incidentes de segurança.

Portanto, o que poderia ser configurado no art. 48 como "possa acarretar risco"? A ANPD não tem diferenciado em seus materiais o elemento do risco nos diversos contextos em que ele está inserido e, ainda, ela tem abordado o tema sob uma ótica generalista do conceito.

No site da Autoridade são apontados alguns critérios que podem ser classificados como risco, mas a ANPD não faz uma diferenciação conceitual desse elemento com o elemento do dano por exemplo, nesse sentido, ela indica o que deve ser considerado na avaliação de risco:[14] (i) O contexto da atividade de tratamento de dados; (ii) As categorias e quantidades de titulares afetados; (iii) Os tipos e quantidade de dados violados; (iv) Os potenciais danos materiais, morais, reputacionais causados aos titulares; (v) Se os dados violados estavam protegidos de forma a impossibilitar a identificação de seus titulares; e (vi) As medidas de mitigação adotadas pelo controlador após o incidente.

---

13. GOMES, Maria Cecília O. Entre o método e a complexidade: compreendendo a noção de risco na LGPD. In: PALHARES, Felipe (Coord.). *Temas atuais de proteção de dados*. São Paulo: Thomson Reuters Brasil, 2020, p 245-271.
14. ANPD. Comunicação de incidente de segurança. Disponível em: https://www.gov.br/anpd/pt-br/canais_atendimento/agente-de-tratamento/comunicado-de-incidente-de-seguranca-cis. Acesso em: 04 fev. 2023.

Ou seja, os conceitos de risco e de dano parecem estar misturados, quando na verdade deveria haver uma diferenciação mais clara entre ambos. Se for utilizado o conceito de Peter Bernstein, que é da área de economia, risco será indicado como:

> The word risk derives from the early italian risicare, which means "to dare". In this sense, risk is a choice rather than a fate. The actions we dare to take, which depend on how free we are to make choices are what the story of risk is all about. And that story helps define what it means to be a human being.[15]

Se for usado o conceito de Ulrich Beck, que é da área da sociologia e autor do livro "Sociedade do Risco", o risco nessa perspectiva é compreendido como:

> "Sociedade de risco" significa que vivemos em um mundo fora de controle. Não há nada certo além da incerteza. Mas vamos aos detalhes. O termo "risco" tem dois sentidos radicalmente diferentes. Aplica-se, em primeiro lugar, a um mundo governado inteiramente pelas leis da probabilidade, onde tudo é mensurável e calculável. Esta palavra também é comumente usada para referir-se a incertezas não quantificáveis, a "riscos que não podem ser mensurados". Quando falo de "sociedade de risco", é nesse último sentido de incertezas fabricadas. Essas "verdadeiras" incertezas, reforçadas por rápidas inovações tecnológicas e respostas sociais aceleradas, estão criando uma nova paisagem de risco global. Em todas essas novas tecnologias incertas de risco, estamos separados da possibilidade e dos resultados por um oceano de ignorância (not knowing).[16]

E por fim, se for usado o conceito de Raphael Gellert, que é da área da ciência jurídica, risco será:

> At the heart of the notion of risk lies the will to master one's destiny, to withdraw it from the fate of the Gods. Risk strives to appraise events upon which there is precisely no mastery; which are by definition uncertain and contingent. This is the reason why Bernstein refers to risk as "the ability to define what may happen in the future and to choose among alternatives" (1996, p. 2). Risk in this sense is a tool for decision-making, insofar as it makes certain the uncertain. Its constitutive elements are two distinct yet joined operations: forecasting the future (with the help of numbers) and making decisions on the basis thereof.[17]

Esses conceitos foram selecionados de forma a demonstrar que o risco é um conceito transdisciplinar e que o foi indicado pela ANPD como aspectos para caracterizar risco é uma abordagem ampla acerca deste conceito. Portanto, é importante

---

15. BERNSTEIN, Peter L. *Against the Gods*: The Remarkable Story of Risk. New York: John Wiley & Sons, 1996, p. 8.
16. Disponível em: https://www.ihu.unisinos.br/categorias/159-entrevistas/616847-sociedade-de-risco-o-medo-hoje-entrevista-especial-com-ulrich-beck.
17. GELLERT, Raphaël. *Understanding the risk-based approach to data protection*: An analysis of the links between law, regulation, and risk. Tese (Doutorado). Faculteit Recht en Criminologie, Vrije Universiteit Brussel, 2017. p. 35. "No coração da noção de risco está a vontade de dominar o destino, de retirá-lo do destino dos deuses. O risco se esforça para avaliar eventos sobre os quais não há precisamente domínio; que são, por definição, incertos e contingentes. Essa é a razão pela qual Bernstein se refere ao risco como "a capacidade de definir o que pode acontecer no futuro e escolher entre alternativas" (1996, p. 2). O risco, nesse sentido, é uma ferramenta para a tomada de decisões, na medida em que torna certo o incerto. Seus elementos constitutivos são duas operações distintas, porém unidas: previsão do futuro (com a ajuda de números) e tomar decisões com base nisso" (tradução livre).

que a Autoridade diferencie o conceito de risco do conceito de dano, e indique como se configuraria o risco envolvendo incidentes de segurança de uma forma mais completa e assertiva.

A ANPD conclui sua explicação sobre risco indicando a seguinte redação: "São considerados incidentes capazes de causar risco ou dano relevante aqueles que possam causar aos titulares danos materiais ou morais, expô-los a situações de discriminação ou de roubo de identidade, especialmente se envolverem dados em larga escala, sensíveis e de grupos vulneráveis como crianças e adolescentes ou idosos". A discriminação é um cenário que pode sim configurar risco aos direitos dos titulares, bem como a concretização de um dano em relação a eles. Como por exemplo, um titular ter seu celular roubado e os ladrões conseguirem acessar as suas contas bancárias e transferir esse dinheiro para outras contas de terceiros. Há tanto o risco quanto o dano nessa situação, uma vez que houve um prejuízo concreto associado ao titular de dados.

Quanto ao dano é importante mencionar que parece não haver um consenso em relação à classificação do dano associado a incidente de segurança. Uma vez que não há uma diferenciação clara entre risco e dano nos materiais da Autoridade, assim como, em materiais de contribuições, como o do Data Privacy Brasil fez sobre esse tema. É sugerido que a ANPD adote uma abordagem baseada em direitos para verificar a ocorrência de riscos ao titular, bem como, para entender se foi também configurada a existência de danos, mas não foi feita uma diferenciação clara entre ambos. Por outro lado no contexto europeu há uma indicação de quando se verifica a ocorrência de dano:

> O significado de «dano» também deve ser relativamente claro: trata-se dos dados pessoais que foram alterados, corrompidos, ou já não estão completos. Em termos de «perda» de dados pessoais, tal deve ser interpretado como os dados ainda poderem existir, mas o responsável pelo tratamento perdeu o controle ou o acesso a eles, ou já não os tem em sua posse. Por último, o tratamento não autorizado ou ilícito pode incluir a divulgação de dados pessoais a (ou o acesso por) destinatários que não estão autorizados a receber (ou a aceder) os dados, ou qualquer outra forma de tratamento que viole o RGPD.[18]

A Associação Data Privacy Brasil de Pesquisa elaborou um material de contribuição para a ANPD,[19] quando esta abriu uma consulta pública acerca da regulamentação sobre comunicação de incidentes de segurança. Neste documento é discutido o que configuraria a existência de risco e de dano, mas como foi mencionado acima, não foi feita uma diferenciação, no lugar foi desenvolvido um material visual que indica as sugestões para classificar tanto o risco quanto o dano em um incidente de segurança, vide abaixo:[20]

---

18. Article 29 Data Protection Working Party. Guia Orientações Sobre a Notificação de Uma Violação de Dados Pessoais ao Abrigo do GDPR (UE) 2016/67. p. 7. Publicado em 3 de out. de 2017 e revisado pela última vez em 6 de fev. de 2018. Disponível em: https://ec.europa.eu/newsroom/article29/items/612052. Acesso em: 11 fev. 2023.
19. Riscos do Tratamento de Dados & Arquitetura de Segurança da Informação: Lições Extraídas de Grandes Vazamentos de Dados. *Data Privacy BR Research*, p. 13, 2021. Disponível em: https://dataprivacy.com.br/wp-content/uploads/2021/04/dpbr_anpd_tomadasubsidio_incidentesseguranca.pdf. Acesso em: 05 mar. 2023.
20. Ibidem, p. 4.

São indicados os termos "risco relevante" e "dano relevante" para indicar se seria o caso de registrar o incidente, ou comunicar o incidente e, ainda, reparar o dano ocasionado pelo incidente de segurança. No entanto, no material não é feita uma distinção clara entre os conceitos, o que resulta na dúvida de quando ocorre de fato um dano relevante. Assim como, nos materiais da ANPD ainda não há uma diferenciação clara dos conceitos, de modo que se demonstra ser necessário complementar as recomendações, trazendo um esclarecimento maior sobre esses conceitos, bem como exemplos de como caracterizar risco e dano relevantes.

2.1 Notificação à Autoridade

2.1.1 Como notificar

Caberá ao Controlador notificar a Autoridade em relação a um incidente de segurança com dados pessoais quando identificado risco ou dano relevante aos titulares, de acordo com o art. 48 da LGPD. Ademais, também será do Controlador a responsabilidade pela avaliação dos riscos e impactos aos titulares de dados para que seja possível determinar a necessidade de comunicação à Autoridade, conforme exposto anteriormente. Por esta razão, se faz necessário ressaltar a importância da formalização e registros das fases de identificação, contenção e mitigação do incidente, bem como de análise dos riscos e impactos aos titulares.

Uma vez identificada a necessidade de comunicação, será necessário reunir informações sobre: (i) os tipos de dados pessoais afetados; (ii) os titulares dos dados pessoais; (iii) as medidas de proteção utilizadas; (iv) os riscos identificados; (v) se aplicável, os motivos da demora para a notificação; e (vi) as medidas já adotadas e as futuras para reversão ou mitigação dos efeitos do incidente.

Atualmente o prazo recomendado pela ANPD para comunicação de incidentes é de 48 (quarenta e oito) horas, portanto, ao exceder este prazo, o Controlador deverá justificar os motivos da demora em sua notificação do incidente à Autoridade, caso cumpra o requisito para a notificação obrigatória. Cumpre ressaltar que o prazo de 48 (quarenta e oito) horas não está disposto em lei[21] de forma que é possível que seja alterado a qualquer tempo pela ANPD. Para fins de análise comparativa, o *General Data Protection Regulation*[22] e o Information Commissioner's Office (ICO)[23] fixaram o prazo de 72 (setenta e duas) horas para a notificação de incidente, prazo mais extenso que permite aos agentes de tratamento um tempo mais factível para o gerenciamento do incidente e coleta das informações necessárias ao reporte.

Para a notificação é necessário o preenchimento do Formulário de Comunicação de Incidente de Segurança ("Formulário") produzido pela própria ANPD e disponibilizado publicamente em seu site.[24] Após o preenchimento, o Formulário junto aos documentos comprobatórios da legitimidade de representação do Controlador e/ou do Encarregado[25] deverão ser protocolados eletronicamente no site do Sistema Único de Processo Eletrônico em Rede ("Super.BR").[26] Vale ressaltar que os profissionais e Encarregados[27] de dados pessoais precisam realizar o cadastro no Super.BR com antecedência, antes da ocorrência de qualquer incidente, haja vista que o sistema demora 03 (três) dias para processar a análise do cadastro e conferir acesso ao usuário.

---

21. A ANPD determina em seu art. 48 § 1º que a notificação de incidente deverá ser feita em prazo razoável a ser determinado pela autoridade. Neste sentido, a ANPD publicou em seu site, na página sobre "Comunicação de Incidente de Segurança" a recomendação de dois dias úteis. Disponível em: https://www.gov.br/anpd/pt-br/canais_atendimento/agente-de-tratamento/comunicado-de-incidente-de-seguranca-cis. Acesso em: 05 mar. 2023.
22. O Regulamento Geral de Proteção de Dados é um regulamento europeu criado em 2018 e aplicável a União Europeia e Espaço Económico Europeu. Disponível em: https://eur-lex.europa.eu/EN/legal-content/summary/general-data-protection-regulation-gdpr.html#:~:text=Regulation%20(EU)%202016%2F679%20of%20the%20European%20Parliament%20and. Acesso em: 09 mar. 2023.
23. *Information Commissioner's Office*, órgão independente do Reino Unido criado para defender os direitos de proteção de dados e informação.
24. O Formulário de Comunicação de Incidente de Segurança está disponível no site da ANPD e poderá ser baixado em: https://www.gov.br/anpd/pt-br/canais_atendimento/agente-de-tratamento/comunicado-de-incidente-de-seguranca-cis.
25. Pessoa física nomeada pelo agente de tratamento para atuar como canal de comunicação entre o controlador, os titulares dos dados e a ANPD, bem como realizar as atividades dispostas no artigo 41, § 2º, da LGPD.
26. O Super.BR é o sistema oficial de gestão de documentos e processos administrativos eletrônicos do Governo Federal. Disponível em: https://super.presidencia.gov.br/controlador_externo.php?acao=usuario_externo_logar&acao_origem=usuario_externo_gerar_senha&id_orgao_acesso_externo=0. Acesso em: 05 mar. 2023.
27. Art. 5º, inciso VIII, encarregado: pessoa indicada pelo controlador e operador para atuar como canal de comunicação entre o controlador, os titulares dos dados e a Autoridade Nacional de Proteção de Dados (ANPD).

A competência para avaliação da notificação, conforme definido no art. 17 da Portaria 1/2021,[28] é da Coordenação Geral de Fiscalização da ANPD, órgão interno da Autoridade criado para, dentre outras competências, fiscalizar, aplicar as sanções, realizar auditorias, propor medidas de mitigação, bem como receber e dar andamento nas notificações de incidentes.

2.1.2 O Formulário de comunicação de incidentes à ANPD

O Formulário de Comunicação de Incidente de Segurança tem por objetivo garantir a homogeneidade das informações reportadas à Autoridade, com campos específicos para facilitar o preenchimento. Uma nova versão do Formulário foi publicada em 23 de dezembro de 2022 pela ANPD e entrou em vigor em 1º de janeiro de 2023.

A nova versão trouxe campos específicos para: (i) qualificação do Controlador e do Encarregado, inclusive podendo optar pela declaração de agente de pequeno porte que são isentos de algumas obrigações, conforme a Resolução CD/ANPD 2/2022;[29] (ii) tipo de comunicação; (iii) avaliação do risco do incidente; (iv) da forma e prazo da ciência do ocorrido; (v) da tempestividade da comunicação; (vi) comunicação aos titulares dos dados pessoais; (vii) descrição do incidente; (viii) impactos do incidente; (ix) riscos e consequências aos titulares; e (x) medidas técnicas, administrativas e de segurança aplicadas.

O tipo de comunicação mencionado no item (ii) acima foi segmentado em alguns formatos como os de comunicação completa, preliminar e complementar, sendo que a comunicação preliminar já é considerada como cumprimento do requisito de comunicação do art. 48 da LGPD, conforme informação do próprio Formulário.

A notificação preliminar ocorre quando o agente de tratamento ainda não dispõe de todas as informações sobre o incidente ou quando a comunicação aos titulares ainda não foi realizada. Conforme consta no Formulário, a regra é que após a notificação preliminar à ANPD, o Controlador tem o prazo de 30 (trinta) dias para enviar a notificação complementar com as informações faltantes.

Já a notificação completa, como o próprio nome já diz, contém todas as informações solicitadas no Formulário e deverá ser usado quando o agente de tratamento já realizou a notificação aos titulares.

Em relação às notificações de titulares e Autoridade importa destacar que não há determinação sobre a ordem de envio dessas notificações, ou seja, a notificação à

---

28. Portaria 1, publicada em 8 de Março de 2021, que estabelece o Regimento Interno da Autoridade Nacional de Proteção de Dados. Disponível em: https://www.in.gov.br/en/web/dou/-/portaria-n-1-de-8-de-marco-de-2021-307463618. Acesso em: 5 mar. 2023.
29. A Resolução CD/ANPD n. 2, de 27 de janeiro de 2022 , aprovou o regulamento da aplicação da LGPD para agentes de pequeno porte, de forma a isentá-los de determinadas obrigações dispostas na referida lei. Disponível em: https://www.in.gov.br/en/web/dou/-/resolucao-cd/anpd-n-2-de-27-de-janeiro-de-2022-376562019#wrapper. Acesso em: 11 mar. 2023.

ANPD pode ser realizada antes ou depois da notificação aos titulares. Contudo, se a LGPD gerou alguma dúvida em relação à necessidade de comunicação aos titulares quando identificado risco ou dano relevante, o Formulário esclareceu ao conceituar cada tipo de notificação, conforme está indicado abaixo.

> Completa: Todas as informações a respeito do incidente estão disponíveis e *a comunicação aos titulares já foi realizada;*
> Preliminar: Todas as informações a respeito do incidente estão disponíveis e *a comunicação aos titulares já foi realizada.*
> Complementar: Complementação de informações prestadas em comunicação preliminar. *A comunicação complementar deve ser protocolada no mesmo processo que a comunicação preliminar.*[30] (g.n.)

Os campos sobre avaliação do risco do incidente e comunicação aos titulares do Formulário mencionados nos itens (iii) e (vi) acima, poderão gerar incerteza sobre o requisito de obrigatoriedade da notificação de incidente à ANPD. O item sobre avaliação do risco fornece três opções a serem assinaladas pelo notificante, sendo: (a) o incidente pode acarretar risco ou dano relevante aos titulares; (b) o incidente não acarretou risco ou dano relevante aos titulares (comunicação complementar); e (c) o risco do incidente aos titulares está sendo apurado (comunicação preliminar).

São notórias as competências da ANPD listadas no art. 55-J da LGPD, dentre as quais não incluem a alteração do texto legislativo e, portanto, o Formulário não deverá ser interpretado como uma inovação da ANPD frente ao texto da lei.

Considerando a obrigatoriedade legal da comunicação de incidente de segurança quando o incidente "possa acarretar risco ou dano relevante aos titulares",[31] ao segmentar a comunicação de incidente em três tipos de notificação, a ANPD permite ao Controlador notificar um incidente sem a certeza que tal ocorrência implicará em risco ou dano relevante aos titulares, mas que opta pela comunicação de forma proativa considerando o prazo sugerido pela autoridade e seu apetite ao risco. O Formulário permite indicar sobre a incerteza do risco e dano relevante na comunicação preliminar, bem como que a comunicação complementar, obrigatória aos casos de comunicação preliminar, permite informar que a análise mais apurada dos fatos concluiu que o incidente acarretou ou não o risco ou dano relevante.

Neste mesmo sentido o item (vi) sobre comunicação de incidentes poderá ser interpretado, considerando as informações e o apetite ao risco que o Controlador tinha no momento da comunicação do incidente. No mais, todos os outros campos do Formulário são intuitivos e diretos em relação ao tipo do incidente, dados envolvidos, riscos, medidas aplicadas e consequências da ocorrência.

---

30. BRASIL, Autoridade Nacional de Proteção de Dados (ANPD). Formulário de Comunicação de Incidente de Segurança. Dez de 2022. Disponível em: https://www.gov.br/anpd/pt-br/canais_atendimento/agente-de-tratamento/comunicado-de-incidente-de-seguranca-cis. Acesso em: 11 mar. 2023.
31. Art. 48 da LGPD.

Considerando as questões abordadas sobre a notificação dos titulares, o Formulário poderia ser disponibilizado em três versões distintas em atendimento aos tipos de comunicações idealizadas pela ANPD, personalizando cada comunicação conforme sua necessidade, fosse uma comunicação preliminar, complementar ou completa.

2.1.3 Aplicação de penalidades

Segundo notícia publicada pelo jornal G1,[32] em 2021 foram recebidas 176 (cento e setenta e seis) notificações de incidentes e, até o momento, nenhuma das sanções dispostas no art. 52 da LGPD foram aplicadas pela Autoridade, apesar da permissão para aplicação de sanções estarem vigentes desde 1º de agosto de 2021.

O fato é que a inatividade da Autoridade em relação à aplicação de sanções era justificada pela ausência de normativo que regulamentasse este tópico. A Agenda Regulatória da ANPD do Biênio 2021-2022, tornada pública através da Portaria 11, de 27 de janeiro de 2021, programou a elaboração da norma sobre dosimetria da pena pela ANPD em sua primeira fase de execução, contudo, tal tópico não foi concluído conforme planejado e o tema entrou na agenda regulatória seguinte, de 2023-2024. Em 27 de fevereiro de 2023 a ANPD publicou o Regulamento de Dosimetria e Aplicação de Sanções Administrativas,[33] estabelecendo os parâmetros e critérios para aplicação das sanções dispostas nos artigos 52 e 53 da Lei Geral de Proteção de Dados, o regulamento recebeu mais de 2.500 contribuições[34] em sua fase de consulta pública.

O Regulamento de Dosimetria estabelece as diretrizes para aplicação das sanções de: (i) advertência; (ii) multa simples; (iii) multa diária; (iv) publicização da infração; (v) bloqueio dos dados pessoais a que se refere a infração, até a sua regularização; (vi) eliminação dos dados pessoais a que se refere a infração; (vii) suspensão parcial do funcionamento do banco de dados a que se refere a infração; (viii) suspensão do exercício da atividade de tratamento dos dados pessoais; e (ix) proibição parcial ou total do exercício de atividades relacionadas a tratamento de dados, estabelecendo as sanções dos itens vii, viii e ix como progressão de pena quando já imposta ao agente algumas das sanções anteriores.

Ainda, o regulamento estabelece o prazo de reincidência de 5 (cinco) anos, classificação da infração em alta, média e baixa, bem como diretrizes para definição dos

---

32. LIMA, K. Em 5 meses, ANPD não aplicou nenhuma sanção em incidentes envolvendo segurança de dados. Site G1. Online. Fev. de 2022. Disponível em: https://g1.globo.com/politica/noticia/2022/02/06/em-5-meses-anpd-nao-aplicou-nenhuma-sancao-em-incidentes-envolvendo-seguranca-de-dados.ghtml. Acesso em: março 2023.
33. BRASIL, Ministério da Justiça e Segurança Pública/ Autoridade Nacional de Proteção de Dados. Regulamento. Resolução CD/ANPD 4/2023. Diário Oficial da União. Brasília/DF. Fev. 2023. Disponível em: https://www.in.gov.br/en/web/dou/-/resolucao-cd/anpd-n-4-de-24-de-fevereiro-de-2023-466146077. Acesso em: mar. 2023.
34. SANTINATO, S. O que diz o Regulamento da Dosimetria e Aplicação de Sanções da ANPD. Revista Exame. Online. Março de 2023. Disponível em: https://exame.com/bussola/o-que-diz-o-regulamento-da-dosimetria-e-aplicacao-de-sancoes-da-anpd/. Acesso em: mar. 2023.

valores bases a serem aplicados no âmbito das penalizações, considerando inclusive as porcentagens para atenuantes e agravantes. A adoção de medidas de boas práticas e a boa-fé dos agentes de tratamento serão levadas em consideração nesse processo.

O disposto no art. 27 do Regulamento de Dosimetria merece especial atenção, haja vista que prevê o afastamento da metodologia da dosimetria da sanção de multa ou substituição da sanção aplicada quando constatado "prejuízo à proporcionalidade entre a gravidade da infração e a intensidade da sanção", tal texto tende a gerar insegurança jurídica em razão do uso de conceitos subjetivos para caracterizar o afastamento do Regulamento. É possível que este artigo em específico seja objeto de questionamentos por parte dos agentes de tratamento e outras autoridades.

O Regulamento, apesar de apresentar alguns pontos controversos, é o primeiro passo para a agenda de fiscalização e aplicação de sanções sob a LGPD, de forma a garantir a aplicação da proteção, conferida pela lei e de acordo com a condição de garantia fundamental,[35] aos dados pessoais.

Os agentes de tratamento, a fim de evitar penalidades, devem prezar pelo tratamento lícito dos dados pessoais, adotar as medidas de segurança, técnicas e administrativas em consonância com as melhores práticas do mercado, cumprir com suas obrigações perante titulares, ANPD e outros agentes de tratamento, bem como reportar adequadamente o incidente de segurança no prazo determinado.

Para fins de comparação, as autoridades de proteção de dados da União Europeia constantemente aplicam sanções em razão da não comunicação de incidentes ou da comunicação inadequada. Tais sanções já foram aplicadas por autoridades de Portugal, Espanha, Alemanha, Holanda, Irlanda e outras.[36] Um dos casos que vale citar, foi a sanção no importe de EUR 450,000 (quatrocentos e cinquenta mil euros) aplicada pela autoridade holandesa de proteção de dados à empresa Booking. A sanção foi decorrente do atraso de 22 (vinte e dois) dias do prazo limite da notificação do incidente à autoridade, em descumprimento ao art. 33 do GDPR. O referido incidente ocorreu quando criminosos tiveram acesso aos dados de 4.109 (quatro mil cento e nove) pessoas que haviam reservado um quarto de hotel pelo site de reservas do Booking, os dados roubados foram desde informações cadastrais como nomes, endereços e números de telefone, até detalhes da reserva e dados de cartão de crédito.[37]

---

35. A Emenda Constitucional 115 de 10 de fevereiro de 2022 alterou a Constituição Federal ("CF") para incluir a proteção de dados pessoais entre os direitos e garantias fundamentais do art. 5º da CF, bem como para fixar a competência privativa da União para legislar sobre proteção e tratamento de dados pessoais. Disponível em: https://www.planalto.gov.br/ccivil_03/constituicao/Emendas/Emc/emc115.htm#:~:text=EMENDA%20CONSTITUCIONAL%20N%C2%BA%20115%2C%20DE,e%20tratamento%20de%20dados%20pessoais. Acesso em: 12 mar. 2023.
36. Informação retirada do *CMS. Law GDPR Enforcement Tracker*, site que fornece uma visão geral sobre as sanções e penalidades aplicadas pelas autoridades de proteção de dados da União Europeia em atenção ao GDPR. Disponível em: https://www.enforcementtracker.com/. Acesso em: 12 mar. 2023.
37. Informação publicada pelo *CMS. Law GDPR Enforcement Tracker* sobre a sanção aplicada pela Dutch Supervisory Authority for Data Protection (AP) à empresa Booking.com BV.
Disponível em: https://www.enforcementtracker.com/ETid-485. Acesso em: 12 mar. 2023.

A análise de sanções por países com legislação semelhante à LGPD é importante para prever os tipos de sanções que poderão ser aplicadas pela ANPD, podendo esta atuar de forma mais rígida ou branda, fato que saberemos futuramente em sua atuação. Não é possível definir qual será o comportamento adotado pela autoridade brasileira, contudo, é provável que penalizações sejam aplicadas quando identificada a inadequação da notificação do incidente.

As primeiras medidas de fiscalização e aplicação da pena pela ANPD serão fundamentais para verificar qual será a postura da autoridade no contexto repressivo. Até o momento, mais precisamente março de 2023, há 8 (oito) processos administrativos sancionatórios instaurados pela ANPD e todos ainda em fase de investigação.[38] Entre os 8 (oitos) processos instaurados, 6 (seis) possuem como pauta de investigação a ausência de comunicação de incidentes à autoridade ou ao titular, sendo certo que a ANPD poderá ser mais rígida neste contexto de comunicação de incidentes, considerando o volume de processos com suspeita de violação ao art. 48 da LGPD.

3. COMUNICAÇÃO AOS TITULARES

Importante ressaltar a necessidade de comunicar os titulares de dados em situações que se caracterizem como risco ou dano relevante para eles, conforme já foi abordado nos tópicos anteriores. Nesse sentido, a ANPD indica meios de como pode ser feita a comunicação aos titulares, bem como o conteúdo dessa comunicação, o qual está detalhado na página da Autoridade voltada para este tema, mas que em linhas gerais representa as informações indicadas no art. 48 da LGPD, já comentadas nesse texto. Além disso, a Autoridade reforça que essa comunicação deve ser feita pelo Controlador e esclarece que os titulares devem ser comunicados desde que ocorra de maneira cumulativa três critérios: (i) tenha a ocorrência confirmada pelo agente; (ii) envolva dados pessoais sujeitos à LGPD; e (iii) acarrete risco ou dano relevante aos titulares dos dados.

Esse é um objeto que parece precisar de um esclarecimento maior no ecossistema de agentes de tratamento no Brasil, isso porque muitas vezes são enviados e-mails comunicando que houve um incidente de segurança, mas sem indicar se o incidente afetou os dados pessoais do titular que está recebendo essa comunicação. Assim como, sem detalhar quais dados pessoais do titular foram afetados e quais medidas foram tomadas para mitigar os danos. O que pode tornar a comunicação enviada uma mera formalidade, mas que não contém informações essenciais para que o titular saiba o que fazer diante do incidente de segurança que está sendo comunicado.

Outro detalhe é que muitas vezes essa comunicação não indica qual é o contato para que o titular possa tirar dúvidas acerca do incidente, bem como em algumas si-

---

38. Notícia publicada em 23 de março de 2023 pela própria ANPD em seu site oficial informando todos os processos administrativos em andamento. Disponível em: https://www.gov.br/anpd/pt-br/assuntos/noticias/anpd-divulga-lista-de-processos-sancionatorios. Acesso em: 23 mar. 2023.

tuações são enviados comunicados em inglês, sendo que o público atendido no Brasil fala português. Portanto, parece haver um descompasso entre a prática do mercado e as orientações da ANPD. Por fim, a Autoridade indica que ela "poderá solicitar ao controlador, a qualquer tempo, a apresentação de cópia do comunicado aos titulares para fins de fiscalização".[39] Considerando que o Brasil tem um volume grande de incidentes de segurança que se enquadram nos 3 critérios citados, e que a Autoridade tem instaurado poucos processos administrativos de fiscalização, verifica-se que na verdade se faz necessário um movimento maior, a fim de que os direitos dos titulares sejam efetivamente garantidos.

Como indica a contribuição da Associação de Pesquisa Data Privacy Brasil há uma importância em comunicar o incidente ao titular, a fim de permitir que essa pessoa busque adotar medidas que venham a contribuir para mitigar os riscos associados ao incidente, bem como para permitir que ela venha a exercer os seus direitos como titular:

> Ao notificar o titular, permite-se que ele tome as medidas que achar necessárias para resguardar seus direitos. Sejam elas medidas preventivas como a troca de credenciais e senhas, uma maior atenção em relação a e-mails e mensagens possivelmente fraudulentas, sejam também medidas afirmativas de exercício de direitos, seja em sede judicial, administrativa ou extrajudicial.[40]

Considerando os pontos acima indicados, verifica-se a necessidade cada vez maior de haver uma orientação acerca dessa comunicação, a fim de proporcionar um processo de conscientização mais amplo dos agentes de tratamento. Tendo como objetivo de que essas comunicações aos titulares estejam alinhadas com as orientações da ANPD, bem como que elas tragam todas as informações necessárias para os titulares de dados que foram afetados por um incidente.

CONCLUSÃO

A comunicação de incidentes provavelmente é um dos temas mais prioritários no ecossistema de proteção de dados no Brasil, uma vez que, como já foi mencionado, o Brasil representa 43% dos incidentes de segurança que ocorrem hoje no mundo. É um valor bastante expressivo, nesse sentido, se faz necessário que cada vez mais a ANPD promova campanhas de conscientização, ao mesmo tempo em que precisa instaurar cada vez mais processos fiscalizatórios para investigar os incidentes de segurança que acontecem no País e que afetam um número considerável de brasileiros.

---

39. ANPD. Comunicação de Incidente de Segurança (CIS). Disponível em: https://www.gov.br/anpd/pt-br/canais_atendimento/agente-de-tratamento/comunicado-de-incidente-de-seguranca-cis. Acesso em: 05 mar. 2023.
40. Data Privacy BR Research. Riscos do Tratamento de Dados & Arquitetura de Segurança da Informação: Lições Extraídas de Grandes Vazamentos de Dados. p. 7, 2021. Disponível em: https://dataprivacy.com.br/wp-content/uploads/2021/04/dpbr_anpd_tomadasubsidio_incidenteseguranca.pdf. Acesso em: 05 mar. 2023.

Além disso, o Formulário de comunicação de incidentes precisa ser aprimorado, uma vez que a forma como ele foi redigido gera dúvidas sobre alguns aspectos envolvendo essa comunicação, especialmente, em como um Controlador consegue identificar se houve risco ou dano relevante para os titulares de dados. O Formulário e a página da ANPD sobre esse tema trazem alguns exemplos de situações em que poderiam acarretar risco ou dano aos titulares, no entanto, como já foi apontado, não é feita uma diferenciação clara acerca dos conceitos de risco e dano. Portanto, um dos principais pontos a serem trabalhados e melhor desenvolvidos pela Autoridade é justamente trazer uma maior clareza acerca desses conceitos, no contexto trabalhado nesse texto voltado para incidentes de segurança.

Com a publicação do Regulamento de Dosimetria e Aplicação de Sanções Administrativas os agentes de tratamento devem se preparar para o início das atividades de aplicação de sanções pela ANPD, bem como devem ficar atentos a qualquer nova publicação ou recomendação feita pela Autoridade. Com o propósito de que sigam os procedimentos adequados e atuais relativos à notificação de incidente, especialmente porque a grande maioria dos processos administrativos já instaurados pela Autoridade têm por objetivo a investigação da violação acerca da comunicação de incidentes.

Os primeiros atos repressivos da Autoridade, no contexto das sanções, serão relevantes para determinar o tom do *enforcement*[41] adotado pela ANPD frente aos agentes de tratamento. Ainda, vale ressaltar a importância de persistir por melhores entendimentos e documentos emitidos pela Autoridade, de modo a construir um ecossistema coerente e com segurança jurídica para todos.

REFERÊNCIAS

ANPD. ANPD divulga lista de processos sancionatórios. Online. Março de 2023. Disponível em: https://www.gov.br/anpd/pt-br/assuntos/noticias/anpd-divulga-lista-de-processos-sancionatorios. Acesso em: 23 mar. 2023.

ARTICLE 29 DATA PROTECTION WORKING PARTY. Guia Orientações Sobre a Notificação de Uma Violação de Dados Pessoais ao Abrigo do GDPR (UE) 2016/67. Publicado em 3 de out. de 2017 e revisado pela última vez em 6 de fev. de 2018. Disponível em: https://ec.europa.eu/newsroom/article29/items/612052. Acesso em: 11 fev. 2023.

BECK, Ulrich. Sociedade de Risco. *Rumo a uma outra modernidade*. Trad. Sebastião Nascimento. 2 ed. São Paulo: Editora 34, 2011.

BERNSTEIN, Peter L. *Against the Gods*: The Remarkable Story of Risk. New York: John Wiley & Sons, 1996.

BRASIL. Lei 13.709 de 14 de agosto de 2018. Lei Geral de Proteção de Dados. Brasília, DF: Diário Oficial da União, 2018.

BRASIL. Autoridade Nacional de Proteção de Dados. Comunicação de Incidente de Segurança (CIS). Disponível em: https://www.gov.br/anpd/pt-br/canais_atendimento/agente-de-tratamento/comunicado-de-incidente-de-seguranca-cis. Acesso em: 05 mar. 2023.

---

41. *Enforcement*, palavra em inglês que pode ser traduzida como a aplicação de algo. Esta expressão normalmente é utilizada quando quer dizer algo sobre forçar o cumprimento de uma lei.

BRASIL. Autoridade Nacional de Proteção de Dados. Portaria 1, publicada em 8 de Março de 2021. Brasília, DF: Diário Oficial da União, 2021.

BRASIL. Autoridade Nacional de Proteção de Dados. Guia de resposta a incidentes de segurança. Brasília, dez. de 2021. Disponível em: https://www.gov.br/governodigital/pt-br/seguranca-e-protecao-de-dados/guias/guia_resposta_incidentes.pdf. Acesso em: 08 fev. 2023.

BRASIL. Autoridade Nacional de Proteção de Dados. Resolução CD/ANPD 2 de 27 de janeiro de 2022. Brasília, DF: Diário Oficial da União, 2022.

BRASIL, Ministério da Justiça e Segurança Pública/ Autoridade Nacional de Proteção de Dados. Regulamento. Resolução CD/ANPD 4/2023. Brasília, DF: Diário Oficial da União, 2023.

DATA PRIVACY BR Research. *Riscos do Tratamento de Dados & Arquitetura de Segurança da Informação*: Lições Extraídas de Grandes Vazamentos de Dados. p. 13, 2021. Disponível em: https://dataprivacy.com.br/wp-content/uploads/2021/04/dpbr_anpd_tomadasubsidio_incidenteseguranca.pdf. Acesso em: 05 mar. 2023.

GELLERT, Raphaël. *Understanding the risk-based approach to data protection*: An analysis of the links between law, regulation, and risk. Tese (Doutorado). Faculteit Recht en Criminologie, Vrije Universiteit Brussel, 2017.

GOMES, Maria Cecília O. Entre o método e a complexidade: compreendendo a noção de risco na LGPD. In: PALHARES, Felipe (Coord.). *Temas atuais de proteção de dados*. São Paulo: Thomson Reuters Brasil, 2020.

LIMA, Kevin. Em 5 meses, ANPD não aplicou nenhuma sanção em incidentes envolvendo segurança de dados. *Site G1*. Online. Fev. de 2022. Disponível em: https://g1.globo.com/politica/noticia/2022/02/06/em-5-meses-anpd-nao-aplicou-nenhuma-sancao-em-incidentes-envolvendo-seguranca-de-dados.ghtml. Acesso em: 10 mar. 2023.

NIST, Special Publication 800-61 r2. Computer Security Incident Handling Guide. U.S. Department of Commerce. Agosto de 2012. Disponível em: https://nvlpubs.nist.gov/nistpubs/SpecialPublications/NIST.SP.800-61r2.pdf. Acesso em: 1º mar. 2023.

O BRASIL responde por 43% dos dados vazados no mundo. CISO ADVISOR. Online. Março de 2023. Disponível em: https://www.cisoadvisor.com.br/brasil-responde-por-43-do-volume-de-dados-vazados-no-mundo/. Acesso em: 16 mar. 2023.

REGULAMENTO (UE) 2016/679 do Parlamento Europeu e do Conselho (General Data Protection Regulation). Disponível em: https://eur-lex.europa.eu/legal-content/EN/TXT/?uri=celex%3A32016R0679. Acesso em: 10 mar. 2023.

SANTINATO, *Simone*. O que diz o Regulamento da Dosimetria e Aplicação de Sanções da ANPD. *Revista Exame*. Online. Março de 2023. Disponível em: https://exame.com/bussola/o-que-diz-o-regulamento-da-dosimetria-e-aplicacao-de-sancoes-da-anpd/. Acesso em: mar. 2023.

O TRATAMENTO DE DADOS PESSOAIS SOBRE CRIANÇAS E ADOLESCENTES SOB O FUNDAMENTO DO INTERESSE LEGÍTIMO DO CONTROLADOR OU DE TERCEIRO

João Ricardo Bet Viegas

Mestre em Direito, com ênfase em Direito Civil e Empresarial, pela Universidade Federal do Rio Grande do Sul (2022). Bacharel em Ciências Jurídicas e Sociais pela mesma instituição (2018), tendo cursado período de mobilidade acadêmica na Faculdade de Direito da Universidade de Coimbra (2015/2016). Especialista em Direito Digital pelo Centro Universitário Ritter dos Reis (2021). Membro do Grupo de Pesquisa Direito Privado e Acesso ao Mercado (UFRGS). Advogado.

Sumário: Introdução – 1. O tratamento de dados pessoais sobre crianças e adolescentes; 1.1 O melhor interesse no uso de dados pessoais sobre crianças e adolescentes; 1.2 A posição da Autoridade Nacional de Proteção de Dados – 2. A base legal para tratamento de dados pessoais sobre crianças e adolescentes; 2.1 A crítica ao consentimento; 2.2 O interesse legítimo – Considerações finais – Referências.

INTRODUÇÃO

Pesquisas do Centro Regional de Estudos para o Desenvolvimento da Sociedade da Informação (Cetic.br), vinculado à Organização das Nações Unidas para a Educação, a Ciência e a Cultura (UNESCO), demonstram que, em 2021, no Brasil, 93,4% das crianças e adolescentes acessaram à internet. Os dados do mesmo instituto evidenciam, ainda, que é nítido o aumento do uso do meio virtual por esse grupo ao longo da série histórica: em 2015, o índice era de 78,9%; em 2016, de 82,3%; em 2017, de 85,4%; em 2018, de 86,5%; e, em 2019, de 89%.[1]

Além disso, crianças e adolescentes representam parcela relevante do mercado de consumo e, por consequência, vêm sendo alvos das mais sofisticadas estratégias de comunicação mercadológica de fornecedores.[2] É, portanto, em um contexto em que o uso de dados pessoais serve como ferramenta do capitalismo para manutenção e vitalidade do crescimento econômico,[3] que se torna ainda mais relevante a proteção de dados pessoais sobre titulares vulneráveis.

---

1. CGI.br/NIC.br Centro Regional de Estudos para o Desenvolvimento da Sociedade da Informação (Cetic.br). Pesquisa sobre o uso de Internet por Crianças e Adolescentes no Brasil. Disponível em https://data.cetic.br/explore/?pesquisa_id=13&unidade=Crian%C3%A7as%20e%20Adolescentes. Acesso em: 23 ago. 2023.
2. D'AQUINO. Lúcia Souza. *A criança consumidora e os abusos da comunicação mercadológica*: passado, presente e futuro da proteção dos hipervulneráveis. Curitiba: CRV, 2021, p. 76-77.
3. SRNICEK, Nick. *Platform capitalism*. Cambridge: Polity Press, 2017, p. 10.

Como se sabe, com a Lei Geral de Proteção de Dados Pessoais – LGPD (Lei Federal 13.709/2018), o Brasil seguiu o modelo europeu da disciplina, sendo a adoção de hipóteses autorizativas prévias ao tratamento (proteção *ex ante*) um dos eixos da norma.[4] Com efeito, as apelidadas "bases legais" vêm recebendo atenção por parte da doutrina, dos tribunais e dos agentes reguladores, sendo este um dos temas controversos quanto a crianças e adolescentes.

Sob essa perspectiva, este artigo examina, em caráter inicial, os contornos da utilização da base legal do interesse legítimo do controlador ou de terceiro (art. 7º, IX, da LGPD) como fundamento para o tratamento de dados pessoais sobre crianças e adolescentes. Para tanto, divide-se em dois eixos.

No primeiro, a análise envolve as características do titular criança e adolescente, marcado por especial proteção no ordenamento jurídico brasileiro em razão de sua inerente vulnerabilidade. Além disso, será apreciado como o tema foi abordado na LGPD e, em específico, como a Autoridade Nacional de Proteção de Dados (ANPD) vem trabalhando as hipóteses autorizativas de tratamento de dados nesse contexto.

Adiante, o segundo eixo, mais específico, discute os problemas da utilização do consentimento como hipótese autorizativa e, em seguida, debruça-se sobre a viabilidade e as características do uso da base legal do interesse legítimo no contexto de titulares crianças e adolescentes. Sob essa perspectiva, uma das hipóteses a serem examinadas é a de que, com os devidos contornos, a base legal do interesse legítimo não somente pode ser utilizada, mas também, em casos específicos, poderá representar ganho de proteção ao titular.

1. O TRATAMENTO DE DADOS PESSOAIS SOBRE CRIANÇAS E ADOLESCENTES

1.1 O melhor interesse no uso de dados pessoais sobre crianças e adolescentes

A proteção da criança e do adolescente no ordenamento jurídico brasileiro possui como centro a previsão do art. 227 da Constituição Federal, notadamente ao determinar que se assegure com "absoluta prioridade" uma série de direitos a esse grupo. A garantia de prioridade é, também, regulada no art. 4º do Estatuto da Criança e do Adolescente (Lei Federal 8.069/1990.

A lógica da absoluta prioridade vincula-se ao princípio do melhor interesse da criança e do adolescente. Segundo a Observação Geral 14/2013, do Comitê dos Direitos da Criança, atrelado à Organização das Nações Unidas (ONU), o conceito

---

4. DONEDA, Danilo. MENDES, Laura Schertel. Reflexões iniciais sobre a nova Lei Geral de Proteção de Dados. *Revista de Direito do Consumidor*, v. 120, p. 469-483. São Paulo: Ed. RT, 2018.

de melhor interesse da criança variará conforme o caso concreto, isto é, deverá ser apurado e garantido diante da situação posta.[5]

O fato de que o melhor interesse é apurado no caso concreto é uma relevante constatação, pois possui como corolário lógico que não se deve, para crianças e adolescentes, buscar soluções apriorísticas. Exemplificativamente, veja-se que o Superior Tribunal de Justiça já afastou regras rígidas de competência processual,[6] já destituiu o poder familiar[7] e até já autorizou outros regimes de cumprimento de pena para genitora responsável por criança,[8] tudo, sempre, com base no melhor interesse.

No âmbito da proteção de dados pessoais de crianças, Fernando Büscher von Teschenhausen Eberlin condensa os riscos e as dificuldades em sete desafios.[9] O primeiro deles envolve a definição do grau de vigilância dos responsáveis exercido sobre as atividades da criança, sob uma perspectiva de que é preciso garantir-lhe a proteção, sem contudo, macular sua privacidade ou desestimular o livre desenvolvimento de sua personalidade.

O segundo desafio, segundo Eberlin, é o equilíbrio na exposição de suas informações pessoais, inclusive vídeos e fotos. Por um lado, a inserção social, hoje, passa pela presença on-line, mas o excesso pode acarretar prejuízos irreversíveis.

O terceiro desafio apontado pelo autor diz respeito ao abuso de empresas no discurso de vigilância de crianças, ou seja, cria-se uma necessidade em pais e em responsáveis de monitorarem incessantemente os filhos para promover um mercado de produtos ou serviços nesse segmento. No quarto desafio suscitado pelo autor, o tema da vigilância excessiva recém referido toma novos contornos no ambiente escolar, em que filmagens e gravações contínuas podem expor as crianças de modo excessivo.

---

5. "The concept of the child's best interests is complex and its content must be determined on a case-by-case basis. It is through the interpretation and implementation of article 3, paragraph 1, in line with the other provisions of the Convention, that the legislator, judge, administrative, social or educational authority will be able to clarify the concept and make concrete use there of. Accordingly, the concept of the child's best interests is flexible and adaptable. It should be adjusted and defined on an individual basis, according to the specific situation of the child or children concerned, taking into consideration their personal context, situation and needs. For individual decisions, thechild's best interests must be assessed and determined in light of the specific circumstances of the particular child. For Collective decisions – such as by the legislator –, the best interests of children in general must be assessed and determined in light of the circumstances of the particular group and/or children in general. In both cases, assessment and determination should be carried out with full respect for the rights contained in the Convention and its Optional Protocols." Disponível em https://tbinternet.ohchr.org/_layouts/15/treatybodyexternal/Download.aspx?symbolno=CRC%2fC%2fGC%2f14&Lang=en. Acesso em: 25 ago. 2023.
6. AgInt no AREsp 2.031.399/RJ, relator Ministro Humberto Martins, Terceira Turma, julgado em 19.06.2023, DJe de 22.06.2023.
7. AgInt no AREsp 2.023.403/DF, relator Ministro Raul Araújo, Quarta Turma, julgado em 25.04.2023, DJe de 10.05.2023.
8. AgRg no HC 766.533/SC, relator Ministro Reynaldo Soares da Fonseca, Quinta Turma, julgado em 13.09.2022, DJe de 19.09.2022.
9. EBERLIN, Fernando Büscher von Teschenhausen. *Direitos da criança na sociedade de informação*. São Paulo: Ed. RT, 2020. *Ebook*. RB-2.9.

Evidentemente, é indispensável a supervisão adulta, mas é desafiador seu equilíbrio com a privacidade e o desenvolvimento da personalidade das crianças.

No quinto desafio, o aspecto central é a sofisticação das técnicas empreendidas por agentes comerciais para a obtenção dos dados pessoais, sendo incerta a destinação de tais informações. Via de consequência, tem-se a sexta preocupação, que reside no fato de que tais dados pessoais coletados são utilizados para a construção de modelos de negócios que oferecem serviços e produtos muito mais propícios à aceitação das crianças, o que ocorre via manipulação baseada em informações coletadas anteriormente.

Por fim, o sétimo desafio é, justamente, a regulação do tratamento de dados de um grupo tão vulnerável. Segundo o autor, entre um modelo excessivamente paternalista e outro demasiadamente liberal, talvez a solução mais adequada resida em sopesar a proteção da criança com o seu grau de autonomia e de livre desenvolvimento da personalidade.

No Brasil, o termo "melhor interesse" foi expressamente utilizado pelo legislador para fins de condicionar o tratamento de dados pessoais de crianças e adolescentes, conforme o art. 14 da LGPD. Como aponta Isabella Henriques, a referida previsão significa que o tratamento de dados pessoais sobre crianças e adolescentes somente poderá ocorrer para a promoção ou proteção de seus direitos fundamentais, jamais explorando a vulnerabilidade do grupo.[10]

De fato, a racionalidade da previsão legal mencionada, como também reflete a Autoridade Nacional de Proteção de Dados (ANPD),[11] parece ser justamente essa, de que o melhor interesse da criança e do adolescente será sempre uma condição para que o tratamento ocorra – trata-se do termo-chave para o processamento de dados pessoais nesse contexto.

1.2 A posição da Autoridade Nacional de Proteção de Dados

A necessidade de proteção da criança e do adolescente no contexto do tratamento de dados pessoais é de extrema importância, especialmente em razão da condição de estarem em desenvolvimento.[12] Ocorre, no entanto, que a forma pela qual esse objetivo deve ser atingido acarreta diversas interpretações, destacando-se, no debate, o tema das hipóteses autorizativas do processamento de dados.

---

10. HENRIQUES, Isabella. *Direitos fundamentais da criança no ambiente digital*. São Paulo: Ed. RT, 2023. *Ebook*. RB-5.4.
11. ANPD. *Estudo preliminar sobre as hipóteses legais aplicáveis ao tratamento de dados pessoais de crianças e adolescentes*. Disponível em https://www.gov.br/anpd/pt-br/documentos-e-publicacoes/estudo-preliminar-tratamento-de-dados-crianca-e-adolescente.pdf. Acesso em: 25 ago. 2023.
12. COSTA, Ana Paula Motta. SARLET, Gabrielle Bezerra Sales. A perspectiva da proteção de dados pessoais em face dos direitos das crianças e adolescentes no sistema normativo brasileiro. In: SARLET, Gabrielle Bezerra Sales. TRINDADE, Manoel Gustavo Neubarth. MELGARÉ, Plínio. *Proteção de dados*: temas controvertidos. Indaiatuba: Foco, 2021, p. 159-178.

Nesse sentido, em setembro de 2022, a ANPD divulgou estudo preliminar sobre as hipóteses legais aplicáveis ao tratamento de dados pessoais de crianças e adolescentes. Em exame dos artigos 7º, 11º e 14º da LGPD, a Autoridade sintetiza as controvérsias sobre a aplicação das bases legais de tratamento de dados, expondo a existência de três principais correntes interpretativas.

Uma possível vertente enfatiza a redação do art. 14, § 1º, da LGPD, posicionando-se no sentido de que o processamento de dados pessoais sobre crianças somente poderá ocorrer com base no consentimento dos pais ou dos responsáveis. À exceção, exclusivamente os casos do art. 14, § 3º, da LGPD, isto é, para contato com pais ou responsáveis e para proteção.[13]

Sobre o tema, o art. 14, § 1º, da LGPD limita-se ao processamento de dados pessoais sobre crianças, identificando a ANPD o objetivo do legislador de excluir os adolescentes desse regime.[14] Segundo a Autoridade, essa linha interpretativa possui como principais argumentos favoráveis a busca por trazer mais controle ao tratamento de dados pessoais sobre crianças e um aparente intuito do legislador em valorizar o consentimento; por outro lado, seriam aspectos negativos as limitações jurídicas e práticas, a ilusória ideia de controle real e efetivo via consentimento e o fato de que o consentimento de pais ou responsáveis pode não ser fornecido no melhor interesse da criança ou do adolescente.

Outra possibilidade de compreensão do art. 14º da LGPD abordada pela Autoridade parte da noção de que os dados sobre crianças e adolescentes devem ser compreendidos como dados pessoais sensíveis. Via de consequência, essa equiparação levaria à conclusão de que somente as bases legais previstas no art. 11 da LGPD autorizariam o processamento de dados pessoais de crianças e adolescentes.

De acordo com a ANPD, no mesmo estudo preliminar, o art. 5º, inciso II, da LGPD preconiza a natureza da informação para aferir se o dado pessoal é sensível, silenciando quanto à idade. Ainda, a Autoridade identifica como pontos positivos dessa interpretação o objetivo de intensificar a proteção do titular criança ou adolescente e a exigência de consentimento específico; no entanto, observa que a equiparação a dados sensíveis pode inviabilizar o uso de outras bases legais, as quais podem atender o melhor interesse do grupo a depender do caso concreto e, ainda, que a compreensão é incompatível com a definição de dado pessoal sensível prevista na LGPD.

A terceira interpretação abordada pela ANPD no estudo preliminar sobre as hipóteses legais aplicáveis é assim resumida: "(...) o tratamento de dados pessoais de crianças e adolescentes pode ser realizado com amparo nas hipóteses legais previstas

---

13. ANPD. *Estudo preliminar sobre as hipóteses legais aplicáveis ao tratamento de dados pessoais de crianças e adolescentes*. Disponível em: https://www.gov.br/anpd/pt-br/documentos-e-publicacoes/estudo-preliminar-tratamento-de-dados-crianca-e-adolescente.pdf. Acesso em: 25 ago. 2023.
14. "Fica claro, também, que a inclusão da regra do consentimento, prevista no atual §1º do art. 14, tinha por objetivo a proteção tão somente de crianças, excluídos, desta regra específica, os adolescentes, o que, de fato, decorre da própria redação do dispositivo legal." Idem.

no arts. 7º e 11 da LGPD, observados os requisitos legais aplicáveis e o princípio do melhor interesse, nos termos do art. 14". Sob essa perspectiva, as especificações que o art. 14, § 1º, da LGPD apresenta sobre o consentimento incidiriam quando ocorresse o uso dessa base legal, não como regra geral.

Nesse sentido, a corrente examinada promove uma leitura coesa entre os 7º, 11 e 14 da LGPD, concluindo que se pode tratar dados pessoais sobre crianças e adolescentes sob qualquer fundamento legal previsto. Considerando a vulnerabilidade do grupo, a limitação a ser observada não reside na escolha da base legal em si, mas sim em sua utilização – qualquer que seja –, em conformidade com a norma do melhor interesse (art. 14, *caput*), ou com a lógica da proteção da criança ou do adolescente (art. 14, § 3º).

Após a elaboração do mencionado estudo preliminar, a ANPD, no bojo da competência do art. 55-J da LGPD, em maio de 2023, publicou o seguinte enunciado, filiando-se à terceira interpretação:

> O tratamento de dados pessoais de crianças e adolescentes poderá ser realizado com base nas hipóteses legais previstas no art. 7º ou no art. 11 da Lei Geral de Proteção de Dados Pessoais (LGPD), desde que observado e prevalecente o seu melhor interesse, a ser avaliado no caso concreto, nos termos do art. 14 da Lei.

Ademais, é relevante observar que não se trata de posicionamento isolado, tendo sido aprovado o seguinte enunciado na IX Jornada de Direito Civil:

> Enunciado 684 – O art. 14 da Lei 13.709/2018 (Lei Geral de Proteção de Dados – LGPD) não exclui a aplicação das demais bases legais, se cabíveis, observado o melhor interesse da criança.

Em síntese, constata-se a existência de três principais correntes doutrinárias acerca das hipóteses autorizativas de tratamento de dados pessoais sobre crianças e adolescentes. A ANPD, por meio de enunciado, exarou o entendimento de que é possível a utilização de qualquer base legal prevista, desde que respeitados os parâmetros do art. 14 da LGPD, notadamente, o melhor interesse do titular.

2. A BASE LEGAL PARA TRATAMENTO DE DADOS PESSOAIS SOBRE CRIANÇAS E ADOLESCENTES

2.1 A crítica ao consentimento

Com o enunciado da ANPD publicado em maio de 2023, uma das grandes discussões no âmbito do tratamento de dados pessoais recebeu mais um importante elemento. Como visto, a Autoridade interpretou o art. 14 da LGPD em conjunto dos artigos 7º e 11, concluindo que é possível o processamento de dados por todas as bases legais, mas que ele sempre deverá ocorrer no melhor interesse da criança e do adolescente.

Essa constatação pode ser compreendida como uma evidência de que nem sempre a proteção do titular parte da escolha de uma ou outra base legal. Em sentido semelhante, defendemos que o enquadramento em determinada hipótese autorizativa pode, em casos específicos, incrementar a proteção; no entanto, o centro desta está no respeito aos princípios que regem a disciplina e tutelam os titulares vulneráveis e na adoção de salvaguardas e de governança contínua.[15]

Partindo-se do estudo preliminar divulgado pela ANPD, vê-se que a interpretação do art. 14, § 1º, da LGPD não aponta para o uso do consentimento como base legal prioritária no contexto da criança e do adolescente. Identifica-se, por outro lado, que a redação pretende reforçar o consentimento – deverá ser específico, destacado e ofertado por um dos pais ou responsáveis.

Com efeito, percebe-se uma preocupação do legislador com o uso da base legal do consentimento, não uma recomendação de que essa hipótese seja priorizada. Na verdade, o consentimento é objeto de rigorosa qualificação (art. 5º, inciso XII), sob pena de invalidade (art. 9º, § 1º), justamente em razão do seu elevado potencial de vulgarização e de esvaziamento.

Nesse sentido, a fragilidade do consentimento vem sendo desvelada conforme a disciplina amadurece, sendo reconhecida na doutrina a existência de obstáculos ao implemento do consentimento adjetivado.[16] Na verdade, a importância dessa base legal reside no processo decisório que instaura perante o titular e que o auxilia a realizar adequadamente.[17]

Diante desse contexto, o consentimento é uma das ferramentas para atingir a autodeterminação informacional, não podendo ser compreendido como mera formalidade. É oportuno relembrar, sobre o tema, as lições da doutrina consumerista, que destaca que a vulnerabilidade informacional é o maior fator de desequilíbrio entre os sujeitos[18] e que o dever de informar vincula-se à noção de esclarecimento, com adequação de conteúdo, forma, quantidade etc.[19]

As dificuldades fáticas, portanto, suscitam o mito do consentimento,[20] em que se desconstrói a ideia de que o indivíduo consegue determinar o uso de seus dados pessoais por meio da simples concordância com o tratamento.[21] Ademais, muitas são as vezes em que o titular se vê obrigado a consentir, pois a negativa representaria

---

15. BET VIEGAS, João Ricardo. *O interesse legítimo e a relação de consumo*: entre dados, equilíbrio e vulnerabilidade. Londrina: Thoth, 2023, p. 248-249.
16. DONEDA, Danilo. *Da privacidade à proteção de dados pessoais*. 2. ed. São Paulo: Ed. RT, 2019, p. 298 e ss.
17. BIONI, Bruno. LUCIANO, Maria. O consentimento como processo: em busca do consentimento válido. In: MENDES, Laura Schertel; DONEDA, Danilo; SARLET, Ingo Wolfgang; RODRIGUES JR., Otávio Luiz (Coord.); BIONI, Bruno (Coord. Exec.). *Tratado de proteção de dados pessoais*. Rio de Janeiro: Forense, 2020. p. 149-161.
18. MARQUES, Claudia Lima. *Contratos no Código de Defesa do Consumidor*: o novo regime das relações contratuais. 7. ed. São Paulo: Ed. RT, 2014, p. 335.
19. MIRAGEM, Bruno. *Curso de direito do consumidor*. 6. ed. São Paulo: Ed. RT, 2016, p. 215-216.
20. DONEDA, Danilo. *Da privacidade à proteção de dados pessoais*. 2. ed. Rio de Janeiro: Renovar, 2019, p. 300.
21. Idem, 298-299.

a impossibilidade de utilização de determinado serviço, ou o bloqueio de acesso a uma rede social.[22]

Além disso, ainda que eventualmente bem intencionados, os termos de uso, as políticas de privacidade, as licenças e outros instrumentos são, geralmente, longos, confusos e de difícil compreensão,[23] como demonstram dados da Cornell University, de 2005, que apontam que somente 4% dos consumidores leem contratos de comércio eletrônico.[24] Na verdade, o contexto de assimetria entre os sujeitos restringe o titular[25] e o consentimento acaba sendo um amplificador do tratamento, frequentemente irregular, de dados pessoais.[26]

Não obstante o desafio do tempo, isto é, do atravancamento do fluxo informacional e da ausência de conveniência, o consentimento também esbarra no evidente déficit técnico,[27] ou seja, os titulares, muitas vezes, sequer têm consciência dos riscos acerca dos quais consentem.[28] Com efeito, parte da doutrina já evidencia que o consentimento indiscriminado diminui o controle sobre os dados pessoais e fomenta uma falsa sensação de confiança.[29]

Inclusive, Schermer, Custers e Van der Horf defendem que o consentimento não deve ser utilizado para tratamento de dados com altos riscos ou de dados pessoais sensíveis, devendo o processamento ocorrer com base em padrões éticos e justos.[30] No Brasil, Sombra defende que, nas situações em que o consentimento não protege os titulares, é preciso reforço na *accountability* e na governança.[31]

Daniel Solove, por sua vez, aponta que a autogestão da privacidade por meio do consentimento apresenta problemas cognitivos e estruturais. No primeiro grupo, estão os fatos de que o titular é desinformado – seja porque os termos de privacidade são refratários, seja porque são incompreensíveis do ponto de vista técnico – e não consegue mensurar os riscos – mesmo que leia e compreenda o processamento, ou não identifica os riscos, ou esse processo é atravessado por pressões e narrativas mercadológicas; no segundo, há os problemas da escala ser de grandes proporções,

---

22. FRITZ, Karina Nunes. *Jurisprudência comentada dos tribunais alemães*. Indaiatuba: Foco, 2021, p. 114.
23. LIMA, Cíntia Rosa Pereira de. O ônus de ler o contrato no contexto da "ditadura" dos contratos de adesão eletrônicos. 2014, Anais.. Florianópolis, SC: CONPEDI, 2014. Acesso em: 30 ago. 2023.
24. HILLMAN, Robert A. On-line Consumer Standard-Form Contracting Practices: A Survey and Discussion of Legal Implications, *Cornell Law Faculty Publications*. Paper 29.
25. SIMITIS, Spiros. Privacy: An Endless Debate? *California Law Review*, december, 2010, v. 98, n. 06, p. 1989-2005.
26. CORDEIRO, A. Barreto Menezes. *Direito da proteção de dados: à luz do RGPD e da Lei 58/2019*. Coimbra: Almedina, 2020, p. 169.
27. KOOPS, Bert-Jaap. The Trouble with European Data Protection Law. *International Data Privacy Law*, 2014.
28. CORDEIRO, A. Barreto Menezes. *Direito da proteção de dados: à luz do RGPD e da Lei 58/2019*. Coimbra: Almedina, 2020. p. 170.
29. SCHERMER, Bar W. CUSTERS, Bart. VAN DER HORF, Simone. The Crisis of Consent: How Stronger Legal Protection may lead to Weaker Consent in Data Protection. *Ethics & Information Technology*, 16(2), 171-182.
30. Idem.
31. SOMBRA, Thiago L. S. *Fundamentos da regulação da privacidade e proteção de dados pessoais*. São Paulo: Ed. RT, 2019, p. 203-205.

da agregação, isto é, dados isoladamente coletados podem, unidos, entregar outras informações, e da avaliação dos danos, uma vez que, frequentemente, os dados são trocados por benefícios momentâneos.[32]

Evidentemente, todas as preocupações jurídicas são enfatizadas quando o sujeito envolvido é marcado pela vulnerabilidade. No caso de crianças e adolescentes, o estudo preliminar divulgado pela ANPD[33] elenca uma série de problemas oriundos de uma interpretação restritiva do art. 14, § 1º, da LGPD, no sentido de que o tratamento de dados sobre crianças e adolescentes dependeria da base legal do consentimento.

Nesse sentido, a Autoridade expõe os seguintes fatores: a assimetria informacional entre controladores e responsáveis ou pais, a ilusória ideia de controle (consentimento de fachada), a dificuldade de compreensão dos termos e das políticas de privacidade, o ônus excessivo aos pais, a fadiga do consentimento,[34] a indevida hierarquização de bases legais, o fato de que o objetivo de pais ou responsáveis pode não coincidir com o melhor interesse da criança ou do adolescente, a potencial exclusão digital e a inobservância do grau de desenvolvimento dos titulares.

De fato, todos os problemas apontados pela ANPD na restrição do tratamento de dados pessoais de crianças e adolescentes à base legal do consentimento são relevantes. A partir de sua observação, emergem três discussões que merecem destaque: um consentimento obtido sem efetiva elucidação do processo decisório gera uma aparente ideia de autodeterminação informativa; um consentimento pode ser dado ou negado por pais e responsáveis sem que isso represente o melhor interesse da criança ou do adolescente, e uma visão desarrazoadamente restritiva pode fomentar a exclusão digital e limitar o desenvolvimento da personalidade.

Como destaca Bruno Bioni, a prestação da informação ao titular deve contemplar um equilíbrio entre qualidade e quantidade e deflagrar um "processo genuíno de decisão",[35] o que permite observar que o consentimento somente é útil se acarreta uma ponderação adequada (livre, informada e inequívoca). Nesse sentido, é extremamente oneroso ao titular decidir sobre o uso dos dados pessoais a seu respeito sem saber sobre os agentes de tratamento envolvidos na cadeia, sobre a parte técnica do processamento, sobre os riscos envolvidos e diante de uma disparidade informacional intensa.

---

32. SOLOVE, Daniel J. Introduction: Privacy Self-management and The Consent Dilemma. *Harvard Law Review*, v. 126, p. 1880-1903, 2013.
33. ANPD. *Estudo preliminar sobre as hipóteses legais aplicáveis ao tratamento de dados pessoais de crianças e adolescentes*. Disponível em: https://www.gov.br/anpd/pt-br/documentos-e-publicacoes/estudo-preliminar-tratamento-de-dados-crianca-e-adolescente.pdf. Acesso em: 25 ago. 2023.
34. Sobre o tema, vide: ABRUSIO, Juliana. A banalização do consentimento e a consequente fadiga dos cliques. *Revista dos Tribunais*, v. 1047, p. 177-186, jan. 2023.
35. BIONI, Bruno Ricardo. *Proteção de dados pessoais: a função e os limites do consentimento*. 3. ed. Rio de Janeiro: Forense, 2021, p. 185-186.

Acerca do tema, o Fundo das Nações Unidas para a Infância (UNICEF) elaborou o documento *"The Case for Better Governance of Children's Data: A Manifesto"*.[36] Entre uma robusta lista de dez ações práticas para incrementar a proteção de crianças e adolescentes, o manifesto da UNICEF critica o consentimento como a chave da proteção do grupo em legislações de proteção de dados pessoais sob o argumento de que o ônus recai sobre as crianças e adolescentes e sobre seus responsáveis, enquanto a ênfase deveria direcionar-se às empresas e aos governos.

Nesse sentido, a exigência de *accountability* e a governança perante esses agentes de tratamento torna-se ainda mais relevante, especialmente em razão das dificuldades de que o consentimento seja prestado de forma adequada. Com efeito, a UNICEF sugere que empresas e governos (i) produzam relatórios acessíveis e auditáveis sobre o processamento de dados pessoais de crianças e adolescentes, (ii) sejam especialmente transparentes sobre o uso dessas informações, (iii) apliquem os mais elevados standards de proteção de dados, (iv) responsabilizem pessoalmente representantes, (v) desenvolvam selos de boas práticas e, até mesmo, (vi) incrementem o tratamento de dados pessoais de crianças e adolescentes em benefício do próprio grupo.

Outro aspecto crítico do uso do consentimento como base legal ao processamento de dados de crianças e adolescentes é o fato de que nem sempre os responsáveis atuam no melhor interesse vulnerável. O exemplo dado no estudo preliminar sobre as hipóteses autorizativas de tratamento elaborado pela ANPD é dos pais que dissentem com a emissão de certidão de nascimento do filho, ultrajando direito fundamental da criança.[37]

Como já mencionado, o art. 227 da Constituição Federal imputa à família, mas também à sociedade e ao Estado a proteção da criança, do adolescente e do jovem, sendo indevida a interpretação de que o consentimento do responsável possa ocorrer ou ser negado em contrariedade ao melhor interesse do titular. Exemplificativamente, veja-se que, em 2021, o Supremo Tribunal Federal, no Tema de Repercussão Geral 1103, firmou tese[38] no sentido de que convicção filosófica, religiosa ou existencial dos pais não afasta a obrigatoriedade de vacinar seus filhos,[39] estando o melhor interesse da criança entre os fundamentos da decisão.

---

36. UNICEF. *The Case for Better Governance of Children's Data*: A Manifesto. 2021. Disponível em: https://www.unicef.org/globalinsight/media/1741/file/UNICEF%20Global%20Insight%20Data%20Governance. Acesso em: 30 ago. 2023.
37. ANPD. *Estudo preliminar sobre as hipóteses legais aplicáveis ao tratamento de dados pessoais de crianças e adolescentes*. Disponível em: https://www.gov.br/anpd/pt-br/documentos-e-publicacoes/estudo-preliminar-tratamento-de-dados-crianca-e-adolescente.pdf. Acesso em: 25 ago. 2023.
38. É constitucional a obrigatoriedade de imunização por meio de vacina que, registrada em órgão de vigilância sanitária, (i) tenha sido incluída no Programa Nacional de Imunizações ou (ii) tenha sua aplicação obrigatória determinada em lei ou (iii) seja objeto de determinação da União, Estado, Distrito Federal ou Município, com base em consenso médico-científico. Em tais casos, não se caracteriza violação à liberdade de consciência e de convicção filosófica dos pais ou responsáveis, nem tampouco ao poder familiar.
39. ARE 1267879, Relator: Roberto Barroso, Tribunal Pleno, julgado em 17.12.2020, Processo eletrônico repercussão geral – Mérito DJe-064, Divulg. 07.04.2021, Public. 08.04.2021.

Depreende-se, portanto, que não é lícito que pais contrariem o melhor interesse da criança e do adolescente, o que afasta a interpretação de que o tratamento de dados pessoais sobre esse grupo esteja restritivamente limitado ao consentimento dos responsáveis. Se é fato que a negativa de consentimento pode afrontar o interesse da criança e do adolescente, também se observa, por outro lado, a vulgarização, justamente por pais ou familiares, de dados pessoais sobre os vulneráveis.

O fenômeno do *sharenting*, por exemplo, envolve o compartilhamento, em redes sociais ou similares, de informações, fotos e dados de crianças ou adolescentes por seus pais ou responsáveis.[40] A prática evidencia que as preocupações e o manejo da privacidade são diferentes entre pais e filhos e são os primeiros que ampliam uma exposição que a criança ou o adolescente possivelmente não teria interesse.

Não se pode ignorar, ainda, o fato de que a interação on-line possui acessos e significados distintos entre pessoas com idades diferentes – uma marca entre pais e filhos –, sendo os pontos da geração e da interiorização critérios relevantes na avaliação da familiaridade com o meio digital.[41] Para os nativos digitais, por exemplo, já não há uma diferenciação entre identidade digital ou virtual, sendo a presença on-line parte da pessoa.[42]

A relação com o meio virtual é enfrentada de forma muito diferente conforme a geração e as experiências de cada indivíduo, sendo difícil aos digitalmente iletrados adaptar sua mentalidade analógica ao on-line.[43] A complexidade evidencia-se ao passo que a criança, até certa idade, não compreende os meandros digitais, mas também, por vezes, os pais não entendem as interações e a importância do meio on-line no desenvolvimento da personalidade de crianças e adolescentes.

Assim, entende-se que é adequada a interpretação exposta pela ANPD, no sentido de que todas as bases legais podem ser utilizadas para o tratamento de dados pessoais sobre crianças e adolescentes, desde que seja observado seu melhor interesse. Como visto, o consentimento possui uma série de obstáculos e uma interpretação restritiva do art. 14 da LGPD poderia afastar-se do objetivo de proteção do titular vulnerável.

---

40. EBERLIN, Fernando Büscher von Teschenhausen. Sharenting, liberdade de expressão e privacidade de crianças no ambiente digital: o papel dos provedores de aplicação no cenário jurídico brasileiro. *Rev. Bras. Polít. Públicas*, Brasília, v. 7, n. 3, p. 255-273, 2017.
41. NUNES, Dierle; PAOLINELLI, Camilla Mattos. Novos designs tecnológicos no sistema de resolução de conflitos: ODR, e-acesso à justiça e seus paradoxos no Brasil. *Revista de Processo*, São Paulo, v. 31, p. 395-425, abr. 2021.
42. PALFREY, John. GASSER, Urs. *Nascidos na era digital*: entendendo a primeira geração de nativos digitais. Porto Alegre: Artmed, 2011, p. 30-31.
43. Trabalhamos o tema em: BET VIEGAS, João Ricardo. Considerações sobre analfabetismo digital e agravamento de vulnerabilidade do consumidor. In: MARTINS, Fernando Rodrigues. D'AQUINO, Lúcia Souza. AZEVEDO, Fernando Costa de. MARTINS, Plínio Lacerda. KLEE, Antonia Espíndola Longoni. SANTOS, Karinne Emanoela Goettems dos. *Proteção dos hipervulneráveis em ambiente digital*. Londrina: Thoth, 2023, p. 43-62.

2.2 O interesse legítimo

A base legal do legítimo interesse do controlador ou de terceiro está prevista no art. 7º, IX, da LGPD e tem como uma de suas possíveis definições a seguinte:

> A hipótese legal que autoriza o controlador e os terceiros a tratarem os dados pessoais não sensíveis estritamente necessários e adequados para a consecução de um interesse lícito, legítimo e concreto, desde que não afrontem direitos ou liberdades fundamentais do titular que exijam proteção específica, nem sua legítima expectativa, o que deverá ser feito de forma especialmente transparente e documentada.[44]

Um dos temas mais controversos envolvendo essa base legal é sua aplicação no tratamento de dados pessoais sobre crianças e adolescentes. A ANPD, conforme o enunciado e o estudo preliminar já referidos, posicionou-se pela possibilidade de utilização de qualquer hipótese de tratamento, desde que no melhor interesse do vulnerável, o que inclui o legítimo interesse.

Por ser marcada pela flexibilidade[45] e por exigir um ônus argumentativo mais intenso,[46] entende-se que o processamento de dados pessoais sobre determinado grupo pelo legítimo interesse deve sempre ser analisado sob duas principais perspectivas. A primeira delas diz respeito às cautelas a serem adotadas na utilização da base legal (proteger *do* interesse legítimo); a segunda, ao uso da hipótese como incremento de vantagem ou de proteção ao titular (o legítimo interesse *para* proteger).[47]

O cabimento do uso da base legal do legítimo interesse pode ser aferido por meio da adequação, no caso concreto, dos elementos que formam sua definição; isto é, somente se fala na hipótese do art. 7º, inciso IX, da LGPD se quatro blocos estão atendidos: o interesse, o objeto, o tratamento e os limites.[48] Sinteticamente, o interesse deve ser analisado sob a perspectiva subjetiva – se é do controlador ou do terceiro que pretende processar os dados (artigos 7º, IX, e 5º, VI, da LGPD) – e a objetiva, em que o exame visa a identificar se o interesse é concreto e possui finalidade legítima (artigos 6º, I, e 10º, *caput*, da LGPD).

Além disso, os dados envolvidos devem ser, salvo raríssimas exceções, não sensíveis (artigos 5º, I e II, e 11 da LGPD) e estritamente necessários e adequados (artigos 7º, IX, 6º, II e III, e 10, § 1º). No que tange ao tratamento, deve ser especial-

---

44. BET VIEGAS, João Ricardo. *O interesse legítimo e a relação de consumo*: entre dados, equilíbrio e vulnerabilidade. Londrina: Thoth, 2023, p. 159.
45. ICO. *Legitimate interests*. Disponível em: https://ico.org.uk/for-organisations/uk-gdpr-guidance-and-resources/lawful-basis/a-guide-to-lawful-basis/lawful-basis-for-processing/legitimate-interests/. Acesso em: 31 ago. 2023.
46. BIONI, Bruno. Legítimo interesse: aspectos gerais a partir de uma visão obrigacional. In: MENDES, Laura Schertel; DONEDA, Danilo; SARLET, Ingo Wolfgang; RODRIGUES JR., Otávio Luiz (Coord.); BIONI, Bruno (Coord. Exec.). *Tratado de proteção de dados pessoais*. Rio de Janeiro: Forense, 2021. p. 163-176.
47. Defendemos a ideia de que, em casos específicos, o uso da base legal do interesse legítimo é capaz de reforçar a proteção do vulnerável em: BET VIEGAS, João Ricardo. *O interesse legítimo e a relação de consumo*: entre dados, equilíbrio e vulnerabilidade. Londrina: Thoth, 2023, p. 240 e ss.
48. Idem, p. 159-160.

mente transparente (artigos 6º, VI 1 10, § 2º) e documentado, inclusive via relatório de impacto (artigos 5º, XVII, 10, § 3º e 37º).[49]

A adequação do interesse, do objeto e do tratamento não será suficiente, todavia, se o processamento de dados ultrapassar os limites previstos pelo legislador: os direitos fundamentais dos titulares que exijam proteção (artigos 7º, IX e 10, II) e a legítima expectativa dos titulares quanto ao tratamento (art. 10, II). Todos esses elementos, em conjunto, serão submetidos ao teste do legítimo interesse (*legitimate interest assessment*) e é no caso concreto que a possibilidade de uso dessa base legal será verificada.[50]

A situação ora em exame, contudo, agrega um novo limite ao uso da base legal do interesse legítimo, que é, justamente, o melhor interesse da criança e do adolescente. Se, via de regra, não há uma priorização dos direitos dos titulares apriorística,[51] o mesmo não pode ser afirmado no caso de crianças e adolescentes, em que prevalecerá sempre o seu melhor interesse (art. 14 da LGPD).

A racionalidade, então, partindo-se da lógica da figura jurídica do legítimo interesse, é que o legislador impõe, quando o titular for criança ou adolescente, um limite adicional: o melhor interesse. Nessa esteira, o estudo preliminar da ANPD sobre o legítimo interesse assim refere:

> Portanto, o tratamento de dados pessoais de crianças e adolescentes com base na hipótese legal do legítimo interesse *pressupõe que o controlador leve em consideração, de forma prioritária, o melhor interesse da criança ou do adolescente. Além disso, deve prevalecer a interpretação que atende ao melhor interesse da criança e do adolescente de forma mais eficaz, inclusive, se for o caso, com a não realização do tratamento com base no legítimo interesse*, em particular se o teste de balanceamento não for conclusivo ou se não forem identificadas medidas de segurança e de mitigação de risco adequadas à hipótese. (Grifou-se).[52]

Sob essa perspectiva, então, o primeiro prisma de análise denota que o uso da base legal do legítimo interesse é mais restrito quando os dados pessoais dizem respeito a crianças e adolescentes. Esta afirmação, por sua vez, decorre da constatação de que há mais um limite a ser considerado no teste específico da base legal: o melhor interesse da criança ou adolescente.

---

49. Destaque-se que a necessidade de relatório de impacto não é unanimidade na doutrina. Sobre o tema, vide: LEONARDI, Marcel. Legítimo interesse. *Revista do Advogado*, n. 144, São Paulo, AASP, p. 06-12, 2019.
50. JOELSONS, Marcela. *Lei geral de proteção de dados*: fronteiras do legítimo interesse. Indaiatuba/SP: Foco, 2022, p. 137.
51. "Ocorre que a própria LGPD não traz uma solução para esses conflitos, na medida em que não prevê a prevalência prioritária dos direitos dos titulares de dados. Nos termos da lei, esses direitos irão prevalecer somente quando a situação concreta exigir a proteção desses titulares". JOELSONS, Marcela. *Lei geral de proteção de dados*: fronteiras do legítimo interesse. Indaiatuba/SP: Foco, 2022, p. 137.
52. ANPD. *Estudo preliminar sobre as hipóteses legais de tratamento de dados pessoais – legítimo interesse*. Disponível em: Governo Federal - Participa + Brasil - Consulta à Sociedade de Estudo Preliminar sobre Legítimo Interesse (www.gov.br). Acesso em: 06 nov. 2023.

Em todas as ocasiões, será imprescindível o exame no caso concreto, pois somente nele é que poderá ser avaliado qual o melhor interesse da criança ou do adolescente. Nessa análise, a ANPD sustenta a relevância da concretude do interesse do controlador ou do terceiro, exemplificando, por um lado, com a situação da escola que trata dados dos acessos à rede sem fio de internet com o objetivo de prestar o serviço aos estudantes, garantir sua segurança e impedir o acesso a sites maliciosos ou indevidos e, por outro, com a empresa que coleta dados sob o genérico interesse de "aprimoramento do aplicativo".

Segundo a Autoridade, no primeiro caso, haveria, aparentemente, justificativa e adequação para o uso da base legal do interesse legítimo, inclusive com benefícios a crianças e adolescentes. No segundo, a generalidade do interesse afastaria a legalidade da utilização da hipótese autorizativa de tratamento de dados.[53]

O uso adequado da base legal, ademais, estimula que se observe, também, um potencial protetivo em sua adoção. Nesse sentido, trabalha-se com a ideia de que o controlador deve optar pela base legal que mais atende à disciplina de proteção de dados[54] e, em um contexto em que o consentimento acaba se mostrando uma alternativa frágil, o uso da hipótese do legítimo interesse serve – quando bem aplicada – para sustentar a segurança jurídica do tratamento.[55]

Nesse sentido, Viola e Teffé destacam o uso da base legal do interesse legítimo como possível alternativa em um cenário de Big Data e internet das coisas, diante de casos de desnecessidade de novo consentimento em relação já preexistente ou quando não for interessante ou seguro repassar o ônus de consentir ao titular ou a seus representantes.[56] Afinal, como já referido, a disparidade informacional entre os agentes torna árdua a tarefa de avaliar e de consentir ou dissentir sobre um processamento, ainda mais sobre dados de criança ou adolescente sob sua responsabilidade.

No contexto da relação de consumo, por exemplo, identificamos que o uso da base legal do interesse legítimo pode representar vantagem ou ganho de proteção ao titular vulnerável em determinados casos, como nos seguintes exemplos:

(...) (i) quando os interesses do controlador ou do terceiro convergem com o do titular, especialmente se a situação envolve incidentes de segurança ou fraudes que demandem solução urgente; (ii) quando já existe relação entre as partes, houve consentimento na coleta e são necessários tratamentos de dados correlatos à finalidade principal; (iii) quando o tratamento de dados envolve complexidades técnicas e não se pode garantir que o titular possui a capacidade de compreender e manifestar sua concordância; (iv) quando a dinâmica comercial inviabiliza a promoção do

---

53. Idem.
54. LEONARDI, Marcel. Principais bases legais de tratamento de dados pessoais no setor privado. *Caderno Especial LGPD*. São Paulo: Ed. RT, p. 71-85, 2019.
55. Idem.
56. VIOLA, Mario. TEFFÉ, Chiara Spadaccini. Tratamento de dados pessoais na LGPD: estudo sobre as bases legais dos artigos 7º e 11. In: MENDES, Laura Schertel. DONEDA, Danilo; SARLET, Ingo Wolfgang; RODRIGUES JR., Otávio Luiz (Coord.); BIONI, Bruno (Coord. Exec.). *Tratado de proteção de dados pessoais*. Rio de Janeiro: Forense, 2021, p. 117-148.

consentimento forte; e (v) quando o fornecedor objetivar implementar medidas protetivas no atendimento do titular-consumidor por meio da perfilização (...).[57]

Os exemplos citados enquadram-se, também, no contexto das crianças e adolescentes. Inclusive, reconhecendo o potencial vantajoso ou protetivo do uso da base legal do interesse legítimo, a ANPD concluiu que a existência de relação prévia entre controlador e titular e o intuito de garantir a prestação de serviço que beneficiem as crianças e adolescentes ou de assegurar a proteção de seus direitos são indicadores de tendência de adequação da hipótese legal em análise.[58]

Em síntese, não há óbice jurídico ao tratamento de dados pessoais de crianças e adolescentes com fundamento na base legal do interesse legítimo, intensificando-se as cautelas já necessárias e agregando-se um limite: o do melhor interesse. Ademais, considerando as fragilidades da hipótese do consentimento, o robusto ônus argumentativo para utilização do interesse legítimo, bem como sua flexibilidade e agilidade, a hipótese do art. 7º, inciso IX, da LGPD pode, em casos determinados, representar, inclusive vantagem ou ganho de proteção ao titular.

CONSIDERAÇÕES FINAIS

Assim como a disciplina de proteção de dados pessoais no Brasil não iniciou com a promulgação da LGPD – ela é, justamente, resultado de um processo –, nota-se que, depois da referida legislação, o debate vem amadurecendo na doutrina, a presença da ANPD vem contribuindo no âmbito regulatório e os casos vêm sendo submetidos ao exame dos tribunais. Nesse sentido, constata-se que, ao passo que os entraves ao consentimento são evidenciados, mais o uso da base legal do interesse legítimo recebe atenção e ganha espaço.

A situação de tratamento de dados sobre crianças e adolescentes é um belo exemplo, pois se trata de um grupo vulnerável, sensível e, como cantou Gonzaguinha, marcado pela pureza. É indiscutível, sob qualquer perspectiva, que consiste em uma fatia da sociedade que demanda atenção específica, havendo consenso quanto à necessidade de proteger ativamente crianças e adolescentes.

Resta, então, a discussão sobre como fazê-lo. O pensamento que interpreta o art. 14 da LGPD no sentido de que o processamento de dados sobre crianças e adolescentes somente poderia ocorrer sob o fundamento do consentimento exprime, na verdade, uma crença de que a base legal do art. 7º, inciso I, da LGPD seria mais protetiva, garantiria mais a autodeterminação informativa.

---

57. BET VIEGAS, João Ricardo. *O interesse legítimo e a relação de consumo*: entre dados, equilíbrio e vulnerabilidade. Londrina: Thoth, 2023, p. 256-257.
58. ANPD. *Estudo preliminar sobre as hipóteses legais de tratamento de dados pessoais* – legítimo interesse. Disponível em: Governo Federal - Participa + Brasil - Consulta à Sociedade de Estudo Preliminar sobre Legítimo Interesse (www.gov.br). Acesso em: 06 nov. 2023.

Apesar disso, estudos vêm desvelando uma série de dificuldades no implemento de um consentimento forte e adequado, o que acarreta menos proteção e mais incerteza jurídica. Por outro lado, nenhuma outra base legal demanda um ônus argumentativo tão intenso – com transparência, documentação e minimização de dados intensificadas e com limites claros – quanto o interesse legítimo.

Assim, no mesmo sentido apresentado pela ANPD, entende-se que o art. 14 da LGPD permite que os dados pessoais de crianças e adolescentes sejam processados, aprioristicamente, sob o fundamento de qualquer uma das bases legais, inclusive a do interesse legítimo. O elemento-chave nesse tratamento é a garantia do melhor interesse do vulnerável, a ser atendido seja qual for a hipótese autorizativa de tratamento de dados pessoais.

No que tange à base legal do art. 7º, inciso IX, da LGPD, a maior diferença reside no fato de que, sendo o titular criança ou adolescente, agrega-se aos limites já previstos (os direitos fundamentais dos titulares que exijam proteção e a legítima expectativa dos titulares quanto ao tratamento), o do melhor interesse. Assim, não será possível tratar dados de crianças e adolescentes, ainda que atendidos todos os usuais requisitos para enquadramento na base legal referida, se não lhes for garantido o melhor interesse.

Como trabalhado, ainda, o melhor interesse é algo a ser visto casuisticamente, o que torna mais relevante o exame da concretude do interesse do controlador ou terceiro – elemento de sua legitimidade objetiva. Nesse sentido, a própria ANPD distinguiu a situação da escola que trata dados de alunos durante o uso do sinal de wi-fi, para evitar perigos nas redes no ambiente escolar, daquela do aplicativo que processa dados para um melhoramento genérico de sua plataforma.

Se, por um lado, é importante adotar cautelas especiais no uso da base legal do interesse legítimo no processamento de dados de crianças ou adolescentes (proteger *do* interesse legítimo); constata-se, também, que escolher tal hipótese de tratamento pode, em determinados casos, ser mais vantajoso e protetivo ao titular (interesse legítimo *para* proteger). Frequentemente, é descabido, técnica e informacionalmente, imputar ao responsável que consinta sobre o processamento de dados e o interesse legítimo, marcado pela agilidade, flexibilidade e, especialmente, na expressão de Bioni, pelo robusto ônus argumentativo, pode beneficiar o vulnerável.

REFERÊNCIAS

ABRUSIO, Juliana. A banalização do consentimento e a consequente fadiga dos cliques. *Revista dos Tribunais*, v. 1047, p. 177-186, jan. 2023.

ANPD. *Estudo preliminar sobre as hipóteses legais aplicáveis ao tratamento de dados pessoais de crianças e adolescentes*. Disponível em: https://www.gov.br/anpd/pt-br/documentos-e-publicacoes/estudo-preliminar-tratamento-de-dados-crianca-e-adolescente.pdf. Acesso em: 25 ago. 2023.

ANPD. *Estudo preliminar sobre as hipóteses legais de tratamento de dados pessoais – legítimo interesse*. Disponível em: Governo Federal - Participa + Brasil - Consulta à Sociedade de Estudo Preliminar sobre Legítimo Interesse (www.gov.br). Acesso em: 06 nov. 2023.

BET VIEGAS, João Ricardo. Considerações sobre analfabetismo digital e agravamento de vulnerabilidade do consumidor. In: MARTINS, Fernando Rodrigues. D'AQUINO, Lúcia Souza. AZEVEDO, Fernando Costa de. MARTINS, Plínio Lacerda. KLEE, Antonia Espíndola Longoni. SANTOS, Karinne Emanoela Goettems dos. *Proteção dos hipervulneráveis em ambiente digital*. Londrina: Thoth, 2023.

BET VIEGAS, João Ricardo. *O interesse legítimo e a relação de consumo*: entre dados, equilíbrio e vulnerabilidade. Londrina: Thoth, 2023.

BIONI, Bruno. Legítimo interesse: aspectos gerais a partir de uma visão obrigacional. In: MENDES, Laura Schertel; DONEDA, Danilo; SARLET, Ingo Wolfgang; RODRIGUES JR., Otávio Luiz (Coord.); BIONI, Bruno (Coord. Exec.). *Tratado de proteção de dados pessoais*. Rio de Janeiro: Forense, 2021.

BIONI, Bruno. LUCIANO, Maria. O consentimento como processo: em busca do consentimento válido. In: MENDES, Laura Schertel; DONEDA, Danilo; SARLET, Ingo Wolfgang; RODRIGUES JR., Otávio Luiz (Coord.); BIONI, Bruno (Coord. Exec.). *Tratado de proteção de dados pessoais*. Rio de Janeiro: Forense, 2020.

BIONI, Bruno Ricardo. *Proteção de dados pessoais*: a função e os limites do consentimento. 3. ed. Rio de Janeiro: Forense, 2021.

CGI.br/NIC.br Centro Regional de Estudos para o Desenvolvimento da Sociedade da Informação (Cetic.br). Pesquisa sobre o uso de Internet por Crianças e Adolescentes no Brasil. Disponível em: https://data.cetic.br/explore/?pesquisa_id=13&unidade=Crian%C3%A7as%20e%20Adolescentes. Acesso em: 23 ago. 2023.

CORDEIRO, A. Barreto Menezes. *Direito da proteção de dados*: à luz do RGPD e da Lei 58/2019. Coimbra: Almedina, 2020.

COSTA, Ana Paula Motta. SARLET, Gabrielle Bezerra Sales. A perspectiva da proteção de dados pessoais em face dos direitos das crianças e adolescentes no sistema normativo brasileiro. In: SARLET, Gabrielle Bezerra Sales. TRINDADE, Manoel Gustavo Neubarth. MELGARÉ, Plínio. *Proteção de dados: temas controvertidos*. Indaiatuba: Foco, 2021.

D'AQUINO. Lúcia Souza. *A criança consumidora e os abusos da comunicação mercadológica: passado, presente e futuro da proteção dos hipervulneráveis*. Curitiba: CRV, 2021.

DONEDA, Danilo. *Da privacidade à proteção de dados pessoais*. 2. ed. São Paulo: Ed. RT, 2019.

DONEDA, Danilo. MENDES, Laura Schertel. Reflexões iniciais sobre a nova Lei Geral de Proteção de Dados. *Revista de Direito do Consumidor*, v. 120. São Paulo: Ed. RT, p. 469-483, 2018.

EBERLIN, Fernando Büscher von Teschenhausen. *Direitos da criança na sociedade de informação*. São Paulo: Ed. RT, 2020. *Ebook*.

EBERLIN, Fernando Büscher von Teschenhausen. Sharenting, liberdade de expressão e privacidade de crianças no ambiente digital: o papel dos provedores de aplicação no cenário jurídico brasileiro. *Rev. Bras. Polít. Públicas*, Brasília, v. 7, n. 3, p. 255-273, 2017.

FRITZ, Karina Nunes. *Jurisprudência comentada dos tribunais alemães*. Indaiatuba: Foco, 2021.

HENRIQUES, Isabella. *Direitos fundamentais da criança no ambiente digital*. São Paulo: Ed. RT, 2023. *Ebook*.

HILLMAN, Robert A. On-line Consumer Standard-Form Contracting Practices: A Survey and Discussion of Legal Implications, *Cornell Law Faculty Publications*. Paper 29.

ICO. *Legitimate interests*. Disponível em: https://ico.org.uk/for-organisations/uk-gdpr-guidance-and-resources/lawful-basis/a-guide-to-lawful-basis/lawful-basis-for-processing/legitimate-interests/. Acesso em: 31 ago. 2023.

JOELSONS, Marcela. *Lei geral de proteção de dados*: fronteiras do legítimo interesse. Indaiatuba/SP: Foco, 2022.

KOOPS, Bert-Jaap. The Trouble with European Data Protection Law. *International Data Privacy Law*, 2014.

LEONARDI, Marcel. Legítimo interesse. *Revista do Advogado*, n. 144, São Paulo, AASP, p. 06-12. 2019.

LEONARDI, Marcel. Principais bases legais de tratamento de dados pessoais no setor privado. *Caderno Especial LGPD*. São Paulo: Ed. RT, p. 71-85, 2019.

LIMA, Cíntia Rosa Pereira de. O ônus de ler o contrato no contexto da "ditadura" dos contratos de adesão eletrônicos. 2014, *Anais...* Florianópolis, SC: CONPEDI, 2014. Acesso em: 30 ago. 2023.

MARQUES, Claudia Lima. *Contratos no Código de Defesa do Consumidor*: o novo regime das relações contratuais. 7. ed. São Paulo: Ed. RT, 2014.

MIRAGEM, Bruno. *Curso de direito do consumidor*. 6. ed. São Paulo: Ed. RT, 2016.

NUNES, Dierle; PAOLINELLI, Camilla Mattos. Novos *designs* tecnológicos no sistema de resolução de conflitos: ODR, e-acesso à justiça e seus paradoxos no Brasil. *Revista de Processo*, São Paulo, v. 31, p. 395-425, abr. 2021.

PALFREY, John. GASSER, Urs. *Nascidos na era digital*: entendendo a primeira geração de nativos digitais. Porto Alegre: Artmed, 2011.

SCHERMER, Bar W. CUSTERS, Bart. VAN DER HORF, Simone. The Crisis of Consent: How Stronger Legal Protection may lead to Weaker Consent in Data Protection. *Ethics & Information Technology*, 16(2), 171-182.

SIMITIS, Spiros. Privacy: An Endless Debate? *California Law Review*, v. 98, n. 06, p. 1989-2005, december, 2010.

SOLOVE, Daniel J. Introduction: Privacy Self-management and The Consent Dilemma. *Harvard Law Review*, v. 126, p. 1880-1903, 2013.

SOMBRA, Thiago L. S. *Fundamentos da regulação da privacidade e proteção de dados pessoais*. São Paulo: Ed. RT, 2019.

SRNICEK, Nick. *Platform capitalism*. Cambridge: Polity Press, 2017.

STJ. ARE 1267879, Relator: Roberto Barroso, Tribunal Pleno, julgado em 17.12.2020, Processo eletrônico repercussão geral – Mérito DJe-064, Divulg. 07.04.2021, Public. 08.04.2021.

STJ. AgInt no AREsp 2.023.403/DF, relator Ministro Raul Araújo, Quarta Turma, julgado em 25.04.2023, DJe de 10.05.2023.

STJ. AgInt no AREsp 2.031.399/RJ, relator Ministro Humberto Martins, Terceira Turma, julgado em 19.06.2023, DJe de 22.06.2023.

STJ. AgRg no HC 766.533/SC, relator Ministro Reynaldo Soares da Fonseca, Quinta Turma, julgado em 13.09.2022, DJe de 19.09.2022.

UNICEF. *The Case for Better Governance of Children's Data: A Manifesto*. 2021. Disponível em: https://www.unicef.org/globalinsight/media/1741/file/UNICEF%20Global%20Insight%20Data%20Governance. Acesso em: 30 ago. 2023.

VIOLA, Mario. TEFFÉ, Chiara Spadaccini. Tratamento de dados pessoais na LGPD: estudo sobre as bases legais dos artigos 7º e 11. In: MENDES, Laura Schertel. DONEDA, Danilo; SARLET, Ingo Wolfgang; RODRIGUES JR., Otávio Luiz (Coord.); BIONI, Bruno (Coord. Exec.). *Tratado de proteção de dados pessoais*. Rio de Janeiro: Forense, 2021.